Hajo Kurzenberger · Kopfweitsprung

Lebensberichte – Zeitgeschichte

Georg Olms Verlag
Hildesheim · Zürich · New York
2018

Hajo Kurzenberger

Kopfweitsprung

Erzählung einer Nachkriegskindheit

Georg Olms Verlag
Hildesheim · Zürich · New York
2018

Das Werk ist urheberrechtlich geschützt. Jede Verwertung außerhalb der engen Grenzen des Urheberrechtsgesetzes ist ohne Zustimmung des Verlags unzulässig. Das gilt insbesondere für Vervielfältigungen, Übersetzungen, Mikroverfilmungen und die Einspeicherung und Verarbeitung in elektronischen Systemen.

Die Deutsche Nationalbibliothek verzeichnet diese Publikation in der Deutschen Nationalbibliographie; detaillierte bibliographische Daten sind im Internet über http://dnb.d-nb.de abrufbar.

Gedruckt auf säurefreiem und alterungsbeständigem Papier
Umschlagentwurf: Inga Günther, Hildesheim
Satz: Vollnhals Fotosatz, Neustadt a. d. Donau
Herstellung: BALTO print
Printed in Lithuania
© Georg Olms Verlag AG, Hildesheim 2018
Alle Rechte vorbehalten
www.olms.de
ISSN 1861-4698
ISBN 978-3-487-08608-8

„The past is never dead. It's not even past."
William Faulkner, *Requiem for a nun*

Inhalt

1. Fundstücke I 9
2. Vaters Mythen 16
3. Ungleiches Schicksal: die Brüder Ernst und Karl 24
4. Der glamouröse Herr Scheuermann und das elegische Fräulein Sturm 37
5. Ausquartiert und ausgebombt 44
6. Gefangenschaft 54
7. Mutterschutz 64
8. „König von Schramberg" 73
9. Familientopologie I: Der Garten der Kindheit 79
10. Am Stadtgarten 3, in der Wörthstraße 4 97
11. Schulanfang 110
12. Magische Orte: Schwimmbad und Messplatz, Kaffeebuckel und Eisweiher 119
13. Familientopologie II: Blütenweg und Felsenkeller 132
14. Dampfnudeln in der Bauernstube, Dampflok im Herrenzimmer 147
15. Vorspiel 157
16. „Dort, wo die Glocken klingen hell …" 165
17. Kleines Familienwörterbuch 175
18. Tennisplatz 180
19. „K&K": das Geschäft 190

Inhalt

20 Freund Carl, Kompagnon Kruse 201
21 Fundstücke II: „Rückerstattungsanspruch" und
„Wiedergutmachung" 210
22 Katholisch 214
23 Kaspar, Tod und Teufel 232
24 „Goldige Kerlchen" 243
25 Im Schönborn 253
26 VfB gegen VfB. Der KSC und andere Fussballlegenden 271
27 Reisen I: „Hinaus in die Ferne mit Sauerkraut und Speck" ... 287
28 Reisen II: „Der Duft der großen weiten Welt" 299
29 Willkommen und Abschied 308
30 Die Übungstreppe des Urgroßvaters, ein buntes Fest
und viele Fragen 314

1 Fundstücke I

Als sich das schwere zweiflügelige Holztor öffnete, strahlte von draußen ein klarer kalter Wintertag. Vier Träger, die sich fast gleichzeitig ihre Schirmmützen aufsetzten, gingen mit dem Sarg voran, hoben ihn behutsam die Außentreppe hinab und setzten ihn dann auf ein schwarzummanteltes Gefährt, das in der weißen Landschaft vor der Halle stand. Der Geistliche, die Ministranten, die Angehörigen, die Freunde und Bekannten folgten eher zögerlich, auch weil sie ihr Augenmerk auf die teilweise vereisten Stufen richteten. Dann knirschten die Ballonreifen der Sarglafette im trockenen Schnee. Vater begann seine letzte „Große Fahrt". Kurz zuvor noch in der Einsegnungshalle hatte der katholische Pfarrer, der ihn nicht persönlich kannte, auch weil er inzwischen drei Pfarreien in der Stadt zu versorgen hatte, auf angenehme Weise und gar nicht pastoral, sondern sachlich im Ton, dargestellt und zusammengefasst, was ich ihm am Tag davor im Pfarrhaus souffliert und er sich auf einen weißen Block notiert hatte. Er sprach von einem erfüllten Leben, das auf sanfte Weise zu Ende gegangen sei im 94. Lebensjahr. Er berichtete von Vaters Geschäft als Textilkaufmann, seiner Pfadfinderzeit in jungen Jahren und bis hinauf ins hohe Alter, er erzählte von seiner sozialen Begabung, seiner Kontaktfreudigkeit, seinem Umgang mit anderen Menschen, denen er privat oder in offiziellen Funktionen bis auf wenige Ausnahmen immer offen und freundlich begegnet sei, als Vertreter des Einzelhandels in der Industrie- und Handelskammer und als Vorsitzender der hiesigen Werbegemeinschaft ebenso wie als der des Tennisclubs, als Lions-Freund oder als Mitglied der literarischen Seniorinnenleserunde. Er nannte seine größte Leidenschaft, die zur klassischen Musik, die er zwar nicht ausgeübt habe, aber als unersättlicher Hörer sehr genau aufzunehmen und zu beurteilen wusste. Nur eine einzige Tatsache gab der katholische Geistliche nicht richtig wieder, vielleicht weil die eigene Sehnsucht ihn zu einem Fehler verführte. Aus Liebe sei Vater aus seiner Geburts- und Heimatstadt Karlsruhe in die Kreisstadt Bruchsal gekommen, behauptete er. Ich hatte ihm aber nur erzählt, dass Vaters früh verstorbene Frau Ruth seine große Liebe gewesen sei, auch nach ihrem überraschenden Tod vor 28 Jahren. Vielleicht war es dem Stadtpfarrer, obwohl er eigentlich ganz nüchtern wirkte, auch zu prosaisch, bei diesem nicht unfeierlichen Anlass zu sagen, dass Vater Ernst in jungen Jahren hier in der Kleinstadt die Chance ergriffen habe, ein selbständiger Textilkaufmann und Teilhaber an einem Herrenbekleidungsgeschäft zu werden.

Der Weg zum Grab war von fast heiterer Schönheit. Auf den Grabsteinen saßen die dicken festgefrorenen Schneekappen. Die Glocken von St. Peter, die beim Austritt aus der Leichenhalle begonnen hatten zu läuten, klangen noch heller als sonst in der klaren Winterluft, und die Trauergemeinde freute sich über diesen meteorologisch angemessenen Abgang ihres Vaters, Schwiegervaters, Großvaters, Urgroßvaters, Onkels, Großonkels, Freundes und Geschäftspartners. Erst als man dann am offenen Grab stand, kamen der Horror Vacui und der Schrecken des Todes zurück. Das schwarze Loch, das man an der Seite seiner Ruth für ihn gegraben hatte, die hohen Erdwände an den Seiten, die jetzt sichtbar wurden, waren auch vom Raureif, der sie leicht überzuckert hatte, nicht zu verdecken. Am Ende der Gebete und Fürbitten für den Verstorbenen und die am Grab stehenden Hinterbliebenen kommt der Augenblick des vermeintlich letzten Abschiedes, wenn jeder an der Beerdigung Teilnehmende seinen „letzten Gruß" als Blume oder Erdreich, oder beide vereint, auf den hohl dröhnenden Sarg wirft. Aber die Erde verweigerte sich an diesem Tag. Sie war über Nacht im Eis erstarrt, so dass als Ersatz ein kleiner Haufen Sand für die Erfüllung des Rituals herhalten musste. Bald hatten alle Teilnehmer des Begräbnisses auch diese Pflicht erfüllt und der Pfarrer, der selbst mit dem Satz „Erde bist du, und zur Erde sollst du zurückkehren" das symbolische Erdbegräbnis begann, längst den Ort verlassen. Als die Kondolenzbezeugungen schon in erste kleine halb geflüsterte Gespräche und Gesprächsgruppen übergegangen waren, meldete Vaters geliebter Urenkel Valentin den Wunsch an, Abu, wie er ihn nannte, ein zweites Mal mit Sand bewerfen zu wollen. Die Bitte wurde ihm von seinem Vater gewährt und beide traten zum zweiten Mal ans offene Grab mit der kleinen Schaufel in der kleinen Hand des vierjährigen Kindes. Mit großen Augen und, wie mir schien, mit heiligem Ernst warf er, nachdem er vorsichtig an den Rand des Grabes getreten war und in das dunkle Loch geblickt hatte, seine zweite Portion Sand in die Tiefe. Kaum war sie auf den Sargdeckel geklatscht, machte er

1 Fundstücke I

postwendend kehrt und sprang fröhlich in den leuchtenden Wintertag und den verlockenden Schnee.

Bald danach zog ich selber in Vaters Haus, über der Stadt am Südhang gelegen mit freiem Blick auf die gegenüberliegenden Hügel, über einen Teil der weiter entfernten Rheinebene, über die noch weiter am Horizont sich erstreckenden Pfälzer Berge und die nahe barocke Grabeskirche der Fürstbischöfe von Speyer, Sankt Peter, mit ihren beiden grazilen Zwiebeltürmen. Ich war mir sicher, zunächst einmal möglichst viel von seinem geistigen Erbe an diesem Ort aufzubewahren. War es Pietät, war es der vergebliche Versuch, den Vater noch ein wenig am Leben zu erhalten, oder die Absicht, sein unspektakuläres, aber reiches Leben vielleicht später zu dokumentieren, anstatt dessen Belege jetzt in einen Abfallcontainer zu werfen oder sie später möglicherweise auf einem Flohmarkt wiederzufinden?

Jedenfalls füllte ich nahezu zwei große Kellerräume mit unzähligen Konzertprogrammzetteln und Opernprogrammheften, mit vielen, vielen Schallplattenaufnahmen klassischer Musik, mit Dokumenten und Fotoalben seiner Pfadfinderzeit, die sein langes Leben andauerte, mit Diakästen und Filmrollen von Reisen, mit Ton- und Videokassetten, die er mit zunehmendem Alter und abnehmender Mobilität immer eifriger von Musikereignissen und Kultursendungen mitgeschnitten hatte. Und ich reihte die vielen Bücher, die sich über die Jahrzehnte angehäuft hatten und außer seiner Musikleidenschaft keine besondere Interessenrichtung erkennen ließen, in Zufälligkeit und Auswahl eher dem Zeitgeist folgten, in mehrere Holzregale, die sie bald in Doppelreihen aufnehmen mussten.

Dabei begegnete ich Buchtiteln wieder, von denen ich die meisten vergessen hatte, die mich aber in Kindertagen vor allem wegen ihrer goldgeprägten Aufschriften beeindruckten. Sie standen damals im Palisanderbücherschrank des sogenannten Herrenzimmers hinter zwei schweren Glasscheiben, die nur mühsam auseinanderzuschieben waren. Kaum in der ersten Schulklasse angekommen verlockten mich die Goldtitel auf dunklem Grund zu ersten Buch-sta-ben-le-se-entzifferungen und später immer wieder zu Imaginationsübungen: *Der König des Bernina* gehörte zu den besonders fantasiefördernden ebenso wie *Der Gang durch die Nacht* oder *Die schwarze Galeere*. Unter *Schuld und Sühne* konnte ich mir wenig vorstellen, noch weniger unter *Hölderlins Werke*. *Vom Winde verweht* klang in meinen Ohren wohltuend schön, genauso

1 Fundstücke I

wie *Ewig singen die Wälder* oder *Segen der Erde* beruhigend. Der Titel *Der Schneider himmlischer Hosen* machte mich ähnlich ratlos wie *Das siebte Kreuz*, *Ferien vom Ich* oder *Soll und Haben*. Vom letztgenannten Buch hat mir der Vater, der ja selbst Kaufmann war, erzählt und es dem vielleicht 14-Jährigen in die Hand gedrückt mit der Bemerkung, es gehe hier um eine spannende Geschichte und die Tugenden des Kaufmannsstandes. Etwa zur gleichen Zeit machte ich mich schon auf die Suche nach „erotischen Stellen" in der vorhandenen Bibliothek und wurde bei Sudermanns *Katzensteg* erstmals fündig, wo wilde vollbusige Mägde mit dunklen „flammenden Augen" und „kraftstrotzenden Formen" die Erzählszene füllten.

Bei einigen Büchern, die ich einstellte, kam mir die Erinnerung wieder, dass der Vater seiner Frau Ruth oder Bekannten von ihnen erzählte, oft begeistert ihren Inhalt oder ihre Weltsicht referierend. Etwa von Axel Munthes *Das Buch von San Michele*, in dem der schwedische Arzt über sein außergewöhnliches Leben fabuliert, oder von den Erfahrungen Douglas Hydes, der sich in *Anders als ich glaubte* von seinen kommunistischen Idealen verabschiedet und die taktischen Machenschaften seiner Genossen anprangert.

Gleichsam das Rückgrat des Bücherschranks und die feste Bank des familiären Wissens war der *Große Brockhaus* in 20 voluminösen Bänden der Ausgabe von 1933. Ich habe diese im wörtlichen Sinne gewichtige Quelle der Information, die der Vater als Zwanzigjähriger anschaffte, als er noch „sehr genau aufs Geld schauen musste", und die er ein Leben lang konsultierte, später zunehmend öfter mit dem Hinweis, dies sei aber nicht mehr der aktuelle Stand der Technik oder des Wissens, ich habe die 20 Bände voller Respekt in den Keller geschleppt und staune heute zuweilen noch, wie brauchbar viele Artikel geblieben sind. Nicht alles vergeht im Sekundentakt!

Bei der Neuplatzierung seiner Bücher gab es eine zweite, mir unvertraute jüngere, ja geradezu aktuelle belletristische Abteilung, die in sich ungleich geschlossener war, offenbar dank der kundigen und engagierten Leiterin eines Seniorenlesekreises, dem der Vater als einziger Mann unter 13 Teilnehmerinnen fast 20 Jahre angehörte. Hier war versammelt, was in dieser Zeit auf den ambitionierteren Bestsellerlisten stand, hier fand man fast alle Nobelpreisträgerinnen dieser Jahre, aber auch die großen amerikanischen Romanciers von Updike bis Philip Roth. Und die Klassiker: Kafkas *Das Schloss*, Marlene Haushofers *Die Wand*, Anna

1 Fundstücke I

Seghers' *Transit* oder die Romane und Erzählungen von Joseph Roth, dessen *Hiob* der Vater besonders liebte. Oft hat er mir am Telefon von heftigen Diskussionen über die jeweiligen Bücher berichtet. Er kam in der weiblichen Runde zu der späten Einsicht, dass „Frauen anders denken als Männer", spielte sich dort als ältester der Runde wohl auch ein wenig als authentischer Zeitzeuge auf, wenn es um Bücher über die Nazizeit ging. Er war Mittelpunkt und Hahn im Korb, als auf meine Vermittlung Hanns-Josef Ortheil als Zugabe zu *Das Licht der Lagune* seiner Lesergemeinde in Bruchsal 14 handschriftlich gewidmete Exemplare von *Hecke* zusandte.

Diese Abteilung im Kellerregal habe ich ab und zu besucht, um meinen Lektürenachholbedarf zu decken, um Romane von Coetzee oder Morrison, Nooteboom oder Oates dort auszuleihen und zu lesen. Meist steckte hinter dem Buchdeckel eine kopierte biographische Notiz des Autors oder eine Rezension des Buches aus einer überregionalen Zeitung. Nur selten stieß ich bei meiner Lektüre auf Unterstreichungen des Vaters oder auf ein Ausrufezeichen, das eine für ihn bemerkenswerte Stelle markierte. Aber es gab eine große Ausnahme: In Milan Kunderas *Die unerträgliche Leichtigkeit des Seins* kam es zu einem Zeichen- und Kommentargewitter. Das Buch ging ihm offenkundig völlig gegen den Strich. Riesige Fragezeichen zierten seinen Rand, wo von „der verdummenden Monogamie" die Rede ist oder behauptet wird „Die Scheiße ist ein schwierigeres theologisches Problem als das Böse." Und all die exzessiv dargestellten „erotischen Stellen", die mich auf meiner „Stellen-Suche" als 14-Jähriger wahrlich hätten befriedigen können, waren hier angekreuzt und mit Bemerkungen versehen wie „Ist Lust so wichtig?" oder „Muss auf jeder Seite davon die Rede sein?". Der Diskussion im Lesekränzchen, die der Vater mit den gutbürgerlichen Damen über dieses Buch geführt hat, hätte ich gar zu gerne zugehört. Er hat gewiss das Hohelied der Monogamie gesungen, seiner früh verstorbenen geliebten Ehefrau Ruth gehuldigt und danach die platonische Liebe propagiert, die er gut verteilt auf verschiedene weibliche Wesen nach dem Tod seiner Frau praktizierte.

Jetzt, sieben Jahre nach seinem Tod, suche ich in der eingemotteten Kellerbibliothek nach Büchern, die ihm wichtig waren, um die Nazizeit besser zu verstehen, denn sie hat ihn ein Leben lang beschäftigt und beunruhigt, so sehr, dass die wenigen Fernsehsendungen, die ihn noch bis kurz vor seinem Tod interessierten, allein die Dokumentationsreihen dieser finsteren Jahre waren. Als sie begannen, war er 17, als sie endeten, 30 Jahre alt. Ich stoße auf mehrere Titel Sebastian Haffners, *Von Bismarck zu Hitler* oder seine *Anmerkungen zu Hitler*, auf Speers *Erinnerungen*, Reich-Ranickis *Mein Leben*, Wiebke Bruhns' *Meines Vaters Land*. Zwischen meines Vaters Aufarbeitungslektüre hat sich aus unerklärlichen Gründen oder durch meine Unaufmerksamkeit beim Wiedereinstellen Spoerls *Wenn wir alle Engel wären* gemischt, in einer Ausgabe von 1949. Hinter dem bunt illustrierten Buchumschlag und dem Buchdeckel hat Vater Ernst drei Briefe von mir aus dem Jahre 1951 deponiert, versteckt oder aufgehoben. Ein wunderlicher Fund an einem seltsamen Ort. Drei Kinderbriefe und eine Kinderbleistiftzeichnung, die ein Dampfschiff zeigt mit einem rauchenden Schornstein, dreistöckigen Aufbauten, einer Schiffsglocke, einem Perlensaum von Bullaugen im Rumpf. Zur nautischen Vollausstattung zählen weiter ein Führerhaus mit Kapitän, ein Anker, und zwei Flaggen, eine vorne am Schiffsbug, eine achtern, die vordere gegen den Fahrtwind gezeichnet und gestellt. Das Schiff trägt den Namen „Baden" und auf seinem Hinterdeck stehen drei gleich große Strichmännchen, die mit Opa, Hajo und Oma überschrieben sind. Unzählige Strichvögel fliegen vor, über, neben und seitlich des Schiffes. „Überall flogen Möwen herum und fingen das Brot auf", lautet die schriftliche Darstellung der bildlichen im beigelegten Brief, der von meiner ersten großen, mich ganz erfüllenden und alle künftigen Reiseerwartungen prägenden Fahrt mit den Großeltern an den Bodensee berichtet. „Ich habe viel Neues gesehen. Der Bodensee ist ja so groß und die Fahrt auf dem Dampfer nach Lindau war herrlich." Das berauschte „herrlich", das aus der Brust des 7-jährigen Knaben dringt und auf dem Papier noch kräftig nachhallt, erfasst auch den 70-Jährigen aufs Neue, obwohl der Doppelgänger ganz weit weg und fremd auf dem Schiffsdeck der Erinnerung steht, auf einem Bild, das 63 Jahre seiner Wiederentdeckung harrte. Und selbstverständlich längst vergessen war. Waren alle die anderen späteren herrlichen Seefahrten auf den großen Fähren nach Kreta, Korsika oder nach Sizilien, waren die Schiffsfahrten auf dem Bosporus oder in den Schären vor Stockholm oder jene zwischen den ägäischen Inseln nur ein Déjà vu von dieser herrlichen Fahrt nach Lindau? „Vom Schiff aus sahen wir die Alpen mit dem Säntis. Bald kamen wir nach Lindau. Am Hafen sah ich den bayerischen Löwen." So lässt sich nur berichten, blickt man von einem Dampfer namens „Baden" auf das steinerne Raubtier am Rande Bayerns gegenüber der Schweiz nach einer sooo herrlichen Schiffsfahrt.

I Fundstücke I

Neben der Reiseschilderung sind die drei Briefe Zeugnisse familiärer Nähe und der Familienhierarchie. „Gestern Abend wollten wir mit Euch sprechen am Telefon. Leider haben wir vergessen, dass Ilgs mit den Hühnern ins Bett gehen." Übersetzt man diesen Satz erklärend ins Heute, teilte er mit, dass Mutter Ruth und Bruder Klaus offenbar im Schwarzwald bei Tante Martl zu Besuch waren, die kein Telefon besaß und deshalb, wollte man telefonieren, jenes von Verwandten in Anspruch nehmen musste. Der Papa und ich hatten aber offenbar nicht daran gedacht, dass der geplante Anruf nach 21 Uhr nicht mehr möglich war, zumal man einige hundert Meter hätte laufen müssen, um die gewünschten Angerufenen herbeizuholen. Der Anruf war wohl verabredet, so vermute ich, oder erschien uns beiden zuhause aus Sorge um den Bruder spontan notwendig. Denn in jedem der drei Briefe wünsche ich ihm gute Besserung oder freue mich, dass es ihm nun wieder bessergehe, und ermahne zusätzlich die Mutter, „pflegt ihn nur gut". Muttis Widerhall wiederum spüre ich in einem Kommentar meines Vaters am Rande meines ersten Briefes, in dem er schreibt: „Der umseitige Dampfer ist für Klaus von Hajo gemalt. Er hat seine Bodenseeeindrücke zu Papier gebracht. Das Schifffahren hat ihn am meisten begeistert. Nur schreiben tut er nicht gern, das ist deutlich zu merken. Es wird jedes Mal schlechter!" Warum, frage ich mich, diese Verleumdung? Denn die Reiseeindrücke sind fein säuberlich, ohne jeden Rechtschreib- oder Grammatikfehler auf Bleistiftlinien, die ich wohl vorher exakt selbst gezogen hatte, festgehalten und wurden mit der herzlichen Anrede „Meine liebe gute Mutti" eingeleitet. War die vollendete Schönschrift dieses Briefes ein Strafexerzitium, das in unausgesprochenem Auftrag der Mutti der Papa mir auferlegt hatte? Hat bei dem etwas weniger kalligraphischen Brief zuvor, mit der üblen Randnotiz des Vaters, der ehrgeizige Perfektionsanspruch der lieben Mutti dem lieben Papa die Kommentarhand und den Bleistift geführt?

Welcher Zufall, welche Überraschung, welches Glück unter den vielen hundert Kellerbüchern ausgerechnet nach *Wenn wir alle Engel wären* gegriffen zu haben und dort versteckt etwas zu finden, was so fremd wie nah, so unvollständig wie ganz erscheint! Etwas, das man entziffern muss, befragen kann, das einem ans Herz geht und zugleich einem auch noch im Nachhinein ein wenig ungerecht erscheint.

2 Vaters Mythen

„Der Weg war lang. Weit über Land und Meer nach Norden müsse er fahren, erklärten ihm die Leute [...] Herr Helferich lieh dem Recken ein Schiff und Mannschaft für die Fahrt, bald schwollen die Segel im Südwind, und die Wogen klafften vorm Bug [...] näher kam Siegfried dem brennenden Isenstein, das Feuer raste, die Erde zitterte, flammend stieg die Lohe zum Himmel. Kein Menschliches, so schien es, durfte jeh wagen, den Ring zu zwingen." So hatte ich es, neun oder zehn Jahre alt, im Buch *Deutsche Heldensagen* immer wieder gelesen, in Erwartung der entscheidenden Bewährungsprobe des Helden: „Der junge Siegfried spornte das Ross Grone, hell blinkte der Brand in seiner Rüstung. Noch scheute der Hengst, der Recke ermunterte ihn, preschte an und setzte in ungeheurem Sprung in den Flammenring."

So ähnlich und doch ganz anders hatte mir auch Recke Ernst die Geschichte seiner Fahrt zum Isenstein erzählt. Sie war an den Lagerfeuern der Grauen Reiter, des „Sturmtrupps Süd Stamm Rüppurr", geboren worden, vielleicht am Kothen-Feuerring des Zeltlagers Pfingsten 1930 im Würmtal oder beim Eröffnungsthing im Osterlager 1931 am Drachenfels oder vielleicht auf dem Bundeslager am Hohen Meißner. Dort hatten sie gesungen: „Unser stolzes Schiff fliegt dem Pfeile gleich durch das rauschende Wogengefild" oder im Bundeslied „Nichts Schöneres als Flammen und Fliessen und schimmernder Schilder Schein."

Zehn Jahre lang, von 1928 bis 1938, war Vater Ernst unterwegs zur „Burg der Götter" nach Island. Auf „Eintagesfahrt", „Dreitagesfahrt", auf „Großer Fahrt". Immer wieder hat er den Tornister gepackt und gefüllt mit Brotbeutel, Zeltbahn, Schnur und Verbandspäckchen, Kompass, Notizbuch und Trinkbecher, mit Taschenlampe und Turnschuhen, mit Proviantsack und Fahrtenmesser. Er hat mithilfe von Baumstämmen Bäche überquert, mit Flaggen eine geheimnisvolle Zeichensprache den anderen zugewinkt, hat mit Strickleitern die höchsten Baumwipfel erklommen und sich von ganz oben wieder abgeseilt. Beim Geländespiel hat er das Anschleichen im Schilf geübt und anschließend „eine schutzlose Burg" gegen Angreifer verteidigt. Er hat sich im Reiterkampf auf den Schultern seines Freundes Sven getummelt und Freund Mockel zusammen mit der Meute beim Prellen mittels Zeltbahn immer höher in die Luft geschleudert. Er hat als Nachtwache das Zeltlager gesichert in lausigen Frühjahrs- und in kalten Herbstnächten. „Folge der Spur in die Wälder. Sitze lieber auf Stein als auf weichen Kissen", hat er seiner Wölflingsgruppe als Pfadfindergebot beigebracht. Und: „Schlafe so oft du kannst auf der Erde. So wirst du mutig werden und voll des guten Geistes der Natur." Zuvor hatte er gelernt, dass Führen nicht befehlen heißt, sondern vorleben. Zusammen mit Sven, Guri und Mockel haben die vier ein Zelt aus 27 Bahnen für 50 Mann gebaut und eine Latrine im Wald mit zwei Sitzbalken zwischen zwei Bäumen für 100. Er hat im Sippentopf abgekocht, über offenem Feuer Reisbrei mit Backobst oder Eierhörnchen zubereitet, hat „Fahrtenkartoffeln" mit Salz und Butter köstlich gefunden. Im Landsknechtsspiel haben Sven und Ernst die Landsknechte Stoffel und Michel dargestellt und, unter riesigen Fellen mit Stöcken bewaffnet, „Urmenschen". Immer wieder sind sie in ihr gemeinsames Traum- und Abenteuerland marschiert und geradelt. Sie haben viele kaputte Fahrradschläuche geflickt und dabei fröhlich gepfiffen oder männlich geflucht. Sie waren die „Wilden Gesellen vom Sturmwind durchweht", „die Fürsten in Lumpen und Loden", waren „die Könige auf dem Meer". Und sie sangen ergriffen bei verglimmender Glut des Lagerfeuers am Abend: „Jetzt Brüder eine gute Nacht, der Herr im hohen Himmel wacht."

Beglückt und süchtig schrieb der fünfzehnjährige Pfadfinder Ernst in sein Fahrtenbuch am 31. März 1931: „Ich möchte große Abenteuer erleben." Der Weg war lang, weit über Land. Und jetzt, sieben Jahre später, 1938, der 23-Jährige ist schon erfolgreich im Kaufmannsstand, endlich übers Meer nach Norden! Anfang August 1938 geht er in Hamburg an Bord der „Godafoss", besteigt ein kleines isländisches Handelsschiff. Mit Freund Sven hatte er diese ganz „Große Fahrt" geplant, aber der fällt kurzfristig aus. Ernst will sie alleine wagen, mit zehn deutschen Reichsmark in der Tasche, die er in Island gegen Kronen tauschen kann, denn mehr erlaubt der devisenknappe Hitler nicht, der seit 1936 seinen großen Krieg vorbereitet. (Die Schiffspassage war nur möglich, weil Geld für den Bordverbrauch bei einer Hamburger Reederei eingezahlt werden konnte). Sieben Tage dauerte die Hinfahrt, die über einen Anlegehalt in Hull führte, den der unternehmungslustige Seefahrer zu einem Fahrradausflug nach York nutzt, gemeinsam mit zwei isländischen Studenten, die zusammen mit ihm in ihre Heimat fahren. Durchs „rauschendes Wogengefild" schwankt das kleine Schiff und mit ihm Vater Ernst auf den Planken der „Godafoss". Aber in deren Innern, so staunt der deutsche Passagier, geht es komfortabel, großbürgerlich und international zu. „Du glaubst nicht, welch ein Überfluss in allem herrscht", schreibt er seiner Freundin Ruth nach Hause und berichtet ihr von einem ersten und einem zweiten Frühstück, von mehreren Gängen beim Dinner. Mit Olaf Olafson, dem Kapitän des Schiffes, parliert er auf Englisch, lässt sich von ihm auf der Kommandobrücke die Instrumente erklären und Islandsagas erzählen. Er freundet sich mit einem gleichaltrigen Isländer an, der in Wien Musik studiert hat und in der nächsten Spielzeit sein Engagement bei den Wiener Philharmonikern antritt. „Seine Mutter, die auch mit ihm reist, ist eine wundersame Frau mit schneeweißem Haar und einem geradezu klassischen Profil. Sie war früher Schauspielerin." Und er kommt mit einem englischen Professor vom Eaton College ins Gespräch, der in Hull zugestiegen ist, um in Island Lachse zu fischen. Ernst fühlt sich wohl und aufgenommen in die neue große Schiffsfamilie, die mit ihm auf den Isenstein zufährt, der für ihn alles verkörpert und steigert, was er sich an Abenteuern erträumt und erhofft hat: „Eis lagert oben, unten Flammen wüten, In grauser Tiefe, wo im Felsen bleich Nun lang schon Tod und Schrecken lauernd brüten." Diese Inselbeschreibung eines gewissen Halligrimson eröffnet sein Inseltagebuch. Und dieser Charakterisierung folgt er zu Pferd oder im Postbus, unterstützt von seinen neuen isländischen Freunden, ist unterwegs zwischen Feuer und Eis, zwischen Gletschern und kochenden Seen. Geradezu andächtig pilgert er, wie seine Fotoaufnahmen und ihre weißen Unterschriften zeigen, zu den Wasserfällen, zum Dettifoss, zum Skógafoss, zum Gullfoss. „Islands geheimnisvolle Natur" ist ihm kein Buch mit sieben Siegeln. So hat er sich die Isländer Bergriesen in seinen kühnen Träumen vorgestellt. Er preist die Hekla, er preist Islands Seen, den Thingvellirvatn im Abendlicht, staunt über die Gesteinsformationen, die sich überall gewaltig türmen, über die Almagna-Schlucht und die schroffen Felsküsten, als er mit dem Schiff die Insel umrundet. Nur das beginnende touristische Spiel mit den Geysiren, die man mit 100 Kilogramm Schmierseife kitzeln muss, damit ihre Fontänen 50 oder 70 Meter in die Höhe schießen, ist ihm nicht ganz geheuer.

2 Vaters Mythen

Ganz ungeheuerlich und kräftezehrend ist die Rückfahrt. Die Wogen klaffen nicht nur am Bug, sie überrollen das Schiff und seine Passagiere. Kaum einer kann sich noch auf den Beinen halten, die Teetassen fliegen durch den Speisesaal, keiner der Mitreisenden kommt noch zum zweiten Frühstück oder zum Dinner. Nur Recke Ernst trotzt der Seekrankheit, wird nur einmal an der Reling ihr Opfer, als er eine Portion Erbrochenes vom Nachbarn ins Gesicht bekommt. In Edinburgh ist das Wüten der Wellen vorbei und friedlich die See. Der Eaton-Professor, der schon zuvor mit Augenzwinkern gemutmaßt hatte, dass ein Deutscher, der jetzt noch ins Ausland fahre, nur ein deutscher Spion sein könne, klärt den Jüngling auf, der Krieg stehe kurz bevor, denn Hitler würde Polen angreifen und England werde Polen zu Hilfe kommen. Auch würde der Diktator die ersten Schlachten gewinnen. Erst in zwei oder drei Jahren, wenn sie nachgerüstet hätten, seien die Alliierten in der Lage, Hitler zu schlagen. Als die „Godafoss" im Hafen von Edinburgh anlegt, drückt der akademische Militärprognostiker und Menschenfreund ihm eine Zehn-Pfundnote in die Hand, weil er wohl weiß, dass Ernst keine englischen Devisen hat, mit der Empfehlung, diese interessante Stadt zu besichtigen, und verabschiedet sich in Richtung London.

Als Parallelaktion zum geschilderten Reisegeschehen läuft seit Beginn der Seefahrt ein Brief- und Telegrammwechsel mit Ruth. Abenteurer Ernst artikuliert immer wieder sein dringendes Begehren, sie möge ihn, wie vor einiger Zeit besprochen, in Hamburg erwarten und abholen. Er nennt Hotel und Zeiten der Ankunft, die je nach Elblotsenzustieg zwischen ein oder zwei Tagen schwanken. Ruth ist offenbar in großer Bedrängnis, gibt unterschiedliche Auskünfte bis zur endgültigen Telegrammnachricht, sie könne nicht nach Hamburg kommen. Dahinter steckt offenkundig nicht ihr persönlicher Entschluss, sondern das Verbot der Eltern, die fürchten, die frischverliebte 19-Jährige könne dem Seefahrer in die Hände fallen.

Hier trennen sich die alte und die neue Mythenerzählung. Ernst geht frustriert zu Hagenbecks Tierpark in Stellingen und fährt dann mit der Eisenbahn in die Heimatstadt zurück. Siegfried, der mit gewaltigem Sprung den Feuerring überwunden hat, findet in der Halle der Burg einen schlafenden Ritter vor. Als er ihm das Helmband löst, entpuppt sich der Rittersmann als schwarzgelocktes Weib. Brunhild steckt in der Rüstung und schlägt ihre Dornröschenaugen auf: „Wer brach den

Bann, Wer brach meinen Schlaf? Noch wagte es keiner, die Lohe zu durchschreiten." „Siegfried heiße ich, niemand sandte mich, ich selbst suchte den Weg." Dankbare Bewirtung findet Siegfried in Brunhilds Burg und Gefallen finden beide aneinander, was den blonden Recken nicht daran hindert, bald leichthin Lebewohl zu sagen. Denn König wolle er erst werden, nicht ohne ein Reich dürfte man um die Herrin auf dem Isenstein werben. Der Fortgang der Beziehung ist bekannt. Als Lehensmann und getarnter Werber für den Burgunderkönig Gunther kehrt er Jahre später zum Isenstein zurück und bringt eine Katastrophe auf den Weg, die im Stalingrad der Nibelungen am Hof des Hunnenkönigs Etzel endet, wo Kriemhild ihre blutige totale Rache vollziehen lässt.

Die Erzählungen des Vaters, die sich regelmäßig wiederholten, also mythische Qualitäten annahmen, hatten meist ihren Ausgangspunkt in seiner Pfadfinderzeit. Die ihm wohl wichtigste war die „vom Widerstand gegen Adolf Hitler". Als 15-Jähriger, also vor dessen Machtergreifung, war Vater 1931 mit einem Onkel, den er in München regelmäßig besuchen durfte, zu einer Parteiversammlung der Nazis gegangen, um zu sehen, was „dran sei an diesem Mann und seiner Bewegung". In Erinnerung blieben ihm dessen heftiges Gebrüll und sein wirres Haar, das dem Redner immer wieder ins Gesicht fiel bei seinen rhetorischen „Rumfuchteleien". „Hitler hat auf uns einen ganz ungünstigen Eindruck gemacht", hält er schriftlich fest. Der sollte sich heftig verstärken, als der Führer alle nichtnazistischen Jugendbünde verbot, also auch die Pfadfinderschaft des Sturmtrupps Rüppurr. „Ich habe nach dem Verbot der Jugendbünde mit meiner Pfadfindergruppe illegal und ohne Pfadfinderkluft weitergemacht, bis Spitzel dahinterkamen. Ich war damals 19 und noch nicht volljährig, was mein Glück war." Er und seine Eltern mussten ein Revers unterschreiben, dass die Gruppe aufgelöst wird. Der volljährige Karlsruher Stammesführer und Freund Erich von Pfeil landete wegen desselben Vergehens im Gefängnis und musste zweieinhalb Jahre in Berlin-Moabit absitzen.

Vaters Pfadfinderzeit war lebenslang ein Mythos und zugleich eine sich immer wieder erneuernde Lebensrealität. Schon im Sommer 1947 sitze ich als Dreijähriger zusammen mit den Töchtern und Söhnen von Sven und Mockel in einer bemalten Kothe an einem Waldrand nahe Ettlingen. Der Vater hat die den Krieg überlebenden Mitglieder des Stammes Rüppurr dort schon 1946 erstmals wieder versammelt, wie der einzige Interneteintrag seiner Person ausweist. Und er hat in seiner neuen Heimatstadt eine Pfadfindergruppe gegründet. 60 Jahre später beim internationalen Pfadfinder-Jamboree auf dem Bruchsaler Eichelberg figuriert er als lebende Pfadfinderhistorie unter 4.800 Pfadfinderinnen und Pfadfindern aus ganz Europa mit altem Originalhalstuch bekleidet und neu verliehenem Pfadfinderehrenhut auf dem grauen Kopf.

Der wahre Gewinn der Pfadfinderei aber waren die lebenslangen Freundschaften, die die engsten Freunde in hohen Ehren hielten. Sie hatten als 13-, 14-Jährige einen Lebensbund geschlossen, der sie nicht nur im Alter regelmäßig zur „Kleinen Fahrt", also zur Seniorenwanderung inklusive der Gattinnen, zusammenführte, sondern sie auch weiter nach Abenteuern Ausschau halten ließ. Sven, der Rüppurrer Arzt, war ein leidenschaftlicher Segelflieger. Und er war stolz darauf, mit 80 Jahren noch seine Fluglizenz zu besitzen und hoch über alle Grenzen hinaus fliegen zu können. Das war in Garmisch, wo er zuletzt wohnte, besonders begünstigt durch die thermischen Winde, die die Gleitflugzeuge am Rande der Alpenberge in höchste Höhen tragen. War Vater Ernst bei ihm zu Besuch, was regelmäßig geschah, setzten sich die beiden Scouts, zusammen über 160 Jahre alt, sobald die Cumuluswolken am Horizont erschienen und die Sonne den Boden zu wärmen begann, ins Segelflugzeug und hoben vom Boden ab. Ich nahm den telefonischen Bericht, wie sie heute bei strahlender Sonne und blauem Himmel die Zugspitze und das Schneefernerhaus überflogen hätten und Sven die Menschen unten mit einer Wippbewegung der langen Flugzeugflügel gegrüßt habe, mit gemischten Gefühlen entgegen. Dabei kannte ich nicht einmal die Regularien der Werdenfelser Segelflieger, wo es unter 11. heißt: „Bitte halten Sie zu Berggipfeln, Bergstationen und Personenansammlungen ausreichend Abstand."

Und auch die Jugendträume hielten ein Leben lang an und drängten weiter auf Verwirklichung. 1999, also mit 84 Jahren, brachen die beiden, endlich vereint und zusammen, gen Norden auf. Die Samen mit ihren Rentierherden in Lappland war das langersehnte, spät in Angriff genommene Ziel. Von Elch, Braunbär und Polarfuchs dort droben hatten sie schon am Lagerfeuer 70 Jahre davor erzählt und zusammen das Lied geschmettert: „Wildgänse rauschen durch die Nacht mit schrillem Schrei nach Norden – Unstete Fahrt! Habt Acht, habt Acht. Die Welt ist voller Morden." Die beiden Wanderer zwischen den Welten haben von Lappland wenig gesehen. Zwei Wochen lang lag Regen und Nebel über den Tundren und den Bergrücken der Skanden. Es hat sie nicht angefochten. Sie haben Lapponia zusammen erlebt, in einer Holzhütte zwischen vernebelten diesigen Berghängen, die mit Moosen und Zwergsträuchern spärlich bewachsen waren. Und sie haben sich dort die alten Geschichten noch einmal erzählt und von neuen Abenteuern geträumt. Und dabei, so stelle ich mir vor, die selbstgepflückten Moltebeeren gegessen.

Kaum habe ich Vaters liebste und eindrucksvollste Erzählung, die von der Fahrt zum Isenstein zu Papier gebracht, finde ich im Spiegel Nr. 37 vom 10. September 2016 ein Bild des Passagierdampfers „Godafoss". Kein Zweifel, der Bildabgleich mit Vaters Fotofahrtenbuch zeigt, es ist Vaters Schiff, das inzwischen längst zum Schiff der ganzen Familie wurde. „Unter dem Sand" lautet die Überschrift des Artikels, der von einem Taucher aus Bergisch-Gladbach berichtet, dessen Hobby es ist, Wracks auf dem Meeresgrund aufzuspüren. Er hat sie gefunden: die „Godafoss". Und hier erfahre ich, was Vater offenbar bis zu seinem Tod nicht erfahren hat, sonst hätte er es mit Schrecken weitererzählt, dass „sein", „unser" Schiff von dem deutschen U-Boot U 300 torpediert und versenkt wurde. Die „Godafoss", inzwischen mit grauer Tarnfarbe angestrichen, befand sich am 10. November 1944 in einem Konvoi von Schiffen, der aus New York kommend Reykjavík ansteuerte. Zwei Stunden vor dem Zielhafen trifft ein Torpedo eines deutschen Unterseebootes einen britischen Tanker aus dem Konvoi: „Der Kapitän der ‚Godafoss' entschloss sich, die schiffbrüchigen britischen Seeleute zu retten; eine verhängnisvolle Entscheidung, getroffen gegen die Vorschriften, moralisch zwingend und hochgefährlich zugleich. U 300 sichtete die ‚Godafoss', die wegen der grauen Tarnfarbe nicht als ziviles Schiff erkennbar war, der Kapitän ließ einen Torpedo abfeuern. Das Schiff wurde an der Backbordseite getroffen und sank schnell. 24 Menschen kamen um, Frauen, Kinder, soeben Gerettete von dem britischen Tanker, ein isländisches Arztehepaar mit seinen drei Kindern, zwei von ihnen wurden von der Strömung an den Strand gespült, wenige Meter voneinander entfernt. Für Isländer ist die ‚Godafoss', was die ‚Titanic' für den Rest der Welt bedeutet: eine große Erzählung von Opfermut und guten Absichten, vom Einbruch der Weltgeschichte ins Private."

Für Vater, den die „Godafoss" sechs Jahre zuvor so beglückt hatte, von deren Passagieren, ihrer Gastlichkeit, ihrem Überfluss, ihrem Kapitän Olaf Olafsson er ein Leben lang schwärmte und seine Kinder damit ansteckte, wäre die Katastrophe, hätte er von ihr gehört, vergleichbar groß gewesen. „Mit der Godafoss nach Island" eröffnet sein Fototagebuch, das die Reiseroute rings um das abgebildete stolze Schiff sorgsam gestrichelt ausmalt. Das Bild „Der Elblotse kommt an Bord" beendet die Bildstrecke der „Godafoss"-Fotos, die sich durchs Album zieht, und wohl auch die letzte Fahrt des Schiffes nach Deutschland. Eine Woche später beginnt der Zweite Weltkrieg. Es ist gekommen, wie der Eaton-Professor, der weise Seher, Vater Ernst, dem deutschen Nichtspion, prophezeit hat: „Erst müssen die Alliierten aufrüsten, dann werden sie Hitler besiegen." Aber das isländische Traumschiff, das noch viele Jahre den Atlantik unserer Erinnerung und Phantasie befuhr, lag am 10. November 1944 schon auf dem Meeresgrund und wurde bald unter Sand begraben.

3 Ungleiches Schicksal: die Brüder Ernst und Karl

Als er am Morgen, vielleicht gegen 3 Uhr, kurz wach wurde, war sein erster Gedanke, ob wohl der Regen aufgehört habe. Kein Trommeln mehr, keine Tropfgeräusche! Es war still und die Zeltbahnen bewegten sich leicht im Wind, fast schien es, wie im Atemtakt der Schlafenden. Es war aber unangenehm feucht und kalt im großen Neunerzelt. Alle um ihn herum hatten sich tief in ihre Schlafsäcke und Decken vergraben. Er zog sich seine graue Wolldecke über den Kopf und Schlafsack und schlief wieder ein. Als um 6 Uhr in der Früh mit einem Fanfarenstoß geweckt wurde, kündigte sich ein strahlender Frühlingstag an, auch wenn das Pfingstlager nur mühsam erwachte und nur wenige sofort aus den Zelten krochen, um zum etwa 200 Meter entfernten Bach zu gehen, an dem sie sich wuschen oder Wasser schöpften. Als die Frühgymnastik begann, war der Sturmtrupp schon fast vollzählig auf der noch klitschnassen Wiese versammelt, die meisten in schwarzen oder weißen Turnhosen, viele mit nacktem Oberkörper, auch wenn das Biegen und Beugen bei einigen noch im Halbschlaf stattfand und dementsprechend halbherzig war. Erst mit dem Frühstück um halb acht und der zunehmenden Sonne, die sich am Waldrand zwischen den Bäumen ankündigte, kam das Lagerleben auf Touren. Da rempelte der eine schon fröhlich, der andere noch mürrisch den Nachbarn an bei der Kaffee- und Brotausgabe. Einige übten sich im Handstand, andere schnitzten an ihrem Fahrtenstock oder schüttelten die Decken aus und legten die Schlafsäcke zusammen. Um 9 Uhr begann das Thing. Alle versammelten sich im angrenzenden Waldstück zwischen den Fichtenstämmen um ihren Hauptfeldmeister, die Sturmtruppfahne in der Mitte aufgepflanzt, die Lilienfähnchen und Wimpel in bunter Nachbarschaft. Jungenschaft und Wölflingsgruppe lauschten andächtig der Tageslosung: „Weit lasst die Fahnen wehen / Wir wollen zum Sturme gehen...". Dann begann das besondere Zeremoniell. Die Wölflinge wurden in den

Sturmtrupp aufgenommen. Sie legten mit feierlicher Miene und verlegen lächelnd ihr Pfadfinderversprechen ab, allzeit bereit zu sein, hilfsbereit für alle Menschen, auch dass der Stärkere den Schwächeren zu schützen habe, und bekamen ihr Leitbild gleich danach von einem „Großen" vorgetragen, der eher emphatisch als ironisch deklamierte: „Rollende Pimpfe, zerrissene Strümpfe, Loch in der Sohle, Finger wie Kohle." Pause. „Haut vom Knie, mutlos nie, Zeltgelunger, ewig Hunger." Kürzere Pause. „Steine türmen, Lager stürmen, uns alles gelungen, Pfadfinderjungen!" Lange Pause. „Der Pfadfinder ist Bruder aller Pfadfinder und Freund aller Menschen", erscholl es nun im Chor. Der Feldmeister stimmte schließlich das Bundeslied an und alle fielen inbrünstig ein: „Das Heer zog durchs Gebirge, reisig und hoch zu Ross. Und von den Ketten und Helmen der Morgen floss. Und Feuer sprang unter den Hufen, herrisch klirrte der Stahl, es klang das Trompeten und Rufen durch Schlucht und Tal." Dann endlich wurde das Tagesprogramm, das alle schon längst kannten und doch sehnlichst erwarteten, offiziell wiederholt. Der Höhepunkt des Lagertages war ohne Zweifel das Geländespiel, das um 16 Uhr beginnen und um 19 Uhr enden sollte. Dafür wurde jetzt der Plan ausgegeben: Die ganze versammelte Mannschaft wird in drei Gruppen eingeteilt. Die erste und zweite hat an einem dafür geeigneten unbekannten Ort eine Burg zu errichten, die dritte Gruppe diese zu suchen und anzugreifen, was dadurch erleichtert beziehungsweise bedrohlich werden soll, dass nur eine kleine Besatzung, also nur einige der Gruppe 1 und 2, den Burgort sichern, der größere Rest aber zum Kriegszug ausrücken und zurückgeholt werden soll, wenn der Angriff auf die Burg erfolgt. Soweit das Planszenario.

Ernst war in der Kriegerschar, die die Burg mit schmaler Besatzung zurückließ. Mit ihr zusammen hatte er zuvor in einer Waldlichtung, zwei oder drei Kilometer oberhalb des Lagers, aus Stämmen und Ästen eine Laubburg gebaut und den Holzverhau dann nach Plan etwa eine Stunde später verlassen, um vielleicht im umliegenden Gelände auf mögliche Angreifer zu stoßen. Etwa zwei Stunden nach Spielbeginn, er und seine Krieger hatten gerade eine Anhöhe im unwegsamen Waldgelände erreicht, traf der Bote ein, der die umherziehenden Krieger zur jetzt von den Angreifern gefundenen und von ihnen bedrohten Burg zurückbeorderte.

Die Meute rannte quer durch den Wald über Stock und Stein den steilen Abhang hinab, Ernst vorneweg. Immer wieder ließ er sich wie auf Kufen durchs nasse Laub rutschen, erhitzt und voller Kampfeslust, den Feind zu treffen und zu schlagen. Doch bei der vierten oder fünften Rutschpartie stellte sich seinem linken Fuß ein unterm Laub verborgener Ast entgegen, riss ihm die Beine auseinander und verdrehte sein linkes Knie, dass es krachte. Dem Pfadfinderführer waren die Kreuzbänder gerissen. Sein Abtransport auf einer schnell aus Stöcken und Ästen hergestellten Trage, verlieh dem Geländespiel einen gewissen Ernst, brachte es aber nicht zum Abbruch. Die Burg wurde erfolgreich verteidigt! Das Schlussthing und das Ende des Pfingstlagers hat der lädierte Vater nicht mehr erreicht. Das Knie war über Nacht so dick angeschwollen, der Bluterguss so blau und groß, die Schmerzen so übel, dass der direkte Weg zum Arzt und später in eine Klinik die zwangsläufige Folge waren.

Dieser Ausrutscher beim Geländespiel habe sein weiteres Leben entscheidend beeinflusst, ja, habe sein Überleben gesichert, betonte der Vater gern und immer wieder, denn 60 oder 70 Prozent seines Jahrgangs seien ja im Zweiten Weltkrieg gefallen. Ein kriegerisches Geländespiel bewahrte ihn, so seine Überzeugung und eine gewisse statistische Wahrscheinlichkeit, vor dem tödlichen Krieg. Es brachte ihm aber noch im Alter heftige Schmerzen. Das linke Knie blieb sein ganzes Leben seine verwundbare Stelle, seine Achillesferse. Die 1992 eingesetzte Knieprothese entzündete sich einige Jahre später, das Bein musste nun versteift und zuletzt wenige Jahre vor seinem Tod amputiert werden, was er klagend und doch mit pfadfinderischer Selbstdisziplin hinnahm.

Zunächst einmal und zuallererst hatte der Kreuzbandriss im Jahre 1939 jene Folgen, deretwegen der Vater sich gerne als „Glückspilz" bezeichnete. Er landete nämlich nicht in der regulären Ausbildung zum Wehrmachtssoldaten und anschließend an der Front, sondern in einem Büro des Wehrmeldeamtes Bruchsal. Dort ging es bürokratisch gemütlich, geradezu heiter zu, glaubt man dem kleinen Album, das den Wehrmeldeamtsbetrieb fotografisch und zeichnerisch festhält. Da hebt ein kleiner Pinscher das Bein, um ein Wachhäuschen nebst Wachmann anzupinkeln, gegenüber abgelichtet ist der Eingang zum realen Wehrmeldeamt, ausgewiesen durch Schild und Zusatzschild „Musterungslokal". Und so harmlos munter, als wenn alle sich auf einer Klassenfahrt befänden, geht es weiter: Strammstehen, Marschieren gibt es nur als gezeichnete Karikaturen. Die ca. 25 Soldaten des Amtes stecken zwar alle in Wehrmachtsuniformen, aber sie telefonieren, sitzen an Schreibtischen, hinter ihnen Wände von Karteikästen, sie unterschreiben Formulare, tippen

3 Ungleiches Schicksal: die Brüder Ernst und Karl

auf Schreibmaschinen, feixen in die Kamera oder suchen ihren „Füllo". Nur ganz am Ende gibt es ein paar Bilder von Schießübungen auf einem Schießstand, stehend und liegend. Abgesehen von den Uniformen unterscheiden sich diese nicht von denen eines Sportschützenfestes, zumal gleich dahinter der ganze Wehrmachts-Verein im Fußballtrikot aufläuft und ein gemalter Ball mit der Unterschrift „Tor hinein" den Schlusspunkt setzt.

Die Bilderzählungen von Ernsts jüngerem Bruder Karl waren ganz anders. Ich kannte ihn nur von knappen liebevollen Erwähnungen seiner Geschwister, die von „unserem Karle" oder „Ach, das Karlchen" sprachen, obwohl er groß und kräftig gewesen sein muss. So zeigen ihn viele Bilder. Sie zeigen aber auch, wie geplant und zwanghaft folgerichtig die Nazimenschenmaschine organisiert war und funktionierte. Und wie selbstverständlich sie jeden erfasste, eingliederte und verschlang. Dabei beginnt Karls Geschichte ganz ähnlich wie die des Vaters. „Die schöne Zeit des Jungvolks" ist der schönen Pfadfinderzeit des vier Jahren älteren Bruders zum Verwechseln ähnlich, so ähnlich, dass es dem heutigen Betrachter kaum gelingt, die Kluft des Hitlerjungen von der des Pfadfinders zu unterscheiden. Auch hier stehen einsame Kothen am Waldesrand, marschieren eine Spielschar und Karlsruher Pimpfe hinter ihren Fahnen. Nun singen sie: „Unsere Fahne flattert uns voran, unsere Fahne ist die neue Zeit." Aber auch die Pimpfenprobe auf der großen Fahrt macht allen Spaß: Schlagballweitwerfen oder eine Minute die Luft anhalten, Nachtwache halten oder die große und kleine Trommel schlagen gehören zum Lagerprogramm. Anders allerdings als die Pfadfindergebote klingen die „Schwertworte der Hitlerjugend". „Jungvolkjungen sind hart, schweigsam und treu. Jungvolkjungen sind Kameraden. Des Jungvolkjungen höchstes ist die Ehre." Von da ist es in Gesinnung und Haltung nicht weit zum Anfang des „Fahnenliedes", dessen treibender Rhythmus alle aufrüttelt und mitnimmt: „Vorwärts! Vorwärts! Schmettern die hellen Fanfaren. Vorwärts! Vorwärts! Jugend kennt keine Gefahren. Deutschland, du wirst leuchtend stehn Mögen wir auch untergehn." Welch makabrer Text des Reichsjugendführers Baldur von Schirach, blickt man von heute aus zurück, und welch unfreiwillig vorausschauende Kraft, die der Refrain des Liedes enthält! „Uns're Fahne flattert uns voran. In die Zukunft ziehen wir Mann für Mann Wir marschieren für Hitler Durch Nacht und durch Not Mit der Fahne der Jugend Für Freiheit und Brot. Uns're Fahne flattert uns

3 Ungleiches Schicksal: die Brüder Ernst und Karl

voran Uns're Fahne ist die neue Zeit. Und die Fahne führt uns in die Ewigkeit! Ja die Fahne ist mehr als der Tod!" Aus dem Pfadfinderlagerfeuer, an denen sie sich Märchen, Sagen und Abenteuergeschichten erzählten und die Fahrtenlieder sangen, die ihre Sehnsucht befeuerte, in fremde Länder aufzubrechen, um sie zu entdecken, ist jetzt „der Schwur am Flammenaltar, Deutscher zu sein" geworden anlässlich einer groß inszenierten Sonnwendfeier.

Im Sommer 1938 hat Karl „die schöne Jungvolkzeit" und eine Elektrikerlehre hinter sich. Er muss zum Reichsarbeitsdienst (RAD), zu den marschierenden Männern mit den geschulterten Spaten. So rückt er als „Arbeitsmann" in Mittelaschenbach ein, Lager 3/226/224. Das Lager besteht aus zehn Baracken und ähnelt den Bildern anderer Nazi-Lager, die von Wachtürmen und Stacheldrahtzäunen umgeben sind. Für die weiten Hügelberge der Rhön hat Karl kaum einen Blick. Er ist da, um ein neues Lager aufzubauen nach dem Muster dessen, das er gerade bezogen hat. Er schottert Wege, setzt Telegrafenmasten, besteigt diese, um die Porzellanisolatoren anzubringen, an denen dann die elektrischen Leitungen befestigt werden. Nach einem gewaltigen Gewitterguss versinken Männer und Lager im Wasser und Schlamm. „So waren die ersten Tage", lautet sein Zwischenfazit. Die nächsten Tage und Wochen sind kaum besser. „Führer" und „Arbeitsmann" üben sich täglich im militärischen Drill, und die neue Baustelle „Straßenbau" verlangt den jungen Burschen alles an Hand- und Hackarbeit, an Kraft und Schweiß ab. Schaufel, Pickel und Schubkarre sind das Arbeitsgerät, eine selbstgelegte Lorenbahn das einzige technische Hilfsmittel. Steine, Hitze, Hitze, Steine, Steine, Hitze. „Zur Erinnerung an die ‚Hölle'" hat er Kamerad Georg Schäfer ein vergrößertes Foto zum Geburtstag geschickt, mit eigenhändiger obiger Widmung, auf dem die beiden jungen Männer mit nacktem Oberkörper in Drillichhosen und in schweren Stiefeln auf einer mit Steinen gefüllten Karre sitzen, offenbar in einer Arbeitspause, die Schaufel zwischen den Beinen abgestellt. Die Baustellenbilder ähneln jenen der Zwangsarbeiter, die einige Jahre später im Krieg auch als sogenannte „Gemeinschaftsfremde" RAD-Einheiten zugeteilt wurden. Der proklamierte „Ehrendienst am deutschen Volk" ist offenbar schwere Schinderei. So erscheint der Ernteeinsatz in Unterweißenborn im Herbst wie ein Ferienaufenthalt. Man sieht erschöpfte, aber zufriedene Menschen vor einer Dreschmaschine Marke „Lanz" stehen, feiert gemeinsam mit Bauern und Bäuerinnen, mit Mägden unterm Kopftuch und Arbeitsmännern im Drillich den letzten Erntewagen mit einer

3 Ungleiches Schicksal: die Brüder Ernst und Karl

Erntekrone. Und es bleibt vor der Kartoffelernte sogar ein wenig Zeit, sich auf einen Traktor zu setzen, und ein Atemholen für kleine Späße: Karl auf dem hohen Ross als „Erbhofbauer".

Danach wieder Appelle, Stiefel wichsen, Stiefel vorzeigen, Tornister packen, marschieren mit Spaten auf der Schulter auf den selbstgebauten steinigen Wegen. Dazwischen kurze „Erfrischungen": eine Wasserschlacht unter Männern, einen Schlafsaalmaskenball, alle in ihre karierten Decken gewickelt, die Uniformschiffchen quer auf dem Kopf, ein „Kameradschaftssuff" mit einem Tisch voller Bierflaschen und einem geradezu enthemmt fröhlichen Karl, der eine Zigarre in der Hand hält.

Der Übergang in den Krieg ist fließend. Jetzt hat die Kolonne die Spaten gegen Gewehre getauscht. Auf dem Rücken liegend schießen sie noch in den Himmel. Alle inklusive des Chefs der Abtlg. 3/226 stellen sich am Ende der RAD-Zeit zum monumentalen Gruppenabschlussbild, ca. 200 Männer auf einer Tribüne gestaffelt. Alle in ihrer Ausgehuniform, die Hakenkreuzbinde am linken Oberarm, eine seltsame Schirmmütze auf dem Kopf, die wegen ihrer Einbuchtung landläufig „Arsch mit Griff" genannt wurde, der hier alle 200 Einzelwesen deckelt. Ein Ornament der Masse.

Der gespielte „In-die-Luft-schieß-Krieg" geht gleitend in den realen über. Karl steckt jetzt unter einem Stahlhelm und im „5. Ln. Rgt. 3. Stgt-Möhringen". Er legt den Soldateneid auf Hitler und die Nazifahne ab am Rande eines Fichtenwaldes. Dann bricht das offensichtlich von ihm selbst beschriftete Album ab. Das zweite, in der selben weißen Schönschrift untertitelt wie Vaters Island-Tagebuch und das Album der Pfadfinderzeit, muss wohl, so mutmaße ich, Bruder Ernst später als Erinnerungsbuch für seinen vielleicht schon toten Bruder angelegt haben. Viele Bilder wiederholen sich zunächst, dann geht es mit dem Ausmarsch in Möhringen in den Wehrdienst und zur Vorbereitung des Krieges. Der „Herr Funker" wird als „Anstreicher", „Mastensteiger", „Drahtkurbler" und in luftiger Höhe am Mast hängend sichtbar, auch beim Gewehrreinigen, bei einer winterlichen Wache im Schnee. Dann wird ein nicht weiter erläuterter Lazarettaufenthalt in Frankfurt dokumentiert, mit zwei Kameraden und einer Krankenschwester an seiner Seite, unmittelbar gefolgt von einem „Ausgang mit Lotti", wiederum im Schnee. Zum ersten Mal taucht hier eine namentlich identifizierte weibliche Person in Karls Umkreis auf und die Frage: Wer war Lotti? Denn auffällig ist, dass es außer den Bildern seiner „Knabenzeit" nur

3 Ungleiches Schicksal: die Brüder Ernst und Karl

zwei weitere private Fotos unter den vielen, vielen militärischen gibt. Eines mit seiner älteren Schwester Martl unter dem brennenden Weihnachtsbaum, der von einem Hitlerporträt überschattet ist („Skiferien bei Martl in Schramberg") und ein Rückenbild auf dem Rhein: „Paddelfahrt mit Ernst". Sonst nur Kameraden und Kameraden und Kameraden und Tiere. Karl füttert Tauben, hat zwei Kätzchen, ein schwarzes und ein weißes, im linken und rechten Arm, streichelt ein Ackerpferd, beugt sich nieder zu Bernhardiner und Dackel. „Der Tierfreund" lautet die Zusammenfassung.

Dann beginnt für ihn der Krieg im Westen. Kolonnen von Geländewagen, deutsche Panzer in einer französischen Kleinstadt, zerschossene Bunkeranlagen, zerstörte Brücken und Häuser markieren den Weg und seine Fotostrecke. „Kurze Fahrpause" und dann ist Karl wieder am Geländetelefon als „Nachrichter" tätig, ist offenbar vor allem mit der Aufstellung von hölzernen Elektromasten beschäftigt. Er gehört zu den „Stangenfahrern" und „Stangenaufstellern" und hat dabei eine eroberte Hilfstruppe aus Marokkanern und Senegalesen zur Seite: „Afrika packt an", „Die Schwarzen helfen". Weiter geht es nach Westen. Er steht vor schwelenden Trümmern, auf einer Brücke in Frankreich – ich meine, es ist in Paris –, wo er vor Notre-Dame wieder Tauben füttert. An der Kanalküste, wohl in der Normandie, gibt es eine „Freizeit am Meeresstrand", „ein Bad im Atlantischen Ozean". Ein stattlicher, muskulöser, ja schöner junger Mann in der Badehose am weiten Sandstrand. Über ihn ziehen die weißen Sommerwolken, die Sonne steht im Zenit, wie sein kurzer Schatten anzeigt. Dann kehren die Bilder in Uniform zurück. Er sitzt auf der Treppe eines Kriegerdenkmals, steht, die ovale Fahrerbrille über die Militärkappe geschoben, wohl an einem französischen Hafenbecken, dann mit ernstem Blick zwischen zwei Pferden, zwei schweren Kaltblütern. Schließlich die letzte Seite des Albums, ganz unvermittelt links Karl, sein Kopf, Hals und sein linker Arm umwickelt mit weißen Mullbinden, rechts gleich daneben das Bild seines Grabes, unter das sein Vater die handschriftliche Notiz geklebt hat: „Karls Ruhestätte in Süchteln bei Vieren an der holländischen Grenze."

Im Tagebuch seiner Schwester Martl im Schwarzwald spiegelt sich der Frankreichfeldzug und Karls Tun und Tod so: „Die grosse Frühjahrsoffensive begann. In heldenmütigen Kämpfen rangen unsere tapferen Helden Frankreich zu Boden. Stolz macht mich das Bewusstsein, dass (!) mein jüngster Bruder auch mit draussen steht, kämpft für uns alle. Briefe flattern von ihm an, viele liebe Briefe, wir atmen immer wie-

3 Ungleiches Schicksal: die Brüder Ernst und Karl

der auf, er lebt. Der gute Onkel schickt auch Päckchen vom Feindesland, Anzüge, Strümpfle für die Buben, herrliche Schokolade, Kaffee, Schwarztee. Der gute Bub. Der Feldzug in Frankreich findet seinen siegreichen Abschluss.
Wie ein Donnerschlag trifft drum die Nachricht vom so raschen Tod des lieben Karl ein. Am 1. Oktober starb er an Herzlähmung in einem Lazarett. [...] Es ist hart und schwer, dieser Schicksalsschlag. Wir opfern den geliebten Bruder auf dem Altar des Vaterlandes."

Was die ältere Schwester schreibt, entspricht dem Arrangement des Fotoalbums. Die Bildanordnung suggeriert eine schwere Verletzung und deren Folgen, möglicherweise den „Heldentod", aber, wie bei genauerem Hinsehen deutlich wird, auf dilettantische Weise. Der Kopf- und Armverband wirken seltsam unprofessionell. Wie wenn er sich als Touareg verkleidet hätte, blickt ein Mann in deutscher Wehrmachtuniform starr in die Kamera. Mich hat dieses Bild des unbekannten Onkels, der nicht einmal 21 Jahre, also nach damaligem Recht nicht volljährig war, irritiert, zumal die Auskünfte auf die Frage, woran er gestorben sei, ausweichend unklar waren: „An einem Herzversagen nach einer Herzattacke". Standen die beiden Bilder überhaupt in einem direkten Zusammenhang? Und wer stirbt mit 20 Jahren an Herzversagen in einer Klinik? Und warum stirbt ein deutscher Soldat, der seinen Weg von Straßburg bis Paris mit meterhohen Stangen markiert hat und an ihnen regelmäßig hinauf, ein kleines Stück in den Himmel geklettert ist, der eben noch an der Atlantikküste weit hinaus aufs Meer geschaut hat, an der holländischen Grenze in einem Krankenhaus?

Die Bilder und die vage Todesursache haben mich nachforschen lassen, was das für eine Klinik war. Dabei stieß ich schnell auf die Information, dass die Heil- und Pflegeanstalten Johannisthal bei Süchteln, heute Rheinische Landesklinik Viersen, Euthanasieprogramme durchführten, allerdings nachgewiesen erst ab 1941. Als dies ruchbar wurde, der Abtransport der zur Tötung Selektierten war offenbar nicht zu verbergen, intervenierten die katholischen Bischöfe von Köln und Münster. Die „Tötung unwerten Lebens" war allerdings keine Erfindung der Nazis, sondern wurde in psychiatrischen „Fachkreisen" schon in den Zwanzigerjahren diskutiert, unter anderem auch von Ärzten dieser Klinik. Meine Anfragen dort nach dem verstorbenen Onkel und seiner Todesursache wurde 53 Jahre später von einem leitenden Arzt namens Dr. Pöppe beantwortet, der mir den „epikritischen ärztlichen Bericht

3 Ungleiches Schicksal: die Brüder Ernst und Karl

über die stationäre Behandlung des Herrn Karl Kurzenberger, geboren am 5.10.1919 in Karlsruhe für die Zeit vom 20.09.1940 bis zum 1.10.1940 in der Heil-und Pflegeanstalt Johannistal bei Süchteln (heute Rheinische Landesklinik Viersen)" zusandte:

„Der ledige 20-jährige Soldat war am 5.9.1940 in Frankreich psychisch stark auffällig geworden durch ungewöhnliche Verhaltensweisen. Er wurde am 6.9.1940 in ein Feldlazarett in Frankreich aufgenommen, wo er paranoid und gespannt erschien. Am 7.9.1940 wurde er in die psychiatrische Klinik St. Anne bei Paris verlegt. Dort wurde er als manisch beschrieben mit gehobenem Selbstwertgefühl, wurstig, saloppem Verhalten und paranoiden Ideen. Er wurde als sehr unruhig charakterisiert, laufe umher, singe, johle und wurde ständig mit Scopolamin behandelt. Am 16.9.1940 wurde er mit einem Lazarettzug nach Süchteln transportiert, wo er am 20.09.1940 aufgenommen wurde.

Er ist schon am Aufnahmetag in ständiger Unruhe, lacht, springt fortwährend aus dem Bett, macht ständig stereotype Bewegungen. Er spricht nicht, gibt dem Arzt wortlos die Hand. Die psychomotorische Unruhe hält über Tage an. Die plastische Beschreibung der Pflegekräfte lassen das psychische Verhalten deutlich werden. Der am 24.9.1940 entnommene Liquor war unauffällig.

Der Patient erhielt regelmäßig – meist zur Nacht – ein- bis zweimal am Tag 0,2 g Veronal beziehungsweise eine Injektion Morphin-Scopolamin. Unter der Einwirkung der Beruhigungsmittel kam es für wenige Stunden zum Schlaf. Überwiegend war der Patient aber psychomotorisch unruhig, lachte, klatschte in die Hände und turnte fortwährend durch den Wachsaal.

Am Morgen des 1.10.1940 kam es plötzlich zu einem Kollaps. Bei der Temperaturmessung wurde eine Körpertemperatur von 39,1 Celsius festgestellt, die innerhalb kurzer Zeit auf 40,4 Celsius anstieg. Der Patient erhielt noch Cardiazol und Digipurat (Herz-Kreislaufmittel) injiziert. Um 11.50 Uhr verstarb der Patient."

Der Bericht, so zeigen Stil und Sprachgebrauch, stammt wohl aus der Zeit von Karls kurzem Klinikaufenthalt in Süchteln. Er ist offenbar eine Kopie der damaligen Krankenakte, erweitert um den Schlussabsatz: „Es wurde als Todesursache eine Herzmuskelschwäche bei manischem Erregungszustand, bei wahrscheinlicher Schizophrenie, angenommen. Aus heutiger Sicht handelt es sich mit größter Wahrscheinlichkeit bei der Erkrankung des Herrn K. um eine katatone Schizophrenie (ICD 9 295.2), die einen perniziösen Verlauf nahm, wie er früher ohne die Mög-

3 Ungleiches Schicksal: die Brüder Ernst und Karl

lichkeit des Einsatzes von Neuroleptika nicht selten war. Anhaltspunkte für Fremdverschulden lassen sich anhand der Krankengeschichte nicht erkennen."

Anhaltspunkte für Fremdverschulden lassen sich aus heutiger Sicht sehr wohl erkennen. Denn offenbar erfolgte die Behandlung Karls nach den Maßstäben einer Zeit, die psychisch Auffällige oder Kranke nicht als vollwertige Menschen ansah, sondern sie zum Objekt zweifelhafter Therapien machte. Der damals häufig angewandte Cardiazol-Schock war mit Horrorvisionen und Todesängsten verbunden. Die Ärzte experimentierten offenbar bedenkenlos mit Arzneimitteln oder hatten sich an Behandlungsweisen gewöhnt, die für ihre Patienten Folter waren und die Zerstörung ihrer Persönlichkeit in Kauf nahmen. Scopolamin führte nicht nur zur Beruhigung von hoch erregt geistigen Kranken, sondern oft zu völliger Apathie, auch zu schweren Sehstörungen und schlimmen Halluzinationen. Als sogenannte K.O.-Tropfen machen sie noch heute kriminelle Karriere.

Karls Tod mag aus „rein medizinischer Sicht" die Folge einer katatonen Schizophrenie gewesen sein, möglicherweise ein sogenannter psychiatrischer Notfall mit letalem Ausgang. Was diesen Notfall auslöste, lässt sich an der kurzen Wegstrecke seines Lebens ziemlich genau ablesen: Die Psyche eines jungen Mannes wehrte und überspannte sich, weil er den militärischen Alltag nicht verkraften konnte. Danach war er als hilfloses Opfer einer unmenschlichen Psychiatrie ausgeliefert. Das Bild vom „Nachrichter" zeigt mir sein Wesen am deutlichsten: aufmerksam, gewissen- und ernsthaft hört er den Kopf zur Seite geneigt in eine Telefonmuschel, wartet auf Signale, auf eine menschliche Stimme. Doch er ist mitten im „Blitzkrieg" ein unfreiwilliger Sieger an der Westfront. Was diesen sensiblen freien Geist unfrei machte, ihn bedrängte und zu jenen Verhaltensweisen brachte, die man mit mörderischen Arzneien austreiben wollte: sein wurstiges und saloppes Verhalten, das er nach dem Arztbericht an den Tag legte, sein Singen und Johlen, sein Lachen und In-die-Hände-klatschen, seine Unruhe und sein Herumturnen im Wachsaal scheinen mir geradezu notwendige lebensbejahende menschliche Reaktionen zu sein. Ein unkontrollierbarer Protest gegen das Antreten, Strammstehen, Marschieren, gegen das stupide Hacken und Schaufeln, gegen all die schneidenden Befehle und gebrüllten Kommandos, die er in den beiden letzten Jahren seines kurzen Lebens über sich ergehen lassen und ertragen musste.

3 Ungleiches Schicksal: die Brüder Ernst und Karl

Karls Bruder, der „Glückspilz" Ernst, war solchen Befehlen nie ausgesetzt. Sein Chef, ein Major Grossmann, Studienrat aus Karlsruhe, entdeckte auf dem Wehrmeldeamt in ihm einen Gesinnungsgenossen, der zum „Führer und seiner Bewegung" auf Distanz war, und einen ordentlichen Schachspieler, mit dem er sich gerne maß. Das war Grund genug, ihn gegen bestehende Vorschriften und ohne jede Wehrmachtsausbildung zum Unteroffizier der Luftwaffe zu befördern. Denn innerhalb der Dienststelle gab es eine Abteilung, die dieser Waffengattung zugeordnet war, und damit eine Planstelle, die besetzt werden konnte. Funktionierende deutsche Bürokratie selbst im Weltkriegsuntergang! So überlebte der Luftwaffenunterleutnant Ernst auch noch auf dem Amt, als Ende 1944 ein General namens Unruh alle Heimatdienststellen nach fronttauglichen Soldaten durchforstete. Und er blieb, was er auf seinen mir etwas peinlichen Soldatenfotos immer war, ein verkleideter Zivilist in Uniform, der ein bisschen Krieg im Zweiten Weltkrieg spielt. Wo Bruder Karl vor zerschossenen Häusern und rauchenden Trümmern steht, sitzt Bruder Ernst mit Stahlhelm und identischer Fahrerbrille wie der Bruder in Frankreich lächelnd auf einem Motorrad, wohl im Hinterhof des Wehrmeldeamtes.

Der 30. Januar 1945, ein Dienstag, ist im Wehrmeldeamt Gochsheim der Finaltag eines internen Schachturniers. Am Abend wird Uffz. E. Kurzenberger als erster Sieger geehrt. Man sitzt noch zusammen, redet über versäumte oder falsche Züge. Die Atmosphäre ist entspannt. Das mehrtägige Turnier des WMA war auch stimmungsmäßig ein Erfolg. Um 21 Uhr schaltet Major Grossmann pflichtgemäß den Volksempfänger ein. Der Großdeutsche Rundfunk überträgt aus Anlass des 12. Jahrestages der Machtergreifung die Ansprache Adolf Hitlers an das deutsche Volk aus dem Führerhauptquartier. Hitlers Ton ist ernst, gedämpft und klingt bedeutend. Er schlägt den historischen Bogen vom desolaten Zustand des Deutschen Reiches kurz vor seiner Machtübernahme, als 7 Millionen Erwerbslose auf der Straße standen, die „innere Zersetzung" der Wirtschaft und des Landes aufgrund des wirtschaftlichen Liberalismus des internationalen Judentums weit vorangeschritten sei, zur schwierigen Situation der Gegenwart, „dem gewaltigen Weltendrama", das sich derzeit abspiele, im Kampf Europas gegen „die Geister aus den Steppen Asiens", „den Gespenstern des asiatischen Bolschewismus". Mit den Problemen sei auch immer das deutsche Volk gestärkt worden. Schon sechs Jahre nach seiner Machtübernahme, sei „der deutsche Volkskörper wehrmäßig saniert" gewesen, die Widerstandskraft unserer

3 Ungleiches Schicksal: die Brüder Ernst und Karl

Nation gewachsen. Der „Führer" fordert den grenzenlosen Einsatz für den Sieg. „Äußerste Anstrengung wird die Lage meistern. Sollte das deutsche Volk an dieser Prüfung zerbrechen, ich könnte ihm keine Träne nachweinen."

Fast auf die Minute genau, als Hitler die letzten Sätze an „sein" Volk richtet, gibt der Kommandant des sowjetischen U-Bootes S-13, das in der Ostsee vor Pommern kreuzt auf der Suche nach deutschen Zielen, Alexander Iwanowitsch Marinesko, das Kommando vier Torpedos abzuschießen. Eines der Torpedos klemmt im Schacht, drei treffen die „Wilhelm Gustloff" am Bug, unter dem Deck und im Maschinenraum. Eine Stunde später, gegen 22.15 Uhr, sinkt das Schiff etwa 23 Seemeilen vor der pommerschen Küste entfernt. Wie viele Menschen mit ihm in der eiskalten Ostsee bei einer Außentemperatur von minus 20° versinken, ist ungewiss. Waren es sieben-, acht-, neun- oder über zehntausend, die in Gotenhafen sich an Bord gedrängt hatten auf der Flucht vor der Roten Armee: Zivilisten, Frauen und Kinder in der Mehrzahl, 1.500 Angehörige der Wehrmacht, darunter 162 Verwundete, 340 Marinehelferinnen und 918 Marinesoldaten der zweiten U-Boot-Lehrdivision, die von Kiel aus in den Kriegseinsatz gehen sollte? Gewiss ist nur, dass herbeieilende Schiffe 1.252 Menschen retten konnten und dass dieser Schiffsuntergang zu den größten Katastrophen der Seefahrtsgeschichte zählt.

Dabei hatte alles als Fest- und Ferienveranstaltung begonnen. Adolf Hitler war dabei, als das bei Blohm und Voss in Hamburg gebaute Schiff am 5. Mai 1937 auf den Namen eines Märtyrers des Nationalsozialismus getauft wurde und als Kreuzfahrtschiff für die Nazi-Organisation „Kraft durch Freude" (KdF) in Dienst gestellt und mit verdienten Volksgenossen in die weite Welt geschickt wurde, zuerst nach London zu Propagandazwecken nach dem Anschluss Österreichs, zur Jungfernfahrt nach Lissabon und Madeira, zu Kreuzfahrten um Italiens Stiefel herum und in die Fjorde Norwegens. Zwei Jahre später brachte das Schiff die Soldaten der Legion Condor, mit der Hitler das faschistische Spanien und den Putsch-General Franco im spanischen Bürgerkrieg gegen die Linke unterstützt hatte, nach Deutschland zurück. Wohin die „Gustloff" steuerte, war schon bei ihrer Planung deutlich. Alle Aufzüge waren für Krankenbetten ausgelegt und in den Kabinen gab es eine komplette „Verrohrung" für die Sauerstoffversorgung. Ein Hospital- und Kriegsschiff kreuzte also schon 1936 in den Köpfen seiner Ingenieure und Auftraggeber.

Von dem, was in dieser Nacht der „Gustloff" auf der Fahrt von Ostpreußen nach Kiel zustieß, wusste die gemütliche Soldatenrunde des Wehrmeldeamtes in der Gochsheimer Dorfschule zu diesem Zeitpunkt selbstverständlich nichts. Als Hitlers Rede, übrigens die letzte, die er im Rundfunk hielt, mit der deutschen Nationalhymne endete, suchte der Unteroffizier E. K. Blickkontakt mit seinem Vorgesetzten und Chef Major G. Als das nicht gelang, zog er etwas schneller an seiner Tabakpfeife. Dann nahm er die ihm zuvor überreichte Siegerurkunde in die Hand und starrte versonnen auf die sorgfältig mit schwarzer Tusche gezeichneten Buchstaben in gotischer Schrift, auf die übereinander purzelnd gemalten Schachfiguren, Turm, Bauer und Läufer in Schwarz, Dame, Springer und König in Weiß, und auf die beiden Unterschriften Bechtler und Siegele, die die Urkunde beglaubigten.

4 Der glamouröse Herr Scheuermann und das elegische Fräulein Sturm

Zu meinen Schätzen zählen schon seit Kindertagen Fotoalben der Eltern aus den Dreißiger- und Vierzigerjahren des vorigen Jahrhunderts. Sie wurden von der Mutter immer dann hervorgeholt, wenn ich erkältet mit Fieber „das Bett hüten und beschäftigt werden musste". Meist zusammen mit anderen Gegenständen, die nicht im familiären Alltagsgebrauch waren, etwa ein silbernes Beutelchen aus feinem Metallgewebe mit einem Scherenverschluss, der sich weiten und ausziehen ließ und zum Verschließen mit einer runden ziselierten Metallkappe überstülpt wurde. Sicherlich ein Relikt aus dem vorigen Leben Muttis, als sie noch Prinzessin war und in der Dornröschenburg wohnte. Oder die Holzfiguren eines Schachspiels und ein dazugehöriges, mit Intarsien geschmücktes Brett, beide fein poliert und stark nach Pfeifentabak riechend. Sicherlich ein Überbleibsel aus dem vorigen Leben von Papa, in dem er als Kreuzritter im Heiligen Land mit einem Muselmann um sein Leben spielte. Oder ein Weberschiffchen, dessen Spindel wie ein Segelmast herausgeklappt werden konnte. Es lag sonst tief auf dem Grund der abgeschlossenen Schublade des väterlichen Schreibtisches im sogenannten Herrenzimmer. Mit ihm ließen sich gewiss früher die Weltmeere befahren.

Die auf meiner Bettdecke ausgebreiteten Alben ergaben einen kostbaren Flickenteppich. Einige waren geblümt und quadratisch, die anderen querformatig in einen dicken genoppten Wollstoff gepackt. Eines tat sich durch eine aufgeklebte lederne Pfadfinderlilie hervor und hatte am Rand ein dunkles Holzteil, durch das man die Verschlussschleife schieben konnte. Ein anderes fiel durch einen Basteinband, rot und gelb geflochten, auf und hatte zwei lustige Bommel an den Schnüren, die das Ganze zusammenhielten. Vielen gemeinsam war: Sie enthielten schwarzweiße Fotos mit hellen gezackten Rändern. Vor allem die kleinformatigen leuchteten, fast feierlich, vor ihrem schwarzen

Aufklebeblatt. Viele waren mit weißer Tinte in Schönschrift sorgfältig untermalt und in oft seltsamen Bedeutungen fixiert: „Zwei Skikanonen, aber kein Schnee", „Der wichtigste Mann im Haus" oder „So wohnt man in Island".

Erklärungsbedürftig waren manche Bilder und manche Untertitel der Alben. Eines aber ganz besonders. Auf seinem Stoffeinband schwebten Blumengebinde und sein Inneres wurde mit einem Bild meiner Mutter und der Unterschrift „Wiedergeborenes Rokoko" eröffnet. Mutti kam mir auf dem Bild sehr fremd vor. Sie hatte dickes, weißes, gewelltes Haar, in dem ein Stiefmütterchen steckte, trug ein schwarzes Samtband mit Medaillon um den Hals und ein Rüschenkleid nebst einem, wie mir erläutert wurde, Reifrock, der die sonst schlanke Mama sehr voluminös erscheinen ließ. Noch wunderlicher war für mich, dass sie auf manchen Bildern in diesem schwerfälligen Rock steckte, auf anderen aber als ranker junger Mann mit Kniebundhosen zu sehen war. Hier waren die Haare nicht gewellt. Und ihr Gewand, eine halblange Jacke, war mit einer Bordüre versehen. Meist wandelten die so Verkleideten als Paare am großen Teich auf der Gartenseite des Bruchsaler Schlosses, zeigten sich aber auch hinter Hecken, in Terrassentüren oder vor einem ebenfalls mit weißen Perücken versehenen Orchester unter einem großen Kerzenkristalllüster in einem prächtigen Saal.

Blättere ich heute durch das Album, sehe ich gestellte Bilder und Posen, lese gestelzte und banale Bildunterschriften: „schön war die Zeit" oder „kleine Plauderei", „im prunkvollen Märchenschloss" oder „wieder wandeln durch die Hallen reizende Rokoko Pärchen". Dann wird es, dem dargestellten Zeitgeist entsprechend, zunehmend erotischer in der fürstbischöflichen Residenz. „Ballgeflüster" und „galante Junker bitten…", wie das Bild ergänzt, zum Tanz. Und schon im übernächsten Foto legt Page Mutti hinter einem Strauch die linke Hand auf die Reifrockhüfte ihrer Herzensdame. „Mit ihr allein…", lautet die behauptete Traumwunscherfüllung, die aber schnell wieder beim nächsten Bild in ein „mein hochverehrtes Fräulein" überführt wird. Dann folgt „ein kleines Geständnis". Hier ist Mutti aber wieder das angeredete weibliche Reifrockwesen. Bei „ein fragender Blick" im Handumdrehen erneut in der Hosenrolle! Ob wir es hier mit einer Übungseinheit traditioneller Flirttechniken oder einem vorauseilenden „doing gender" zu tun haben, gar mit verwirrendem „Crossdressing"? Die Dramaturgie und das Arrangement der Szenen hat sich wohl der professionelle Hof- und Stadtfotograf C. O. ausgedacht, der seiner kleinbürgerlichen Fantasie im feudalen Ambiente freien Raum lässt. Und Mutti und ihre Schulfreundinnen sind auserwählt, als männliche Pagen oder weibliche Hofdamen erotische Galanterien zu fingieren und die Staffage für die Schlosskonzerte abzugeben.

Die Wirkung dieser Fotostrecke hielt bis in unsere Tage an. In kaum einem Buch über die kleine Stadt mit dem großen Schloss darf sie fehlen. Und selbst in der 2001 veröffentlichten Publikation *Bruchsal und der Nationalsozialismus* ist auf Seite 48 ein Bild dieser Serie zu finden. „Historisches Schlosskonzert im Fürstensaal 1936" (StA Bruchsal, Neg. 266 /56). Der Vater hat es in seinem 87. Lebensjahr handschriftlich untertitelt und mit einem Pfeil auf seine Pagenfrau versehen: „Ruth 1936 (ich saß fünf Meter vor ihr im Publikum, aber erst zwei Jahre danach lernten wir uns kennen)." Dieses Kennenlernen hat mehrere Überlieferungsvarianten. In den frühen Erzählungen des Vaters war es ein Faschingsball der Turn- und Sportgemeinschaft, bei dem er seine spätere Frau zum Tanze bat, auf sie angeblich aufmerksam gemacht durch seinen schwulen Geschäftskompagnon Carl Kruse. In einer Tagebuchrückschau des 84-Jährigen ist es der Tennisplatz, der die beiden zusammenführt. Beide Varianten haben eine gewisse Wahrscheinlichkeit.

Fotobelegt und dokumentarisch gesichert ist der Fortgang der Beziehung, wie er auf meiner Bettdecke ausgebreitet ist. Zwei Alben und ihr Inhalt waren mir besonders lieb. In ihnen waren Fotos der Mutter und des Vaters nach dem ersten Kennenlernen zu sehen. Sie brachten das Glück der frisch Verliebten in mein eisernes Kinderkrankenbett. Das hätte ich beim Anschauen der Bilder so nicht benennen können, sehr wohl aber spürte ich es. Das kleinste der Alben, vielleicht neun mal zehn Zentimeter und gut zwei Zentimeter dick, liebte ich vor allem wegen der Reihung der Fotos: auf der linken Seite ein Bild des Vaters, auf der rechten Seite ein Bild der Mutter. Papa mit Tabakpfeife im Mundwinkel links, Mutti im Dirndl auf der Waldbank rechts, die Tennisspielerin mit gekreuztem Haarband auf der einen Seite, der den Ball spielerisch auf dem Schläger wippende Crack in der eleganten langen weißen Hose auf der anderen Seite. Beide in derselben Position am selben Tisch tiefsinnig dieselbe Keramikschale betrachtend, aber im Album gegenüber platziert. Papa und Mutti schauen bei den meisten Bildern wie aus kleinen Fenstern auf mich. Der Vater oft mit breitem Lachen, seine schönen weißen Zähne zeigend, die Mutter oft etwas elegisch, der weitreichenden Bedeutung des hier arrangierten Paartreffens angemessen.

4 Der glamouröse Herr Scheuermann und das elegische Fräulein Sturm

Nur die ersten beiden Fotos waren auf der Innenseite des Albendeckelblatts eng aneinandergeklebt. Offensichtlich aus- und zurechtgeschnitten für die optische Vereinigung. Der Vater als leicht verkrampft lächelnder Konfirmand mit schwarzer Fliege und in einen dunklen Zweireiher gesteckt, die Mutter mit langen Zöpfen im artigen Blüschen aus einem Gartenstrauch hervorlugend. Während er als Halbwüchsiger seinen ersten offiziellen Auftritt absolviert, ist sie noch die verhalten lächelnde Mädchenunschuld im Paradiesgärtlein.

Die Schauplätze der Zweierserie sind zuerst Spazier- und Feldwege, dann Dorfbrunnen und Jägerhochsitze, schließlich blühende Obstwiesen und Waldlichtungen. In der Mitte des Albums löst sich das Reihungsschema auf. Ruth ist allein im Fokus ihres Liebhabers Ernst, der sie dazu animiert, im Scherenschritt über ein Tennisnetz zu springen, am Rheinufer ihre schönen Beine wie in einem Riefenstahl-Film in die Lüfte zu werfen oder einen Kopfsprung in den vaterländischen Strom zu markieren. Alle Bilder gestochen scharf bis zum heutigen Tag! Bald fahren die beiden im beigen Opel Cabriolet durch den Frühling, machen unter weißen Kirschblüten Station, führen gemeinsam den großen Bernhardiner Barri des Geschäftspartners an der Leine.

Der Vater ist „pfundig" angezogen, mal fescher Bursch, mal im taillierten Anzug und mit Krawatte, mal strahlend unterm kecken Hut und in englischen Knickerbockern. Mutter neigt im Norwegerpullover mit stilisiertem Hirschmuster eher zum Besinnlichen oder blickt skeptisch träumerisch in die Ferne im hochgeschlossenen Trenchcoat. Dann sitzen beide glücklich im selben Boot, paddeln im Klepper-Faltboot auf dem Rhein. Der jugendliche Vater, im Profil von hinten aufgenommen, die Pfeife zwischen die Zähne geklemmt, gibt die Richtung vor. Sein muskulöser Rücken zeigt die Kraft des Paddelzugs. Die noch jugendlichere Mutter dahinter, ebenfalls ein Rückenbild, steckt unter einer weißen Stoffkappe à la Caracciola und hat ihre Ziehharmonika auseinandergezogen. Erst am Ende beider Alben taucht auch der Vater in Militäruniform auf, mit Schiffchen, Schirmmütze, Stahlhelm und Lederhandschuhen. Der Glückspilz, als der er sich ein Leben lang sah, ist wegen eines Kreuzbandrisses nicht „k.v.", also „kriegsverwendungsfähig", sondern „a.v.", also „arbeitsverwendungsfähig in der Heimat" geschrieben. Statt an der Front kämpfen zu müssen, darf er im Büro des Wehrmeldeamtes sitzen und mit Karteikärtchen den Krieg organisieren. So bleibt er in der Nähe seiner Ruth. Die wiederum ersetzt ihn im Herrenbekleidungsgeschäft

4 Der glamouröse Herr Scheuermann und das elegische Fräulein Sturm

„Scheuermann und Co" und hält den Laden am Laufen. Doch das ist schon Kriegsalltag im Jahre 1942.

Kurz nach Kriegsbeginn feiert ein ganzes Fotoalbum die Winterfreuden des Liebespaares. Sie machen ihre ersten gemeinsamen Reisen, die heute als solche wohl nicht mehr gelten würden, bei einem maximalen Reiseweg von 200 Kilometern. Den beiden Verliebten ist Muttis jüngere Schwester Inge als „Anstandswauwau" beigesellt. Wer mit wem das Doppelzimmer teilte, ist nirgendwo erwähnt und schon gar nicht sichtbar. Dafür leuchten die Skispuren im Schnee, klirren die Eiszapfen, verklärt der Raureif die Bäume. Geheimnisvolle Ortsnamen markieren die Wanderziele und Skistationen: Zastler Loch, Freilandhütte, Kuhkopf, Brend, Schönwald. Die riesigen Dächer der Schwarzwaldbauernhöfe und die der Gasthöfe, in denen die drei Quartier bezogen haben, verbreiten Heimeligkeit und Geborgenheit. Und die Schneedecke scheint über die Welt gezogen wie ein schützender Mantel.

Dabei hat schon vor Monaten der Krieg begonnen, hat Hitler Polen überfallen und attackiert jetzt halb Europa: „Seit 5 Uhr 45 wird zurückgeschossen. Und von jetzt ab wird Bombe mit Bombe vergolten", lügt und droht der Diktator am 1. September 1939 vor dem Reichstag in Berlin. Die beiden Skihaserln sind zur Jahreswende 39/40 verzaubert von der Wintersonne, blicken in glitzernde Landschaften am Schauinsland, spuren durch den Tiefschnee am Feldberg und am Toten Mann. Nachweihnachtlich glänzet der Schwarzwald. Vom Krieg keine Andeutung und Spur, Ruth und Ernst frönen ihrem Liebesglück im Schatten vereister Tannen am Stubenwasen.

Der Realitätsschock kommt eineinhalb Jahre später: „Zuerst wollten wir mit der Heirat noch warten, bis der Krieg vorbei war (…) der Entschluss noch im Jahre 1941 zu heiraten, fiel am Morgen des 22.6.41", schreibt der Vater in seiner Rückschau. „Ruth und ich waren gerade im Schwimmbad, als plötzlich aus den Lautsprechern nach ausdauernd gesendeter Marschmusik eine wichtige Sondermeldung angekündigt wurde. Als nach einiger Zeit gespannten Wartens die Sondermeldung kam, hieß es: ‚Seit heute Morgen 6 Uhr marschieren unsere Truppen in Russland ein'. Das wirkte auf mich wie ein Schock." Die sogenannte Russlandfanfare, der Schlussteil von Liszts *Les Préludes*, leitete ab jetzt unzählige Sondermeldungen der deutschen Wehrmacht ein. Diese erstmals musikalisch so gerahmte hieß im genauen Wortlaut: „Zur

Abwehr der großen Gefahr aus dem Osten ist die deutsche Wehrmacht am 22. Juni, 3 Uhr früh, mitten in den gewaltigen Aufmarsch der feindlichen Kräfte hineingestoßen."

Eine Kriegserklärung als Auslöser eines Eheentschlusses in Badeanzug und Badehose! Und zur absurden Situation eine merkwürdige Begründung fürs Eheversprechen: „Uns war sofort klar, dass dieser Krieg noch unabsehbar lange dauern würde." Was „unabsehbar lange" für die beiden bedeutete im „Tausendjährigen Reich" – ein Jahr, zwei Jahre, viele Jahre –, weiß ich nicht. Offenkundig aber ist: So lange wollten sie, konnten sie nicht warten, ein gemeinsames, offiziell abgesegnetes Leben zu beginnen.

Zwei Monate später ist Hochzeit. Sinnigerweise im Gasthof „Zum Wolf", jetzt schon unter erschwerten Kriegsbedingungen. Der Brautvater, Opa Sturm, muss bei einem Kameraden aus dem Ersten Weltkrieg, der eine Metzgerei auf einem Dorf in der Nähe betreibt, den Hochzeitsbraten organisieren. An der blumengeschmückten Hochzeitstafel sitzen um das offenkundig glückliche Brautpaar herum mehr Frauen als Männer. Denn viele von ihnen sind an der Front, so zum Beispiel die Ehemänner von Vaters Schwestern. Auf dem Hof des Hochzeitslokals „Zum Wolf" vor einer Garagentorfront hat sich die Hochzeitsgesellschaft zum Gruppenbild aufgebaut. Die älteren Frauen, Mütter, Großmütter und Großtanten, in langen schwarzen Gewändern umstellen in einer Mischung aus feierlich und düster das junge Paar. Der Vater im eleganten Frack, die Mutter mit Schleier in einem langen weißen Kleid, das alle Reifrockdeformationen vergessen lässt. Groß und schlank, ja geradezu hoheitsvoll steht sie in der Mitte der Hochzeitsgesellschaft. Allein Inge hampelt kostümiert und mit einem Fransenschirm neben ihr herum, ihren Künstlerinnenbonus als Modezeichnerin nutzend. Eine richtige Hochzeitsreise entfällt. Die Frischvermählten schaffen es gerade zu einem längeren Wochenendausflug in die Nähe des Bodensees. Vater Ernst hält fast 70 Jahre später eine Anekdote für lustig und deshalb für überlieferungswert, die auf der falschen Identifizierung seiner Person mit dem Geschäftsnamen beruht, sie scheint aber eher ein Beleg für die moralische Muffigkeit der Zeit und der Kleinstadt zu sein. „Als dann unser Aufgebot zur Eheschließung in der Zeitung veröffentlicht wurde, haben viele Bruchsaler gemeint: ‚Das haben wir aber der Ruth Sturm nicht zugetraut. Ging jahrelang mit dem Scheuermann. Jetzt heiratet sie den Kurzenberger'."

4 DER GLAMOURÖSE HERR SCHEUERMANN UND DAS ELEGISCHE FRÄULEIN STURM

Von da ist es fast ein Dreijahresschritt bis zu meiner Geburt am 29.06.1944. In den Tagen davor und danach jagen sich die Sondermeldungen, eingeleitet von der heroischen Russenfanfare, die alle die Lage beschönigen, verfälschen und heroisieren. Die Fakten hingegen sprechen eine klare Sprache und verheißen eine düstere Zukunft. 23. Juni: „35.000 deutsche Soldaten werden bei Witebsk von sowjetischen Truppen eingeschlossen. Ein Ausbruchsversuch endet am 27. Juni mit der Vernichtung des Corps." 28. Juni: „(I)n der deutschen Panzerdivision, die südlich der französischen Stadt Caen eingesetzt wird, befinden sich zahlreiche Hitlerjungen. Die 17- bis 18-Jährigen zeichnen sich durch fanatischen Kampfgeist aus." 29. Juni. Der Tag meiner Geburt: „Als Vergeltung für die Erschießung von drei deutschen Soldaten durch italienische Partisanen ermorden Angehörige der SS 153 Männer, Frauen und Kinder auf der Piazza ihrer Heimatstadt Civitella (Provinz Arezzo)." 30. Juni: „Im Brückenkopf der Alliierten in der Normandie, den sie am 6. Juni errichtet haben, befinden sich bereits 800.279 Soldaten, 148.803 Fahrzeuge und 500.505 t Material."

In diesen wahrlich bewegten Kriegstagen dichtet Vater Ernst: „Frohe Botschaft dürfen wir Euch senden. Ein schöner Sommertag hat uns das Glück gebracht. Den ersten Jungen tragen wir auf Händen, Hans-Joachim ist zur Erdenwanderung erwacht." Und er verschickt sein Poem mit einer Grafik als Deckblatt, die neben dem Datum eine blumenumrankte Wiege auf einer Sommerwiese zeigt, in der ein schlummerndes Kind zu sehen ist.

5 Ausquartiert und ausgebombt

Für Vater Ernst beginnt der Krieg erst, als er endet. Im Allgäu, wohin sich die Reste des Wehrmeldeamtes Bruchsal vor den anrückenden Alliierten geflüchtet haben „ohne unsere wichtigen Karteikästen", ist er kurz nach der bedingungslosen Kapitulation der deutschen Wehrmacht am 7. Mai 1945 schon in Zivil auf einem Fahrrad, das er sich bei einem menschenfreundlichen Bauern geliehen hat, unterwegs Richtung Heimat. Kurz hinter Kempten gerät er in eine Straßenkontrolle der Amerikaner. Er wird verhaftet und aufgeladen auf einen Militärlaster. Etliche andere Männer kauern schon auf dessen offener Plattform, meist ältere, aber auch einige ganz junge 16- oder 17-Jährige noch in Wehrmachtsuniform. „Über Göppingen geht es nach Heilbronn ins Gefangenenlager der Amerikaner", schreibt er ins Tagebuch. Diese Fahrt bleibt dem Vater unvergessen und immer wieder erzählwürdig. Denn dem LKW, auf dessen Plattform er in eine ungewisse Zukunft fährt, folgt unmittelbar ein ebenfalls offener amerikanischer Jeep mit einem farbigen GI am Steuer. Immer wieder hebt dieser in immer neuen Verrenkungen Arm und Hand zum Gruß: „Hail Hidlar, Hail Hidlar", feixt er hinauf zu den deutschen Gefangenen auf dem Lastwagen. Er gestikuliert, freut sich, sein breites Lachen und seine rollenden Augen verhöhnen den geschlagenen Feind. Aber sie sind auch Ausdruck einer neuen Lebenslust, die sich sofort auf den deutschen Kriegsgefangenen überträgt. Der Krieg ist zu Ende. Welche Befreiung! Am Ende ist auch der völkische Gruß.

So wie der Vater den farbigen Besatzer sieht, empfindet und uns immer wieder geschildert hat, muss der Jeep-Driver Sammy Davis jr. gewesen sein. Mit jeder wiederholten Erzählung des Hitlergrußimitators und Führerverhöhners wurde dies für mich noch wahrscheinlicher und Sammy ein Stück lebendiger. In meinen ganz persönlichen Kriegserinnerungsphantasien steppt der Hitler-Entertainer am Ende leichtfüßig und mit knallenden Absätzen auf der Motorhaube seines

Jeeps rund um den aufgemalten American Star. Oder er singt, wenn die Kolonne immer wieder stoppt und neue Gefangenen auflädt: „Rock a bye baby /on the treetop/ When the wind blows/ the cradle will rock/ When the bough breaks/the cradle will fall/And down will come baby/ cradle and all."

Das Lied hat Sammy Davis jr. tatsächlich gesungen und es passt genau zur Situation des Vaters. Zurückgelassen im Kraichgaudorf Gochsheim hat er sein kleines Baby in der Wiege. Zusammen mit der Mutter, seiner jungen Frau, die gerade einmal 25 Jahre alt ist. Wie es ihr, dem Kind, den beiden jetzt geht, weiß er nicht, weiß nicht, ob die Wiege sich im Wind bewegt oder der Ast, an dem sie hängt, zu brechen droht, weiß nicht, ob das Dorf von Soldaten besetzt wurde und, wenn ja, von welchen.

Mein erstes Lebensjahr ist ohne Zweifel das größte Krisenjahr im Leben der Eltern. Der Krieg hat die junge Familie erst Ende 1944 mit seinen Schrecken erreicht. Die Fliegerangriffe nehmen nicht nur zu, die alliierten Luftstreitkräfte haben längst die Lufthoheit über Deutschland und fliegen nächtlich ihre Angriffe auf die großen Städte, auf Mannheim, Karlsruhe, Stuttgart, Nürnberg. Bei Fliegeralarm werde ich aus dem Kinderbettchen gehoben und in einem Korb in den Luftschutzkeller getragen. Verständlich ist die Angst der Mutter um ihr Baby, das oft und viel schreit. Schwer verständlich, dass das nächtlich sich wiederholende Luftspektakel mit seinen Markierungschristbäumen für die Abwurfzonen bald zur Routine wird. „Sie gurgeln wieder", kommentiert die Haus- und Wohnungsbesitzerin, die alte Frau Pfaue, die Überfluggeräusche. Und Vater Ernst wiederholt häufig das flaue Witzchen, dass Luftmarschall Göring jetzt Meier heiße, wie er es zu Kriegsbeginn versprochen hat, falls ein englischer Flieger sich über Großdeutschland zeige. Sie gurgeln und gurgeln und gurgeln, bis sie dann wirklich bomben. Doch jetzt nicht mehr in der Nacht, sondern am helllichten Tag.

Am 1. März 1945, 13.53 Uhr, wird vor Ort der erste Bombenteppich gelegt, wie eine Luftaufnahme der American Airforce protokollierend zeigt. „80 % der Stadt Bruchsal von Bomben zerfetzt und mit Phosphor verbrannt", heißt es auf dem Bild in der Dokumentation *Bruchsal 1945*. Und ein zweites Luftbild vom 2. oder 3. März 1945 trägt die Unterschrift: „Ein oder zwei Tage nach dem Großangriff vom 1. März 1945 erlöschen die letzten noch glosenden Brandherde. Nur dünne Rauchfahnen taumeln über der toten Stadt himmelwärts. In den penetranten

5 Ausquartiert und ausgebombt

Brandgeruch mischt sich zunehmend der grauenhafte Verwesungsgestank von 1.000 Erschlagenen, Zerfetzten, Erstickten und Verschmorten..." So kommentiert man die größte Katastrophe der Stadt und ihre Bilder 25 Jahre später. Fast 60 Jahre nach ihr hält der 89-jährige Vater rückschauend fest: „Der fürchterliche Bombenangriff auf Bruchsal erfolgte am 1. März 1945, mittags um 14 Uhr. Seit Anfang des Jahres bomben die Amerikaner und Engländer nur noch bei Tag, da es fast keine deutsche Gegenwehr mehr gab. Unser Geschäft und das Haus von Onkel Rapp in der Styrumstraße wurden völlig zerstört. An diesem 1. März 45 hatte ich wieder einmal großes Glück: Ich war vom Wehrmeldeamt nach Bruchsal zu einer Behandlung meines Knies ins Lazarett geschickt (ich spielte damals etwas übertrieben den Kranken). Normalerweise ging ich nach der Behandlung in die Styrumstraße und hörte bei Onkel August Rapp Schweizer Nachrichten, Beromünster. Ich würde sicherlich nicht mehr leben, denn ich ging bei Alarm nie in den Keller und die ersten Bomben fielen von Norden her (Schloss- und Styrumstraße). Aber an jenem Tag war ich mit dem Rad schon kurz vor 14 Uhr nach Gochsheim unterwegs, weil Familie Lichtenberger, wo Ruth und Hajo untergebracht waren, schlachtete. Ich war mit meinem Rad zwischen Unteröwisheim und Münzesheim, als ich am Himmel schon sehen konnte, dass Bruchsal von einem großen Bomberverband angegriffen wurde. Ich hörte die Einschläge der Bomben. Aber ich war nicht ihr Opfer, ich war gerettet. Am Abend fuhr ich dann zurück nach Bruchsal, um zu sehen, was geschehen war. Ich konnte nur bis etwa zum Damianstor kommen. Die Innenstadt und auch das Schloss brannten lichterloh. Onkel Rapp traf ich bei seinem zerstörten Haus, er hatte im Luftschutzkeller überlebt. Zusammen versuchten wir das kleine letzte Haus im benachbarten Brauereiweg zu löschen, dessen Tür offen stand. Es war vergeblich. Und es war unmöglich an diesem Abend weiter ins Stadtinnere vorzudringen, Hitze und Qualm der brennenden Stadt waren zu gross."

1.000 Menschen erstickten und verbrannten in der kleinen Stadt, die zu diesem Zeitpunkt sicher keine 18.000 Einwohner mehr hatte, viele von ihnen waren an der Front oder ausquartiert. Schaue ich heute die Dokumentationen über die Bombardierung Deutschlands im Zweiten Weltkrieg an und höre die Interviews der englischen oder amerikanischen Bomberpiloten, steht das fürchterliche Geschehen in schwer fassbarem Gegensatz zur kalten Routine des Krieges. Geradezu ver-

5 Ausquartiert und ausgebombt

störend ist die Ruhe, die die anfliegenden Geschwader ausstrahlen, die geometrische Präzision ihrer Formationen. Sie gurgeln ganz gleichmäßig, ja sedativ am Himmel, so zumindest der filmische Schein. „Die fliegenden Festungen" sind selbstverständlich auch „fliegende Särge". Und die Crews steuern unter Todesangst ihr Ziel an und hüten sich darüber nachzudenken, was ihre Bomben am Boden anrichten.

1943, als der Krieg noch keineswegs entschieden war und die deutsche Flugabwehr noch wirkungsvoll, muss die deutsche Kriegs- und Waffenproduktion ausgeschaltet werden. So geraten auch kleinere Städte wie zum Beispiel Schweinfurt wegen seiner kriegswichtigen Kugellagerindustrie ins totale Bombardement. Bei der Bombardierung Hamburgs geht es um beides. Um die Schwächung der deutschen Wirtschaft beziehungsweise Waffenindustrie und die deutliche Strafaktion: „Gomorrha" heißt die Operation des Generals Harris. Hier wird erprobt, was fast zwei Jahre später auch in der Kleinstadt bestens funktioniert, die Vernichtungsmischung: 30 % Sprengmittel, die die Dächer und Fenster wegblasen, und 70 % Phosphorbrandbomben, die die Häuser dann in Kamine verwandeln und die Selbstzerstörungskräfte einer Stadt entfesseln. Hat sich, so frage ich mich, zwei Monate vor dem Kriegsende, das für alle absehbar war, der Bombenkrieg in pervertierte Routine verwandelt? Werden die „Guten", die den bösen Naziterror bekämpfen, selbst zu Terroristen, die kurz vor der Kapitulation Großdeutschlands noch ihre riesigen Bombenvorräte entsorgen müssen? Bis dahin hatten die Bombardierungen trotz der gigantischen Zerstörung der Städte jedenfalls nicht den gewünschten Effekt des schnelleren Zusammenbruchs erbracht. Im Gegenteil: Deutschland wurde unabhängig von den unterschiedlichen politischen Überzeugungen und Einstellungen zu einer Luftschutz- und Selbstverteidigungsgemeinschaft, die zynischerweise noch 1945 von Propagandaminister Goebbels bei öffentlichen Auftritten in Berlin dirigiert werden konnte. Er notiert kurz vor Kriegsende in seinem Tagebuch, es gäbe „keinen moralischen Zusammenbruch der Gesellschaft".

Die menschliche Not und existentielle Grenzsituation, das Überleben-Wollen solidarisiert. So hat auch das Bruchsaler Inferno grausige und menschlich komische Züge. „Natürlich fuhr ich dann am nächsten Tag wieder nach Bruchsal", schreibt der Vater weiter. „Zunächst konnte ich durch die Straßen trotz des Schutts der Sprengbomben bis zu unserem Geschäft vordringen. Es war völlig ausgebrannt. Die Grund- und Seitenmauern standen noch, und ich konnte sehen, dass der Kassenschrank schräg auf einem Schuttberg lag. Er war vom zweiten Stock heruntergestürzt, denn die Zwischendecken waren wohl wegen der großen Hitze herabgefallen. Überhaupt waren, soviel ich erkennen konnte, vorwiegend Brandbomben zum Einsatz gekommen. Wahrscheinlich wussten die Amis oder Engländer, dass an diesem Tag in der Region schönes Sichtwetter herrschte, aber ein relativ starker Wind, ich schätze Windstärke 5 bis 6, herrschte und dadurch im Stadtinnern ein Feuersturm entstand. Die Menschen, die nicht rechtzeitig ihre Keller verließen, konnten sich dann nicht mehr retten" (Ich vermute, der Vater meint die Brandgase, also das geruchlose tödliche Kohlenmonoxid, das in die Keller eindrang und nur bemerkt wurde, wenn sich das Licht einer Kerze blau färbte. Und er wusste nicht, dass der Feuersturm Folge der ausgeklügelten Bombenmischung war). „An diesem Morgen nach dem Angriff lagen noch viele Leichen, zum Teil verbrannt, in den Straßen. Daher auch die relativ hohe Todesopferzahl von über 1.000 Menschen. Ich konnte vom zerstörten Geschäft aus durch die Kaiserstraße über den Schutt hinweg nach Osten Richtung Peterskirche vordringen. In Höhe der heutigen Stadtapotheke hörte ich plötzlich eine Männerstimme rufen: ‚Helft mir doch, helft mir doch!'. Ich sah plötzlich hinter dem zerstörten Haus den Apotheker Mohr auf einem Schuttberg stehen und jammern: ‚Helft mir doch!'. Ich half ihm, aus einem Keller Geschirr und andere Gegenstände herauszuholen. Hinter einer Mauer im Nebengäßchen stand sein Auto. Sonderbarerweise war es nicht zerstört und erstaunlicherweise noch fahrfähig. Während wir seine geretteten Sachen ins Auto verstauten, gab es erneut Fliegeralarm. Ich rannte über den Kübelmarkt, ab dort hörten die Zerstörungen auf, und konnte in einem der ersten Luftschutzkeller der Württemberger Straße Unterschlupf finden. Wie man später hörte, waren es nur Aufklärungsflugzeuge, die fotografieren wollten, was sie mit Bruchsal angerichtet hatten. Übrigens stieg ich an einem der folgenden Tage über den Schutt ins Geschäftshaus und konnte mit einem Schlüssel zu meiner Überraschung den Panzerschrank öffnen und einige wichtige Papiere zum Beispiel die Buchführung und das Kassenbuch retten. Wohl waren die Ränder des Papiers durch die Hitze gebräunt, doch der geschlossene schwere Kassenschrank war heil geblieben."

Buchführung und Kassenschrank gerettet! Das Geschäftsleben konnte vielleicht irgendwann weitergehen. Und der motorisierte Stadtapotheker, der wenigstens sein Geschirr in Sicherheit gebracht hatte, stand schon wenige Jahre später wohlbeleibt in seiner neuen Mohrenapotheke am Schönbornplatz und als Präsident der wiederbelebten großen Karnevalsgesellschaft GROKAGE voran.

Dass Buchführung und Kassenbuch des Herrenbekleidungsgeschäfts „Scheuermann & Co" in bester Ordnung aus dem Kassenschrank in der zerstörten Stadt geholt werden konnten, verdankte der Vater seiner Frau Ruth, die schon vor der Heirat die Geschäftsführung übernommen hatte, als er und Teilhaber Carl Kruse zur Wehrmacht eingezogen wurden, der Vater 1940 ins hiesige Wehrmeldeamt und Carl Kruse an die Ostfront. Die damals Zwanzigjährige hatte jetzt ein volles verantwortungsvolles Programm. Sie musste bei bescheidenen Textillieferungen und mäßigen Umsätzen den Laden über Wasser halten („Unser Geschäft war bei den öffentlichen Warenzuteilungen immer benachteiligt, da weder Kruse noch ich [der Vater] Parteigenossen der NSDAP waren.") und war zudem in Philippsburg im Büro der Druckerei Kruse für die Buchführung zuständig, wo der Teilhaber neben der Bruchsaler Zeitung das „Rheinische Tagblatt" herausgab, bis diese von den Nazis verboten wurden. Ihre wöchentlichen Zugfahrten nach Philippsburg wurden „mit zunehmender Kriegsdauer immer gefährlicher, da die alliierten Jagdbomber ihre Angriffe auf Bahnlinien und Züge dauernd verstärkten." Ruths Doppelbeschäftigung hatte ein Ende, als ich im Juni 1944 geboren wurde und ihre jüngere Schwester Inge ihre Pflichten übernahm.

Die Bedrängnis des Lebens war jetzt an allen Fronten spürbar. Die Verlegung des Wehrmeldeamtes nach Gochsheim zeigt das ebenso wie der Umzug des jungen Paares nebst Kleinstkind in das idyllische Kraichgaudorf, das aber jetzt für die Ausquartierten keineswegs eine Idylle war, schon gar nicht für die junge Mutter und ihre bürgerlichen Ansprüche. Sie hatte Ende 1941 mit viel Liebe und Geschick die erste gemeinsame Wohnung am Stadtgarten 3 eingerichtet, hatte noch Möbel bei „Markstahler und Barth", dem renommierten Karlsruher Möbelhaus, ergattert, das sie ihr Leben lang für die Krönung des guten Möbelgeschmacks hielt. In rötlichem Kirschbaumholz glänzten Tisch und Stühle, die mit Kristallgläsern gefüllte Vitrine und Anrichte des Esszimmers, mahagonidunkel und in strenger Form waren Schreibtisch und Bücherschrank im Herrenzimmer, weiße Schleiflackmöbel ohne Schnörkel zierten das Schlafzimmer. Lesend und offenbar zufrieden sitzt die junge Ehefrau in ihrem neuen Heim auf dem eleganten flachen Kanapee unter einem handgewebten Künstlerteppich, der van Goghs *Fischerboote am Strand von Saintes-Maries* zum Motiv hat.

5 Ausquartiert und ausgebombt

Jetzt, im neuen Not- und Überlebensquartier, ist keine Zeit und Gelegenheit, von farbenfrohen Booten am Mittelmeer zu träumen. Hier ist alles aufs Notwendigste beschränkt. Die Kammer, in der sie mit ihrem kleinen Sohn haust und vom Vater besucht wird, ist niedrig und klein, direkt angebaut an einen Viehstall, in dem man durch ein Fenster die Tiere sehen kann. Es bröckelt der Putz von den Wänden über dem schweren Eisenbett. Daneben steht mein Gitterbettchen um ein Strohlager gestellt. Der kleine Holzofen bietet nur leidlich Wärme. Zum Plumpsklo geht es eine steile Stiege hinab und zur Küche der Bauernfamilie um einige Ecken. Das ist kein sonderlich geeignetes Gelände für eine Mutter, die Windeln wechseln und waschen, den Schoppen im Milchfläschchen mehrmals am Tag und in der Nacht wärmen muss. Als sie dann bald entdeckt, dass nächtlich die Ratten am Stallfenster vorbeihuschen und schließlich auch bei Tag ihren kleinen Sohn im Kinderbettchen betrachten wollen, wird sie panisch, bedrängt ihren Mann, man müsse dringend das Quartier wechseln, was nach langer Suche und viel Bettelei auch gelingt.

Die Ratten sind jetzt weg, die Lebensverhältnisse kaum besser. Ja, sie verschärfen sich von Tag zu Tag. Ende März rückt die Front näher, sind alle schon in Depression und Aufregung, auch wenn der „totale Krieg" bis zur letzten Minute weiter organisiert wird: „Kurz vor Kriegsende wurde noch der Jahrgang 1928, also 17-jährige Buben, Kinder zu den Waffen gerufen. In Gochsheim kam ein 17-Jähriger in unsere Dienststelle und ich sah, dass ihm die Tränen in den Augen standen. Er wollte sich befreien beziehungsweise zurückstellen lassen, aber dies wurde ihm natürlich abgelehnt. Als er tief traurig mit seinem Stellungsbefehl unser Dienstzimmer verließ, folgte ich ihm nach und holte ihn im Gang ein. Ich sagte zu ihm: ‚Der Krieg dauert nicht mehr lange, da bin ich ganz sicher. Zerreiße deinen Einberufungsbefehl und verstecke dich irgendwo.' Er folgte mir. Nach dem Krieg kam er zu uns nach Hause und bedankte sich herzlich. In zwei weiteren Fällen brachte ich es noch fertig, dass die Betreffenden zurückgestellt wurden. Über diese kleinen Taten, die ja lebensgefährlich für mich waren, habe ich mich natürlich gefreut, ja war fast stolz, diesem Massenmörder Hitler noch ein kleines Schnippchen geschlagen zu haben." Kurz darauf verzieht sich das Wehrmeldeamt Bruchsal, das in der Gochsheimer Schule provisorisch untergebracht war, zusammen mit dem Vater in Richtung Bayern, in geordnetem Rückzug. Bald löst es sich dann in der Nähe von Kempten auf. Wehrmachtsbürokratisch korrekt entlässt der schachspielende

5 Ausquartiert und ausgebombt

Major Grossmann seine Untergebenen in eine ungewisse Zukunft. Sie besteht für Vater Ernst zunächst einmal im Holzhacken bei einem Bauer in Wirtstetten, der ihm dafür Essen und Quartier gibt und später auch sein Fahrrad leiht. An seine Frau hatte er auf der Flucht des Amtes am 2.4.1945 aus Büchbronn in einem Brief geschrieben: „Der Schwindel geht ja nicht mehr lange, dann werden wir uns wiedersehen." Eine richtige und eine falsche Einschätzung der Lage.

Brief und Prognose erhält seine junge Frau auf verschlungenen Wegen erst viele Wochen später. Sie sitzt jetzt allein mit ihrem kleinen Kind. Aber die Ausgebombten aus Bruchsal stoßen bald zu ihr, Mutter Anna, Onkel August, Schwester Inge. Ab dem 2. April sind alle im alten Gewölbekeller der Schäferei Lichtenberger vereint, in der Unteren Bergstraße von Gochsheim. Und Mutter Ruth schreibt für ganze drei Tage das einzige Tagebuch ihres Lebens, das mir bekannt oder überliefert ist. Sie beschreibt die Geräusche des Artilleriebeschusses, die „rege Fliegertätigkeit", die Nachrichten, die die drei anwesenden Männer von außen einholen. Um 7 Uhr in der Früh des 2. April steht sie auf und „richtet Hajos Fläschchen". „Da klopfen die ersten deutschen Soldaten der kämpfenden Truppe ans Tor. Sie suchen einen Unterstellraum für ihr Pferd und wollen selbst etwas Ruhe finden. Ihr Geschütz bringen sie im Bereich unseres Ortes in Stellung." Ein Pferd, ein Geschütz und eine Handvoll Soldaten im finalen Abwehrkampf! „Am Abend wieder gegenseitige Artillerieduelle. Rege Fliegertätigkeit. Abends sitzen einige deutsche Landser in Lichtenbergers Hof und es herrscht fröhliche Stimmung, bei der man fast das Schwere der nahenden Zukunft vergessen könnte." Die nahende Zukunft lässt nicht lange auf sich warten. „Abrufungsbefehl für die Soldaten im Hof, heftiger Artilleriebeschuss um 2 Uhr in der Nacht, zu den 18 Personen im Keller kommt noch eine Familie hinzu, weil der Ortsrand zu unsicher ist. Dann wird das Dorf auch aus der Luft beschossen und es brennt in benachbarten Häusern. Ein Großteil der Versammelten flieht in einen naheliegenden Bunker. Ich entschließe mich mit Hajo und Mutti im Keller zu bleiben." Letzte versprengte deutsche Soldaten passieren auf Fahrrädern das Dorf, wie Vater Lichtenberger von draußen berichtet. Dann noch einmal heftiger Beschuss, tackerndes Maschinengewehrfeuer, plötzlich Stille: „4. April zwölf Uhr. Still und ruhig liegt unser Land, fast ist die Stille unheimlich. Gegen 12.45 Uhr betreten die ersten feindlichen Soldaten unser Dorf. Wir bekommen sofort 12 Mann (Algerier) Einquartierung."

5 Ausquartiert und ausgebombt

Zur gleichen Zeit ist der Vater am Holzhacken beim Allgäuer Bauern. Ihn plagen dunkle Gedanken, die er noch 60 Jahre später mit Sorge festhält. „Es gab viele Übergriffe, auch durch französische Truppen, sogar Vergewaltigungen." Übergriffe in Gochsheim hat nach seiner Einschätzung ein junger Mann, der spätere Arzt Dr. Sauter, verhindert. Er spricht perfekt Französisch, weil er mit einer Elsässerin befreundet ist, die er nach dem Krieg heiratet. Der junge Mann, keine 17 Jahre alt, war zu spät zur Einberufung gekommen. Das Amt, das ihn in den Krieg schicken sollte, war schon auf der Flucht. So betätigte er sich als geschickter Unterhändler mit den französischen Offizieren, die die angeblich problematischen Besatzer umquartieren. „Etwas später konnten Ruth und Hajo – zu Fuß und mit Kinderwagen übrigens – in unsere nicht zerstörte Wohnung am Stadtgarten zurückkehren, wo schon Oma und Opa Sturm und Tante Mathilde und Onkel August, alle waren ausgebombt, wohnten. Da war der kleine Hajo also von vielen bewacht", schreibt der Vater aus der Rückschau.

Meine fast 17 km lange langsame Heimkehr, die Fahrt durch das Kraichgauer Hügelland im korbgeflochtenen Kinderwagen an einem schönen Maientag, flankiert und geschoben von Mutter und Großmutter, stelle ich mir, auch wenn der Himmel vielleicht bedeckt war, als Festzug des Friedens und der Frühlingsblüten vor. Noch wusste ich nicht, dass der sanfte Schwung der Hügel um mich herum, dass diese so unspektakuläre wie schöne Landschaft, ihre Obstwiesen und kleinparzellierten Felder, ihre Feldwege und Waldränder im späteren Leben meine Seelenlandschaft sein würde. Genau an diesem Tag, meinem zweiten Umzug im ersten Lebensjahr, feixte und tanzte Sammy Davis jr. vor den Augen des Vaters und feierte auf seine wunderbar undeutsche Weise den Sieg. Allein der junge Vater und junge Ehemann war jetzt auf dem Weg in seine härteste Kriegsphase.

Heute, fast 71 Jahre später, mache ich einen Lokaltermin in dem Dorf, das der jungen Familie damals Schutz geboten hat. Ich wollte den Schauplatz sehen, von dem sich das von Mutter und Vater geschilderte Geschehen am Ende des Krieges abgespielt hat. Auf meine Frage nach Haus und Hof der Schäferei Lichtenberger zeigen mir zwei Frauen die Hofeinfahrt. Und kaum stehe ich vor ihr, winken sie aufgeregt und rufen mir nach: „Da, das ist der Herr Lichtenberger!" Es ist selbstverständlich nicht der alte Lichtenberger, der Mutter Ruth und mich bewacht hat, sondern sein Sohn, der damals acht Jahre alt war. „Ja, ja ich kann mich gut erinnern, an ihren Vater und ans Kriegsende damals und auch ans Wehrmeldeamt dort oben in der Schule." „Dann kennen wir uns ja schon einige Jahre", sage ich. Er lacht, erzählt, dass der Bruder die Schäferei übernommen und dann aufgegeben und er selbst 27 Jahre in Spanien gelebt hat. Eine wunderliche Begegnung. Was mir nur als Erzählung, als persönliches Tagebuch, als historische Quelle bekannt ist, mir unendlich lange zurückzuliegen scheint, mich einige Tage zu Überlegungen und unsicheren Vermutungen anregte, wird mit einem Schlag lebendig, durch einen Menschen, der dabei war, der sich erinnern kann, der die Eltern offenbar gut im Gedächtnis hat. In einem überraschenden Augenblick wird Geschichte kurzgeschlossen mit der Gegenwart.

6 Gefangenschaft

Vater Ernst wird wohl weniger triumphal im Kriegsgefangenenlager angekommen und empfangen worden sein. Allerdings war er von erheblich mehr Personen bewacht als sein kleiner Sohn zu Hause am Stadtgarten 3. „Mit Knüppelschlägen wurden wir ins Lager getrieben. Man stolperte über Gefangene, die sich zum Schlafen in den Morast gelegt hatten. Gewehrschüsse peitschten durch die Nacht, gespenstisches Scheinwerferlicht zuckte über das Gelände. Am nächsten Morgen sah ich mit Entsetzen viele zehntausende Gefangene auf einem Acker, der mit hohem Stacheldraht eingezäunt war", so der Bericht eines Mitgefangenen 65 Jahre später in der „Süddeutschen Zeitung". Die Erzählungen des Vaters waren weniger melodramatisch, aber nicht viel erfreulicher. In der Nähe Heilbronns bei Böckingen hatten die Amerikaner ca. 270 Hektar Land umzäunt und zum „Prisoner of War Transient Enclosery" (PWTE) erklärt. Dabei waren sie offenbar ziemlich unvorbereitet. Es gab keine Zelte, keine sanitären Anlagen, kein Essen. Tagelanger Regen hatte die Felder aufgeweicht, sie in eine Schlammwüste verwandelt. Die Gefangenen lagen im Dreck oder schliefen im Stehen, um der Nässe ein wenig zu entkommen. „Es waren ohne Zweifel die härtesten zwei Wochen meines bisherigen Lebens", schreibt Ernst am 16.5.1945 an seine Ruth in einem Brief, der sie wenig später tatsächlich erreicht. Aber was ihn nicht umbringe, mache ihn stark, fügt er Mut machend für beide an. Einige Mitgefangene graben mit dem Esslöffel Erdlöcher, um sich zu wärmen, manche beißen vor Hunger im wörtlichen und übertragenen Sinne ins Gras. Mitte Ende Mai gibt es die ersten Zelte, aber es bleibt das Problem der Verpflegung in einem ausgebluteten, zerstörten Land, das keine Reserven mehr hat. „Nach neun Tagen gab es das erste Brot, zwei Wochen später die erste warme Mahlzeit, eine dünne Wassersuppe." Deswegen werden zunächst Landwirte aus dem Lager entlassen, unter ihnen Adolf Gross aus der Engelsgasse in Bruchsal, der freundliche erste Briefüberbringer.

Aber die Anzahl der Gefangenen im sogenannten Durchgangslager wächst und wächst. Ende Mai sind es 140.000, zwei Monate später angeblich annähernd 300.000. Inzwischen ist es in „Cages" eingeteilt, 17 Lager à 10.000 im gesamten Lager. Zwei Cages unterstehen einem amerikanischen Offizier. Der Lageralltag wird in deutscher Selbstverwaltung organisiert, von den Nazis bestrafte ehemalige deutsche Soldaten werden von den Amerikanern bevorzugt in Leitungspositionen eingesetzt. Die Angehörigen der SS haben ihr besonderes Cage. Trotz besserer Ordnung bleibt die Lage prekär. Nach acht Wochen Gefangenschaft hält Vater Ernst mit gespitztem Bleistift, aufgrund seiner Papierknappheit in Micromini-Schrift, die sich oft nur mit der Lupe entziffern lässt, für den 27.06.45 fest: „Ein schrecklicher Wettersturz, Regen und Hundekälte, dabei dann die entsprechende Stimmung. Es ist auch ganz schrecklich, wenn man bedenkt, dass man hier in einer elenden durchlöcherten Hundehütte wochenlang liegen muss. Das Zelt nicht dicht, der Körper abgemagert, ohne Fettzufuhr, dauernd frierend, wenn es nur ein klein wenig kühl wird, eine dünne Decke, keinen Mantel, das Essen wenig, kaum Schlaf." Er und seine Kameraden halten sich mit Spekulationen und Phantasmen über Wasser. Latrinengerüchte machen jeden Tag neu die Runde, vor allem darüber, wer wann demnächst entlassen wird. Die Landwirte waren ja ein erster Hoffnungsschimmer. Aber Vater ist hoffnungsvoll und skeptisch zugleich. Er weiß, dass er in der Berufsgruppe „Sonstige" drei anderen Gruppen den Vortritt lassen muss. Außerdem, so nimmt er wahr, werden viele nur scheinbar entlassen, um irgendwohin zum Arbeitseinsatz gebracht zu werden.

Daher flüchtet er sich lieber ins Dichten. „Sehnsucht" überschreibt er das mit „Mai 45 Heilbronn" datierte Poem an seine Frau Ruth, das die erwünschte, erhoffte Wiedervereinigung in holprig pathetische Verse fasst: „Innige Freude durchströmt heute schon meine Brust / In Gedanken, Dich Liebste Frau wieder in meine Arme zu schließen / Und alle Fasern des Körpers beben voll Wonne und Lust / Tränen des Glücks werden wir Wiedervereinten vergießen." Kurz nach dem Kälteeinbruch im Juni, also einen Monat später, besingt er dann „Mein liebes Büblein" zu dessen erstem Geburtstag und erneut die frohe Stunde des ersehnten Wiedersehens: „Ein herrlicher glücklicher Tag wird das sein, über alles geliebte Mutter, geliebter Hajo mein." Und als habe die amerikanische Besatzungsmacht dieses Datum auch als besonders wichtig im Kalender markiert, kann der hungrige Vater zusätzlich im Tagebuch, wiederum in Minischrift, vermerken: „Auch bei uns gibt es heute ein herrliches Geburtstagsessen. Süßspeise, die herrlich schmeckt mit viel Rosinen."

6 Gefangenschaft

Die über alles geliebte Mutter hatte sich schon sechs Wochen früher, noch vor der ersten Briefnachricht, kurz nachdem ein kleiner karierter Zettel bei ihr abgegeben wurde, auf dem in Sütterlin-Schrift stand „Ihr Gatte befindet sich in amerikanischer Gefangenschaft in Heilbronn", auf den Weg gemacht. Sie hatte genau überlegt, was ihr gefangener Mann benötigen könnte, hatte eine dicke Decke und eine Wolljacke in Packpapier geschnürt, ihren Rucksack mit drei Laib Brot gefüllt, die sie beim Gochsheimer Bäcker gegen eine Hose eingetauscht hatte, außerdem mit einer Dose Griebenwurst und einem Einmachglas Birnen, die sie noch im Keller hatte, und schließlich ein den französischen Besatzern gegen ein versilbertes Etui abgeluchstes Päckchen Zigaretten, weil sie von ihrem Vater gehört hatte, dass es in Kriegsgefangenenlagern eine sogenannte Zigarettenwährung gäbe. Sie hatte sich eine Mitfahrerin gesucht, deren Mann ebenfalls im Wehrmeldeamt war und jetzt in Heilbronn vermutet wurde, hatte sich mit ihr auf 6 Uhr in der Früh verabredet, vorher noch eine alte Kittelschürze über Bluse und Hose gezogen und ihr Haar unter einem Kopftuch versteckt. Dann waren die beiden losgeradelt. Quer durch den Kraichgau, der schon Grün und Knospen zeigte, zuerst meist auf Feldwegen, die sie kannte oder sich vorher auf einer Karte hatte erklären lassen vom Vater Lichtenberger. Die beiden Radlerinnen teilten sich ihre Sorge und Angst, es könne sie jemand anhalten, sie „stellen" und am Ende gar ihre mitgeführten Güter auf dem Gepäckträger und im Rucksack konfiszieren.

Etwa um 7.30 Uhr wurde das Gelände für sie unbekannter, die Kirchtürme und ihre Dörfer konnten nicht mehr als Wegweiser dienen. Sie wagten sich jetzt auf die asphaltierte Straße, die gegen Osten führte, wie der Sonnenstand anzeigte. Ab und zu begegnete sie einem Kuhfuhrwerk, auf dem ein greiser Bauer die Zügel in der Hand hatte. Nirgendwo waren die Felder in Arbeit oder schon bestellt. Dann tauchte das erste amerikanische Fahrzeug auf. Die innere Aufregung nahm zu, als sie zwischen Heu- und Stromberg strampelten, wo das Fräulein Sturm vor fünf oder sechs Jahren schon einmal mit ihrem Herrn Scheuermann in seinem Opel Cabriolet unterwegs war. Jetzt war es keine Spazierfahrt durch den ersten Liebesfrühling. Aber Mutter Ruth spürte und sah, dass sie ihrem Ziel näherkamen. Ein amerikanischer Konvoi mit Sattelschleppern und mehreren Jeeps fuhr an ihnen vorbei. Einer der Fahrer hupte mehrmals, ob aus Übermut oder zur Einschüchterung war nicht auszumachen. Je mehr sie sich dem Lager näherten, von dessen Lage sie nur ungenaue Informationen hatten, umso reger wurde der Verkehr der amerikanischen Militärfahrzeuge, umso banger und erwartungsvoller war es Ruth ums Herz. Würde sie Ernst überhaupt finden? Bei 1.000 oder vielleicht auch noch bei 2.000 Lagerinsassen werde ich ihn sicher entdecken oder bei den anderen per Zuruf ausfindig machen können, redete sie sich ein.

Wenig später sahen sie aus der Ferne die hölzernen Wachtürme des Lagers, trutzig und groß wie Söller einer Burg standen sie am Horizont. Mit jedem Meter, den sie näherkamen, wurde Ruth ratloser und verzweifelter. Das waren keine 1.000 oder 2.000 ehemalige Soldaten, es war eine kaum überschaubare Zahl von Menschen, die jetzt in vielleicht 60 oder 80 m Entfernung wie viele kleine schwarze unbewegliche Figuren hinter dem riesigen Zaun standen, starr, trostlos und trotz ihrer großen Zahl völlig allein und verlassen. Ihr war schlagartig klar, dass sie ihn hier nicht ausmachen, nicht finden konnte. Drohend standen jetzt riesige Tafeln vor ihnen, die in Deutsch und Englisch GEFAHR, DANGER, SCHUSSGEFAHR oder STOP – NO TRANSIT plakatierten. Mutter Ruth, auf ihren Fahrradlenker gestützt, schluckte, schluchzte, heulte, zitterte und fasste sich wieder. Ihre Mitfahrerin nahm's gelassener, deutete nur auf eine Anzahl von vielleicht zehn oder zwölf anderen Frauen, die offenbar mit gleicher Absicht hierhergekommen waren, und dann näherte sich auch schon ein amerikanischer Jeep, der offenbar rings ums Lager Wache fuhr. Ruth winkte, die GIs stoppten, wohl auch um die Frauen zu vertreiben. „Please help me. My husband is inside. Here is something to eat for him. Please!", rief sie den beiden Uniformierten flehend zu und streckte das französische Zigarettenpäckchen den amerikanischen Soldaten entgegen. Die nahmen nicht unfreundlich ihre Gaben in Empfang, die Zigaretten, das Packpapierpaket, das sie mit „Ernst Kurzenberger aus Bruchsal" beschriftet hatte, und den Inhalt des Rucksacks. Meinen Vater haben die Gaben nicht erreicht. Aber vielleicht einen seiner Mitgefangenen oder einen der Bewacher, die zu diesem Zeitpunkt noch selbst in Versorgungsnöten waren.

So blieb Ernst ungetröstet und hungernd „inside". Er mutmaßte derweilen, dass er vielleicht jahrelang getrennt leben müsse von seiner Frau. Dann malt er wieder in Gedanken aus, wie er sie bald in seine Arme schließt. Auf dem Boden der Realität hält ihn Hunger und Wetter. Er protokolliert die Anzahl der Kekse, die ihm die Amis verabreichen (zwischen 5 und 15 am Tag), liest im Neuen Testament, das ihm der Lagerpfarrer gegeben hat, freut sich am 22.06.45 über den herrlichen Sommertag und klagt am 28.06.45 über den windigen Herbsttag: „Alles friert." In einem englischen Buch findet er zwei leere Blätter, die er beglückt gleich für einen Brief in Minischrift an seine Ruth nutzt, nicht wissend, ob und wann er einen Boten für seine Botschaft findet. „Meine innigst geliebte, herzensgute Ruth", lautet die Anrede des Briefes. Er mache sich Sorgen um die Wohnung zu Hause, ob sie wohl von den Amerikanern beschlagnahmt und besetzt sei, und um die ausreichende Milchversorgung „seines Hajo". Und er sendet Hoffnungszeichen: „Soeben (8.06. Mittag) beginnt in unserem Lager die erste Entlassung. Postfachleute müssen mit Gepäck antreten! Gott sei Dank, der Anfang! Aber es werden eben erst alle wichtigen Berufe entlassen und da habe ich leider nicht den richtigen. Trotzdem ein Lichtblick vom Himmel, für den ich sehr dankbar bin." Umgehend schränkt er jedoch wieder ein, er wolle ihr keine übertriebenen Hoffnungen machen. Und denkt doch auch schon ganz handfest an die Zukunft, bittet seine Frau, die Lieferanten möglichst bald anzuschreiben. „Wir werden doch auf alle Fälle irgendwie versuchen unser Geschäft, wenn auch im kleinsten Umfang, wieder zu beginnen." „Die Ankurbelung unseres eigenen Geschäftes" würde schon deshalb sehr wichtig sein, „damit ich nicht durch das Arbeitsamt womöglich nach auswärts verpflichtet werde". Er befürchtet, dass „behördenlicherseits" irgendwelche Meldungen über noch vorhandene Warenbestände verlangt werden, und mahnt zur Vorsicht bzw. zur Verschleierung. „Infolge des Flieger Schadens ist ja überhaupt nichts nachzuweisen." Schließlich erinnert er an noch ausstehende Zahlungen von Kunden. „Wir brauchen unbedingt Spielraum [er meint wohl finanziellen], sonst können wir in der nächsten Zeit vollends verhungern."

Seine geliebte Ruth freut sich am 22. Juni wahrscheinlich ebenfalls am Sonnentag, denn die beiden sind ja nur ca. 50 km Luftlinie voneinander getrennt, und sie tappt nach ihrer gescheiterten Fahrt zum Lager ebenfalls im Dunkeln, wie es ihrem Ernst gerade geht und was die Zukunft bringt. So schreibt sie an diesem Tag einen Brief an ihn, weil sie „nichts unversucht lassen will", ihm die Nachricht, wie es zu Hause steht und die Familie den letzten Angriff und Einmarsch der Alliierten überstanden hat, zukommen zu lassen. „Ob mir das gelingt, bezweifle ich zwar, doch lasse ich keinen Weg unversucht." Sie fertigt zwei zusätzliche Abschriften, wohl ohne zu wissen, wer der oder die möglichen Überbringer sein könnten. Auf dem erhaltenen Umschlag steht wenig adressatengenau „An Ernst Kurzenberger aus Bruchsal". Dieser hat keinen der drei identischen Briefe erhalten. Sonst hätte er erfahren, dass seine

Frau in der Wohnung am Stadtgarten 3, in der die ausgebombten Familienmitglieder untergeschlüpft sind, „das Herrenzimmer für einen französischen Offizier zur Verfügung gestellt hat, da wir sonst gefährdet gewesen wären, dass das Haus beschlagnahmt wird." Sie spricht dem Vater Mut und Hoffnung zu. „Du weißt, dass deine Frau und ein ganz süßer kleiner Hajo auf dich warten", berichtet vom täglichen Abendgebet der beiden Zurückgelassenen und legt zum Schluss des Briefes dem noch nicht Einjährigen die Worte in den Mund: „Lieber Gott schicke mir bald meinen lieben Papa." Danach aber wird sie im Anhang ganz pragmatisch und macht ihm Routenvorschläge für seine Rückkehr, denn sie fürchtet, dass er in französische Hände gerät. „Vielleicht könnt ihr alle mit Hoffmann nach Michelfeld über Sinsheim. Dort ist amerikanisches Gebiet." Bruchsal und Gochsheim seien Französisch und die Franzosen „holten" öfter entlassene Soldaten, die schon zu Hause sind.

In den nächsten Wochen nimmt der Realitätsbezug und die Zukunftsplanung des Kriegsgefangenen Ernst ab, dafür nehmen die Klagen zu und seine Pathosformeln werden immer größer: „Wie ist mein Herz zermalmt von Ungewissheit und Heimweh. Nur Gott ist noch meine Zuflucht", schreibt er Ende Juli 1945. Denn jetzt ist eingetreten, was er schon lange befürchtet hat: „Es geht nach Frankreich und ich muss machtlos an meiner Heimat vorbeifahren." Er ist zwar bei der Durchfahrt durch Bruchsal in einem Viehwagen eingesperrt, der ihn, wie er später notiert „über Eppingen, Heidelberg, Bruchsal (21 Uhr), Karlsruhe, Wörth über Straßburg, Nancy" nicht nach Frankreich, sondern nach Mons in Belgien bringt, aber er kann seiner inneren Erregung und Sorge um die Zukunft gleich vierfach in schriftlicher Form Ausdruck geben. Eine Postkarte an „Meine teuerste Ruth" wirft er bei der Durchfahrt durch seine Heimatstadt aus dem fahrenden Zug. Die große krakelige Schrift entschuldigt er mit der unruhigen Fahrt und kündigt eine ausführliche Botschaft an. „Bei Eppingen habe ich einer Rotkreuzschwester einen großen Brief aus dem Zug geworfen, hoffentlich erhältst Du ihn." In Heidelberg hat er schon eine Nachricht ähnlicher Art auf einem Zettel abgesetzt und nicht nur den Brief, sondern „einige herausgeschmuggelte Tagebuchblätter aus Heilbronn" seiner „Liebsten Ruth" versprochen, dann eine unfrankierte Postkarte an sie adressiert und aus geographischen Überlegungen als zweite Adresse die seines Onkels in Mannheim-Friedrichsfeld, „Gottlob Gaukler Lehrer", angegeben mit dem Zusatz „bitte um Weitergabe". Sein Mitteilungsbedürfnis, der sehnliche Wunsch, seine Frau zumindest schriftlich zu erreichen, ihr von seinem Schicksal zu berichten, ist riesig. Man spürt und sieht seine Aufregung am Schriftbild von Zettel und Karten, die alle zusätzlich gefüllt sind mit Treueschwüren und Bitten. „Bete für mich, wie ich es auch für Euch tue."

Zumindest die Sorge, seine Nachrichten könnten seine Frau nicht erreichen, waren unnötig. Alles – Zettel, Postkarten, Brief, Gedichte, Tagebuchblätter – wurde bei der Adressatin abgegeben. Die Postfachleute wurden aus dem Lager ja erst nach sechs Monaten entlassen. Die fehlende Postzustellung war verlässlich durch die eingeübte deutsche Kriegsnotgemeinschaft ersetzt. Jede und jeder fühlten und wussten, was die Stunde geschlagen hatte. Alle waren, der eigenen Misere eingedenk, einfühlsam genug und immer bereit, den anderen, so gut es ging, zu helfen, auch wenn man dafür einige Kilometer Fahrradstrecke benötigte. Ein tief verunsichertes Volk rappelte sich auf und zeigte seine scheinbar abhandengekommene Menschlichkeit, zumindest in wichtigen Kleinigkeiten.

Den gleich viermal angekündigten Brief, der dem Vater so überaus wichtig war, hatte er lange vor der vermeintlichen Verschärfung seiner Situation und dem Abtransport innerlich und äußerlich vorbereitet. Je aussichts- und trostloser die Lage im Gefangenenlager wurde, umso mehr sucht er religiösen Trost: „Ich beschäftige mich jetzt viel mit religiösen Gedanken und habe daraus schon großen Nutzen und Kraft geschöpft."
Er zieht in der der Rotkreuzschwester anvertrauten Botschaft eine Summe der bisherigen Gefangenschaft: „Ich bin hier ein anderer Mensch geworden." Der katholische Priester des Lagers habe ihn in den katholischen Glauben eingeführt, nach seiner Heimkehr wolle er sich katholisch taufen lassen und dies im Kreis der Familie feiern. „Diesen Entschluss habe ich Dir zuliebe, meine teuerste Ruth, gefasst und ich weiß, was ich Dir damit für ein schönes Heimkehrergeschenk gebracht hätte, nicht wahr!" Das ist bei allem „hätte" keine Frage, sondern eine Feststellung. Ist Vaters Gottsuche die Suche nach einem Weg, sich mit seiner geliebten Frau zu verbinden, „innerlich mit ihr eins zu sein in Gedanken und Gebet"? Wie irreal, ja geradezu absurd sein Begehren ist, zeigt der Vorschlag, sie möge, wenn er jetzt nach Frankreich zum Arbeitseinsatz komme, ihn dort aufsuchen, um gemeinsam Taufe und Konversion zu begehen. Und er träumt davon, „gemeinsam mit ihr auf der Kommunionbank knien zu dürfen."

In Mons holt ihn wieder die strenge Lagerrealität ein. „Zeltstadt wie in Heilbronn nur besser. Große Zelte für 40 Mann, strenge Tagesordnung, 5 Uhr Wecken, 6 Uhr angezogen, dann Dienst bis 12, Essen, Dienst, 4 Uhr Zählung, 18 Uhr Essen. Das Essen ist normal. Dreimal täglich ein 1/2 Liter und ein 1/4 Brot." Ernst hat nicht nur eine neue Tagesordnung, sondern auch ein neues Tagebuch. Die kleine Fibel *Deutscher Einheitsmeßtext mit Bildern und Zeichen aus ‚Lobe den Herrn im heiligen Opfer'* hat ihm wohl der Heilbronner Lagerpfarrer mit auf die Reise gegeben. Er nutzt sie auf den Innenseiten des Umschlags und in den unbedruckten Ecken, um das für ihn Bemerkenswerte festzuhalten. Und es gibt Überschreibungen des Gedruckten, die sich wechselseitig erhellen: „22.08. Es kommen abends 2000 Mann aus Cherbourg ins Lager. Die vielen alten Leute, über 500, machen einen tiefen Eindruck auf mich. Es sind furchtbare Gestalten zu sehen." Zufall oder Absicht, dass diese handgeschriebene Notiz über dem folgenden gedruckten Text steht? „Vor deinem Angesicht werfe ich mich auf die Knie nieder / und bitte und beschwöre dich / mit der heißesten Inbrunst meiner Seele: / Präge meinem Herzen ein, den lebendigen Geist des Glaubens, der Hoffnung und der Liebe. / Mit innigem Mitleid und tiefem Schmerz meiner Seele / betrachte ich deine fünf Wunden und beherzige dabei, / was der Prophet David von dir, o guter Jesus, geweissagt hat: / Sie haben meine Hände und Füße durchbohrt, / sie haben alle meine Gebeine gezählt."

Worin der Lagerdienst besteht, wird nirgendwo berichtet, aber dass er an einem Französischunterricht für Fortgeschrittene teilnimmt und Vorträge hört, wohl solche zur demokratischen Erziehung, denn auch das Lager in Mons steht unter amerikanischer Verwaltung und Leitung. „Montag und Donnerstagmorgen ist Gottesdienst", hält er fest. Und dass immer wieder Gerüchte durchs Lager schwirren: „Morgen Arbeitseinsatz in Cherbourg" oder „Japan hat kapituliert". „Hoffentlich keine Ente", schreibt der Vater und fügt mit klarer Einschätzung hinzu: „Das kann sich doch nur günstig auswirken und die Gefangenschaft verkürzen." Merkwürdig findet er eine andere Veränderung. „Ich bin seit einigen Tagen wieder in Uniform mit großem PW auf Hose und Jacke. Leider habe ich keinen Mantel." Ein sichtbarer Rückschritt in die jüngste Vergangenheit und eine genaue Bestimmung der Gegenwart, denn PW heißt Prisoner of War. Dann kommt ungewohntes Leben in den tristen Cage-Trott. Eine Ärztekommission trifft ein und „untersucht die Leute auf Arbeitseinsatzfähigkeit", das ist kurz vor seinem vierten Hochzeitstag am 28.08., den er im Gedenken an Ruth gebührend in Gedanken feiert.

Die Frage, ob man sich als Unteroffizier freiwillig zum Arbeitseinsatz melden soll, spaltet die „Kameraden", drei davon aus dem ehemaligen Wehrmeldeamt. „Am 21.08 hatte sich schon Ernst Schmidt verabschiedet. Er hatte sich als Unteroffizier in die englische Zone gemeldet und wird plötzlich abberufen. Er scheidet um zwölf Uhr. Ich gebe ihm zwei Postkarten mit, die ich noch schnell an Ruth geschrieben habe. Ernst hofft sehr, wieder ins Reich zu kommen." Die Postkarte überbringt er Ruth, ins Reich kommt der Namensvetter allerdings nicht zurück, denn dieses gibt es nur noch in Vaters Sprachgebrauch. Kurz nach Auflösung seiner Einheit im Allgäu und im Besitz verschiedener Stempel des nicht mehr existierenden Wehrmeldeamts hat Vater Ernst den „Kameraden", mit denen er auf der Flucht war, vorgeschlagen, sie zum Unteroffizier zu befördern. Er wusste, dass die Genfer Konvention die so Beförderten vor einem Arbeitseinsatz schützen könnte. Ernst Schmidt ließ sich von ihm in den Schutzrang erheben, zwei andere Kameraden, die jetzt noch in Mons dabei waren, fehlte der Mut zu diesem illegalen bürokratischen Schritt. Sie haben drei weitere Jahre in belgischen Bergwerken verbracht.

Vater Ernst wird mit allen anderen Unteroffizieren im Lager aufgerufen, sich zum freiwilligen Arbeitseinsatz zu melden. Er tut dies nicht. Wohl in der Voraussicht, was ihn unter Tage erwarten würde. Die Begründung im frommen Tagebuch lautet allerdings anders: „O.S. meldet sich freiwillig, ich will dem Schicksal nicht unter die Arme greifen und alles Gott überlassen." Gott und die Amis lassen ihn dafür erst einmal einen halben Tag im strömenden Regen stehen, weil jetzt für ihn der Wechsel in ein anderes Lager nötig ist. Dieses stellt sich dann bald als Rückführungslager Heilbronn heraus. „12.9.1945. Es geht tatsächlich zur Bahn, um 11 Uhr verlassen wir das Zelt und um 14 Uhr werden wir verladen. Offene Wagen. Das ist ein gutes Zeichen. Wir bekommen 20 Büchsen, 10 leichte und zehn schwere C-Rationen. So gut ging es uns noch nie. Es muss bis Heilbronn reichen. Nacht sehr kalt, wir frieren. Fahrt geht über Namur, Luxemburg. 13.9. Fahrt Diedenhofen, Thionville, Saarbrücken. Abends überqueren wir die Grenze, ein überwältigender Eindruck. Mir kommen beinahe Tränen. 14.9. Nachtfahrt über Mainz, Mannheim und, oh Schreck, abends 8:30 Uhr durch Bruchsal. Ich gebe keine Nachricht an Ruth, da uns gesagt wird, dass wir am anderen Tag entlassen werden. Nachts 1:30 Uhr Ankunft in Heilbronn." Die hundertfach beschworene, ersehnte, erträumte Ankunft bei Ruth und seinem kleinen Sohn am Stadtgarten 3 ist schriftlich nicht überliefert. Sie wird, wie vorhergesagt, für die „Wiedervereinten" tränenreich gewesen sein. Vor Wiedersehensfreude und vor Erschöpfung.

63 Jahre später, in seinem letzten Lebensjahr und Herbst, hole ich den Vater regelmäßig aus seinem allerletzten Cage, im Altenheim, wo er wegen seines amputierten Beins jetzt leben muss. Ich rolle ihn zum benachbarten Stadtgarten, und am Ende der regelmäßigen Tagestour sitzen wir an den schönen Herbsttagen meist unter den Rotbuchen am Belvedere, ich auf der Bank, er im Rollstuhl neben mir. Wir reden über Gott und die Welt, über Ruth und die Vergangenheit. Allzu unpassende neugierige Fragen, etwa die, ob Bruder Klaus und ich wohl dort drüben am Stadtgarten 3 gezeugt wurden, beantwortet er, indem er die Augenbrauen hochzieht, leicht mit dem Kopf wackelt und schelmisch grinst. Die Frage nach Gott und dem Sterben sieht er erstaunlich nüchtern. „Nein, nein, ich habe keine Angst vor dem Tod." Er wisse nicht, was danach komme. „Ja, es wäre schön, Ruth wiederzusehen, aber ist es wahrscheinlich?", fragt er zurück. Und sagt dann: „Ich werde es abwarten. Mal sehen."

Diese Sätze und die ihnen zugrundeliegende Haltung werfen auch ein erhellendes Licht auf Vaters Konversion, die bald nach seiner Rückkehr aus der Gefangenschaft stattfand. Ich lese aus seinem Entschluss und seinem vierfach angekündigten Brief, dass es lange davor Diskussionen zwischen ihm und Ruth gegeben hat. Die beiden waren zwar, soviel ich weiß, von einem sogenannten aufgeschlossenen Pater kirchlich katholisch getraut worden. Aber es blieb in den Augen der Mutter Ruth der Makel der Mischehe, den sie nicht mit sich schleppen und an ihre Kinder weitergeben wollte. Was heute kaum mehr nachvollziehbar ist, machte gläubigen Katholiken damals unter dem Druck der Kirche noch schwer zu schaffen. Vater wollte einlenken, sich in seiner schwersten Zeit ganz eins wissen und fühlen mit seiner geliebten Frau. Die allzu vielen enthusiastischen Glaubensbekundungen seiner Aufzeichnungen klingen heute eher ein wenig aufgesetzt. Er flüchtete sich wohl voller Hingabe an seine Ruth, an seine junge Frau in ein Scheinexistenzproblem, um sie und sich trotz des Getrenntseins zu beglücken. Eine rührende Geste, eine für ihn notwendige Überlebensstrategie oder eine eher fragwürdige Anpassung? Ich denke alles zusammen, vor allem aber ein großes Liebesbekenntnis.

7 Mutterschutz

Schwer ist es und entbehrungsreich durch einen harten Winter zu kommen. Eisig kalt pfeift der Wind, leergefegt sind die Felder, ohne Blätter die Bäume. Hilfe tut Not! Die Mutter steht auf den Hinterbeinen, sie streckt die beiden Vorderläufe am kahlen Baumstamm empor und reckt ihren schönen langen Hals, um wenigstens ein Stück essbare Rinde für ihr hungerndes Kind abzubeißen. Endlich zeigt sich am Waldrand ein erstes kleines Grün im schmelzenden Schnee. Die Mutter nimmt Witterung auf, wagt sich vorsichtig aus der Deckung der Bäume, führt ihren kleinen Sohn Bambi zur bescheidenen Futterstelle. Gewaltig ist der Schreck, als sie plötzlich die Gefahr erkennt: „Lauf, Bambi, schaue nicht zurück!", „Lauf, lauf!". Mutter und Kind rennen über das Schneefeld um ihr Leben. Bambi vorneweg, die Mutter hinterher. „Lauf, Bambi", ruft sie in höchster Not. Dann fällt der Schuss. Bambi findet sich allein wieder im schützenden Wald. In gänzlicher Stille. Schneeflocken fallen. „Mutter, wo bist du?" „Mutter!" Der Schnee fällt dichter und dichter. „Wo bist du?" Im Schneetreiben verdunkelt sich die Welt, alles wird ununterscheidbar. Verlassenheit, Not und Verzweiflung. Bambis glückliche Kinderzeit ist durch die Kugel des Jägers jäh beendet. Da erscheint der Vater mit der Hirschkrone auf dem Haupt, stark und stolz, unnahbar und übermächtig steht the Great King of the Forest vor seinem Sohn. Er macht ihm Mut, führt ihn mit majestätischer Geste ins Leben zurück. Eine mythische Szene. Sie ist unvergleichlich in ihrer tragischen Wirkung auf einen Zehnjährigen. Schmelzende Klänge vergrößern die Seelennot beider Kinder, des auf der Leinwand agierenden und jenes im Kino zuschauenden. „Mutter!" Aufmerksam, besorgt, selbstlos ist sie. Sie sichert das Leben und ist bereit, ihr Leben zu opfern.

Ich habe dieses Bild der Mutter während meiner ganzen Kindheit in seinem Wahrheitsanspruch und Wirklichkeitsgehalt nie bezweifelt.

7 Mutterschutz

Auch wenn die vornehme Eleganz der in Hollywood fein gezeichneten Hirschkuh nicht in vollem Einklang stand mit meinen Erfahrungen. Meine Mutter konnte auch schimpfen, war zuweilen missgestimmt oder gar ungehalten. Einige Male, da näherte ich mich schon der Pubertät, habe ich auch eine von ihr „gefangen", also eine Ohrfeige bekommen. Aber das änderte wenig an meinem Grundvertrauen zu ihr, im Gegenteil, es wurde dadurch bestärkt. Sie war der Bezugspunkt meines jungen Lebens, war der Hort der Lebensklugheit, der Maßstab der Welt. Dass sie sich bei bestimmten erzieherischen Maßnahmen auf den Vater berief, hatte für mich wenig Bedeutung. Mutti war die liebende, war die richtende und die strafende Instanz.

Es gibt eine Szene in meiner Erinnerung, die mir heute außerordentlich komisch erscheint, damals aber für mich schwer verständlich und ganz besonders war. Ich hatte mir wohl etwas zu Schulden kommen lassen, mal wieder an diesem Tag nicht Klavier geübt oder, statt die Hausaufgaben für den nächsten Tag zu machen, lieber auf der Straße herumgetobt und dort Fußball gespielt. Ein Alltagsvergehen von bescheidenem Ausmaß, was Vater offenbar ähnlich sah, denn er nahm wenig Notiz von der mütterlichen Anklage seines Sohnes beim Abendessen. Da wendete sich plötzlich Muttis Zorn. Nicht mehr ich war dessen Adressat, sondern der Vater: „Das scheint dir alles völlig gleichgültig zu sein!", blaffte sie ihn an. „Von meinem Mann und einem richtigen Vater hätte ich etwas anderes erwartet!", schrie die Gute. Wie auf Knopfdruck wandelte sich Papa in einen rasenden blitzeschleudernden Zeus. Er brüllte in einer Lautstärke, die ich noch nie, bei keinem Anlass und an keinem Ort, von ihm gehört hatte. Und es blieb nicht beim Brüllen. Er sprang auf, fasste die Stehlampe mit ihrem fein gefältelten Stoffschirm und schüttelte sie so gewaltig wie Poseidon seinen Dreizack bei der Verfolgung des Odysseus. Zeus und Poseidon zusammen waren freilich eine Nummer zu groß für das Wohnzimmer, die sogenannte Bauernstube. Zuerst erschrak Mutti gewaltig, weil sie ihren Göttergatten noch nie in dieser übermenschlichen Weise hatte brüllen hören und toben gesehen. Dann fürchtete sie in der zweiten Wahrnehmungsphase, ihre Stehlampe könnte Schaden nehmen. Also brüllte sie zurück: „Bist du wahnsinnig, Ernst?!" Das führte beim Angesprochenen keineswegs zur Ernüchterung oder Abkühlung seines Strafgewitters. Er sah sich in seinem Tun bestätigt oder verkannt. Mit wildem Blick und inzwischen wildem Haar donnerte er die Lampe auf den Esszimmerboden, so dass diese unverzüglich ihr Licht aufgab. Das erschreckte offenbar auch den Papa. Mit einem Schlag war es mucksmäuschenstill im Raum. Vater begann sich offenbar zu schämen, spürte die Unangemessenheit seines Tuns, zumal die Mutter sein Verhalten für völlig verrückt erklärte, was es ja auch war. So blieb die Erziehung der Knaben dort, wo sie immer schon war. In den Händen der Mutter. Vater hat ihre pädagogischen Maßnahmen nur abgenickt oder ihnen formale männliche Autorität verlieren, wo dies Mutti nötig schien, etwa beim schriftlichen Einspruch gegen die Beurteilung oder fragwürdige Benotung eines Lehrers.

So wahr und wirkungsvoll die mütterliche Urszene im Film gezeichnet war, so sehr sie der inneren Realität der Mutter-Sohn-Beziehung entsprach, so wenig war sie alltägliche Lebenswirklichkeit. Statt das Kind vor der tödlichen Kugel eines Jägers zu retten und sich dieser selbst auszuliefern, waren es 1.000 Alltäglichkeiten, die die Beziehung ausmachte und stärkte. Etwa für mich einen Kindergartenplatz zu ergattern, was 1948 mehr als schwierig war, oder das Kind bei seinen Laufversuchen in die ausgebreiteten Arme stolpern zu lassen, ihm den ersten roten gepunkteten Gummiball zuzurollen, die Geschichte von *Puttiputt, dem hässlichen Entlein* vorzulesen, mit dem Söhnchen an der Hand zum Bäcker Wolf zu gehen, ihm das Schwimmen zu lehren im tiefen Becken von den eigenen Händen getragen, sein hohes Fieber mitten in der Nacht mit kalten Wadenwickeln zu bekämpfen, ihm am Morgen das Pausenbrot zu schmieren, die Schulbücher zu beschriften, den Kindergeburtstag so zu organisieren, dass er ein Spielfest wurde, mit ihm im Schneetreiben Schlitten zu fahren oder Weihnachtsplätzchen zusammen zu backen. All diese Aktivitäten, die so selbstverständlich scheinen und alle doch so aufregend sind, weil jede für Kind und Mutter ein Premierenereignis sind, ergeben eine Kette der stärkenden Wechselwirkungen. Das Kind lacht, die Mutter staunt, das Baby schreit, die Mutter ist in Sorge. Dabei wächst langsam aus der Überlegenheit der Mutter und der Abhängigkeit von ihr der eigene, der Gegen-Willen des Kindes, wieder kaum bemerkt und eher im banalen Terrain: Das Bitten und Betteln, heute gleich noch vor der Erledigung aller Schulaufgaben ins Schwimmbad zu dürfen, oder die zunehmend ausgefeiltere Diskussion mit immer neuen Gründen, das Taschengeld zu erhöhen, oder die oder jene Fernsehsendung schauen zu müssen, oder heute Abend bis in die Nacht hinein unterwegs sein zu dürfen.

7 MUTTERSCHUTZ

Die schützende, helfende, zärtliche oder strafende Hand der Mutter ist die eine Seite. Die Reaktion des Kindes die andere, die keineswegs schwächere. Das wird in Zeiten der Bedrohung besonders sichtbar. Als die Westfront der Alliierten im Frühjahr 1945 täglich näher rückte, auf das kleine Dorf mitten im ländlichen Kraichgau zu, als der Artilleriebeschuss zunahm und der Feind schon in Hörweite ist, sitzen Mutter und Kind im tiefen Keller der Schäferei Lichtenberger. Die Angst der jungen Mutter in Gochsheims Schutzquartier wird mühsam und etwas pathetisch in ihren Tagebucheintragungen gebannt: „2./3. April. Die letzte Nacht im Keller geschlafen. Auch Hajo war im Stroh. Er war sehr brav." „Nacht 3. April. Ich gehe mit Hajo frühzeitig in den Keller auf mein Lager zum Schlafen. Punkt 2 Uhr morgens: Heftiger Artilleriebeschuss reißt uns aus dem Schlaf. Wir alle wissen nun, dass die Front mit Riesenschritten uns näherkommt. Was wird der junge Tag uns bringen?" „4. April. Wir alle wissen, dass dies wohl der schwerste Tag für uns sein wird. Ich versorge gleich in der Frühe meinen Hajo. Heute muss ich ihn sogar im Keller wickeln, da ständig Beschießung droht. Der kleine Kerl schaut mich ganz verständnislos an, als ob er fragen wollte: ‚Mutti, was soll dies alles?' Außerdem scheint er sein Gitterbettchen dem ungewohnten Strohlager doch vorzuziehen, seine Stimmung ist nicht rosig. Ich flüchte mich mit dem Kleinen in einen anderen Keller und versuche ihn etwas früher zur Ruhe zu bringen. Er ist so müde und schläft bald auch ein. Nun nehmen auch die Jabos ihre Tätigkeit wieder auf und ihre Beschießung wechselt mit der der Alliierten. Es ist inzwischen wieder ruhig geworden, und ich nutze die Zeit, um mein Bübchen in seinem Strohbettchen einzuwiegen. Der schlafende Kleine strömt eine wohlige Ruhe auf uns aus, so dass wir beinahe vergessen könnten, dass uns die letztverflossene Stunde unmittelbar an die Frontlinie versetzt hat. Die feindliche Artillerie nimmt nun ständig das ganze Gebiet unter Feuer, während wir dazwischen bereits das Knattern der MGs hören. 12 Uhr, still und ruhig liegt unser Land. Fast ist die Stille unheimlich. (…) Wir alle haben das Gefühl, dass wohl das Schlimmste, vor dem wir uns fürchteten, überstanden sein mag, ob wir jedoch für unser Aus- und Durchhalten auch die lang ersehnte Ruhe geschenkt bekommen? In diesen Gedanken scheinen sich zum ersten Mal Zweifel zu mischen. Unser kleiner Hajo lässt uns hier jedoch nicht lange diesen trüben Gedanken nachhängen. Er ist guter Laune, und fast scheint es uns, als ob er uns auffordern wollte, endlich unsere düstere Kellerwohnung zu verlassen und dem Sonnenstrahl zu folgen, der uns durch die Kellerlöcher ins Freie einlädt."

Mutter und Kind, Kind und Mutter sind eine Schutzgemeinschaft. Die Mutter versorgt auch in schlimmer Lage rund um die Uhr ihr kleines Baby. Und das kleine Kind hält sie mit seinen Stimmungswechseln, seinen Launen auf Trab. Es vertreibt ihre Ängste, bringt sie zur Besinnung und Ruhe mitten im Artilleriebeschuss. Ja, das Kind wird am Ende gar zum Friedensengel – eine naheliegende, aber doch auch schöne mütterliche Projektion. Die Bande zwischen Mutter und Sohn sind ab jetzt geknüpft, im Kriegsgeschehen auf sanfte Weise gehärtet. Beide haben eine Bewährung erfahren: „Mein Hajo", „der kleine Kerl", „mein Bübchen", „mein Sonnenstrahl". Umgekehrt der fragende Blick: „Was soll das alles?" Das prägt und zieht sich durchs weitere Leben beider, im guten wie im weniger guten Sinne.

Mutter Ruth behielt die ängstliche Aufmerksamkeit, die sich später immer wieder auf ihre beiden Buben richtete, ein Leben lang, obwohl sie eine durchaus pragmatische und lebenstüchtige Frau war. Bestiegen wir beim Sonntagsausflug auf steilen, dunklen, hölzernen Innentreppen die Söller der umliegenden Burgen und waren dann auf der obersten Plattform angelangt, wo wir sie zum Mauerrand zogen, um in die Ferne schauen zu können, konnten wir ihre innere Unruhe am Händedruck spüren, den sie weitergab. Zwar „durften" wir zu den Pfadfindern, aber unter ihrer Auf- und Vorsicht verwandelte sich Vaters unbeschwerte mutterlose Pfadfinderzeit bei ihren Söhnen ins Gegenteil. Das Pfingstfest war meist Anlass familiären Missvergnügens, weil es endlose Diskussionen zwischen mir und Mutti gab, ob der Zeltboden noch zu kalt oder die Wiese schon trocken sei. Oberpfadfinder Ernst hielt sich meistens heraus aus diesem meteorologischen Richtungsstreit, obwohl er wohl hätte erkennen können, dass die mütterliche Vorsorge und Behütung einen zu hohen Verzärtelungskoeffizienten enthielt. Die Folge: Man wurde von den „richtigen" Pfadfindern gehänselt oder zu Strafaktionen verdonnert, zumal Mutti meine Schande noch vermehrte, als sie mich einmal im Auto zum Zeltlager fuhr. Im tiefsten Wald durfte ich dann, weil ich die Nacht davor nicht vor Ort war, ganz allein die Bewachung der Zelte übernehmen, während der gesamte Stamm auf Fahrrädern ausflog. Selten war mir so mulmig und unheimlich zumute. Ich hätte weinen können aus Wut auf die Mutter, wäre mir nicht jeder knackende Ast, jeder Vogelruf bedrohlich erschienen. Mutterschutz!

Bald danach begannen unsere Krisenjahre, die zweite Intensivbeziehungsphase zwischen Mutter und Sohn. Der Aufstand richtete sich nicht gegen den Vater, der ja zu Beginn zwangsweise außen vor blieb und später dezent im Hintergrund, die Rebellion richtete sich gegen Mutter Ruth. Und zwar heftig und extrem. Meine beständige Widerrede, meine oft totale Verweigerung ihrer Forderungen, meine frechen Attacken brachten sie zur Weißglut, an den Rand der Fassungslosigkeit, bis sie händeringend und hilflos ihrem Gatten Ernst vortrug, ihr Bübchen müsste ins Internat, weil sie es mit ihm nicht mehr aushalten könne, er jedem mütterlichen Rat, jedem gut gemeinten Vorschlag, jeder notwendigen Anweisung unzugänglich geworden sei.

Weder sie noch ich konnten durchschauen, dass wir es mit unserer Liebesbeziehung in der ersten Phase zu weit getrieben hatten. Wir hatten uns zu sehr wechselseitig in Anspruch genommen, zu symbiotisch aufeinander abgestimmt, zu sehr aufeinander verlassen, zu hemmungslos ineinander gespiegelt: „Mutti, Mutti!", schallte es beim Spielen allzu häufig und unnötig vom Hinterhof hinauf zum Balkon oder zur Küche, wo ich sie vermutete. Selbst wenn sie belästigt und gereizt antwortete, sie ließ sich immer hervorlocken. Und immer wollte ich ihr gefallen, brauchte ich ihre Anerkennung. Schule und schulische Leistungen, das spürte ich schon früh, ohne es reflektieren zu können, waren ihr wichtig, standen ganz oben in ihrer Werteskala.

Ruth war nicht nur eine gewissenhafte, sondern auch eine exzellente Schülerin. In ihrem Schülerleben gab es elf Jahre nur Einsen und Zweien, darüber hinaus die Bestnoten für „Charakterfestigkeit" und „geistiges Streben"! Die Einsen, so weisen es die erhaltenen Zeugnisse aus, überwogen bei weitem. Die Klassenbeste zu sein, war ihr so selbstverständlich wie wichtig, das Lob oder der überreichte Preis am Schuljahresende wohl ein Höhepunkt ihres Jungmädchendaseins. Zwar war sie Mitglied im „Affenkranz" an der Höheren Töchterschule am Friedrichsplatz. Aber ich bin mir nicht so sicher, ob sie viel zum Ruhm dieser frühanarchistischen kleinstädtischen Mädchenvereinigung, die sich selbst so getauft hatte, beigetragen hat. Ihr waren die sechs Freundinnen dieser weiblichen Siebenerbande ein Leben lang wichtig. Von diesen hörte ich immer nur und immer wieder, dass Ruth in allem die Beste war, in Englisch, Französisch, Kurzschrift, ja auch im Turnen und in der Handarbeit. Sie nahm dieses eher ambigue Lob immer mit einem leicht abwehrenden Lächeln entgegen.

So wurde meine beginnende Schulzeit zu einer schönen Arbeitsgemeinschaft zwischen Mutter und Sohn. Die Schule war für mich ein Ort, an dem ich mich gerne bewähren wollte, vielleicht mehr vor ihren als vor den Augen der Lehrer: beim Schönschreiben, das es damals noch als eigenes Fach gab, beim Rechnen, das man bald bei den täglichen Einkäufen zusammen mit Mutti nutzen konnte. Schnell und richtig addieren lernte ich im Kolonialwarenladen von Willi Schrey, subtrahieren beim Milchgeschäft Seyband, von dem aus ich auch die gefüllte Milchkanne nach Hause tragen durfte, Bruchrechnen bei der Gemüse- und Obsthändlerin Böser, die ihre blanken Messinggewichte auf die gusseiserne Waage stellte, um das halbe oder ganze Pfund Karotten oder Zwetschgen abzuwiegen. Und die Anfertigung von Zeichnungen und Landkarten im Fach Heimatkunde verschaffte unter den Augen von Mutti das wohlige Gefühl von Ordnung und Weitblick. Wie sprudelten und schlängelten sich da auf dem kleinkarierten Papier bald munter Saal- und Kraichbach, Oos und Kinzig, Neckar und Rhein, alle belebt und erfrischt durch den blauen Buntstift, der je nach Größe und Bedeutung des Flusses, ihn dünner oder breiter fließen ließ.

Und dann fiel ich das erste Mal ins Wasser, nicht im buchstäblichen Sinne, das hätte ich genossen, sondern im übertragenen. Ein erstes Debakel der Unselbständigkeit, Überforderung und Abhängigkeit stellte sich ein, als der Biologielehrer, der zugleich auch der Deutsch- und Mathe-Lehrer war, also als Klassenlehrer der Volksschule fungierte, das Aufsatzthema „Der Weg eines Wassertropfens" als Hausaufgabe stellte. Unter der gar zu kundigen physikalischen mütterlichen Anleitung enthielt meine soufflierte Aufsatzerzählung eine höchst differenzierte Wegbeschreibung, die kaum eine der vielen möglichen Wassertropfenstationen ausließ. Der kleine Wassertropfenwicht musste sich durch härtestes Gestein des Schwarzwaldes quetschen, sich mit seinen Artgenossen in unterirdischen Höhlen sammeln, bevor er nach langer Fahrt im Bodensee wieder ans Tageslicht trat, um an einem schönen Hochsommertag sofort wieder zu verdampfen und himmelwärts zu streben, wo sich das Gewitter schon zusammenbraute, das ihn erneut in die Tiefe und in eine neue Umlaufbahn schickte. So ähnlich und noch viel komplizierter stand sein Kreislauf im Aufsatzheft.

Der Klassenlehrer hatte nun am nächsten Schultag die fatale Idee, diesen Hausaufsatz in eine sogenannte Schularbeit, also in einen Klassenaufsatz umwandeln zu lassen. Er sammelte die Hausaufsatzhefte ein und teilte die Klassenarbeitshefte aus. Mir schwante Böses. Und in der Tat, der Weg des Wassertropfens nahm erneut seinen Anfang und trat zunächst einmal als Schweißperle auf meine Stirn. Wie sollte ich die verschlungenen Wege, die Mutti ihm gewiesen hatte, in seinen Abzweigungen, unterschiedlichen Arten und Phasen gerecht werden? Wie konnte ich all die schönen Formulierungen, die sie für die Beschreibung seines Weges benutzt hatte, wiederfinden? Statt mich auf meinen Verstand zu verlassen und meine Fähigkeit, meinen eigenen Wassertropfenweg zu erzählen, versuchte ich den mütterlichen nachzuzeichnen. Und wurde schon bei der zweiten Station unsicher, geriet mit jeder weiteren, die ich nicht exakt erinnern konnte, in Panik. So stockte der Wassertropfenlauf bald erheblich. Und als mein Elaborat, das ich von Anfang an für missglückt hielt, kurz vor dem Ende und der Abgabe des Heftes stand, fiel mir plötzlich siedend heiß ein, dass der Wassertropfen ja auch mal Teil eines Eiszapfens war, der jetzt aus Zeitgründen nicht mehr aufzutauen und einzufügen war. Mit dem Gefühl völlig versagt zu haben, trat ich an diesem Tag den langen Nachhauseweg an. Schritt für Schritt kamen all die Stationen des Tropfens, die ich zeitweilig vergessen und ausgelassen hatte, in mein Gedächtnis zurück und auch Muttis schöne Formulierungen kehrten wieder, etwa die, wie glücklich der Wassertropfen war, als er nach langer Nacht in der Tiefe der Erde wieder das Licht des Tages erblickte.

Der nächste, sogenannte wichtige Lebensabschnitt stand bevor. Der Eintritt ins humanistische Gymnasium. Um „ins Schönborn" aufgenommen zu werden, musste man eine Aufnahmeprüfung bestehen. Die Empfehlung, diese Stätte des antiken Geistes aufsuchen zu dürfen, hatte ich längst in der Tasche. Die Eingangshürde, die jetzt noch zu nehmen war, erschien aber plötzlich dramatisch hoch. Es gab eine Elternversammlung mit anschließendem Protest an das Kultusministerium in Stuttgart, dass die im letzten Jahr erstmals zentral gestellten Prüfungsaufgaben nicht angemessen seien für die zehnjährigen Probanden. Mutter Ruth war an der Spitze der Aufregung und legte die Latte für mich höher, als sie letztlich war, indem sie mir eine der letztjährigen Prüfungsaufgaben präsentierte. Sie lautete ohne weitere Fragehilfe $a = b$, $b = c$, $c = \ldots$ So viel einfache Buchstabenabstraktion, versehen mit den mütterlichen Vorkommentaren, überforderte mich, der ich schon damals eher fürs Sinnliche und Haptische war. Was sollte dieses Ist-gleich-Buchstabenspiel? Eingeschüchtert passte ich. Und Mutti sagte zu Papa: „Siehst du, Ernst, das Kind ist völlig überfordert!" Dieser Satz klang aus Mutters Mund wie die Drohung der Erynis, die mir an den Pforten des altsprachlichen Gymnasiums den Eintritt verwehrte und das unschuldige Menschenkind in den Hadesschlund der sozialen Verachtung stieß. Mit schwerem Erfolgsdruck im Rucksack und nach einer fast schlaflosen Nacht ging ich dann ins Prüfungsrennen. Und siehe da, alle Aufgaben waren lösbar. Voller Erwartungen stand ich jetzt vor den Tempeln der Griechen und den Grenzzäunen der Römer.

8 „König von Schramberg"

Bruder Klaus wurde von mir begeistert in dieser Welt begrüßt, auch weil ich seinen korbgeflochtenen weißen Kinderwagen um und durch den Stadtgarten schieben durfte. Das machte allein schon Spaß, wurde aber durch Muttis prüfende Frage, ob der kleine Bruder auch richtig zugedeckt sei, bald zu meiner ersten sozialen Aufgabe. Bevor wir losfuhren, fragte ich immer, selbst bei heißem Sommerwetter: „Ist Klaus auch richtig zugedeckt?" Da er in der schlimmen Hungerphase im Frühjahr 1947 geboren wurde, wollte man ihm im ersten Lebensjahr möglichst viel an stärkender Nahrung zukommen lassen, was dazu führte, dass er rundlich wurde und bald dicke Backen hatte. Das wiederum führte zu Papas Anrede: „Da ist ja unser kleiner Churchill!" Tatsächlich gibt es zwei oder drei Bilder von ihm, wo nur die Zigarre fehlt, um dieser Charakterisierung zu entsprechen. Der anderthalbjährige Premier blickt, schon aufrecht sitzend, aus seiner geflochtenen Staatskarosse, mit eher verhaltenem kritischen Blick, oder er winkt etwas geistesabwesend, aber gönnerhaft dem Fotografen zu.

Seine Entwicklung führte aber schon kurze Zeit danach in eine ganz andere Richtung, körperlich und geistig. Er wurde bald das, was man leichthin ein herziges Kind nennt. Immer freundlich stand er nicht nur auf den Kinderfotos in der Welt, die er dadurch artistisch überhöhte, dass er sein rechtes Bein etwas anwinkelte und frei schweben ließ, als wolle er vielleicht später Tänzer werden oder Filigran-Fußballer. Der Jüngste im Bunde, auch der sieben Vettern, hatte es leicht und schwer zugleich. Immer stahlen ihm die Großen die Schau und Aufmerksamkeit, aber oft hatten sie für ihn schon das Gelände geebnet gehabt, wenn es um aufgehobene Verbote oder andere Lizenzen der Eltern ging.

Meist trug Klaus dieselbe Kinderuniform wie ich: kariertes Hemd, leicht speckige Lederhose, Ringelsöckchen und Sandalen. An Fasnacht lieferte er sich mit mir, wiederum im identischen Cowboylook, bestehend aus Cowboyhut, Boleroweste, Fransenhosen, Colt und seltsamerweise Tomahawks, die wir beide wohl in der letzten Fasnachtssaison von den Indianern erbeutet hatten, rauchende Schießduelle mit einem zündplättchengeladenen Revolver. Sie waren so heftig, dass die Trapperfransenhosen nur so flatterten. Auch als Schulanfänger scheint er mir zum Verwechseln ähnlich am Haustor zu stehen. Nur beim Sommertagsumzug ist er deutlich voraus. Auf seinem Ballontretroller kurvt er durch die Straßen und das Gelände, obwohl er durch einen überdimensionierten blauweisen Schmuckbogen über dem Lenker behindert wird. Ich gehe als Zitronenfalter mit breiten gelben Flügeln und einer schwarzen Papierkappe auf dem Kopf, die zwei lange Fühlerantennen zieren, und gehöre damit zum Fußvolk des Umzugs. Parallelität und Eintracht spiegeln die Kinderbilder und meine Erinnerung. Die beiden Brüder hocken im Indianersitz auf der Wiese des Gartens, ich habe das Buch *Deutsche Heldensagen* aufgeschlagen, er hält die Landschildkröte Lulu in den Händen. Gemeinsam überqueren wir auf einer Fähre den Rhein, zusammen und parallel hängen wir, diesmal nicht in Lederhose, sondern mit gleichem Polohemd und Stoffshorts bekleidet, an einem Kletterstangengerüst auf einem der damals in Mode kommenden Kinderspielplätze, die eher Kinderfolterplätze waren, bei der Gartenschau auf dem Killesberg in Stuttgart. Nur ein einziges Mal hat mich mein Bruder in der Kindheit verletzt: beim Sonntagsausflug nach Bad Liebenzell auf dem Minigolfplatz. Klaus war ein Spiel- und Bewegungstalent und deshalb auch der beste, weil gefühlvollste Minigolfspieler der Familie. Wo ich vier oder sechs Schläge brauchte, benötigte er die Hälfte. Der letzte Abschlag des Liebenzeller Minigolfparcours war von einer vielleicht 120 cm hohen Betonplatte aus zu absolvieren. Klaus legte den Golfball zum Abschlag bereit, nahm das Loch ins Visier, holte mit dem Schläger aus und traf meinen linken Augenwinkel, weil ich zu nahe und auf Ballhöhe neben dem Betonblock stand. Sein Schläger verletzte zur Erleichterung aller, vor allem aber von ihm selbst, nur die Außenhaut um den linken Augenknochen und verschaffte mir früh einen kleinen „Schmiss", der geklammert wurde, was, wie Vater anmerkte, eine spätere Mitgliedschaft in einer schlagenden Studentenverbindung überflüssig mache.

Klausens freundliche und liebenswürdige Art wurde auch von seiner Mitwelt erkannt, deren Reaktionen von ihm selbst aber nicht immer goutiert wurden. Tante Marthas Schwiegervater in Schramberg, ein besonders freundlicher Mensch und Opa, witterte wohl eine gewisse Seelenverwandtschaft zu ihm und taufte seinen kleinen Stellvertreter bei einem Besuch „König von Schramberg". Klaus und ich lachten uns halbtot über diesen Titel, und der fremde Großvater freute sich über die ausgelassenen Buben und seinen Einfall. Bei jedem weiteren Besuch holte er ihn wieder hervor, auch zu unserem Vergnügen. Als dieses sich mit den Wiederholungen langsam abnutzte, der Großvater aber an seinem Spiel festhalten wollte, erfand er zu unserer Überraschung und erneuerten Begeisterung eine Krönungszeremonie. Er stellte einen kleinen Schemel auf den Esszimmertisch, breitete eine rote Decke darüber, erklärte die Anhöhe zum Thron und hob Klaus auf denselben. Dann holte er seinen Spazierstock und Zylinder, drückte dem Regenten der Stadt das Zepter in die Hand und setzte ihm die schwarze Krone auf, die prompt über Klausens Ohren rutschte. Wieder lachten wir beide uns halbtot und der Zeremonienmeister lachte laut mit. Bilder von diesem Krönungsakt sind nicht vorhanden, sodass die Erinnerung ihn nach Belieben ausschmücken kann.

Ebenfalls nicht fotografisch fixiert, aber durch mich als Hauptzeuge bestätigt, waren die Herzensbekundungen, die Klaus auf offener Straße durch die kinderlose Zahnarztgattin Frau Dr. Immerschitt in Empfang nehmen durfte. Den Doktortitel übertrug man damals immer auch auf die Frau eines Herrn Doktor, auch wenn sie nur knappe Volksschulreife hatte. Sie nannte sich aus undurchschaubaren Gründen Peterchen und hieß dementsprechend Tante Peterchen. Kam Tante Peterchen aufgetakelt, als wolle sie auf den Berliner Ku'damm flanieren, uns in der Wörthstraße auf hohen Pumps entgegengestöckelt, und hatte Klaus sie rechtzeitig entdeckt, verdrückte er sich umgehend. Er machte entweder einfach kehrt oder verschwand in einem Hauseingang. Überraschte Tante Peterchen ihn an der Hand seiner Mutter in einem der umliegenden Geschäfte, war er geliefert. Sie stürzte sich auf ihn und rief „Mein liebes Putzelmännchen!", und ehe Klaus sich auch nur zur Seite drehen konnte, wurde er von der stark parfümierten Dame abgeschleckt, was auf seinem angewidert verlegenen Gesicht Lippenstiftspuren hinterließ. Dabei hatte er noch Glück gehabt, denn es konnte auch vorkommen, dass sie das „Putzelmännchen" in ein „süßes kleines Putzelzwergerl" umtaufte, was bei ihrem fränkisch rollenden R noch bedrohlicher klang. Für mich hat sie sich nie interessiert. Klaus hatte mehr kindlichen Sexappeal, weil er immer so lieb dreinschaute.

Der freundliche liebe Bruder war nicht nur zuweilen scheu, er war auch leicht schwer erschütterbar. Eines späten Nachmittags im Winter waren Vater, Klaus und ich mit dem VW Käfer unterwegs, um in einer kleinen

Kleiderfabrik bei Kirrlach ein Hosenpaket abzuholen. Auf der Heimfahrt wurde es schon dunkel. Vater war nach der Bahnunterführung wie immer nach rechts abgebogen, Richtung Wörthstraße. Kurz vor dem „Europa", dem Kino längs der Bahnhofstraße, stand auf der gegenüberliegenden Seite das Elektro- und Radiogeschäft Leist in Flammen. Das einzige Schaufenster des Ladens flackerte wie ein riesiges Kaminfeuer. Menschen rannten hin und her, die Feuerwehr war noch nicht da. Klaus sah die gewaltigen Flammen, erschrak und schrie. Vater versuchte ihn zu beruhigen, wollte schnell den Brandort verlassen, was aber nicht gelang, weil jetzt der Feuerwehrwagen entgegenkam. Seine Sirene vermehrte das optische um ein akustisches Chaos. Beides steigerte Klausens Schrecken und Angst. Er brüllte jetzt wie am Spieß und hörte auch nicht mehr damit auf, als wir längst den Unglücksort verlassen hatten. Ich schätze, er war damals drei Jahre alt.

Vielleicht ein Jahr später gab es für ihn wohl ein Déjà vu des bedrohlichen Flammenmeers. Es war nach dem Christfest. Als großer Familienweihnachtsfilm war Walt Disneys Zeichentrickfilm *Schneewittchen* im Kino „Europa" angekündigt. Ich hatte die bunten Bilder schon in der Vorweihnachtszeit im Schaukasten dort entdeckt und wollte unbedingt den Film sehen. So machte sich also die ganze Familie am Sonntagnachmittag nach Weihnachten auf ins große Lichtspielhaus. Klaus saß zwischen Papa und Mutti, ich rechts von ihr. Das prächtige Märchenschloss, in dem die Handlung des Films beginnt, war noch prächtiger und größer, als ich es mir beim Vorlesen der Märchengeschichte vorgestellt hatte. Ja, alles, was auf der Leinwand gezeigt wurde, war überwältigend schön, vor allem Schneewittchen hatte einen nicht zu übertreffenden Liebreiz. Kein Wunder, dass die böse Stiefmutter sie aus dem Weg räumen wollte. Als sie den Jäger beauftragt hatte, die Stieftochter endgültig zu beseitigen, und dieser am Waldrand, wohin er Schneewittchen gebracht hatte, den spitzen Dolch zückte, der auf der großen Leinwand immer größer und größer wurde, ebenso wie das angstverzerrte Gesicht seines unschuldigen Opfers, wurde Klaus unruhig. Mutti nahm ihn schon einmal auf den Schoß. Der Waidmann schreckte vor dem beauftragten Mord zurück, und Schneewittchen flüchtete panisch in den dunklen Wald. Die Häschen, Eichhörnchen, die kleinen Waschbären und Rehkinderchen, die bunte Vogelschar, die sie dort in Empfang nahm, beruhigten auch Klaus wieder. Und Mutti freute sich jetzt an Schneewittchen und ihrer tierischen Helfer Hausfrauenfleiß, der den doch sehr verwahrlosten Haushalt in der Hütte der sieben Zwerge in deren Abwesenheit auf Vorderfrau brachte. Alle zusammen wischten und tanzten und sangen, entstaubten die Stühle und schrubbten den Boden, als gäbe es nichts Schöneres auf der Welt. Und als die sieben Zwerge in ihrem Diamantenbergwerk endlich Feierabend machten und mit einem kräftigen He-Ho-Lied auf den Lippen im Gänsemarsch zu Hause eintrafen, verwandelte sich der erste Schreck über den in ihrem Bettchen schlafenden Gast bald in Entzücken. Alle schlossen ihr neues schönes Hausmütterchen ins Herz. Hier hätte der Film, wäre er der Weihnachtsbotschaft gefolgt, eigentlich enden müssen.

Aber da verkehrte sich die Zwergenidylle plötzlich in ihr böses Gegenteil. Die Stiefmutter hatte durch ihren Zauberspiegel Wind davon bekommen, dass Schneewittchen noch lebte. So steigt sie umgehend in die Kellergiftküche ihres Schlosses, wo Ratten huschen, schwarze Raben die Flügel schlagen und Totenköpfe mit einem magischen Leuchtauge rollen. Klaus war erneut beunruhigt. Die königliche Giftmischerin bereitete unter manchem Abrakadabra einen Zaubertrank und verwandelte sich in das, was sie von Anfang an war, in eine böse Hexe mit einer großen Warze auf der Hakenhexennase. Nun wurde noch schnell ein giftgrüner Apfel in einen lockend roten umgezaubert, der tatsächlich vergiftet war, und schon stand das angebliche Kräuterweib an Schneewittchens Tür, die diese hilfsbereit öffnete, als die Verschlagene ihr einen Sturz vortäuschte. Dass Schneewittchen in den Apfel beißt und stirbt, wusste ich und wohl auch Klaus aus Grimms Märchen. Was man nicht ahnen und vorhersehen konnte, war die von Walt Disney und seiner Hollywood-Kompanie hinzuerfundene Hexenjagd. Die Zwerge finden ihren Liebling tot zu Hause auf dem Boden liegend und machen sich in Westernmanier sofort an die Verfolgung der Mörderin. Jetzt wurde auf der Leinwand alles Erdenkliche optisch und akustisch aufgefahren, um die Jagd spannend und gruselig zu machen. Es heulte der Sturm, es peitschte der Regen, es zuckten grelle Blitze, es rollte der heftige Donner, bis die Schurkin endlich vom hohen Felsen in den Abgrund stürzte, über dem schon die Geier kreisten. Das war zu viel für Klaus. Er schrie und weinte, als wollte er das Verfolgungsspektakel übertreffen, und zwar so heftig, dass auch andere Kinder schrien und weinten. Es begann der Exodus der sensitiven Kinder mit ihren Müttern aus dem „Europa"-Kino. Klaus und Mutter Ruth machten den Anfang.

Ich weiß nicht mehr, was davor oder danach lag. Bruder Klaus war in seinen ersten fünf oder sechs Lebensjahren nachts häufig unterwegs und flüchtete sich gern ins Ehebett von Mutti und Papa. Für Kinder wohl nichts Ungewöhnliches. Mutti verstärkte die Sorgen um ihn und seinen nächtlichen Wandel, indem sie laut mit Papa darüber nachdachte, ob das gut für ihren Klaus und seine Erziehung sei. Das schuf eine Problemzone, die sich verschärfte, als es darum ging, ob man uns beide am Abend allein lassen könne, wenn die Eltern bei Freunden oder Bekannten eingeladen waren. Die Nachtwache durch ein Kindermädchen war Anfang und Mitte der Fünfzigerjahre noch nicht üblich und bezahlbar. Eines Tages entschloss sich Mutti, den Versuch zu wagen, machte dabei aber, wie es mir heute scheint, einen Fehler. Sie weihte nur mich in ihren Plan ein, sprach also nicht mit uns beiden über ihren abendlichen Ausgang. Ich fühlte mich geschmeichelt, Aufsicht und Verantwortung übernehmen zu dürfen, sah mich als „groß" und erwachsen. Als Klaus eingeschlafen war und ich noch ein wenig in meinem Buch las, machten sich die Eltern auf zur Soiree beim Apotheker Mohr mit der leise geflüsterten Abschiedsbemerkung, sie seien gleich um die Ecke, und wenn es irgendein Problem gäbe, könnte ich Mutti ja telefonisch herbeirufen. Irgendwann dann gegen Mitternacht wurde der kleine Klaus wach, schlich aus seinem Bett und fand das der Eltern leer. Der Schock war nicht geringer als bei der Feuersbrunst im Elektroladen und beim zuckenden Blitzegewitter im *Schneewittchen*-Film. Er schrie und weinte und war nicht von mir zu trösten, geschweige denn zu beruhigen. Das brachte auch mich an den Rand der Verzweiflung, weil ich meinen Schutzauftrag nicht erfüllen konnte, also kläglich versagte. Inzwischen hatte der stimmgewaltige kleine Bruder auch schon Frau Maurer aus der Wohnung über uns herbeigebrüllt, die dann nach meiner Auskunft, wo die Eltern seien, diese herbeitelefonierte. Beide trafen umgehend ein und machten die Aufregung noch einmal größer.

Ich war tief deprimiert, nicht nur weil ich meinen Auftrag nicht pflichtgemäß erfüllen konnte. Ich spürte zugleich die Angst und Not, die meinen kleinen Bruder schüttelte, ich spürte meine Ohnmacht, weil ich ihm nicht helfen konnte. Und zum ersten Male dämmerte es mir, dass unsere von mir als symbiotisch erlebte Beziehung und Eintracht vielleicht gar nicht bestand, dass mein Bruder Klaus ein Wesen für sich war, in dem zuweilen die Dämonen spukten.

9 Familientopologie I: Der Garten der Kindheit

„Kommst du da runter!", „Komm sofort herunter vom Baum!", „Büble, komm bitte runter, das ist gefährlich", „Musst du immer die Oma ärgern?", „Wenn du nicht gleich runterkommst, rufe ich Opa!" So ähnlich im Wortlaut und in der Abfolge versuchte die Großmutter in sommerlicher Regelmäßigkeit den 8-, 9- oder 10-jährigen Enkel vom weit ausladenden großen Kirschbaum zu holen. Je schneller die Frequenz der Omabefehle und der Omabitten wurde, umso höher kletterte ich und stellte die Klettertour erst ein, wenn ein Ast zu knacken begann oder gar zu brechen drohte.

Der Kirschbaum stand gleich hinter der Veranda im Garten jenes zweistöckigen Hauses, das acht Wochen vor Kriegsende von einer Fliegerbombe getroffen und weitgehend zerstört wurde. Kirschbaum und Garten blieben beim Angriff unversehrt. Das Gebäude, das einmal ein stattliches Haus gewesen war, wurde gleich nach dem Kriege schnell, mit einfachen Mitteln und Materialien und deshalb minderem Komfort wiederaufgebaut. Der Großonkel, der hier seinen beiden Schwestern und seinem Schwager Obdach gewährte, hatte es bald nach Hitlers Machtergreifung einem seiner jüdischen Lehrerkollegen erworben, der Deutschland verlassen wollte, das heißt im Klartext verlassen musste. „August, wenn ich schon verkaufen muss, dann dir", soll er dem Großonkel gesagt haben. Wie hoch oder günstig der Preis war, wurde nicht kolportiert. Onkel August, vom Kleinkindermund Ogu getauft, lebte im ersten Stock und unterm Dach zusammen mit seiner älteren Schwester Mathilde, die Dadie genannt wurde. Beide waren unverheiratet. Sie „machte ihm den Haushalt" und er ihr häufig Vorwürfe, dass er keine Frau gefunden habe. Großvater Wilhelm und Großmutter Annele, die jüngste der drei Geschwister, lebten Parterre. Der Opa hielt seinen Schwager für genauso verrückt wie dessen Hund, der ein etwas neurotischer, glattgeschorener, kläffender Foxterrier Namens Fixle war. Die Großmutter hörte sich die Klagen ihrer Schwester über den Bruder meist kommentarlos und geduldig an, wenn dieser „es ihr wieder machte", womit die fromme Tante seine Launen und Schimpfereien meinte, die sie auch „Bruddln" nannte.

Oma Annele war eine gutmütige, auch im Alter hübsche, leicht rundliche Frau, zu der ich ein besonderes Verhältnis pflegte, das auf Wechselseitigkeit beruhte. Es hatte eine solide pekuniäre Grundlage, war aber vor allem und zuallererst eine Herzensbeziehung. Die Großmutter meinte nämlich, ihren Gatten, der nach dem Zweiten Weltkrieg zur Bundesbahndirektion Karlsruhe in die Fahrplanabteilung befördert wurde, hintergehen zu müssen, indem sie die von ihr erwirtschafteten Gewinne aus dem ihr zugeteilten Haushaltsgeld in vielen kleinen schwarzen Kassen deponierte, die dann wieder in einem von ihr ausgeklügelten Prämiensystem an ihre Enkelkinder, allesamt Buben, verteilt wurden. Die Kässchen schillerten metallicgrün oder waren tiefrot und überall zu finden: im Schlafzimmerschrank unter der Bettwäsche, in der Küche unterm Nudelbrett oder ganz oben hinter der Konsole des freistehenden Küchenschranks. Da es also mindestens drei oder vier verschiedene Schlüsselchen zu ihnen gab, war Oma Sturm, so lautete ihr angeheirateter Name, beständig auf der Suche nach dem passenden und gab dabei ihrem ältesten Enkel die verschiedenen Standorte preis. Ich bin nahezu sicher, dass der überaus sparsame Großvater von diesem Geldverteilungs- und Anlagesystem Kenntnis hatte, denn er war ein Mensch der Zahlen und Tabellen, aufmerksam und gewissenhaft, die Großmutter eher das Gegenteil. Zuweilen ein wenig schlampig, ließ sie fünf gerne gerade sein und rechtfertigte ihre heimliche Geldumverteilung vor sich selber mit der angeblichen Untreue des Großvaters. Erstaunlich früh weihte sie mich in dieses Geheimnis ein, machte mich mit elf oder zwölf Jahren zu ihrem Vertrauten und Eheberater, was meinen Blick auf den Opa schärfte.

Bei den sonntäglichen Morgenspaziergängen mit ihm in den frühen Kinderjahren war mir allerdings nichts aufgefallen, was in Richtung dieser angeblichen Verfehlung gewiesen hätte. Der Opa wählte bei diesen Ausflügen zwischen zwei möglichen Zielen, die regelmäßig angesteuert wurden: den sogenannten Bärensee, einen sumpfigen Teich kurz vor den Toren der Stadt an einer Bahnstrecke gelegen, oder die Drehscheibe vor dem Lokomotivschuppen im entfernten Bahnhofsgelände. Am Teich zeigte er meinem Bruder und mir das Schilfrohr mit den braunen Verdickungen am oberen Ende, genannt Flaschenputzer, die blau und grün schimmernden Libellen, die eilig schwimmenden Gelbrandkäfer oder den vorbeifahrenden Zug, den er fahrplanmäßig einordnen konnte. An der Drehscheibe fachte er unsere Begeisterung für die Dampfloks an, indem er aus ihrer Dampfkraft auf ihre Pferdestärke schloss, ihre Höchstgeschwindigkeit nannte oder ihre Reichweite mit nur einer Ladung Kohlen im Tender wusste. Außerdem konnte er die Loks mit Kennzeichen und Nummern versehen, deren Notwendigkeit oder Wichtigkeit wir resonanzlos zur Kenntnis nahmen. Uns interessierte das dampfende Geschehen, das sich unter der großen Stahlbogenbrücke, auf der wir standen, abspielte, wenn eine gewaltige schwarze Schnellzuglok auf ihren kleinen und großen roten Rädern aus der Halle rollte, einen scharfen Signalpfiff in den Sonntagmorgen schickte und langsam auf die Scheibe fuhr, um ihre neue Gleisspur und Richtung zu finden. Wie sie dampfte und fauchte, die schweren Pleuelstangen langsam mit verhaltener Kraft sich bewegten, wie ein Bahnarbeiter in ein kleines Führerhäuschen eilte, um die Drehscheibe in Gang zu setzen, all das war aufregend für uns. Zurück bei Oma zum Mittagessen, das auch am Sonntag in der Küche stattfand, war die sogenannte Omasauce, eine dunkle Bratenmehlschwitze, die sie uns über die Nudeln goss, der nächste Sonntagshöhepunkt.

Das Alltagsleben war Anfang der Fünfzigerjahre bescheiden. Die Ess- und Lebensgewohnheiten der Großeltern reichten zurück ins 19. Jahrhundert, in dessen letztem Jahrzehnt sie geboren wurden. Und sie waren, gemessen an meinem Elternhaus, archaisch. Ein gusseiserner Küchenherd, der jeden Morgen mit Briketts und Holz angeheizt werden musste, bevor direkt daneben am Wasserstein die Morgentoilette erledigt wurde. Er war vor allem im Winter das wärmespendende Lebenszentrum. Auf seinen Herdplatten wurde gebraten und gekocht, auch die sogenannte Kochwäsche. In ihm wurde gebacken, aus seinem Heißwasserbottich geschöpft, um das Geschirr zu reinigen. Seinen Feuerschein hatte man unmittelbar vor der Nase, wenn man das Mitteltürchen öffnete, um die Glut zu schüren, die lodernden Flammen schlugen einem entgegen, wenn man mit dem Feuerhaken die metallenen Ringplatten an- und aushob, um den Topf in der Öffnung einzuhängen.

Es gab an diesem Ort nur Küchengeräte, die im Handbetrieb zu nutzen waren: die große emaillierte Teigschüssel, das breitflächige Nudel- und Backbrett, die hölzernen Kochlöffel und Rührwerkzeuge. Die

9 Familientopologie I: Der Garten der Kindheit

Großmutter betätigte alle regelmäßig mit Geschick und einem gesunden hausfraulichen Selbstbewusstsein. Den Nudelteig wusste sie mit dem Rollholz ganz fein auszuwalzen, die Linzer Torte so zu verzieren und zu backen, dass sie ihr zum familiären Ruhm gereichte. Ich bewunderte besonders, wie sie beim Teigkneten mit einer routiniert gekonnten Handbewegung immer mal wieder Mehl aufs Brett streute, damit der Teig nicht anklebte.

Bevor der Großvater am Abend nach Hause kam, war der Tisch immer wachstuchblank geputzt, denn es war vor allem in Zeiten des jährlichen Fahrplanwechsels gut möglich, dass er Arbeit aus dem Büro mitbrachte. Er breitete dann gelbe schwarzgerasterte Papierrollen aus, die den Küchentisch an allen Seiten weit überlappten, und tüftelte mit Bleistift und Radiergummi an alten und neuen Zugverbindungen, solchen, die bestehen bleiben mussten oder jenen, die erst einzurichten waren. Das ganze Leben der Großeltern spielte sich bis auf die nächtlichen Schlafphasen in der Küche ab. So waren die beiden es wohl gewohnt von den Dörfern, in denen sie aufgewachsen waren: die Großmutter – von der Kleinstadt aus gesehen – im ersten Dorf Richtung Süden, der Großvater im dritten Richtung Norden, beide Orte verbunden durch dieselbe Landstraße.

Erst als Anfang der Sechzigerjahre ein Schwarzweißfernseher der Marke „Saba" angeschafft wurde und das sonst im Winter eiskalte Wohnzimmer mit einem Ölofen bestückt war, veränderte sich ihr Wohnverhalten. Der Großvater breitete zwar noch immer seine Fahrpläne aus, jetzt auf dem großen Esstisch, der zuvor so gut wie nie benutzt worden war. Meist aber das Fernsehprogramm der „Hörzu" oder die Seiten der lokalen Tageszeitung „Badische Neueste Nachrichten". Die Großmutter saß in einem Sessel neben dem bollernden Ofen und hielt ihre linke Hand über die Ofenplatte, weit entfernt vom TV-Geschehen, und fragte in regelmäßigen Abständen Großvater Wilhelm, ob die Person auf dem 53er-Bildschirm nun „ein Er" oder „eine Sie" sei. So stärkte die „Tagesschau" und die televisionäre Abendunterhaltung auch noch nach der Goldenen Hochzeit der beiden die eheliche Kommunikation und die räumliche Mobilität. Zurück blieb auf der Küchenkommode das glanzpolierte nussbaumfurnierte „Nordmende"-Röhrenradio.

Nahm mich der Großvater mit in sein Dorf, kam uns beiden eine Welle der Aufmerksamkeit und Achtung entgegen. „Der Unkel" war hier ein höchst angesehener Mann, denn er hatte sich bis in die Stadt vor- und auf eine beamtete Oberinspektoren-Position der Deutschen

Reichs- und späteren Bundesbahn hochgearbeitet. Man suchte seinen Rat bei familiären Problemen, in finanziellen Fragen, solchen der Versicherungsverträge für die bescheidenen bäuerlichen Anwesen oder bei der Kaufentscheidung, ob nun zwei neue Kühe oder ein Pferd angeschafft werden sollten. Wieder saßen alle in der Küche. In ihr schwirrten unzählige Fliegen oder zappelten an leimbeschichteten, eklig braunen Fliegenfängern. Es waren dunkle und dumpfe Räume. Man roch die Nähe zum Kuhstall oder den Dreck an den abgestellten Arbeitsstiefeln des bäuerlichen Verwandten, der sich einen Spaß daraus machte, das Stadtkind zum Misthaufen zu führen oder in den Stall zum Melken mitzunehmen, wo die Kuhscheiße in regelmäßigen Abständen wie schallgedämpft auf den Steinboden platschte. Der Empfang hier war immer herzlich und laut. Meist wurde ein Wagenrad von Apfelkuchen aufgefahren. Das mir zugeteilte Kuchenstück hatte etwa den dreifachen Umfang des zu Hause gewohnten. Und seine Apfelschnitze versanken tief im Rahmbett. Dazu gab es Most, vergorenen oder je nach Jahreszeit den süßen oder den Reisser, also den halbvergorenen.

Zu den ländlichen Höhepunkten im Jahr zählte das Schlachtfest. Es hatte in der Nachkriegszeit eine besondere Bedeutung. Hungern, die Jagd nach Lebensmittel, die Mühen, eine Familie satt zu bekommen, lagen noch nicht lange zurück. Ja, die Zeit war gerade eben erst vorbei, als man überglücklich war, bei einer Hamsterfahrt ein paar Eier oder gar ein Stück Speck beim Bauern zu ergattern und einzutauschen. Und jetzt ein Schlachtfest. Welche Verheißung! In aller Herrgottsfrühe zog der Großvater mit mir los. Im ersten Personenfrühzug fuhren wir in sein Heimatdorf zum Ort des Geschehens. Hier herrschte schon eine nervöse Betriebsamkeit. Im kleinen gepflasterten Hof zwischen Wohnhaus und Stall war ein riesiger, mit Wasser gefüllter Kochtopf aufgebaut, der gerade angeheizt wurde. Er war so groß, dass ich leicht in ihm verschwunden wäre. Opas Neffe, „das Wilhelmle", kündigte bei meiner Ankunft dann auch sofort mit dröhnendem Lachen an: „Mir mache aus dir heid Worschdsupp!" Das zu schlachtende Schwein war auch schon in Unruhe versetzt und drehte sich in deutlicher Vorahnung, was ihm widerfahren sollte, in der engen Schweinebox. Alle warteten nur noch auf den Metzger und ein, zwei weitere Verwandte, die bestimmte Aufgaben zu übernehmen hatten. Meine Bangigkeit wuchs, zumal nun auch die Schlachtmesser und andere Werkzeuge ausgebreitet und genau zurechtgelegt wurden. Endlich war der Metzger da und mit einem kräftigen Schulterklopfen begrüßt. Alle Männer kippten einen Obstler. Die Frauen rückten nochmals die Zinkeimer unter den Fleischerhaken zurecht, zählten die bereitgestellten Blechkannen, überprüften die Wurstmaschine, ein Gerät zum Abfüllen der Blut-, Leber- und Bratwürste. „Auf Männer!", brüllte der Metzger und mehrere von ihnen packten das nun um sein Leben zappelnde Schwein, das in immer schrilleren Tönen quiekte und schrie. Ein sogenanntes Bolzenschussgerät wurde vom Schlächter an seinen Kopf angesetzt, und dann drückte er ab. Ein gewaltiger Ruck ging durch den Körper des Tieres, ein heftiges schüttelfrostartiges Zucken aller Glieder, bevor es sein Leben ausröchelte. Im Handumdrehen hing das tote Tier am Fleischerhaken und sein Blut schoss nach zwei, drei fachkundigen Messerschnitten des Schlachters in die bereitgestellten Eimer.

Der Rest des Festes bestand aus gerinnendem Blut, dampfendem Fett und zupackender Geschäftigkeit. Das Schwein musste zerlegt, die Innereien getrennt und gesäubert, sein Darm für die Verwurstung vorbereitet werden. Bald dampfte die Metzelsuppe im Topf, in dicken Schwaden und mit einem nicht sonderlich verlockenden Geruch. In ihr siedete das Quellfleisch, und die Fettaugen auf der Oberfläche waren blutunterlaufen, die Suppe rot gefärbt. Schon bald waren auch die ersten Würste im Werden: Das durch den Wolf gedrehte Fleisch wurde gemischt und gewürzt und dann in die über ein Rohr gezogenen Därme verfüllt, um schließlich in dem großen Kochbottich zu landen. Ein großer Teil der vorher gekochten Wurst- und Fleischmasse landete allerdings in Blechkonservendosen, die mit einer Maschine vor Ort luftdicht verschlossen wurden. All dies geschah unter einem klaren Winterhimmel bei Temperaturen um die null Grad, denn es war November oder Dezember. Am Abend des Festtages bekamen jede und jeder, der an ihm teilgenommen und mitgearbeitet hatte, seine Milchkanne „Worschdsupp", ein größeres Stück Quellfleisch und wenige Würste mit auf den Heimweg. So auch wir. Begehrt waren vor allem die Bratwürste, die sich im Geschmack und in ihre Konsistenz deutlich von jenen unterschieden, die es in den Metzgereien der Stadt zu kaufen gab. Noch Jahre später fragte ich meine Mutter, warum es eigentlich den hiesigen Metzgern nicht gelänge, sie nach dem Rezept des Schlachtfestes herzustellen. So gern aß ich sie.

Großonkel Augusts Grundstück war nicht nur mein Klettergarten, er war auch das Feld meiner frühen Geschmacksbildung. Hier wuchs alles, was Frühling und Sommer in unseren Breiten zu bieten haben. Der Schwarzkirschenbaum hinter dem Haus war flankiert von zwei

9 Familientopologie I: Der Garten der Kindheit

kleineren Sauerkirschbäumen. Mirabellen, Zwetschgen und Pfirsiche waren umstellt von Johannisbeersträuchern, roten und schwarzen. Die vordere Gartenhälfte nahm ein stattlicher Birnbaum ein, dessen süße, saftige Früchte „gute Luise" hießen. Sie wurden von allen mit einer gewissen Achtung behandelt, im Gegensatz zu den Äpfeln und Apfelbäumen, die ganz selbstverständlich zum Garten gehörten und von denen man wenig Aufhebens machte. Die Gartenaußengrenzen bildeten einerseits die Himbeersträucher und nach der Straße hin eine schmale Allee von Rosenstöcken, die an der Ecke, wo Himbeeren und Rosen zusammenliefen, in eine fest gemauerte halbrunde Pergola mündeten. Von der Fülle dieser Frühlings- und Sommerpracht ist heute kaum noch etwas übrig. Die kroatische Familie, die in den Siebzigern Haus und Garten von der Erbengemeinschaft kaufte, machte aus dem Garten ein zweites Baugrundstück und errichtete ein großes Mietshaus nebst Kosmetiksalon als Einnahmequelle.

Im Paradiesgarten meiner Kindheit sah und erlebte ich, ganz ohne didaktische Zutat, wie Blumen wuchsen, Sträucher grünten, Bäume blühten. Krokusse, Pfingstrosen oder Dahlien, die rasche Abfolge und Vergänglichkeit der Obstbaumblüte, zunächst das frische Weiß der Kirschen, dann die leichte Rottönung der Apfelblüten und über längere Zeit, wie sich die Erdbeeren von der grünen Fruchtknospe langsam ins Rot der vollen Frucht verwandelten. Die Erdbeere nannte Oma merkwürdigerweise Ananas, was mich verwirrte, als die amerikanischen Pineapples, genannt Ananas, in Dosen einen sirupsüßen Vorgeschmack auf künftige exotische Früchte ins Land brachten und zugleich zur Basis für den sogenannten Hawaii-Toast wurden, der auf keiner Einladung oder Party der Fünfzigerjahre fehlte. Die rote Ananas, also die Erdbeere, war im Garten eine seltene, kostbare Frucht. Jede einzelne wurde aufmerksam wahrgenommen und bewacht bei ihrem Wachsen und Gedeihen. Es war immer ein kleines Fest, wenn im Juni die Oma oder Tante Dadie zwei, drei von ihnen dem Enkel auf einem kleinen Teller servierte. Bis heute habe ich vor Augen, wie langsam, fast feierlich, den Geschmack prüfend und auskostend die Großmutter ihre Ananas verzehrte. Wenn heute schon im März die doppelt geschichteten Erdbeerkisten aus Spanien die Supermärkte füllen zum Billigpreis knapp über zwei Euro und mit wenig Geschmack, denke ich daran. Die Kirschen hingegen gab es damals im Überfluss, süß und sauer. Onkel oder Großvater holten die runden geflochtenen Weidenkörbe aus dem Keller mit ihren dicken, ebenfalls geflochtenen Henkeln. Dann wurde

9 Familientopologie I: Der Garten der Kindheit

die große Holzleiter am Baum angestellt und die Körbe an einem eisernen Haken in die schwarznarbigen Äste des Kirschbaums eingehängt. Und einer von beiden hatte meist meine Kletterhöchstgrenze weit überschritten, um auch die letzten Früchte aus den entfernten Baumwipfeln zu pflücken, während der andere unten die Leiter festhielt und hinaufrief, wo noch etwas zu holen sei. Danach stöhnte bei uns zuhause die Mutter, wenn sie die vielen Einmachgläser zu putzen hatte und die frischen Gummiringe auflegte, um die Kirschen einzumachen. Die großen Einmachgläser gaben dem Sommer schon eine herbstliche Perspektive und einen Vorgeschmack auf die Dampf- oder Schupfnudeln im Februar, die ohne Birnenkompott oder die entsteinten Sauerkirschen nur halb so gut geschmeckt hätten.

Großonkel und Großvater lasen während des ganzen Herbstes das Fallobst von den schmalen steingeränderten Zierwegen und den stoppligen Grasflächen des Gartens. Aus Äpfeln und Birnen wurde der Most gemacht, vom Steinobst der Schnaps gebrannt. Und ein Großteil der „guten Luisen" wurde schon bald nach der Ernte auf dreistöckige Holzhorden im kühlen, aber wohl zu feuchten unverputzten Keller in den Winterschlaf gewiegt neben den Äpfeln. Ab da wurde immer wieder überprüft und aussortiert, wenn eine Frucht faul war. Garten und Haus formten das Leben, gaben ihm Geschmack und Geruch, alltägliche Beschäftigung und sonntägliche Erwartung.

Ganz anders als heute war der Garten nur selten ein Freizeitort. An sommerlichen Tagen konnte es allerdings vorkommen, dass Oma Annele und Großtante Dadie auf der weißen Lattenholzbank am Mäuerchen vor und unter dem Kirschbaum saßen oder gegenüber am Haus am Spalier und Drahtgitter, wo die hochgezogenen Reben, deren Trauben es selten zur vollen Reife brachten, ein kleines Blätterdach bildeten. An Sonn- und Feiertagen zählte es zu den außerordentlichen lange vorher angekündigten Sommerereignissen, wenn die beiden Frauen Vanilleeis vorbereiteten, ein Gemisch, das ich dann an der Hand einer der beiden in der Milchkanne zur Konditorei Bellosa tragen durfte, dem Nachfahren jenes Zuckerbäckers und Eiskonditors, den der Fürstbischof schon im 18. Jahrhundert an seinen Hof geholt hatte. In seiner Eismaschine verwandelte sich gegen ein geringes Entgelt die Milchkannenflüssigkeit in das eisige Endprodukt, das dann eilig wieder in den Hof des Gartens zurückgetragen werden musste, weil es ja sonst „verlaufen" wäre. Dann saßen alle miteinander im Hof, löffelten ihr Vanilleeis und sagten, wie gut es doch schmecke.

9 Familientopologie I: Der Garten der Kindheit

Der Garten an der Styrumstraße beschränkte sich allerdings nicht nur auf seine kulinarische Verwertbarkeit. Ogu, der Großonkel, sorgte auch für seine imaginative Belebung. Er, der in den Augen des Großvaters ein „Spinner" war, war auch ein Künstler. Als solcher institutionell ausgewiesen durch seine berufliche Tätigkeit als Zeichenlehrer, vor allem aber durch seine Ölgemälde, die im Haus verteilt waren und auf drei Motive konzentriert. Einen Angler am See, der vielleicht auch an einem Altrheinarm stand, vor heranziehender dunkler Wolkenkulisse im breiten Goldrahmen. Er war, was Licht, Stimmung und Farbigkeit betrifft, in Corot'scher Weise ausgeführt. Dieser Rheinarmangler hing über dem Wohnzimmersofa der Großeltern, bis er nach ihrem Tod in meinen Besitz überging. Er zählt auch noch heute zu meinen Lieblingsbildern. Das zweite Motiv war Großonkels Geburts- und Heimatdorf Untergrombach, das er, wie mir damals schien, in einem gewaltigen Großformat, schätzungsweise einehalb auf zwei Meter, sehr realistisch und vollständig darstellte, mit allen Häusern, dem Schulgebäude, der Kirche und der Michaelskapelle auf dem dahinterliegenden Michaelsberg. Ein Panoramabild! Es hing im Eingangsbereich des Hauses, man erblickte es sofort, wenn man eintrat. Das dritte Sujet waren Sonnenblumen in gemäßigter van Gogh-Nachfolge gemalt. Sie waren in meinen Augen das langweiligste Bildmotiv, das aber bei Großonkels Bekannten am begehrtesten war. Vielen hat er versprochen, für sie auch ein solches Blumenbild zu malen, löste aber sein Versprechen nur in sehr begrenztem Umfang ein.

War Ogu „gut drauf", wie man heute sagen würde, konnte er das reine Kinderglück sein. Er erfand Spiele und Basteleien, die es in keinem Spielzeuggeschäft zu kaufen gab. Mein Favorit war eine Zigarrenkiste, die er aufstellte und – mein Bruder und ich mussten wegsehen – mit einem Gegenstand füllte. Dann öffnete er unter hingemurmeltem Abrakadabra die Zauberkiste, und es kam etwas zum Vorschein, das man erraten musste. „Wunderfitzle" nannte er das Ratespiel und half dabei mit Beschreibungen nach, die schnell mit Schere und Leim hergestellten Objekte zu identifizieren. Es waren Tiere aus Holzresten oder bunten Stofffetzen und Wollfäden. Es konnten aber auch Personen aus der Umgebung sein, die er zusammenklebte und mit Worten vorführte. Er drehte den dicken Wollknäuel mit dem Knopf als Kopf und sagte: „Was darf's denn heute sein, Fräulein Rapp, Mischbrot oder Schweinsohren oder Schweinsohren und Mischbrot?", und gleich war die korpulente Bäckersfrau Wolf zwei Straßen weiter uns deutlich vor Augen. Auch bei dieser fantastischen Präsentation, einer frühen Form der

Konzeptkunst, war der Schauplatz ein Küchentisch, diesmal ein Stockwerk über dem der Großeltern.

An höchsten Feiertagen bespielte der Künstler Ogu den ganzen Garten. Nahte zum Beispiel das heilige Osterfest und die damit verbundene Ostereiersuche, roch es Tage davor nach Leim und Farbe im Haus, und Tante Mathilde wiegte den Kopf und wies mit geheimnistuerischer Geste auf ein zu erwartendes Ereignis voraus. Am Ostersonntagmorgen fanden sich nach dem Kirchgang in der benachbarten Schlosskirche, die Hofkirche hieß, alle Familienmitglieder in österlicher Stimmung im österlich hergerichteten Garten ein. Über Nacht hatte er sich in eine Menagerie verwandelt. Überlebensgroße Hasen rannten im Hasengalopp durch die zartbegrünten Büsche, drei an der Zahl. Ein vierter, der größte unter ihnen, hockte aufrecht mit den Vorderpfoten, ein Männchen machend und mit einem riesigen Korb auf dem Rücken, aus dem die bunten Eier hervorlugten, in gravitätischer Würde mitten im Narzissenfeld. Dass die anderen Hasen rannten, war selbstverständlich eine optische Täuschung. Sie rannten auf der Stelle. Aus Pappe oder Pressplatte ausgeschnitten und bemalt hatten sie zwar die Kontur und das Aussehen von Hasen, die Haken schlagend auf der Flucht sind. Aber sie staken an einer dünnen Stange, die an ihrer Rückseite befestigt war, in der Gartenerde. An ein Entkommen vor imaginären Jagdhunden oder Eiersuchern war nicht zu denken. Aber gerade deswegen war der österliche Eindruck überwältigend: Die fixierte Dynamik der weit ausgreifenden Hasenläufe war für mich eine völlig neue Sicht des Osterhasen, den ich bisher nur in rotem Zucker geformt und erstarrt kannte. Und die Begeisterung aller vorhandenen Enkelkinder war offensichtlich und hörbar. Die Eiersuche wurde fast nebensächlich vor diesem Environment. Als das Hasen-Quartett am nächsten Osterfest an anderen Orten und hinter anderen Büschen installiert war, hatte es einiges von seiner Beweglichkeit und Faszination eingebüßt. Aber die verminderte Wirkung mag auch daran gelegen haben, dass die Eiersuche diesmal bei trübem Himmel und Temperaturen knapp über den Gefrierpunkt stattfinden musste.

Großvater und Großonkel haben nicht nur beide das Fallobst im Garten aufgesammelt, um es ins Mostfass zu werfen, und sich wechselseitig die Holzleiter beim Kirschenbrechen gehalten. Sie teilten auch die wichtigste Erfahrung ihrer Generation, den Ersten Weltkrieg. Beide zogen 1914 wohl wie viele ihres Jahrgangs 1891 und 1892 begeistert in

9 Familientopologie I: Der Garten der Kindheit

den Krieg, mit Pickelhaube und Tschingderassabum, mit vaterländischem Stolz und dem Glauben an die nationale Aufgabe. „Von Karlsruhe über Metz nach Paris" war auf die Wagen der Reichsbahn gepinselt, mit denen die Soldaten zur Front fuhren, aus den Zugfenstern winkend und von Vielen enthusiastisch auf dem Bahnsteig verabschiedet. Die beiden kamen mit dem Schrecken davon und lebend zurück, was bei fast zwei Millionen deutschen Gefallenen ein Glückslos war. Beide erzählten und zeigten dem Enkel und Großneffen, der sich schon früh für ihre Kriegserlebnisse interessierte, ganz Unterschiedliches: Der Großvater krempelte seine weite lange Umschlaghose hoch und deutete auf zwei vernarbte Dellen, die eine in der Wade, die andere im Oberschenkel über dem Knie seines rechten Beins, beide waren überdeckt von einem bläulich dunklen Gewebe. „Das sind die Granatsplitter, zwei stecken noch drin."

Seine Verwundung an der Westfront in Frankreich geschah bald nach Beginn des Krieges, wohl Anfang 1915. Er schilderte dem Enkel ausführlich und anschaulich, wie sie unter dem Flankenschutz der Maschinengewehre und der Artillerie aus den Schützengräben springen mussten, mit lautem Hurra nach vorne rannten, dem Feind entgegen, wie er diesmal schon nach wenigen Metern in den Dreck flog, durch die Luft geschleudert von der Gewalt eines feindlichen Granateneinschlags, wie das Stahlgewitter minutenlang um ihn herum tobte, er in seinen Soldatenstiefel fasste und das warme Blut spürte, aber keinen Schmerz fühlte. Wie schließlich ein Kamerad ihn – der Beschuss hielt unterdessen an – fast 200 Meter zu einer halb zerstörten Zuckerfabrik, deren Schornstein noch stand, deren Dach aber zerschossen war, schleppte, ihn dort im Schutz einer Backsteinmauer liegen lassen musste, bevor ein Sanitätstrupp, wieder einige Zeit später, ihn bergen konnte. Erst da hätten die Schmerzen begonnen. Er sei ohnmächtig geworden und in einer Fabrikhalle, die als Lazarett diente, wieder zu Bewusstsein gekommen, wo um ihn herum auf den Feldbetten schreiende, wimmernde, verblutende andere Soldaten lagen, aber auch Krankenschwestern und Ärzte sich um die Verletzten kümmerten. Sie hatten sein rechtes Bein schon abgebunden und die Wunde erstversorgt, auch einen Einschlag an der Schulter, den er zunächst gar nicht bemerkt habe. Die drei Granatsplitter in seinem Körper seien wohl seine Rettung gewesen, sein damaliger Helfer, der ihn verwundet aus dem Gefechtsgelände gezogen habe, auch „ein Bähnler" aus dem Schwäbischen, habe den Krieg nicht überlebt, er sei später bei Verdun gefallen.

9 Familientopologie I: Der Garten der Kindheit

Die Erzählung des Großonkels ging ganz anders. Er war bei einem Schallmesstrupp, einer Spezialeinheit der Artillerie, die knapp hinter der Front operierte. Und zwar mit neuester Technik, wie er betonte. Die an verschiedenen Geländepunkten aufgestellten Mikrofone zeichneten die Abschussdetonationen der feindlichen Geschütze automatisch auf. Die Aufzeichnungen wurden dann miteinander verglichen, die jeweilige Wetterlage, Temperatur, Luftfeuchtigkeit und Wind waren zu berücksichtigen, bevor gerechnet werden konnte im Hyperbelverfahren auf bereitliegenden Plänen. Man war dabei auf genaue Karten angewiesen, die andere Einheiten der aufklärenden Artillerie lieferten, die das Gelände vermessen hätten, oder auf die Kameraden der Lichtmesstrupps, die Winkelmessungen mit speziellen Beobachtungsfernrohren vornahmen. Diese Einheit war auch für das Einmessen beim Einschießen der eigenen Artillerie zuständig, musste deren Einschläge und Sprengpunkte bestimmen. Auch das Mündungsfeuer der feindlichen Kanonen oder der dabei entstehende Rauch sei eine wichtige Orientierungshilfe gewesen, ebenso der Feuerschein der eigenen Kanoneneinschläge. Die Messbasis in der Breite sei bei den Schallmessungen zehn bis zwölf, die Aufklärungstiefe zwölf bis fünfzehn Kilometer gewesen. Die Schallmessverfahren seien bei weitem weniger wetterabhängig als die Lichtmessverfahren. Seinen Vortrag unterstützte der Großonkel durch Bleistiftskizzen, die die verschiedenen Messpositionen markierten und mit Richtungspfeilen versahen. Aus dem blutigen Schlachtfeld des Großvaters wurde eine geometrische Rechenaufgabe.

Erst als der Onkel ergänzte, dass die Messungen seiner Kompanie durch die Beobachtung aus Fesselballons und Flugzeugen unterstützt wurden, und ich nach der Größe und der Wirkung der Geschütze fragte, worauf er von der größten Kanone, der „dicken Berta", und der mobilsten, der „schlanken Emma", erzählte, sprang meine Fantasie wieder an. Unklar blieb mir in diesem Zusammenhang allerdings ein Foto des Onkels, das ihn in Uniform und mit Helm hoch auf einem Pferd sitzend zeigte, wie ein Reiterstandbild des Kaisers selbst.

Von der technischen Sachlichkeit zu einer nur mühsam zurückgestauten Begeisterung wechselte er, wenn er von seiner Stationierung an der Ostfront, wohl im letzten Kriegsjahr, berichtete. Er schwärmte von Zoppot, dem See- und Heilbad bei Danzig. Jetzt war überhaupt nicht mehr vom Krieg die Rede, sondern von einer sonnigen Sommerfrische. Ein riesiger Steg, Seebrücke genannt, der angeblich 500 Meter hinaus in die Ostsee führte, beeindruckte mich gewaltig, den Großonkel eher das

9 Familientopologie I: Der Garten der Kindheit

Kurhaus von Zoppot, in dem er tanzen und charmieren ging, offenbar erfolgreich, wie ein Augenzwinkern verriet. „Es war meine schönste Zeit", sagte er andeutungsvoll und erinnerungsselig. Und setzte dann doch etwas bedenklich hinzu: „Und das mitten im Krieg."

Das Kriegskapitel schloss die Präsentation von Auszeichnungen, Medaillen und Kreuzen ab, die man sich umhängen oder an die Brust heften konnte. Sie wurden aus einem vornehm wirkenden, aufklappbaren Etui mit Schlangenlederprägung hervorgeholt, das ein dezent gestrichelter goldener Rand zierte. Ich betrachtete dessen Öffnung als gesteigerte Variante der „Wunderfitzle", zumal die vielen farbigen Bänder und Kokarden, die da hervorschauten, nicht auf die Schrecken des Krieges schließen ließen. Im Gegenteil, es war eine bunte Mischung. Die ernste Miene des Großonkels, mit der er seine Erklärungen verstärkte, machte mir allerdings schnell klar, dass es hier um Wichtiges und Bedeutendes ging: das Eiserne Kreuz von 1914, die Verdienstmedaille Friedrich des Zweiten, Großherzog von Baden, ein verrostetes Kreuz mit den Jahreszahlen 1914 1918, in dem zwei Schwerter diagonal kreuzweise steckten, hingen an einer breiten Blechspange, die mit farbigen Bändern umwickelt war, einem schwarz-weißen, einem gelbroten in der Mitte und einem weiß-schwarz-roten rechts außen, die Farben des deutschen Kaiserreichs, des Großherzogtums Baden und der kaiserlichen Armee.

Die Medaille mit der Inschrift „pro deo et patria" hing an einem grün-rot-weißen Zipfel. Ihr Motto für Gott und Vaterland überwölbte ein Stahlhelm, darunter die Zahlen 1914–1918 lorbeerumrankt. Sie hatte es schwer im Gewimmel der vielen gelb-roten Bänder: Badischer Militärvereins-Verband, Verein ehem. Bad. gelb. Dragoner Karlsruhe war auf ihnen abgedruckt oder Artillerie-Bund St. Barbara Bruchsal auf einer runden Kokarde, die mit zwei wiederum gekreuzten Kanonenrohren und einer flammenden Kanonenkugel versehen war. Zu finden waren hier aber auch eine rot-goldene Spange mit der Aufschrift katholischer Männerverein Oststadt K. A., die einen Ritter in Rüstung mit Speer und Wimpel in der Mitte zeigte oder goldene Lyren, die den Männergesangverein 1853 Liederkranz Bruchsal auf blau-weißem Felde verewigte. Badische Sängerbundansteckplaketten gab es gleich in Serie. Unikat war eine gekrönte emaillierte Anstecknadel mit den Initialen V. B. StA., was ich heute als Verein badischer Staatsangestellter lese. Ein völliger, mir nie erklärter Irrläufer war eine Medaille, die auf

9 Familientopologie I: Der Garten der Kindheit

der Rückseite den österreichischen Doppeladler zeigte, umrankt von unzähligen Lorbeerblättern mit kyrillischer Inschrift. Auf der Vorderseite war ein Geschütz zu sehen, dessen Räder an landwirtschaftliche Fahrzeuge erinnerte. In der Mitte umschließt ein Strahlenkranz die Jahreszahl 1912, über ihr entziffere ich als zweites Wort Kosovo. Offenbar ein ehrendes Überbleibsel aus dem ersten Balkankrieg, als die Türken von den Balkanländern Serbien, Bulgarien und Griechenland aus Europa vertrieben wurden, das sich in Ogus Schatulle verirrt hatte.

Auf deren Grund lag ihr Bodensatz: in einer Papiertüte verwahrt das Ehrenkreuz der deutschen Mutter, dritte Stufe, wie die Sütterlinschrift ausweist. Das mittige Hakenkreuz umrundet von der Prägung „Der deutschen Mutter". Außerdem zwei identische rote Schächtelchen mit dem Silberaufdruck 25, in der Art, wie man in den Sechzigern und Siebzigern des vorigen Jahrhunderts Werbeartikel, etwa Taschenmesser oder Feuerzeuge, verschenkte. Beide Orden waren identisch, beide in ihrer Form dem Eisernen Kreuz des Ersten Weltkriegs ähnlich, aber mit Hakenkreuz-Emblem in der Mitte der silbrigen, zusätzlich mit Eichenlaub dekorierten Vorderseite. „Für treue Dienste" steht auf ihrer Rückseite. Welche treuen Dienste hier honoriert und ausgezeichnet und wem diese Auszeichnung verliehen wurde, blieb im Dunkel, oder ich habe es vergessen. Der papierene Aufkleber im Deckel der Papphülle „Paul Meybauer Militär-Eff.- u. Ordenfabr. Berlin SW 68" lässt auf weite Verbreitung dieser Auszeichnung schließen.

Die Orden und Medaillen, Plaketten und Erinnerungszeichen haben in dem geschilderten Kästchen, das übrigens unter seiner Schmuckfassade aus Pappe ist, überlebt. Sie sprechen eine sichtbare und doch begrenzte Sprache. Vieles, was ich die Großmutter und den Großvater heute gerne fragen würde, worüber der Großonkel und die Großtante zumindest „ihre" Auskunft gegeben hätten, bleibt im Dunkel oder ist bewusstes Geheimnis. An erster Stelle die menschlich bedrängende Frage, ob es die von der Großmutter behauptete Untreue des Großvaters überhaupt gegeben hat, ob „das Mensch", wie die Oma verächtlich zischte, ob die Rivalin überhaupt existierte. Oder die schon etwas beunruhigendere Frage, warum der Großonkel nach dem Krieg mit 54 Jahren nicht in den Schuldienst als Hauptschullehrer zurückkehrte. Wollte er nicht, durfte er nicht, hatte es mit seiner reizbaren, zuweilen jähzornigen Art zu tun? Er schimpfte, das habe ich gehört, auf Schulamtsmänner, die Hitleranhänger gewesen und

9 Familientopologie I: Der Garten der Kindheit

jetzt in der CDU „ganz oben" seien. Sie hätten ihm übel mitgespielt. Auch wo er im Zweiten Weltkrieg war und was er im sogenannten Dritten Reich gemacht hat, ist mir undeutlich. Ich kenne ein einziges Bild von ihm in einer Wehrmachtsuniform der Nazizeit. Er sei im Krieg Zahlmeister gewesen, sagte die Mutter einmal, worunter ich mir wenig vorstellen konnte.

Vom Großvater gibt es überhaupt keine Kriegsbilder, die ihn als einzelnen zeigen, weder aus dem Ersten noch aus dem Zweiten Weltkrieg. Überliefert ist nur eine Postkarte, die ein uniformiertes Männer-Kollektiv zeigt. 50 Mann, liegend, sitzend, drei Reihen nach oben gestaffelt stehend. Ohne Uniformen wäre dies das Bild eines Gesangvereins. Auf diesem Foto meine ich den Großvater in der zweiten Reihe Mitte neben dem Kommandanten oder Vorgesetzten erkennen zu können. Die Uniformen kenne ich nicht. Die Männer tragen einen schmalen Lederriemen diagonal über die Brust, der wohl die Koppel hält oder eine Tasche, und einige von ihnen haben ihre Gewehre seitlich abgestellt. Mir erscheint dieser wohlgeordnete Haufen eher wie eine paramilitärische Gruppe. Hatte die Deutsche Reichsbahn derartige Abteilungen oder jeder der Bähnler die Pflicht, an der Waffe zu üben? Großvater Wilhelm hat in den Kriegsjahren gewiss und gewissenhaft die Reichsbahn am Laufen gehalten, als Fahrdienstleiter am Bruchsaler Bahnhof, wo die Familie damals in der Bahnhofstraße in einer Dienstwohnung wohnte, gleich neben dem Hotel Keller, der größten und angesehensten Unterkunft am Platz. Für welche Züge hat er da die Signale auf Durchfahrt gestellt, welche hat er mit der roten Kelle in Gang gesetzt? Die Wehrmachtsmenschentransporte, als Hitler Polen und dann Russland überfallen hat, die Waffenlieferungen an die Westfront oder die Personenzüge nach Karlsruhe oder Ubstadt? Wohl alle drei Formen der Reichsbahnnutzung, nehme ich an. Und was hat er gesehen, als die letzten 79 Bruchsaler jüdischen Glaubens von den ursprünglich 501 jüdischen Mitbürgern vor Ort am helllichten Tag zum Bahnhof marschieren mussten, mit Koffern in der Hand oder ihr letztes Hab und Gut auf einen Rollwagen gepackt, um in das Lager Gurs in Südfrankreich deportiert zu werden? Stand er auf der Rampe des Güterbahnhofs hinter den SA-Männern und Wehrmachtssoldaten, schaute er auf den Auszug der Nachbarn am Tag des Laubhüttenfests? Oder saß er in seinem Fahrdienstleiterkabuff mit der sogenannten Fahrwegprüfung für einen zu erwartenden Güterzug beschäftigt und überlegte, welchen Gleisabschnitt des Bahnhofs er freigeben konnte?

9 Familientopologie I: Der Garten der Kindheit

Es waren am 18.10.1940 am Bruchsaler Güterbahnhof perverserweise Szenen eines Films, der zu Propagandazwecken gedreht wurde: „Bruchsal judenfrei! Die letzten Juden verlassen Bruchsal, 18. Oktober 1940." In den KZs, wohin die hier offiziell im Bild festgehaltenen Menschen gebracht wurden, erwartete sie die tödliche Nazi-Wirklichkeit. 27 von ihnen sind in Gurs, zwei in Minks, zwei in Dachau, vier in Theresienstadt, 35 in Auschwitz, vier in Sobibor, einer in Bergen-Belsen gestorben und ermordet worden. Nur 30 von ihnen überlebten den Krieg und die Verfolgung. Ein Eisenbahnkollege des Großvaters, Josef Doll, war Augenzeuge: „Man hat sie die Treppen hinuntergestoßen, angerempelt und angespuckt", berichtet er. „Ich erinnere mich besonders, wie Dr. Schmitt angespuckt wurde. Dieser jüdische Arzt war in Bruchsal sehr angesehen und hatte viele Arme kostenlos behandelt." Und ein anderer Zeuge beschreibt ähnliches, aber auch die Reaktion der bloß Zuschauenden: „Ich sah, wie ein SA-Mann in Uniform einem jüdischen Mann einen Fußtritt versetzte. Ich sah auch einige Frauen, die vor Juden ausspuckten. Ich sah aber auch Frauen, die vor Entsetzen über diese Schandtaten weinten."

„Wer kennt Familie Prager?", fragt „Der Kurier" am 6. Mai 2016 seine Leser. Anlass ist die Stolpersteinverlegung am 27. Juni 2016, unter anderem in der Styrumstraße 5, vor dem Garten meiner Kindheit. Mit einem Schlag ist auch der vergessene Name zurück in meinem Gedächtnis. Prager, ja, so hieß der Kollege von Großonkel August, der ihm 1935 oder 1936 sein Haus verkaufte. Ja, von ihm und seiner Familie hat er erzählt. Ein Foto der Tochter Mathilde aus dem Jahre 1932 ist ebenfalls abgedruckt unter der Überzeile „Fotos früherer jüdischer Mitbürger gesucht". Ich kann an info@stolpersteinebruchsal.de kein Foto schicken, aber mein Wissen über den Hauskauf: „Sehr geehrte Damen und Herren, mit Interesse und persönlicher Betroffenheit habe ich ihren Aufruf gelesen, Fotos der Familie Prager, die in Auschwitz ermordet wurde, zu finden. Leider kann ich nur mit einer Information dienen, die sie möglicherweise schon kennen. Wilhelm Pragers Haus in der Styrumstraße 5 wurde von meinem Großonkel August Rapp in den dreißiger Jahren erworben. Unter welchen Umständen und zu welchem Preis, weiß ich nicht. Der Großonkel erzählte, so kann ich mich erinnern, dass er das Haus einem besonders liebenswerten Kollegen abgekauft habe, der den Kauf folgendermaßen kommentiert habe: ‚August, wenn ich schon verkaufen muss, dann dir.' Inwieweit es sich bei dieser Aussage um eine Selbstlegitimation des Großonkels handelt, kann ich selbstverständlich nicht sagen. Ich bin immer davon ausgegangen, dass der mir namentlich nicht bekannte jüdische Besitzer das Haus verkauft habe, um Deutschland verlassen zu können. Nun nehme ich mit Erstaunen wahr, dass er in Bruchsal geblieben ist und hier noch jahrelang als Lehrer in der jüdischen Schule gewirkt hat, wie ich der Untersuchung von Alexia Kira Haus *(Bruchsal und der Nationalsozialismus)* entnehmen kann (zu dieser Einsicht komme ich erst jetzt auf Grund ihrer Anfrage, weil ich den Namen des Hausverkäufers nicht kannte oder vergessen hatte). Gibt es irgendwelche Unterlagen zum Verkauf des Hauses in der Styrumstrasse 5, das beim Angriff am 1. März 1945 zerstört wurde, aber danach von meinem Großonkel wiederaufgebaut und bewohnt wurde? Wissen Sie, wo Wilhelm Prager nach dem Hausverkauf in Bruchsal gewohnt hat und an welcher Schule er vor 1935 gelehrt hat und dort Kollege von August Rapp war? Wissen sie etwas über die Gründe, warum Wilhelm Prager in Bruchsal geblieben ist?"

Was ich danach über Wilhelm Prager und seine Familie erfahre, ist wenig und viel zugleich. Sie hätten nach dem Verkauf ein Wohnrecht im Haus gehabt, dieses aber nach einer gewissen Zeit nicht mehr wahrgenommen. Im Jahre 1940 lautet ihre Wohnadresse Huttenstraße 2. Ihre damals 25-jährige Tochter Mathilde schickten die Eltern 1937 in die USA. Sie hat dort einen jüdischen Flüchtling aus Mannheim, einen weitläufigen Verwandten, geheiratet. „Wir wissen nicht, warum die Pragers nicht geflohen sind. Vielleicht hatten sie kein Geld mehr", mutmaßt einer der Initiatoren der Stolpersteine, und ein anderer hat mit seiner Schulklasse auch den Hausverkauf vor ca. 80 Jahren erforscht. Großonkel Augusts Erzählungen hätten wohl ihre Richtigkeit, vermeldet er. Und dann taucht plötzlich das Bild einer Rechenübungstafel in der Zeitung auf, die der Prager Verwandte Bruce Boehm, der das Foto aus den USA geschickt hat, vor die Kamera hält. Sie hat das „Eidgenössische Amt für geistiges Eigentum" unter der Nummer 11 9498 am 1. April 1927 als „Hauptpatent Wilhelm Prager, Bruchsal (Deutschland)" veröffentlicht. Und „die Kanzlei des Erziehungs-Rates des Kantons Luzern" hat sie am 10. Dezember 1929 „als ganz besonders wertvoll [...] für mehrklassige Schulen, wo die Schüler oft still beschäftigt werden müssen" empfohlen. Was veranlasste Wilhelm Prager, sein Patent in der Schweiz anzumelden? Sah der Mathematiklehrer bei zunehmendem Antisemitismus in Deutschland keine Zukunft für sich und seine Erfindung im eigenen Land? Oder erwog er schon früh, dieses zu verlassen, vielleicht Richtung Schweiz? Sein öffentlich ausgetragener Konflikt mit einem der „Urväter des Bruchsaler Nationalsozialismus", dem Begründer der hiesigen Volkshochschule Schweizer, zeigen ihn als Mann, der für seine Überzeugungen einsteht. Wilhelm Prager hat seine Heimatstadt als Deportierter verlassen müssen. Am 18.10.1940 gehörte er zu den letzten 79 jüdischen Mitbürgern, die am Güterbahnhof verladen und ins Lager Gurs transportiert wurden. Charlotte und Wilhelm Prager wurden im August 1942 in Auschwitz ermordet.

10 Am Stadtgarten 3, in der Wörthstraße 4

Es ist ein kleines Mäuerchen, vielleicht 30 oder 40 cm hoch, moosbewachsen über einem grobkieseligen Verputz, das den Stadtgarten, einen der drei Parks der Stadt, umhegte. Dieses Mäuerchen kommt mir als erstes in den Sinn, gehe ich in die früheste Kindheit zurück. Auf diesem steinernen Laufsteg habe ich erste Schritte an der Hand der Mutter geübt, habe von ihm abgehoben, wenn Vater mich an beiden Händen fest und mit einem lauten „Engelchen flieg!" an seinen starken Armen durch die Luft schwang. Das Mäuerchen war die Schienenspur, auf der meine erste Holzeisenbahn fuhr, die Galoppstrecke für mein Pferdchen mit den vier roten Rädern. Auf dem Mäuerchen saß „unser Schlingel", so meine Bezeichnung im Fotoalbum, mit seinen Spielkameraden. Hier schien immer die Sonne, auch wenn das Licht durch die hohen Baumkronen des Parks dahinter Schatten warf. Ein Ort des Kinderglücks! Der dunkle Keller, der im Wohnhaus gegenüber lag, hatte ausgedient als Schutz vor den Fliegerangriffen und als mein sicherer Zufluchtsort in den ersten Lebensmonaten.

Das kleine Mäuerchen vor dem Haus blieb eine ganze Weile die Leitplanke meines jungen Lebens. Auf ihm konnte man sich herauswagen in die Welt und sicher wieder zurückfinden in die Arme der Eltern. Schon zehn Laufmeter entfernt öffnete sich zuweilen eine neue aufregende Welt, zum Beispiel, als an der Ecke der Straßeneinmündung Belvedere/ Am Stadtgarten eines Nachmittags ein amerikanischer Jeep stand mit zwei Kaugummi kauenden Soldaten auf den Vordersitzen. Ein Automobil war damals an diesem Ort eine Rarität, ein Militärjeep eine aufregende Einmaligkeit, wenngleich am anderen Rande des Stadtgartens das amerikanische Hauptquartier der Militärregierung in einer der schönsten, nicht ausgebombten Villen der Stadt eingezogen war. Ängstlich und unschlüssig, ob wir uns nähern sollten oder näherkommen durften, blieben meine Spielgefährten und ich in gehörigem Abstand. Dann stieg

10 AM STADTGARTEN 3, IN DER WÖRTHSTRASSE 4

einer der Soldaten aus, er hatte ein Päckchen in der Hand, das er öffnete, und sagte: „Take it!", was ich selbstverständlich nicht verstand. Es war eine Wunderschachtel, gefüllt mit Cadbury-Schokolade und vielen Rollen Drops, die in allen Farben schillerten und lockten. „Take it, it is for you, my little boy." Ich erlag dem bunten Farbenrausch der Verpackung und nahm, immer noch zögerlich, zwei Rollen American Drops aus der Pappkiste. Die dunkel verpackten Schokoladetafeln gab er als Zugabe obendrein.

An derselben Straßenecke überkam mich ein oder zwei Jahre später erneut meine Neigung fürs Kunterbunte. Rote, gelbe, blaue, grüne Papierdrachen flatterten hier eines stürmischen Nachmittags im Herbstwind, gehalten von den großen, den elf- oder zwölfjährigen Buben der Umgebung an langen Schnüren, die an einem Holzstück endeten, mit dem man den Drachen steuern konnte. Die Besitzer der Drachen brachten es bis zum Salto Mortale ihrer Luftgefährte oder zu Achterschleifen, die sie in den blauen Himmel zeichneten. Ich war fassungslos vor Staunen, rannte auf meinem Mäuerchen zurück, um Papa zu holen, der an dem himmlischen Ereignis teilnehmen sollte. Er versprach beim Anblick der Drachen umgehend, mit mir im nächsten Jahr auch einen solchen zu bauen, und fragte einen der Drachenlenker, ob er wohl den Drachen unter seiner Aufsicht einmal kurz seinem kleinen Sohn überlassen würde. Der willigte halb stolz, halb sorgenvoll ein. Und da hatte ich sie, assistiert von Papa, in den Händen: die Luft, den Wind, den Wind, das himmlische Kind. Ich spürte seine Kraft und Beweglichkeit, sah den an der Schnur zerrenden gelben Drachen mit seinen bunten Schwanzschleifen auf mein und Vaters Handkommando reagieren. Wahrhaft berauschend war dieses Luftgefühl, aber auch ein wenig bedrohlich, kannte ich doch schon aus dem Struwwelpeter die Geschichte vom fliegenden Robert und seinem fatalen Absturz.

Die Erinnerungen innerhalb des Hauses, in der ersten Wohnung der Eltern, sind sehr viel weniger deutlich und konturiert. Hier finde ich eher atmosphärische und emotionale Resonanzen von Ereignissen, die die Eltern oder Erwachsenen dort als wichtig empfanden. Die erste bewusste und gespeicherte Wahrnehmung meines Vaters geschah hier ungefähr am Ende meines dritten Lebensjahres. Ich sehe einen großen, lachenden, ja strahlenden Mann durch die Küchentür treten, höre den entsetzten Aufschrei meiner Mutter. Das Gesicht des Vaters hat dunkle dicke Streifen über der rechten Gesichtshälfte, es ist ölverschmiert. Ein dickes Pflaster klebt über der Stirn, die blutige Kratzer hat. Ruth springt auf, der Vater sagt: „Es ist nichts passiert", die anderen Personen im Raum, wohl die Großeltern und die Großtante verstärken die allgemeine Erregung. Vater stellt mit Schwung seinen grauen gefüllten Rucksack mit den vielen Taschen und Lederriemen auf der Rückseite auf den Küchentisch. Er ist von einer sogenannten Hamsterfahrt zurück. In der Pfalz, vielleicht 25 km vom heimatlichen Ziel entfernt, waren sie mit dem Motorrad auf eine Ölspur geraten, gerutscht, quer über die Straße geschlittert und im Straßengraben gelandet. Die NSU 250 ccm blieb fahrtauglich, auch die beiden, die auf ihr saßen, Vater Ernst und Kompagnon Carl Kruse mit ihrer Hamsterbeute. Mutter Ruth ist nur schwer zu beruhigen, auch wenn Vater Ernst Kartoffeln, Schweineschmalz und rote Rüben im Gepäck hat, was Anfang 1947 ein kleines Vermögen war. Schlaglichtartig hat dieser Ein- und Auftritt des Vaters damals mich und alles um mich herum erhellt. Noch heute habe ich ein Raumgefühl der Situation, weiß, wo die Türe war, durch die der Ölverschmierte trat, sehe den weißen Küchenschrank neben ihm und spüre das Entsetzen der Runde, die um den Küchentisch versammelt ist.

Von ähnlicher, aber düsterer Qualität ist meine erste kindliche Begegnung mit dem Tod. Das Haus am Stadtgarten war in den ersten Nachkriegsjahren vollgestopft mit Menschen. In unserer Dreizimmerwohnung hausten zusätzlich zunächst Oma und Opa, die ausgebombt waren, Muttis Schwester Inge, die ebenfalls ausgebombten Großtante und Großonkel, außerdem gab es hier ab 1946 schon wieder einen bescheidenen Geschäftsbetrieb, der aus dem Verkauf umgearbeiteter Militärmäntel bestand. Auf den anderen Hausetagen war es nicht viel anders. Überall Doppel- und Dreifachbelegungen, auch sogenannte Einquartierungen. Ganz unter dem Dach lebte in einem kleinen Zimmerchen eine Familie, deren etwa gleichaltriges Söhnchen Heinz einer meiner Spielgefährten war. Von ihm lernte ich das „Kaspern", was mir dann als „Heinzeln" verboten und wieder ausgetrieben wurde. Man hörte von einer plötzlich eingetretenen Krankheit seiner Mutter, und als sie bald darauf in der Frühe zwischen 4 Uhr und 5 Uhr starb, ging ein atmosphärisches Zittern und Beben durchs ganze Haus. Ich erinnere mich, wie unheimlich es mit einem Schlage wurde. Muttis Mitteilung, der Heinzl habe seine Mutter verloren, traf mich tief und zugleich undeutlich, aber Gott sei Dank in Muttis Armen, die mich fest an sich drückte.

Ein Ereignis recht zweifelhafter Art, wie das dem damals vielleicht Vier- oder Fünfjährigen schien und von dem er Mutti nichts erzählte, war von einem Spielkameraden namens Hansjörg ins Werk gesetzt. Sein Vater war Architekt und baute in der Nähe ein Haus, vielleicht auch das eigene zerstörte wieder auf. Hansjörg lotste seinen Freundeskreis, also mich, Heinzle, seinen Bruder Peter und die Nachbarstöchter Rosmarie und das kleine Ingelchen, auf die Baustelle. Über breite schwankende Bretterbohlen, die die Baugräben rund ums Haus überbrückten, balancierten wir in den verbotenen Eingang. Im Innern waren die Mauerwände noch unverputzt, und eine provisorisch grob zusammengezimmerte Holztreppe führte in den ersten Stock. In der frisch gegossenen Betondecke war ziemlich in der Mitte ein größeres Loch. Hansjörg schickte seinen kleinen Bruder Peter über die hölzerne Hühnerleiter nach oben und rief: „Achtung, jetzt passt mal auf!" Dann sah man Peterchens entblößten Hintern in der Betonöffnung und sein kleines Schwänzchen schickte einen scharfen Wasserstrahl in die untere Etage, sehr zur Belustigung der Zuschauenden. Vor allem die beiden Mädchen kicherten über diese Demonstration männlicher Strahlkraft. Der ebenfalls kichernde und glucksende Hansjörg forderte die beiden nun frech auf, es dem Peter gleich zu tun. Nach etwas Hin und Her und noch mehr Gekicher begab sich Rosmarie nach oben und siehe da, nun erschienen ihr Po und ihr Teilchen im Betonausschnitt. Und es plätscherte weniger kräftig, aber durchaus gefällig durch die Decke. Rosmarie hat mich sozusagen optisch entjungfert. Zum ersten Mal sah ich mit staunendem Erschrecken ein weibliches Geschlechtsteil, das mir aber im Nachhinein deutlich besser gefiel als das männliche von Peter.

So zeigte mein Leben „Am Stadtgarten 3" schon früh eine erstaunliche Breite des künftigen Lebens. Es waren allerdings die lustbetonten Ausschnitte der mich umgebenden Wirklichkeit, die haften blieben. Andere habe ich gar nicht wahrgenommen oder vergessen, etwa, dass in unserer Wohnung schon wieder der Geschäftsbetrieb begonnen oder Vater dort die erste Nachkriegspfadfindergruppe der Stadt gegründet hatte. Was ich im Blick behielt, waren meine neuen amerikanischen Freunde. Sie fielen durch karitative Aktionen auf, die allerdings nicht immer nach meinem Geschmack waren. Grießbrei mit Zimt und Zucker oder Reisbrei mit Rosinen waren die Haupt- und Magengerichte, die die sogenannte Hoover-Speisung den hungernden deutschen Kindern ab 1947 regelmäßig zukommen ließ. Im Gasthof „Zum Bären" in der Schönbornstraße stand ein riesiger Aluminiumtopf, aus dem eine deutsche Schwester oder Köchin mit weißem Häubchen und großem Schöpflöffel jeder und jedem seinen Schlag ins mitgebrachte Töpfchen verabreichte. Die Geruchsmischung aus süßlichem Brei und den Ausdünstungen der vielen, vielen Kinder, die sich um den Kessel drängelten und die den breiverschmierten Tisch bevölkerten, haben mir diese Speisen sehr verleidet. Wäre nicht der dazu obligate Kakaotrunk gewesen und die Mahnung der Mutter, den Amerikanern dankbar zu sein, wäre ich wohl bald in Hungerstreik getreten.

Ganz anders begrüßte ich das Programm der „German Youth Activities", die ganz in der Nähe des Stadtgartens ein Soapbox-Derby veranstalteten. Ein Seifenkistenrennen! Der Tag des Rennens war der 10. Juli 1949, also kurz nach meinem 5. Geburtstag. Schon früh war ich an der Strecke, die vom Augsteiner in die Söternstraße führte und an der gefährlichen Kurve und beim Zieleinlauf mit Strohballen gesichert war. Von Schorsch Meier, dem Motorradrennfahrer, und „Karratsch" Caracciola, dem Lenker der Mercedes-Rennwagen, hatte ich schon von Papa gehört. Ich fühlte mich daher als kompetenter Zuschauer unter vielen Hunderten, die die Rennstrecke säumten. Es war das erste sportliche Großereignis, das ich miterlebte. Und dann sauste auch schon das erste Rennwagenpaar „mit einem Affenzahn", wie mein Freund Heinzl neben mir bemerkte, talwärts. Eine bunte Fülle der Automarken und Farben stürzte sich den Augsteinerbuckel hinab: Wagen mit Seilzuglenkung und solche mit Lenkrad, manche waren in Aufbau und Design deutlich als Seifenkisten erkennbar, andere orientierten sich in Farbe und Styling an den richtigen Silberpfeilen, einige der Fahrer hatten weiße Kappen auf oder einen Zelluloidsonnenschirm vor der Stirn, einige hatten die Rennfahrerbrillen über die Mützen geschoben. Behelmt war keiner der Fahrer. Gleich waren bei allen Wagen nur die Räder. Die Opel AG hatte nämlich einen Satz von vier Pressstoffrädern allen Teilnehmern geliefert. Reifenprobleme gab es also an der Rennstrecke nicht. Die windschnittigste Karosserie hatte in meinen Augen die Nummer 41, die imponierendste die Nummer 2, sie war aus blinkendem Silberblech. Letztere, mit ihrem Piloten Dieter Jäger, gewann auch das Rennen. Ich habe den Fabrikantensohn, der wohl das beste Serviceteam hatte, grenzenlos bewundert bis in sein hohes Alter, als ich ihn im gemeinsam besuchten Gymnasium in einer der oberen Klassen aus gebührender Ferne wiedergesehen und immer noch verehrt habe. Er hat übrigens im richtigen Rennfahrerleben in den Siebzigerjahren den ersten „Jaguar"-Sportwagen gefahren, der mir zu Gesicht kam. Ein aufsehenerregendes elegantes Automobil. Die Wirkungen des Rennereignisses waren nachhaltig, wie man heute sagen würde. Es gibt ein Foto von meinem Bruder, aufgenommen im Hinterhof der Wörthstraße 4, da sitzt der kleine Klaus vergnügt in einer wohl von mir arrangierten Kistenbretteransammlung. Auf der ganz flach gehaltenen hölzernen Motorhaube steht der eingebrannte Schriftzug „Palmbräu Eppingen", was sicherlich ohne Werbevertrag geschah. In der Hand hält Klaus als Lenker ein Speichenrad, wohl ein Überbleibsel seines Kinderwagens, und auf der Stirn hat er eine Sonnenblende aus Pappe, die für Blendax Werbung macht. Was dem Auto allerdings fehlt, sind die Räder. Aber wozu hätte diese Traumkiste solche auch gebraucht? Dieser Rennwagen war beflügelt von unserer beider Fantasie und dem Wunsch, es den Rennfahrern in den richtigen Seifenkisten oder auf dem Hockenheimring gleichzutun.

Bevor der plattengepflasterte Hinterhof der Wörthstraße 4 unser neues Spielterrain wurde, mit seiner riesigen Teppichstange, einem Hundezwinger für den bissigen Bernhardiner Barri, zwei Schuppen und einem kleinen Ziergarten, gab es einen großen Umzug, den nun schon zweiten meines kurzen Lebens. Warum sich meine Eltern vom Rand der Stadt und dem dortigen Parkidyll mitten in ein Ruinenfeld begaben, ist mir noch heute schwer verständlich. Es war wohl das neu erbaute Geschäft mit ganzen zwei Schaufenstern und zwei Vitrinen im Eingangsbereich, die ihnen die Anwesenheit vor Ort notwendig erscheinen ließen. Meine Aufmerksamkeit war am Umzugstag weder auf das Geschäft noch auf die Kriegsschäden der Stadt gerichtet, sondern auf meinen Goldfisch in einem rechteckigen, an seinen Metalleinfassungen grün gestrichenen Aquarium. Genauer gesagt, waren es zwei Fische, von denen der kleinere mir zum letzten Geburtstag geschenkt worden war. Ich machte mir schon im Vorhinein Sorgen, wie die beiden den Transport überstehen werden, und hatte mir ausbedungen, dass sie das gewagte Unternehmen unter meiner Obhut vollziehen sollten. Vater hatte den Wasserpegel etwas abgesenkt und reichte mir das Aquarium hinauf in das Führerhaus des Umzugswagens, wo ich neben dem Fahrer Platz nehmen durfte, den Papa in meinem Auftrag bat, besonders auf die Fische und das Aquarium zu achten. Er warf seinen Motor an und das Wasser im Aquarium vibrierte, er legte den ersten Gang ein und es bebte, er fuhr los und schon in der ersten Kurve schwappten Wasser und Goldfische gefährlich nahe an die linke Aquariumsobergrenze, bei der nächsten Kurve an die rechte. Hansi und Jürgen, die beiden Goldfische, haben die Umzugsfahrt wohl als schweren Seesturm erlebt, ich als Kapitän ihrer gläsernen Umzugskiste habe immer wieder den Kräften der Gravitation entgegengesteuert. Bis auf ein paar Wasserspritzer auf meiner Hose war die Übersiedelung für alle drei erst einmal gutgegangen. Kurze Zeit später sind meine goldenen Lieblinge in ihrem neuen Heim verendet, und ich war der festen Überzeugung, dass die beiden der Anstrengung ihres bewegten Ortswechsels nicht gewachsen waren und sich deshalb von dieser schwankenden Welt verabschiedeten.

Als die Familie 1949 oder 1950 in ihrer neuen Behausung ankam, gab es in der Wörthstraße, die am 1. März 1945 gänzlich zerstört wurde, vielleicht drei oder vier neu erbaute Häuser, ein oder zwei weitere waren im Wiederaufbau begriffen. Es standen allerdings noch eine ganze Reihe der alten Häuserfassaden und Wände, auch steil aufragende Kamine und Giebel, die ohne Dächer, ohne Fenster ins Leere führten. Auch hatte man auf den Trümmergrundstücken noch nicht alle Schuttberge abgetragen. Aber sie grünten. In den fünf Jahren seit Kriegsende waren Pflanzen, sogenanntes Unkraut, aber auch Büsche und kleine Bäume gewachsen. Man kann sich leicht vorstellen, was für ein wunderbares Spielgelände mich hier umgab: ein riesiger Abenteuerspielplatz, der den gepflasterten geordneten Hinterhof mit der riesigen Teppichstange sofort in den Schatten stellte. Aber es war auch ein gefährliches Gelände, was vor allem Mutti ihren beiden Buben immer wieder einbläute. Sie erteilte als erstes ein totales Eintrittsverbot in die Keller der Ruinen. Denn überall gab es offene, nur halb verschüttete Kellerzugänge, wo sie zurecht gefährliche Kriegsrelikte wie zum Beispiel Granaten oder Bomben vermutete. Die Eingänge waren oft nicht einmal durch ein Schild „Zutritt verboten" gesichert. Zur Abschreckung erzählte sie uns deshalb Gräuelgeschichten von abgerissenen Händen oder Füßen unfolgsamer Kinder, die nicht erfunden waren. So blieben wir, im Gegensatz zu manchem Spielkameraden, brav an der begrünten Oberfläche der Ruinenlandschaft, zuweilen ganz allein in der Gesellschaft der auch oben verbliebenen Mädchenriege. Entsprechend waren die Spielvorschläge. Ute und Roswitha drangen eines Tages heftig darauf, im umliegenden Geäst der kleinen Akazienbäume Nester zu bauen, damit die Störche hierher zum Nisten kämen. Klaus und ich haben ein oder zwei Tage unter ihrer Anleitung mitgebaut und Gras in den Sträuchern verteilt. Als auch am dritten Tag weit und breit kein Storch im Anflug war, haben wir das Babyboom-Nachkriegsprogramm der beiden aufgegeben und uns wieder dem Steinbock zugewandt, einem beliebten Männerspiel, bei dem man einen kleinen Stein, der auf einen großen gelegt wurde, mit Hilfe eines dritten, nämlich eines Pflastersteins, treffen und vom Block schießen musste. Steine gab es in allen Varianten und im Übermaß. Sie wurden als Spiel- und Baumaterialien gerne verwendet. Das Unheimliche der in den Himmel ragenden Fassaden und Gebäudereste hat man als Kind kaum wahrgenommen, es sei denn, es ereignete sich mit ihnen Spektakuläres.

Jeweils etwa 100 Meter nach rechts und 100 Meter nach links von unserem neuen Wohnhaus entfernt gab es zwei aus heutiger Sicht höchst ungewöhnliche Lebensmittelgeschäfte. Beide waren fast reklametafelfreie Hütten, die eine aus alten Backsteinen errichtet, die andere ganz aus Holz, mit einem nach vorne ansteigenden Flachdach. Eines der Geschäfte hatte immerhin eine gläserne Ladentheke, in der aluminiumverpackte Käseecken, eine ausgemergelte Salami, ein Glas mit in Essig eingelegten Rollmöpsen und eines mit Gurken auf Käufer wartete. Beide Kaufläden waren mit riesigen Registrierkassen ausgestattet, die beim Kurbeln heitere Klingeltöne von sich gaben. Holzregale waren hier wie dort mit Gemüsekonservendosen und Waschpulverpaketen spärlich gefüllt, sie umstellten die schmucklosen Räume. Das schmale Angebot stand in einem Missverhältnis zum Rede- und Formulierungsreichtum der Ladeninhaber. Beide waren sogenannte Norddeutsche, was aber nicht heißt, dass sie aus Norddeutschland kamen. Jeder, der mehr als 200 km nördlich oder nordöstlich der Kleinstadt geboren war, wurde in den Ohren der Einheimischen zu einem solchen, wenn er nur ein wenig redegewandter auftrat als vor Ort gewohnt. Der Inhaber des „Kolonialwarenladens Schröder" war ein in Bruchsal hängengebliebener ehemaliger Berufsoffizier, der andere wohl als Flüchtling oder Heimatvertriebener hier gelandet. Beide behandelten meine Mutter, als hätten sie ein Geschäft in einem Nobelviertel Hamburgs betreten und als wäre sie eine großbürgerliche Dame mit einem ganz dicken Geldbeutel. Der Holzbarackenbesitzer, der das etwas größere Obst- und Gemüseangebot hatte, verabschiedete sich immer mit einem in meinen Ohren höchst fremdartig und vornehm klingenden „Aufwiederschaun", was ich jahrelang als ein mir unverständliches „Aufwiederschaum" hörte. Der andere Brief pries die ersten Ananasdosen, die importierten amerikanischen Pineapples, als würde der ganze Segen der Tropen jetzt über uns herabregnen. Er verabschiedete meine Mutter mit „Gnädige Frau".

Eines Tages wurde die Straße um das „Aufwiederschaun-Geschäft" gesperrt, die Anwohner per Handzettel aufgefordert, in einer bestimmten Zeitspanne das Areal zu meiden. Angekündigt war eine kleine

Sprengung, die die dreistöckige Häuserwand hinter der Holzbude zum Einsturz in Richtung Lutherkirche bringen sollte. Klaus, Mutti und ich hatten Logenplätze für dieses Ereignis. Wir schauten von unserem Balkon auf der Rückseite der Wörthstraße durch die Geranienstöcke der Blumenkästen auf die Vorbereitung des Unternehmens, sahen, wie eine ansehnliche Zahl von Fachleuten das vielleicht 50 Meter von uns entfernte Mauerwerk prüfte und dann an ausgewählten Stellen mit kleinen Sprengladungen versah. Zwei Polizisten drängten die Schaulustigen vor Schreys Obst- und Gemüsegeschäft auf die andere Straßenseite. Herr Schrey und seine Frau erklärten, wie das Ganze ablaufen würde, er besonders gesten- und wortreich, wie er das bevorstehende Ereignis auch gestern schon Mutti erklärt hatte. Die Fachleute versammelten sich erneut vor der Mauer, und zwei von ihnen brachten an einer bestimmten Stelle noch einmal eine Zusatzpackung an. Inzwischen war das Ende des angegebenen Zeit- und Vorsichtsfensters fast schon erreicht. Endlich ertönte ein langgezogener Hup- und Signalton. Alle starrten auf die riesige Backsteinmauerwand. Dann auf einmal setzte sie sich ganz langsam in Bewegung und kippte im Fallen völlig unversehrt im rechten geraden Winkel nicht auf die Wiese vor der Kirche, sondern wie eine riesige Fliegenklatsche auf Schreys Lebensmittelhäuschen. Dieses war auf der Stelle platt, was aber nicht gleich zu sehen war, weil es von einer riesigen Staubwolke, die bis zu unserem Balkon im zweiten Stock drang, vernebelt wurde. Als sich der Staub gelegt hatte, war die Aufregung riesig. Jetzt gestikulierten und diskutierten die Fachleute laut und heftig wie vorher Herr Schrey, dieser aber versuchte laut jammernd einige Reste seines eingeebneten Geschäftes zu retten. Es waren nur ein paar Konservendosen.

Meine Besorgnis galt in diesem Augenblick ganz anderen Verlusten. Schreys Lebensmittelhandel war nämlich für mich die Quelle materieller, geistiger und optischer Nahrung. Hier gab es für jedes halbe Pfund „Voss Margarine" ein „Voss-Kunstbild". Und dieses Bild bekam seinen Platz im Sammelalbum *Das Tierreich, Band 1*. Noch heute lese ich mit einer gewissen Andacht dessen Eingangsseite, deren edle Diktion mich schon damals beeindruckte. „Ihnen, verehrte Kundschaft, übergeben die Hamburger Margarine-Werke von Hinrich Voss hiermit den ersten Sammelband der Margarine-Voss-Kunstbilder und wollen damit ihren alten, treuen Kunden Anerkennung zollen und Dank sagen für alle Anhänglichkeit, allen neuen Kunden aber Anregung und Ansporn geben, diesen Sammelband und weitere zu füllen und Stammkunde zu werden. Mit dem Neuerscheinen unserer Tierbilder setzen wir eine alte Tradition unseres Hauses fort. Voss-Qualitätsmargarine und künstlerische Tierbilder waren schon vor 1933 durchaus zu einem festen Begriff geworden. Noch während und besonders nach Beendigung des Zweiten Weltkrieges haben uns zahllose Nachfragen immer wieder den Beweis erbracht, dass sich unsere alten Kunden noch gern der Zeit vor etwa 20 Jahren erinnern, wo sie mit Freude und Eifer zahlreiche Mappen mit unseren Tier-Kunstbildern sammelten, die allerdings meist Bomben und Kriegswirren zum Opfer gefallen sind."

Der verehrten Kundschaft übergab der Lebensmittelhändler Willi Schrey die Tierkunstbilder nach einem schwer durchschaubaren Verteilungsmodus. Die Bilder waren überaus begehrt. Bei jedem Einkauf ermahnte ich Mutti, nach einem neuen Voss-Bild zu fragen. Aber allzu oft kam sie mit dem Roten Ibis zurück, der in den sumpfigen Mangrovenwäldern des Amazonas abgebildet war, oder mit dem Rosenkakadu aus den Urwäldern Neuguineas, auch Wiedehopf, Hornrabe oder Schleiereule hatte ich doppelt und dreifach in meiner Sammelmappe. Wer ausblieb, war der äußerst sammelscheue Königstiger aus Indien, der felis tigris regalis, und ein entfernter Verwandter aus den Steppen Afrikas, der Leopard, felis pardus. Sie sollten auf der ersten Seite das Album eröffnen. Von der Knappheit der beiden und einiger anderer wusste der Lebensmittelhändler und sicher auch die Hamburger Margarinefabrik. Bei Großeinkäufen Muttis konnte bei Willi Schrey mit viel Glück ein Walross aus dem nördlichen Eismeer ergattert werden, bei kleinen blieb es beim rot-gelben Kaisermantel, der sich auf einem blühenden Brombeerzweig niederließ. Oft setzte die Bilderzufuhr über Tage und Wochen ganz aus. Und Herr Schrey bedauerte sein Lieferdefizit und sagte „Aufwiederschaun" zu Mutti und mir.

So ergab sich wie von selbst ein Sammelmarkt, auf dem gefeilscht wurde wie auf einem Basar. Ich kann mich an stunden- und tagelange Verhandlungen mit den Sproedtbuben erinnern. Immer wieder trafen wir uns nach der Schule auf der steinernen Schaufensterbank der Bäckerei Clor und verhandelten darüber, wie das Spitznashorn, in dessen doppelten Besitz sie waren, aufzuwiegen sei. Gab es für dieses rare Exemplar das Bankivahuhn, den Ringfasan und noch zwei rote Ibisse und einen Rosenkakadu obendrein, so mein Angebot, oder sollte ich, was von ihnen unerbittlich eingefordert wurde, für das Spitznashorn meinen zweiten afrikanischen Elefanten opfern und als Zuschlag dann noch den Dompfaff oder Gimpel erhalten. Wer im Besitz aller Bilder war, galt als

König des Tierreichs. „Wer alle hatte" und noch einige mehr, war Herrscher über ein Bildimperium, das auch in andere Sammelwährungen konvertierbar war, etwa in „Sanella-Bilder" oder Zigarettenbildchen, die die Fußballerelite des Landes porträtierte, aber auch in Naturalien wie z. B. Mamba, Brausepulver oder, bei Raritäten, in ein Taschenmesser.

Der Markt brachte, so konnte ich hier spüren, das Leben wieder in Schwung. Überall in der Stadt drehten sich die kleinen Trommeln der Betonmischmaschinen, musste man Sand- und Kieshaufen auf der Straße ausweichen oder um Holzstangen der Brettergerüste herumgehen. An Großbaustellen wie am Rathaus gab es kleine eiserne Loren auf dort extra verlegten Schienen, die mein besonderes Interesse weckten. Auch in der kleinen Wörthstraße ging es baulich sichtbar aufwärts. Die Lücken zwischen den Häusern füllten sich. Langsam, aber kontinuierlich komplettierte sich das Geschäfteangebot. An der Ecke der „Lederwaren Franz", daneben das „Schreibgeschäft Muser", neben unserem Haus die „Metzgerei Ziegelmeyer", schräg gegenüber das Gasthaus „Grüner Hof". „Diese alte SA-Kneipe kann Ruine bleiben", brummte Vater Ernst und behauptete, dort sei die Brandstiftung der Bruchsaler Synagoge in der Kristallnacht vorbereitet worden. „Alle Kenner trinken Denner" stand jetzt auf einer emaillierten Reklametafel am Eingang des wieder eröffneten Wirtshauses.

Die nicht nur bauliche Vollendung des gegenüberliegenden Straßenzugs war da noch im Werden. Denn kurz danach entstand daneben eine in Größe und Breite der Fensterfronten völlig überdimensionierte Tier- und Samenhandlung. „GUHASO-Saat" prunkte bald in massiven gelben Leuchtbuchstaben über dem Eingang der Hauswand. Der angeheiratete Besitzer, der den Tempel der häuslichen Kleintierhaltung errichten ließ, hatte einen polnisch klingenden Namen und das Aussehen eines ungarischen Zigeunerbarons. Er war im Auftreten und künstlerischen Gestus eine ungewöhnliche Erscheinung. Und er hatte „Geschäftsideen", wie er seinen Geschäftsnachbarn verkündete. Alle 14 Tage verhängte er seine vielen Schaufenster mit dunklen Tüchern, um dann in der Nacht seine neue Dekoration zu gestalten. Bei Tag, so sagte er meinem Vater im Vertrauen, hätte man seine Dekorationseinfälle entdeckt und sofort kopiert. Wenn dann die Vorhänge fielen, blickte man auf die immer gleichen, aber jeweils neu arrangierten Verkaufsartikel. Auf Vogelhäuschen, Samensäcke, Hamsterkäfige, sauerstoffsprudelnde Aquarien aller Größen mit Zierfischen aller Art. Sie waren umhegt und umsorgt von Gartenzwergen aller Größen und Verrichtungen. Die einen hobelten und sägten, die anderen betätigten Spitzhacken oder schoben Schubkarren. Sie pflegten aber auch ausgiebig den Feierabend und die Besinnlichkeit, saßen lesend unter riesigen Fliegenpilzen, hielten Laternen in den hellen Tag, schaukelten an einem Ast oder spielten Ziehharmonika. Den Impresario dieser Szenen und Landschaften drängte es in seinem künstlerischen Tun bald über die Grenzen der Samenhandlung hinaus. Er eröffnete einige Straßen weiter ein sogenanntes Nachtlokal. Mit dem Namen „Nachtfalter" blieb er seiner Tierhandlung verbunden. Aber das neue Lokal und die neue Geschäftsidee wurden schnell zum Stein des Anstoßes in der Kleinstadt. Jahrelang prozessierte er mit deren Vertretern um Öffnungszeiten. Am Ende hat er sich, so ging die Kunde, in seinem „Nachtfalter", der heute „Miljöö" heißt, das Leben genommen. Das aber war viele Jahre nach dem wirtschaftlichen Aufbruch, der in den Fünfzigern auch die kleine Wörthstraße erfasst hatte, und bald nach dem erneuten Neubau und erneuten Umzug unseres Kleidergeschäfts.

Davor gab es noch eine für acht- und zehnjährige Buben besonders spannende Entwicklungsphase: die beginnende Motorisierung. Man konnte sie direkt vor der Haustür beobachten und mit den kleinen „Winkler-Automodellen" im heimischen Kinderzimmer nachspielen. Carl Kruse, der Geschäftspartner des Vaters, hatte bald schon einen dunkelgrünen Mercedes 170 D in der Hauseinfahrt stehen und zusätzlich eine BMW 500 neben Barris Zwinger. Wir begnügten uns mit einem dunkelbraunen VW Käfer, der Bambi getauft wurde und das entsprechende Steiff-Tier am Innenrückspiegel baumeln hatte. Auf der Straße hatten es Klaus und mir die größten und kleinsten Vehikel angetan. Der Mercedes 600 war der König der Automobile. Er kam uns das erste Mal beim Besuch des Bundespräsidenten Heuss in der kleinen Stadt zu Gesicht. Er war am 5. Mai 1955 mit der Staatskarosse, die die Autonummer 0-1 und eine Standarte mit Bundesadler am rechten Kotflügel schmückte, vor dem Rathaus vorgefahren: ein chromblitzender polierter schwarzer Autotraum, der uns den hohen Fahrgast nebensächlich erscheinen ließ. Er nahm seinen hiesigen Auftritt auf dem Rathausbalkon auch nicht besonders ernst und sagte dort der versammelten Schülermenge zu seinen Füßen nur einen einzigen Satz in breitestem Schwäbisch und mit tiefstem Bass: „Ich bin haid zu oich komme, damit ihr schulfrei hänt!" Nein, er war gekommen, um uns den größten und schönsten Mercedes des Landes vorzuführen, der mit allen Schikanen und einem Schiebedach ausgestattet war, und musste dann nebenbei auch noch die elektrifizierte Strecke von Bruchsal nach Heidelberg eröffnen.

In der Wörthstrasse standen oft nur die kleinen Automodelle. Die „Isetta", die man vorne aufklappen konnte wie eine Muschel, oder der dreirädrige „Messerschmitt-Kabinenroller", dessen Passagierraum von einer zur Seite schwenkbaren Plexiglashaube umhüllt war. Das „Plexiglas-Vollsichtcoupé" war die schwer geschrumpfte Reminiszenz an die Zeiten der deutschen Luftüberlegenheit und Großmannssucht. Übriggeblieben war 1952 die fahrbare Flugzeugkanzel auf drei Rädern mit fünf PS und einer Höchstgeschwindigkeit von 75 Stundenkilometern, die nicht zu Unrecht „Schneewittchensarg" genannt wurde. Von vollendeter Spießigkeit war das Goggomobil, „der liebenswerte und schnelle Kleinwagen für zwei Erwachsene, zwei Kinder und Gepäck". Er repräsentierte zugleich das Nachkriegsfamilienmodell in Blech. Unser Spott galt dem „Leukoplastbomber", einem Lloyd-Modell mit einer Kunststoffkarosserie, der man kaum eine unbeschädigte Fahrt über die Autobahn zutraute. Unser Wunschauto war der Borgward „Isabella Cabrio" mit Weißwandreifen. Aber auch ein „DKWuppdich", ein stinkender Zweitakter, war in unseren Augen nicht zu verachten, während der „NSU Prinz" durch seinen in unseren Ohren läppischen Werbespruch „Wohl dem, der einen Prinz besitzt" in Verruf geriet. Tauchte gar ein „Karmann Ghia" von VW auf oder stand ein „Opel Kapitän C" vor unserer Ladentür, drückten wir uns die Nasen an seinen Scheiben platt, um alle Einzelheiten der Instrumententafel zu sehen und später mit unseren Freunden zu diskutieren.

Freilich, zur neuen Automobilglitzerwelt mit ihrer verführerischen Palette von Marken und Modellen gab es damals noch eine archaische Gegenwelt. Die Müllabfuhr kam jeden Dienstag mit einem Pferdewagen, in dessen offenen Anhänger die Müllmänner den Inhalt der blechernen Dreckeimer mit der Hand kippten. Und fast an jedem Tag stand ein Pferdegespann vor unserem Geschäft. Die Paketzustellung hatte genau zwei PS und die beiden schweren Kaltblüter durften vor „Kruse und Kurzenberger" meist ihre morgendliche Zwischenmahlzeit einnehmen. Ihnen wurde ein hölzerner Kasten vorgehängt, aus dem sie gelassen und gutmütig ihre Heuration zu sich nahmen. Oft stand ich vor den beiden riesigen Tieren und schaute zu, wie ihre großen Gebisse das trockene Gras zermalmten. Das „Isabella Cabrio" war dann vergessen.

11 Schulanfang

Sommerferienende. Die Schule beginnt. In der Sendung „Marktplatz" des „Deutschlandfunks" geht es heute um das Thema „Verkehrssicherheit Schulanfänger". Über zweieinhalb Stunden bemüht sich die Radiorunde zu schildern, was Kinder an Gefahren auf der Straße erwartet. Es hagelt gute Ratschläge zur Verkehrserziehung. Der Polizeivertreter gibt seine den Kindern empfohlenen „Tricks" zum Besten, etwa bei Straßenüberquerung zwischen parkenden Autos an den Scheinwerfern des stehenden Pkws zu stoppen und zu schauen, „ob etwas kommt". Der erzählerische Höhepunkt des besorgten Gesprächskreises ist die tägliche Verkehrssituation morgens vor der Schule. Hier ballt sich offenbar das Verkehrschaos und die Unfallgefahr: gehetzte Mütter, die ihren Wagen unvermittelt mitten auf der Straße stoppen, um ihr Kind abzusetzen, Väter, die ihr Transportgeschäft erledigt haben und verkehrswidrig ihr Fahrzeug wenden, dabei schon den nächsten Geschäftstermin im Kopf. Dazwischen ältere Schüler, die mit ihren Mountainbike-Künsten angeben, kleine Rollerfahrerinnen, die von Skateboardern überholt werden.

Ich staune. Mein Schulanfang war ganz anders, eher still und mutterbeschützt. Sie ging mit mir das erste und einzige Mal den langen Schulweg ab. Auf dem halbstündigen Marsch mögen uns vielleicht drei oder vier Autos begegnet sein. Darunter ein sogenannter Holzvergaser, der wegen seiner skurrilen Konstruktion und Seltenheit in meinem Gedächtnis hängen blieb. Holzvergaser-LKWs hatten eine Art riesigen Badeofen auf der Ladefläche hinter dem Führerhaus, dessen Verbrennungsleistung das damals noch knappe Benzin ersetzen konnte. Ein wenig aufgeregt lief ich neben der Mutter her, die mir versicherte, es handele sich heute um einen wichtigen Tag im Leben. Der viel zu große lederne Schulranzen rutschte beim Gehen auf meinem Rücken hin und her. Im linken Arm hielt ich eine große bunte Schultüte. Den verlockend leuchtenden Kegel aus grünem Glanzpapier drückte ich zuweilen fester ans Herz, als ihm guttat, verhieß er mir doch den nächsten Schritt meiner Kinderexistenz.

Der Schultüteninhalt freilich blieb mir nicht erinnerungswürdig. Es werden graue Schiefergriffel, ein hölzerner Griffelkasten, eine Schultafel, ein dazugehöriger Schwamm und ein paar Süßigkeiten gewesen sein. Süßigkeiten und Schulausrüstung sind auch heute noch die Favoriten, wenn die Tüten für die Schulanfänger abgefüllt werden. Sie haben sich über die Jahrzehnte wohl dank ihres wachsenden Konsumanspruchs erhalten. Zur Grundausstattung gehören heute auch Glücksbringer und Talismane, die mit Buch und Spielzeug konkurrieren, zählen Kuscheltiere, Handys und Smartphones, die das Überleben in der Bildungsanstalt sichern helfen. MP3-Player und iPod liegen mit sieben Prozent noch auf dem letzten Rang. So die Statistik von „Was kommt hinein".

Mein Schulanfang im Jahr 1950, der erste Gang zur Schule, war zweifellos ein Aufstieg. Die Straße führte am Ende des Weges einen Hügel hinauf, den ich einige Jahre später im Winter mit dem Schlitten talwärts fuhr. Jetzt erschien mir beim ersten Anstieg das gelbe Backsteingebäude der hochgeschossigen Dragonerkaserne, die, um die Jahrhundertwende erbaut, hoch über der Stadt thronte, riesig und uneinnehmbar. Eine massive bauliche Autorität, deren Vorgeschichte sofort zu spüren war. Fremd und abstoßend auch die Gerüche im Innern des Baus. Schmierseife und Bohnerwachs waren offenkundig nicht imstande, den hier über Jahrzehnte vergossenen Schweiß zu tilgen, zumal die Ausdünstungen von gekochtem Kohl den Grundgeruch noch vermehrten. Denn an diesem Ort hatte man nicht nur die Volksschule notdürftig untergebracht, sondern auch sogenannte Ausgebombte, die beim Angriff auf die Kleinstadt im März des Jahres 1945 Hab und Gut und damit auch ihre Wohnungen verloren hatten.

Im Innern des Gebäudes unendlich lange Flure, in denen zwischen den Fenstern merkwürdige abgenutzte Vorrichtungen aus dunklem Holz installiert waren, die ich mir nicht erklären konnte. Es war, wie ich später erfuhr, der Einstellplatz für Exerzier- und Sturmgewehre, mit denen die hier Ausgebildeten in den Ersten Weltkrieg zogen. Ein Onkel meiner Mutter gehörte zu jenen, die von dieser Kaserne aus an die Westfront nach Frankreich „verlegt" wurden, wie es militärbürokratisch hieß.

Der Schulraum, den ich mit meinen künftigen Mitschülerinnen und Mitschülern eher zögerlich betrat, war spartanisch karg: weißgekalkte Wände, drei Schulbankreihen, ein Lehrerpult auf einem erhöhten Podest und ein Kruzifix in der Mitte über der dunklen Schultafel. Die Zweierschulbänke aus Holz, die untereinander fest verhakt waren, hatten in der

Mitte ein eingetopftes Tintenfass und am oberen Rand eine Kuhle zur Ablage der Schreibutensilien. Sie waren aufklappbar, sodass man seine Schulbücher hier unterbringen konnte. Auf der Tischplatte gab es eingeritzte Spuren von Leben, etwa, was ich freilich erst später entziffern konnte, Zeitangaben wie „Rudi war hier von 1938 bis 40" oder früherotische Votivschnitzereien wie ein durchbohrtes Herz.

Die neue Klasse formierte sich in diesem Raum wie von selbst. Dreißig in Größe, Aussehen, Temperament unterschiedliche Mädchen und Buben, fast alle an der Hand ihrer Mutter, wurden mit der Aufforderung des eintretenden Lehrers „Setzt euch!" im Nu ein geordnetes Kollektiv, das ohne zusätzliche Anweisung augenblicks mucksmäuschenstill war. Nur die in allen Farben leuchtenden Schultüten hielten eine vage Hoffnung aufrecht, es könne hier auch mal fröhlich oder gar lustig zugehen.

In solchen Mauern, diesen Hallen brachte ich fünf Volksschuljahre zu (das Extrajahr war meiner bronchialen Anfälligkeit geschuldet), bevor ich ins vergleichsweise luxuriöse humanistische Gymnasium am anderen Ende der Kleinstadt, ebenfalls auf einem Hügel, allerdings dort in einem Park gelegen, wechselte. Zu meinem Glück waren die beiden letzten Volksschuljahre von einem jungen Klassenlehrer geprägt, den ich liebte und der mir ebenfalls wohlgesonnen war. Ins Abgangszeugnis schrieb er unter der Rubrik „Besonderheiten des Schülers", meine Redegabe sei auffällig. Das machte mich und die Eltern stolz. Ansonsten war man in den ersten Schuljahren von alten Schulfeldwebeln umstellt, die zuweilen völlig unvermittelt zu Strafaktionen mit dem Meerrohr schritten.

Es war im zweiten oder dritten Schuljahr, ein Tag wie jeder andere. Das Schrillen der Pausenglocke markierte das Ende der Zehn-Uhr-Pause, in der man sein mitgebrachtes Vesperbrot aß. Der Strom der Schüler in die Schule zurück war wie immer laut und lärmend, wobei im hallenden Treppenhaus mit seinen Steinstufen und den fest gemauerten Geländern der Geräuschpegel entsprechend anstieg. Ich trottete eher gedankenverloren unter vielen anderen die Treppe hinauf, als mich die Hand eines mir unbekannten Pädagogen aus der Menge griff, um mir den Hosenboden zu versohlen, wie man das damals beschönigend nannte. Der Schlagstock hinterließ blutunterlaufene Spuren auf meinen unteren Oberschenkeln und einen brennenden Schmerz, der mir ebenso neu war wie der Einbruch der völlig willkürlichen Gewalt, der mich über viele Tage verstörte. Die Eltern sahen von einer Beschwerde an der Schule ab. Sie wäre damals nicht nur höchst ungewöhnlich gewesen, sie versprach auch keinen Erfolg. Ich konnte ja nicht einmal den Namen des Prüglers nennen.

Man kann sich vorstellen: die Augenblicke der Freiheit oder gar anarchischen Grenzüberschreitungen waren in diesem Gelände und in dieser Zeit eher bescheiden und selten. Zu meinen kleinen, bösartigen Vergnügungen gehörte es, meinen Banknachbarn, mit dem ich eigentlich befreundet war, zur Weißglut zu bringen, was recht einfach zu bewerkstelligen war. Er hatte einen etwas zu großen Kopf und war ein wenig dicklich, gemessen an heutigen Maßstäben allerdings rank und schlank. Und er trug manchmal eine kurze Strickhose der Firma Bleyle mit angestrickten Hosenträgern, die nach Mottenpulver rochen. Das machte ihn zum weichlichen Muttersöhnchen in der Umgebung gestandener Lederhosenträger mit Hirschschnallen auf der Brust, was damals uneingefordert die Schuluniform war. Ihn mal kurz am Strickhosenträger zu ziehen und „Moppelchen" zu flüstern, brachte ihn in rasende Wut und auf ein Tempo, das mir alle Anstrengungen abverlangte, ihm zu entkommen. Wir beide rasten also immer mal wieder zur Pausenauffrischung durch die Kasernenschulflure, die Treppen hoch, die Treppen runter. Er mit hochroter Birne, ich mit höhnischem Grinsen und verstärktem Spottruf „dicker Moppel". Das hat uns beide tief verbunden. Wir bastelten einträchtig zusammen riesige Weihnachtssterne, studierten die Raketenbücher von Oberst und Wernher von Braun, die uns eine baldige Mondfahrt in Aussicht stellten. Die Versuche, unsere eigene V3 zu bauen, scheiterten allerdings kläglich. Die mit abgeschabtem Zündholzpulver gefüllten Metallröhrchen, die wir auf dem Balkon seiner elterlichen Wohnung zündeten, kamen nur dank der Erdanziehung zum Fliegen. Sie stürzten über der Balkonkante ab.

An einem heißen Sommernachmittag, an dem der Schulhof-Exerzierplatz noch steiniger und noch staubiger schien als sonst, warteten die Jungens unserer und die der Parallelklasse vor der Turnhalle auf den Sportunterricht. Der Lehrer kam nicht. Die Maul- und Schwimmbadhelden beider Klassen übernahmen das Kommando. Eine Schulklasse war ja nicht nur alphabetisch geordnet oder in Sitzreihen eingeteilt. Jeder Schüler kannte auch genau die Rangordnung der physischen Stärke seiner Mitschüler. Sie hatte sich auf empirisch genaue Weise herausgebildet als Quersumme aller Wettkämpfe und Kämpfe, die man untereinander austrug. Ich bewegte mich bei diesem Ranking im unteren Klassendrittel, obwohl ich zu den „Großen", also Längsten gehörte. Chefs im Ring waren zwei von mir mit unheiligem Schauder bewunderte „Sitzenbleiber", also Knaben, die eine Klassenstufe wiederholen mussten. Sie kamen aus der sagenumwobenen Sphäre der sogenannten Asozialen. Beide speisten ihr Ansehen dadurch, dass sie älter, größer und schlagkräftiger waren als die anderen und sich ganz selbstverständlich einer Sprache bedienten, die als roh und schmutzig galt. Obendrein hatten sie keinen Vater und Mütter, die sich kaum um sie kümmerten. Einer von ihnen, der Sprenger Gerd, übernahm jetzt die Rolle des Häuptlings. Er verabschiedete die Turnstunde am Barren und Reck und blies zum Aufbruch in den Wald, der nicht eben nahe war. Ein lautes Geheul aus tausend Kehlen, so schien es mir, brachte die eben noch brave Schülerschar in Bewegung. Wir rannten, marschierten, stolperten bald über Stock und Stein, befeuert von unserem Anführer, der sich offenbar in Gegenden auskannte, die ich noch nie gesehen und betreten hatte. Das Laub des Waldbodens, kreuz und quer liegende Äste, die Geländehindernisse, die zu überwinden waren, die riesigen Stämme und weit entfernten Baumwipfel des Buchenwaldes über mir, die keuchenden Mitläufer neben mir brachten mich in einen geradezu exzessiven Zustand. Noch heute erscheint mir dieser erste Ausbruch unwirklich wie ein Traum, und ich spüre das Gefühl, das mich überkam, als ich geradezu besessen von der Lust der Geländeeroberung über den Waldboden rannte und taumelte. Ja, Lust und Angst mischten sich in diesem Augenblick bei mir auf seltsame Weise. Nicht weil die Kommandos des selbsternannten Anführers uns heftig antrieben, gegen einen imaginären Feind zu marschieren, der schon bald am Horizont auftauchen würde. Auch nicht, weil ich befürchtete, am Ende der Expedition in den Händen meiner schimpfenden Mutter zu landen. Nein, es war das Gefühl von riskanter Freiheit, das mir, dem Umsorgten und eher Ängstlichen, bedrohlich und reizvoll erschien.

Die gezähmtere Variante dieser Erfahrung spielte sich regelmäßig, also wiederholbar, auf dem Gelände eines Zimmereibetriebs ab, der dem Großvater eines Schulkameraden gehörte, der aufgrund seines adligen Namens von vornherein zum Führer einer Bande taugte. Sie war deshalb nach ihm benannt. Da deren Mitglieder aber alle Töchter und Söhne von Finanzbeamten, Einzelhändlern, Versicherungsangestellten oder Lehrern waren, stand das Bandenwesen unvermeidlich auf schwachen Füßen. Zumal es auch noch unter dem wachen Auge der Mutter von Alexander stattfand, die immer mal wieder aus dem Küchenfenster des angrenzenden Wohnhauses schaute, um zu kontrollieren, was sich da unten abspielte. Trotz dieser frühen Form der Videoüberwachung: Nirgendwo standen rohere Marterpfähle, ging man lautloser auf dem Kriegspfad, roch es verlockender gefährlich als in diesem Gelände, wo die Holzsäge kreischte und sich das Lagerholz meterhoch türmte.

Zum Wesen unseres Anführers gehörte es, urplötzlich, ohne Kriegsrat und meist mit lautem Schrei, loszurennen und damit alle Männer der Bande hinter ihm her rennen zu lassen. Die verdutzten Squaws, alle zwischen sechs und zehn Jahre alt, blieben ratlos und unbeschützt an der Feuerstelle zurück, um auf die Rückkehr der Krieger zu warten. Diese schlichen auf dunklen Bretterpfaden – die Holzlager waren überdachte oder scheunenartige Holzschuppen – zwischen sauber zersägten und ordentlich gestapelten Baumriesen umher – wie mir heute scheint, eine tatsächlich gefährliche Expedition.

Die Anlässe für die Aufbrüche, Jagden oder Überfälle mussten immer wieder neu erfunden und ausgeschmückt werden. Zu den imaginierten Höhepunkten zählte die Jagd auf einen Luchs, der, so unser Bandenhäuptling, hier in den benachbarten Wäldern hause. Er wuchs sich beim nächsten Jagdeinsatz zu einem nordamerikanischen Puma aus. In Wirklichkeit aber war es eine rotbraune Katze, die zuweilen müde durchs Gelände schlich. Saß man am imaginären Lagerfeuer, das inmitten einer Holzhandlung besonders lustig und gefährlich flackerte, waren es die herbeierzählten Feindbilder, die die Runde in Erregung versetzten. Der mit Abstand gefährlichste Gegner war die Ritterbuckelbande, benannt nach einer Gasse der Vorstadt, die durch bäuerliche Kraft und soziale Schwäche charakterisiert war. Ihre Mitglieder hatten die Verschlagenheit der Kiowas und die Wendigkeit von Piraten und das Durchhaltevermögen von Kreuzrittern. Außerdem verfügten sie über gewaltige Waffenarsenale. Sie hatten den Ruf der Unbesiegbarkeit und waren für uns eine ständige Bedrohung. Keiner hat sie allerdings jemals zu Gesicht bekommen.

Als sich unsere Bande um einen Mitschüler und Mitkämpfer vermehrte, der mit seinen Eltern und Geschwistern aus der sogenannten Ostzone in den Westen geflohen war, nahm die Überprüfbarkeit der Erzählungen weiter ab und zwar im umgekehrten Verhältnis zu ihrer Ausschmückung. Der wackere Eckehard, so hieß das Flüchtlingskind, wusste seinen epischen Gewinn zu ziehen aus der deutschen Teilung: Die Banden, die jenseits der Oder und Neiße ritten – seine Familie war aus Oberschlesien zunächst in die DDR geflüchtet und jetzt weiter ins beginnende westliche Wirtschaftswunder – hatten gefleckte Mustangs und echte Tomahawks, sie lebten in Tipi-Zelten und von Bisonfleisch. So überzeugend war der Bericht aus dem wilden Osten, dass ich staunend und nur partiell ungläubig nach immer mehr und neuen Details dieses Indianerstammes jenseits der Zivilisationsgrenze gierte. Warum nur hat er dieses Land verlassen, fragte ich mich, und sich auf diesen Platz voller Sägespäne begeben, in die Hand von Alex' ewig schimpfendem Großvater und seines fortwährend wütend bellenden Schäferhundes, der an seiner Kette den Platz nur begrenzt durchlaufen und bewachen konnte? (Alex hatte beide zu Sheriffs umfunktioniert, die für ein Staatswesen auch im wildesten Westen noch von Nöten seien).

Mit wachsenden Jahren gerieten die ungehindert wuchernden Phantasien, denen ich mich leidenschaftlich hingab, in eine gefährliche Defensive. Meine Retter waren Winnetou und Old Shatterhand, die mir nicht nur meine alte Welt beglaubigten, sondern in vieler Hinsicht präzisierten und erweiterten. Allerdings begab sich diese Rettung, was mir zu denken hätte geben sollen, schon an einen Rückzugsort. Statt in der flirrenden Holzsägerei musste ich nun mein Zelt unter dem Arbeitstisch im Kinderzimmer aufschlagen, das ich mit meinem Bruder teilte. Was mich bei der Lektüre sofort faszinierte und überzeugte, war der Wahrheitsgehalt der Karl May'schen Erzählungen: Winnetou und Old Shatterhand ritten nicht einfach los und gingen auf Bären- oder Bisonjagd. Nein. Erst einmal wurde das Gelände, in dem sie sich bewegten, akribisch ausgebreitet und geografisch genau vermessen. Hier stimmte offenkundig alles: die Orte, wo sich die Flüsse teilten, die Gebirge in den Himmel wuchsen, sich die Prärien in die Weite erstreckten. Man konnte alles anhand des Schulatlasses überprüfen. Bei der dritten, vierten oder siebten Lektüre von *Winnetou 1*, das muss ich zugeben, habe ich diese Passagen manchmal übersprungen. Nie ausgelassen habe ich jene Stellen, wo Shatterhand oder Winnetou auf die Spur von vorausreitenden Schurken stießen. Beide hatten nämlich die Fähigkeit, genauestens auszuwerten, was sie da vor sich sahen. Der Aufrichtungsgrad der von den Hufen der Vorreiter geknickten Grashalme, die Beschaffenheit des Bodens, die Wetterlage wussten sie zu einer minutengenauen Aussage über den Vorsprung ihrer Gegner zusammenzufassen. Das war angewandte Empirie, wie ich sie in meinem Erwachsenendasein immer vergeblich gesucht habe. Absolut exakt, wie nur Verfolger deutscher Erzählherkunft die Lage einschätzen können! Freilich die Genauigkeit der Geländebeschreibung oder die Anschleichgeschwindigkeit, wenn einer von beiden den anderen vom feindlichen Marterpfahl schnitt, hätten mir letztlich nicht genügt. Entscheidend war, was mich in meinem Weltbild stärkte und dieses erst zu

11 SCHULANFANG

lichten Höhen führte. Dies waren Männer, edel und stark, fair und gerecht, unerbittlich, wenn es sein musste, und voller Gefühle, die in der Regel unausgesprochen blieben, etwa beim Abschied und beim Wiedersehen. Zwischen den beiden gab es keine Klassen- und Rassenschranken, keine Trennung der Konfessionen. „Mein Auge ist Dein Auge, und mein Herz ist Dein Herz!" Was zählte, war Haltung und Gesinnung, Kampfmoral und kluge Überlegung, Henrystutzen und Silberbüchse.

Aber es kam die Zeit, wo auch diese so sicher geglaubte Wirklichkeit verblassen sollte, ja von mir in Frage gestellt wurde. Der Erzähler dieser großartigen Geschichten war ein Flunkerer, ein Betrüger und Vorbestrafter, der erst im hohen Alter seinen erfundenen Helden nach Nordamerika nachreiste, sich seine fingierte Welt nachbauen ließ, den Bärentöter und die Bärenhütte zum Beispiel, der als Shatterhand auf traurig verblichenen Fotos posierte. Der Verdacht, dass da etwas faul sein könnte, war mir schon recht früh gekommen. Warum lagen die Indianerwelten von *Lederstrumpf* und *Winnetou* so weit auseinander? Ja, sie hatten andere Orte, spielten zu anderen Zeiten. Aber ich spürte, dass der entscheidende Unterschied irgendwo anders liegen musste.

Dass es eine reale und eine imaginierte Wirklichkeit gibt und dass beide sich mischen können bis zur Ununterscheidbarkeit, oder eine Realität fernab, die doch wichtig ist fürs Leben vor Ort, spürte und lernte ich vielleicht zum ersten Mal im März 1953. Ausgerechnet Stalins Tod war auf dem staubigen Schulhof der alten Dragoner-Kaserne in der Zehn-Uhr-Pause der dritten Volksschulklasse ein Gesprächsereignis unter aufgeregten Neun- und Zehnjährigen. Ein Stimmengewirr und ein Erregungszustand, der der kräftige Widerhall der Elternkommentare zum Ende des sowjetischen Diktators und Massenmörders gewesen sein muss. Eine TV-verstärkte Medienrealität für Kinder gab es damals ja noch nicht. „Stalin ist tot, Stalin ist tot", hüpfte die leicht anämisch wirkende blondgelockte Christel N. in Endlosschleifen einem Mädchenchor voran. Sie war ein Flüchtlingskind aus der Sowjetzone. Und mein Klassenkamerad und Notenrivale Veit R., der Sohn eines Finanzbeamten, dozierte mit in Falten gelegter Stirn über die baldige Wiedervereinigung unseres geteilten Vaterlandes. Während Alexander von H. den Realpolitiker gab: „Du spinnst ja, die Russen geben doch nichts wieder her, was sie geklaut haben." „Ruski besoffski, Ruski besoffski", stimmte die rechtslastige Kinderfraktion ein. Adenauers warnender Zeigefinger vor den „Sovvjetts" reichte offenbar bis mitten in die dritte Klasse der

Styrumschule. Papa brachte dann zu Hause mit seinen Erklärungen etwas mehr Zusammenhang in meinen Kopf. Und er meinte, Politik sei wichtig für das friedliche Zusammenleben der Menschen. Mir erschien sie eher langweilig, wie sie jeden Nachmittag vor dem Mittagessen und am Abend in den Nachrichten aus Vaters Radio kam.

Eine ganz andere Sache war das beim Kinobesuch. Die „Fox tönende Wochenschau" machte die reale Welt zum verheißungsvollen Abenteuer schon im Vorspann. Trommelschläge und schmetternde Fanfaren unterlegten dramatisch die Suchscheinwerfer und die Kamera, die über die monumentale Schriftplastik „20th Century Fox" hinwegglitten, um im fliegenden Übergang den Arc de Triomphe zu erreichen, der von einem Ozeanriesen, der durch die Meere pflügte, abgelöst wurde, um so gleich in die Wüste weiterzuziehen, wo Beduinen auf Kamelen unter Palmen ritten, bevor ein Skispringer durch die Winterlüfte segelte und die nächsten Bilder Westminster in London und den Felsendom in Jerusalem vor Augen brachten. Ein Regiment von marschierenden Bärenfellmützenträgern machte United Kingdom und ein Weltreich lebendig, eine rasante Kamerafahrt von einem Wolkenkratzer in New York hinab in die Tiefe setzte den optischen Schlusspunkt des Vorspanns. Dann ging es in der Regel noch dramatischer weiter. Amerikanische Soldaten, getarnt als UN-Truppen, feuerten aus ihren Sandsackbastionen in die gegenüberliegenden koreanischen Berge oder marschierten im Gänsemarsch an die Front, von wo ihnen schlitzäugige Frauen mit ihren Habseligkeiten auf dem Kopf entgegenkamen. Die Weltherrschaft der Kommunisten musste verhindert werden mit Panzern, Flugzeugen, Geschützen und jenen Jeeps, die ich schon vor meiner Haustür gesehen hatte. John Ford, der große Western-Regisseur, hat, wie ich heute weiß, die amerikanische Kriegspropaganda dort in Szene gesetzt, der ich umgehend erlag, zumal die gewaltige Musik und der bedeutende Ton des Sprechers die gewaltigen Anstrengungen des kriegerischen Unternehmens völlig plausibel machten. Wie ist die Welt so groß und weit, war das Resümee in der Summe aller Wochenschaubeiträge, und wie ist sie so bunt und lustig. Denn oft endete die dramatische Weltbilanz der Woche in einer komischen Nummer, bei der jemand unbeabsichtigt ins Wasser fiel oder ein indischer Elefant seinem Wärter mit dem Rüssel die Hose auszog.

12 Magische Orte: Schwimmbad und Messplatz, Kaffeebuckel und Eisweiher

War es Sommer und waren die Schulaufgaben gemacht, zog es mich unwiderstehlich ins örtliche Schwimmbad. Der Weg führte an einem Bachlauf entlang, der mit dicken Natursteinen kanalartig eingemauert war, obwohl es da gar nichts zu bändigen und einzudämmen gab. Die Wassertiefe überschritt kaum je 50 cm. An seinem Ufer standen kurz vor meinem Ziel zwei mächtige Trauerweiden, die sich mit ihren hellgrünen Blätterschnüren eindrucksvoll in die Tiefe neigten und mir das Gefühl gaben, dieses Gewässer habe eine gewisse Größe und Bedeutung. Diese Wahrnehmung wurde noch gesteigert durch ein bogenförmiges Mauerteil, das den Bach überspannte, ohne dass zu erkennen war, wozu diese seltsame Überbrückung gut sein sollte. Auch stand hier eine Art Wächterhaus mitten auf dem Gehweg. Hatte ich diese Stelle erreicht, war der akustische Sog der Badeanstalt schon riesig, ein gewaltiges Stimmengewirr, das sich wie eine Glocke über das Gelände stülpte. Der kakophone Sirenengesang beschleunigte noch einmal meinen Schritt. Ja, die letzten 100 Meter bis zum bretternen Kassenhäuschen bin ich auch bei 30 Grad in der Sonne meistens gerannt. Ich hatte selbstverständlich eine Schülerjahreskarte und betrachtete das ganze Terrain als mir zugehörig, zumal ich schon bald auch Mitglied des hier ansässigen Schwimmvereins wurde.

Es gab in dieser Badeanstalt, die im vorletzten Jahrhundert, im Jahre 1891, eröffnet worden war, zwei Arten des Umkleidens. Entweder mietete man eine sogenannte Kabine, in der man alles zurücklassen konnte, Kleider, Taschen, Handtücher, oder man nutzte einen allgemeinen Umkleideraum für Männer oder Frauen und verstaute seine sieben Sachen in einem schmalen blechernen Spind, der mit einem mitgebrachten Vorhängeschloss zu schließen war. Die zweite Möglichkeit nutzte ich, wenn ich allein schwimmen ging, die andere beim gemeinsamen Familienbesuch des Bades, wobei die familiäre Kabinensituation meist zu

Turbulenzen führte, weil ich nicht warten wollte, bis Mutti sich umgezogen hatte und Papa die Kabine für den männlichen Familienteil, den Bruder, ihn und mich, frei gab.

Die ganztägig mietbaren Holzkabinen umstellten im geschlossenen Rechteck das sogenannte Damenbad, das wiederum nur durch einen schmalen dunklen Holzkabinenkorridor zu erreichen war. Frauen benötigten beim Baden offenbar weder Sonne noch Wiesengrün, auch keinen größeren Auslauf. Denn von der Kabine führte der direkte Weg über den bis zur Umkleidezone zubetonierten breiten Beckenrand ins Wasser und von dort zurück in die Kabine.

Die Geschlechtertrennung des Städtischen Schwimmbads war freilich Anfang der Fünfziger nicht mehr in Kraft, auch wenn das zweite Schwimmbecken noch Herrenbad hieß und von starken metallenen Rohrstangen flankiert war. Ein drittes, vielleicht später gebautes Bassin war das Sportbecken. Es hatte nummerierte Startblöcke für die Schwimmwettbewerbe, immerhin eine Länge von 25 Metern und wurde bei den Wettkämpfen mit Korkseilen in Bahnen aufgeteilt. In ihm absolvierte ich mein einziges Clubrennen: 50 Meter Brust der untersten Jugendkategorie. Dank blau-weißer Vereinsbadekappe konnte ich meinen einzigen Gegner knapp besiegen. Bei den Schulschwimmfesten des Gymnasiums startete ich dort regelmäßig, hatte aber in meiner Klasse einen harten Konkurrenten, der sich auch auf anderen Feldern mit mir um den Lorbeer des Klassenbesten stritt. Die richtigen, die großen Schwimmer des Schwimmvereins hatten meine volle Bewunderung, weil sie in unterschiedlichen Stilarten schwimmen konnten: Kraul, Rücken, Schmetterling oder Delphin. Kaum waren die Bahnseile nach dem Wettkampf aus dem Wasser gezogen, versuchte ich mich in diesen Disziplinen und entwickelte dabei individuelle Spezialformen, zum Beispiel einen Stilmix aus Schmetterling und Delphin, mit dem ich bis heute in Hotelschwimmbecken die Mitschwimmer verstöre.

Mein besonderes Interesse gehörte einer Disziplin, die inzwischen längst aus dem Wettbewerbsprogramm verschwunden ist: der Kopfweitsprung. Man musste dabei kopfüber, mit großer Schnellkraft möglichst stromlinienförmig und im richtigen Eintauchwinkel ins Becken springen und dann, solange der Atemvorrat reichte, mit ausgestreckten Armen ohne Schwimmbewegung im Wasser liegen, in der Hoffnung, dass es trotz abnehmender Antriebsenergie doch noch ein paar Zentimeter voranging. Die Mischung aus Sprung, sich verminderndem

Gleiten, aus gesteigerter Energie und ihrem geduldig hingenommenen Abnehmen faszinierte mich. Aber auch die schlichte Rechnung, wie lange einer den Atem anhalten kann, bevor er mit hochrotem Kopf und einem Überlebensluftschnapper das zunehmend sich verlangsamende Rennen aufgab. Der Anblick der Endphase dieses so speziellen Kopfsprungs erinnerte an träge im Wasser liegende Krokodile, die beim Auftauchen plötzlich zuschnappen. Denn die Springer beendeten ihre Übung beim Auftauchen mit einer schnellen publikumswirksamen Kopfdrehung, wischten sich damit gleichsam die unter der Kappe verborgenen Haare und den Schweiß des Atemanhaltens von der Stirn.

Dieser disziplinierten, eher meditativen Übung standen die lärmenden, die schreienden, die ordinären gegenüber, etwa der wilde Wettbewerb, wer die beste Arschbombe ins Wasser krachen lassen konnte, oder der derbe Spaß, andere ins Wasser zu schmeißen, indem man sie zu zweit zuvor an Händen und Füßen packte und mit einem lauten „eins, zwei, drei" kräftig in Schwung schaukelte, um dann bei drei loszulassen. Es waren Spiele am Beckenrand jenseits der vorgesehenen Spielordnung, die in Form von mehreren Ringtennisplätzen am Rande des Bads bürgerbrav vorgegeben war.

Eines schönen Sommertags wurde ich Opfer solcher illegalen Sprungübungen. Jemand knallte mir auf den Kopf, man zog mich aus dem Wasser, das warme Blut lief mir in Strömen übers Gesicht und augenblicklich bildete sich eine Traube von Neugierigen um den Verletzten herum. Ich wurde ins Kassenhäuschen gebracht, über die Lautsprecheranlage wurde angefragt, ob ein Arzt im Bad sei, meine Mutter telefonisch herbeigerufen und die klaffende Wunde auf dem Kopf mit mehreren Metallspangen geklammert. Die Vorstellung, dass kalte Metallteile jetzt in meinem Kopf verankert waren, und der um die Wunde herum glattrasierte Schädel, den ich immer wieder betastete, das verkrustete Blut, das ich dann an den Fingern hatte, machten mich mir selbst auf seltsame Weise fremd, zumal die Verstümmelung in einem Terrain geschehen war, in dem ich mich zuhause fühlte. Seit diesem Tag bin ich immer nur in der Mitte des Beckens geschwommen und habe die Ränder gemieden.

Die Badeanstalt lebte ansonsten ihren eigenen gemächlichen Rhythmus. Er wurde bestimmt durch das Aus- und Einlassen der Schwimmbecken. Dazu brauchte es ein großes betoniertes Vorwärmbecken am Rande des Bades. Es war nur von geringer Tiefe. Nach zwei, drei oder vier Tagen, wenn das Wasser eines der Becken sich grün und trüb färbte, wurde gleichsam der Stöpsel aus der großen Badewanne gezogen und vorgewärmtes frisches ordentlich gechlortes Wasser eingelassen. Das ergab für die Kinder eine besondere zusätzliche Badeattraktion. Ca. ab 17 Uhr, also eine Stunde, bevor die Lautsprecherstimme streng verkündete „Kinder unter 12 Jahren haben das Bad sofort zu verlassen!", tobte eine um die Nichtschwimmer vermehrte Kinderschar im seicht gewordenen Auslassgewässer. Die Brühe war wohlig warm und lud dazu ein, im Trüben ordentlich zu planschen, vielleicht auch die Trübheit noch trüber zu machen.

Das frisch eingelassene Becken anderntags war glasklar und hatte am Morgen in der Regel zwischen 16 und 17 Grad Celsius, was am Eingangstor mit Kreide angeschrieben stand. Diese Temperatur hielt die meisten von alleine fern. Ich genoss beide Wasserqualitäten. Kam ich schnatternd vor Kälte mit blauen Lippen aus dem Frischeingelassenen, freute ich mich doppelt auf den sonnengeladenen betonierten Boden, der einen Großteil des Beckenumfeldes bedeckte. Ich spürte, wie die Wärme wieder in meinem Körper zurückkehrte, genoss das wohlige Gefühl, aufgeheizt zu werden. Zum Genussfaktor des Bades gehörte auch ein kleiner Kiosk mit bescheidenem Angebot an Süßigkeiten. Ich hatte bei einem Taschengeld von vielleicht 50 Pfennigen in der Woche die Qual der Wahl: Entweder erwarb ich für fünf Pfennige ein lebkuchenartiges weiches sternförmiges Kleingebäck, das mit bunten Zuckerstreuseln verziert war, oder eine Packung „Mamba", eine kaugummiartige Masse, die es in vielen Geschmacksrichtungen gab und die sich beim Kauen im Mund auflöste.

Es war an einem strahlenden Sommertag am späteren Nachmittag. Ich frönte meiner Aufwärmphase und dem Mamba-Genuss, als das Dauergeräusch des Ortes auf einmal verstummte. Ich sah, wie mehrere Schwimmer schneller als sonst aus dem Becken stiegen und sich am Rande hinter dem begrenzenden Metallgeländer aufbauten. Im Nu war das Herrenbad von einer Masse von Menschen umstellt, die alle sprachlos und stumm in das frisch eingelassene, weiß gekalkte Bassin starrten. Ich starrte mit und sah einen dunkelhäutigen Schwimmer seine Schwimmkreise ziehen. Da auch die Letzten das Schwimmbecken inzwischen verlassen und sich der Menge mit den offenen Mündern angeschlossen hatten – einige hingen schon in genüsslicher Zuschauhaltung mit verschränkten Armen über der Stahlbarriere – war der „Neger" jetzt ganz allein im Wasser. Kraftvoll schön, so kam es mir vor, waren seine Schwimmzüge, elegant seine Bewegungen und hoch erhoben über die Wasserfläche – so schien es mir – ragte sein dunkler Kopf. Er schwamm ruhig und sicher eine Bahn nach der anderen mit schnellen Wenden, wenn er am Beckenrand angekommen war. Von der starrenden Menge schien er keine Notiz zu nehmen. Nach vielleicht acht oder zehn Minuten, die mir wie eine Stunde vorkamen, stieg er die Metalltreppe aus dem Becken nach oben, ging ruhigen Schritts zu einer Umkleidekabine und kam nach wenigen Minuten in einem blumenbunten Hawaiihemd wieder zum Vorschein. Jetzt verstummte das gesamte Bad zum zweiten Mal, der Geräuschpegel war zwischenzeitlich in die Höhe geschossen. Ich sehe den stolzen, aufrechten, exotisch gekleideten Mann, der wohl ein GI der amerikanischen Armee war, immer noch durch ein Spalier von Gaffenden auf die Ausgangspforte zugehen.

Heute steht auf dem Gelände des Schwimmbads eine Grundschule, benannt nach dem Fürstbischof, der im 18. Jahrhundert in der Kleinstadt residierte. Die Trauerweiden sind noch größer und mächtiger geworden, und den Bach überspannt noch immer die nutzlose Mauerbrücke, die übrigens der Kirchenfürst, wie ich inzwischen weiß, als Stadtbegrenzung bauen ließ. In den Fenstern des vierstöckigen Schulgebäudes haben die Schülerinnen wohl unter Anleitung ihrer Lehrer in jedem Fenster jeweils einen Großbuchstaben angebracht. Von oben nach unten über drei Stockwerke gelesen, steht da DIE LÄNDER DER GANZEN WELT IN BRUCHSAL ZUHAUSE. Umflattert wird diese Behauptung von unzähligen kleinen rechteckigen papierenen Nationalflaggen. So viele Herkunftsländer und unterschiedliche Menschen finden sich hier zum gemeinsamen Schulunterricht heute jeden Tag zusammen? Ich gehe die Kaimauer entlang und mir geht durch den Kopf, dass ich oft beim Verlassen der Badeanstalt auf dem Heimweg gedacht habe, dass ein Leben ohne Schwimmbad eigentlich sinnlos sei.

Mein zweiter magischer Ort hatte weniger existenzielle Tiefe und bot eine gänzlich andere Lebensrealität und Lebenserfahrung. Dass er für mich ebenso verlockend war, mag daran gelegen haben, dass er nicht immer zur Verfügung stand. Er war nur zweimal im Jahr für begrenzte Zeit zugänglich: der Jahrmarkt auf dem Messplatz gleich nebenan, in Sichtweite des Schwimmbades. Die Verheißungen begannen hier schon mit dem Anrollen der ersten Radschlepper, die hölzerne Wohnwagen hinter sich herzogen. Dann kamen die großen Zugmaschinen, von denen die Bauteile der Fahrgeschäfte abgeladen wurden. Eine bunte Mischung aus Stangen, Verstrebungen, Motoren und bemalten Verkleidungen wurde jetzt auf dem geschotterten Platz ausgebreitet. Da mein Schulweg daran vorbeiführte, war in diesen Tagen die pünktliche Ankunft beim Mittagessen zuhause extrem gefährdet. Und danach fiel es äußerst schwer, das Schulaufgabenpensum zu erledigen, weil ich ja nicht verpassen wollte, wie die Buden aufgeschlagen, Riesenrad und Kettenkarussell in die Höhe wuchsen. Noch standen die wunderlich verzierten und bemalten Wagen mit der Aufschrift „Zuckerwerk" oder „Glücksfee" ungeordnet, zum Teil noch mit Planen abgedeckt, verloren im Gelände herum. Das Hämmern, Schrauben und Rufen des Personals erfüllte die Luft, hier wurde ein Dieselmotor gestartet, dort klemmte beim Einhängen das Fassadenteil.

Vor allem die äußeren Fassadenteile hatten es mir angetan. Sie malten in den buntesten Farben und mit extremsten Gefühlen eine grausame, zärtliche, fantastische Welt in den Himmel: den Höllenschlund mit glühenden Teufeln und fahlen Gespenstern vor blitzerheller Ritterburg bei der Geisterbahn, die rotgrellen aufgeworfenen Lippen einer Busenschönheit, die inbrünstigst einen Westernhelden umklammerte, der den rauchenden Colt noch in der linken Hand hielt beim Messerwerfer, das in den Nachthimmel ragende Schiffsheck der Titanic, die vor einem Eisberg im Meer versank vor dem Panoptikum. Meine Liebe zur Kunst und Malerei hat gewiss hier ihren Ursprung, aber auch meine theatralen Vorlieben wurden an diesem Ort gestärkt.

Wie die Schausteller das Publikum umwarben, ihre Buden und Schaustellungen aufzusuchen, war mein Faszinosum. Dem heruntergeleierten „Wer will nochmal, wer hat noch nicht" des Losverkäufers stand die gekonnte Präsentation jener Raritätenkabinette gegenüber, die alles im Angebot hatten, was außerhalb der Norm und meiner damaligen Vorstellung war: den größten Mann der Welt oder den mit dem größten Klumpfuß, die dickste Frau oder jene mit zwei Köpfen, die untrennbaren siamesischen Zwillinge, die Affenbehaarte und den Muskelmann, der mit einem einzigen Handkantenschlag zehn Eisenstangen zu zertrümmern versprach. Die Kunst des Budendirektors bestand darin, alle diese Figuren mit seinen Ankündigungen in gigantische Monster zu verwandeln und sie zugleich als geheimnisvolle Wesen zu verhüllen. Einige von ihnen wurden auf der Budenvorbühne präsentiert, andere blieben verborgen beziehungsweise wurden überdimensional auf den Fassadenplakaten des Zeltes in ihrer ganzen Ungeheuerlichkeit gezeigt.

Ich habe nur ein einziges Mal eine solche Vorstellung besucht, weil das hohe Eintrittsgeld sonst das halbe Jahrmarktsbudget aufgezehrt hätte. Und ich war maßlos enttäuscht über die Vorführung. Schon das Innere der Bude war trostlos, ein paar rohe Holzbänke auf der nackten Schottererde, ein Scheinwerfer, der seinen Namen kaum verdiente, und eine Vorstellung, bei der die Angepriesenen lustlos auf das Bühnenpodest trotteten und dabei schnell auf menschliches Mittelmaß oder durchschaubare Verkleidungen zurückschrumpften. Auch wenn ich künftig wusste, was sich hinter den wilden Plakatwänden verbarg, ich habe auch weiterhin die Vorstellung vor ihnen genossen, jetzt mit der zufriedenen Gewissheit, dass dies der beste und billigste Teil des Ganzen sei.

Die größte theatrale Ankündigungsleistung wurde nach meiner Einschätzung nebenan vollbracht auf dem sogenannten Krämermarkt. Dort, in der Stadtgrabenstraße, hatten ab dem vierten Jahrmarktstag einige fliegende Händler ihre Stände aufgeschlagen (es war dies das letzte Überbleibsel der mittelalterlichen Markttage). Hier konnte man Töpfe und Pfannen erwerben, aber auch Handwerkszeug und andere Haushaltsartikel. Verstreut in diesem alltäglichen Angebot waren einige sogenannte Marktschreier an ihren Demonstrationstischen, die etwa neue Schneidegeräte für die moderne Hausfrau oder Poliermittel von außerirdischem Glanz unter das Volk bringen wollten. Es gab unter ihnen Könner, die ich maßlos bewunderte und deren Vorstellung ich stundenlang genoss. Sie kannten alle Tricks der Ankündigung, wussten genau, wie man Schnellsprechen und Pausen dosiert, wann man die Tonhöhe wechselt, wo man die Vorführung des Geräts oder Mittelchens in einen Witz übergehen lassen muss. Vor allem beherrschten sie ihr Publikum mit einer frühen Form interaktiven Theaters, indem sie eine „gnädige Frau" aus dem Publikum holten und mit ihr ein besonderes Tänzchen vollführten. Sie baten die „Dame" ans Gerät und an die Mohrrüben, malten dann wortreich aus, wie sie künftig mit dieser Schneidemaschine den „verehrten Gatten" beglückt und zugleich einen so großen Zeitgewinn erziele, dass sie auch noch die Kinder spielend glücklich mache. Die besten Rhetoriker unter ihnen erzeugten wahre Rederäusche. Sie versetzten ihre Zuhörerinnen und Zuschauer in einen solchen Wortfolgetaumel, dass sie wie von selbst am Ende der Präsentation den Geldbeutel zückten, wenn das Verkaufsgenie zum großen Finale ansetzte: „Dieses wahre Zaubergerät aus rostfreiem Stahl und sechs auswechselbaren Einsätzen kostet keine 20, keine 15, keine 10 deutsche Mark. Nein, sie dürfen es für 6 DM 50 ihr Eigen nennen, es selbst bedienen, als Geschenk unter den Weihnachtsbaum legen oder jetzt gleich damit ihr Abendbrot zubereiten."

Weniger gekonnt und vornehm ging es schon wenige Jahre später zu, als der Krämer-Markt fast vom Jahrmarkt verschwunden war, genauso wie die Monstrositätenkabinette. Jetzt rollte nur noch ein riesiger Lastwagen an, gefüllt mit Obstkisten. Und der Schreihals am übersteuerten Mikrofon warf erst einmal mit Bananen um sich, bevor er riesige Obstpakete zusammenstellte und für fünf DM immer noch ein „unglaubliches Pfund Äpfel" oder ein „unglaubliches Pfund Birnen" oder „ein noch unglaublicheres Kilo Orangen" obendrauf packte.

Magische Orte sind Erregungs- und Erlebnisräume, herausgehoben aus dem Strom des Alltäglichen, Orte, an denen man viel schaut und auch von anderen gesehen wird. Und sie sind angereichert um Ingredienzien, die dem Ganzen viele Geschmacksnuancen geben: Mohrenkopf und Zuckerwatte, gebrannte Mandeln und Magenbrot, türkischer Honig oder kandierte Früchte. Zum Kulinarischen kommt das Körpererlebnis: der Schwung der von einem selbst bewegten und bis zum blauen Horizont hinaufgetriebenen Schiffschaukel, die Fliehkraft des Kettenkarussells bis kurz vor dem Zerreißen der Ketten, die Kurven, Höhen und Tiefen der Achterbahn, bis sich der Magen mit den vielen Süßigkeiten umdreht. Sinne und Sinnlichkeit sind aufs höchste gereizt: Man ist Teil einer beschleunigten drehorgellauten Welt.

Aber es ist hier auch Platz für kleine stille Erfahrungen. Ich erinnere genau meine Bangigkeit, als mich mein Vater zum ersten Mal in die rote, fest montierte Holzattrappe eines Automobils auf dem Kinderkarussell setzte. Die stille Aufregung, als dieses sich langsam und mit Musik in Bewegung setzte, das Erlebnis, dem auf festem Grund stehenden Vater nach der ersten Runde wieder zu begegnen, seine Aufforderung zu hupen und zu lenken bei der zweiten. Am Ende der Fahrt, so schnell gehen Lernprozesse, drehte ich wie wild am Steuerrad. Aber man konnte hier noch so viel drehen, auf die Fahrtrichtung des Autos, in dem ich saß, hatte das keinerlei Einfluss.

Welch anderes Fahrgefühl wenige Jahre später! Jetzt waren die Scooterbahnen das Zentrum des Jahrmarkts: die kleinen Elektroautos mit den breiten umlaufenden Gummipuffern, die auf einer Stahlfläche von ca. 15 mal 30 Metern dreh- und rempelfreudig umhersurrten. Und diesmal war es der spendierfreudige unverheiratete Großonkel, der „seinen Buben" ein überdimensioniertes Paket von Scooterfahrten schenkte.

Jetzt erlebten mein Bruder Klaus und ich, sich dabei nach jeder Fahrt am Steuer abwechselnd, für 50 Pfennige pro Runde die unbegrenzte Freiheit des selbstgesteuerten Automobils, denn es gab unter dem elektrischen Metallhimmel, von dem die Wägelchen ihre Energie bezogen, keine Verkehrsregeln. Im Gegenteil: Der Crash mit anderen Autos war nicht nur erlaubt, sondern machte den Hauptspaß aus, der vor allem von den schon Älteren auch als erste erotische Kontaktaufnahme mit dem anderen Geschlecht genutzt wurde.

Für Klaus und mich war der Druck aufs Elektrogaspedal eine Offenbarung, das Gefühl mit einer kleinen Bewegung, sich und ein Fahrzeug in Gang setzen zu können, es zu steuern, wohin man wollte, um die eigene Achse oder immer schön am Rand lang.

Soviel ich weiß, haben die Autoscooter überlebt auch in Zeiten von „Frisbee" und „Wildwasserbahn". Überlebt haben auch Kettenkarussell und Schiffschaukel als Nostalgievergnügen und als Kontrast zu den 50 Meter hohen phallischen Säulen, die heute die Tivolis der Welt überragen. An ihnen wird man, eingeklemmt in martialische Sicherheitsvorrichtungen, im Hundertmenschenpack in die Höhe gezogen, um dann in die Tiefe gestürzt zu werden. Bungee-Springen für alle!

Mein Jahrmarkt ist allerdings sehr viel früher verstorben und damit schon in jungen Jahren die Gewissheit gewachsen, dass alles Schöne vergänglich ist. Eines Tages gastierte eine Walschau auf dem Messplatz. Nein, es gab da nicht über Nacht überdimensionierte künstliche Wasserbecken, in denen sich die großen Meeressäuger tummeln konnten. Es wurde dorthin ein riesiger, toter, einbalsamierter Pottwal verfrachtet und in einem länglichen Zelt mit umlaufenden Stegen ausgestellt. Die Biologielehrer des Gymnasiums verordneten seine Besichtigung im Klassenverband. Wir hörten am toten Objekt, dass dieses Exemplar unter den Zahnwalen der einzige Großwal sei und damit das größte bezahnte Tier der Erde. Nur – dem Tier hier hatte man längst die Zähne gezogen. Es lag vor mir in einer Länge von 20 Metern und einem gefühlten Gewicht von 50 Tonnen, die man wohl aus Transportgründen bei seiner Präparierung drastisch vermindert hatte. Und es stank. Wohl nicht nach Lebertran oder Verwesung, sondern nach der Chemie, die seine äußere Hülle zusammenhielt. Es war ein widerlicher Anblick, verbunden mit Brechreizgefühlen. Der enorme fast rechteckige Kopf und die kleinen Augen des riesigen Fisches, seine großen Zähne und langen Barthaare – sie rührten mich, lange bevor ich der Jagd auf Moby Dick, dem weißen Wal, folgte. Vor allem aber vermittelte mir die tote Materie seines mächtigen Leibes unter dem wackeligen Zeltdach das Gefühl, hier dem größten Leichnam der Welt begegnet zu sein.

Waren die Schulaufgaben gemacht und war es Winter und Schnee gefallen oder seit Tagen klirrende Kälte, was vor 60 Jahren häufiger, wenngleich auch nur ein, zwei oder günstigenfalls drei bis vier Wochen der Fall war, gab es zwei Anlaufstationen vor Ort, die mich magisch anzogen: das Kaffeebückele und der Eisweiher. Mitten in der Stadt, in unmittelbarer Nähe des Bergfrieds, des mittelalterlichen Söllers, der den Krieg fast unversehrt und ganz aufrecht überstanden hatte, gab es eine Rodelbahn, genauer eine Minirodelbahn, die ein kleines Sträßchen hinab führte, das an der linken Seite eingemauert ist und heute „Am Alten Schloss" heißt. Die Herkunft des Namens „Kaffeebuckl" blieb mir ein Rätsel, die Freuden des Ortes kehren altersgedämpft zurück, wenn ich heute dort vorbeikomme und staune, welche bescheidene Streckenlänge diese erste Bobbahn meines Lebens hatte. Die Gefährdung, die von ihr ausging, bestand vor allem in ihrer Überbelegung. Es wimmelte dort von Schlitten und ihren kleinen Besitzern, die die zehn oder fünfzehn abschüssigen Meter zu Tal rutschten. Allein, zu zweit oder eingehängt als Schlittenkolonne. Die letztere Fahrweise war von Mutti verboten, weil die quer gestellten Füße, mit denen die auf dem Bauch liegenden Piloten die Schlitten verkoppelten bei einer Reihung von drei oder vier Schlitten leicht zu Verstauchungen oder noch größeren Unfällen führten, wenn die Schlitten ineinander oder auf die Bordsteinkante fuhren. Ich hatte mein Kufengefährt im Griff, wenn ich, auf dem Schlitten sitzend, es mit den Absätzen nach unten steuerte und dann mit dampfendem Atem wieder nach oben zum Start zog. Um mich herum war ein Geschrei, ein Jauchzen, Gilfzen, Schimpfen und Rufen, Anrempeln und Quietschen, weil immer wieder Schlitten ineinander fuhren, kippten und ihre Fahrer dabei abwarfen. Unter den etwas älteren Schlittenfahrern gab es sich wechselseitig überbietende Maulhelden, die Hügelchen und Sträßchen beherrschten und es zum untauglichen Trainingsgelände erklärten für ihre echten tollkühnen Abfahrten in der „Steighohle" zum Beispiel, wo sie angeblich durch schnelle Kurven steuerten und eine kilometerlange Strecke bewältigten. Mein Klassenkamerad Klaus M., mit dem ich einige Jahre später meine erste Zigarette im Turm des Bergfrieds geraucht habe, gehörte zu ihnen. Er spottete lauthals über meinen „Weibersitz", wenn ich nicht mit dem Kopf voran und auf dem Bauch liegend losfuhr. Stundenlang ging es hier auf und ab, bis die Nässe auch in die Schuhe drang – die Handschuhe waren von Anfang an feucht und nass – und das verschwitzte Unterhemd kalt am Leibe klebte und seinen Träger fröstelnd machte. Aber auch dann konnte er sich nur schwer entschließen, den kurzen Heimweg anzutreten, zog er den Schlitten zu einer zigmal verlängerten letzten Fahrt nochmals nach oben.

Der Eisweiher – eine Wiese größer als ein Fußballfeld, die damals regelmäßig im Winter von der Stadt geflutet wurde, in der Erwartung, der strenge Winter würde sie in eine spiegelglatte Eisfläche verwandeln, was er dann auch fast regelmäßig tat – war weit, sehr weit von zu Hause entfernt. Er lag fast jenseits der Stadtgrenze, noch ein gutes Stück hinter der Holzindustrie, dort, wo für mich die wirkliche Natur begann. Er war umstellt von hohen schlanken Pappeln und mächtigen Ulmen, die auf einem kleinen Damm in den meist grauen Winterhimmel wuchsen, am Horizont überwölbt vom nahen Eichelberg. Zum Eisweiher zu gelangen, war für einen 11- oder 12-Jährigen eine kleine Expedition. Ich schlüpfte in die dicken Wollsocken, die Tante Dadie für mich gestrickt hatte, schnürte die schweren Skistiefel, strich sorgfältig die sogenannte Überfallhose über den Stiefelrand, hängte mir den aus einem alten graugrünen Militärdrillich geschneiderten Brotbeutel um, nachdem ich die Schlittschuhe und ihre Kurbel, eine kleine Thermoskanne, ein Wurstbrot oder einen Apfel oder auch ein Stück Schokolade in ihm verstaut hatte. Das erste Drittel des Wegs war identisch mit dem täglichen Schulweg, das letzte führte schnurgerade den Bahngleisen nach Karlsruhe entlang. Wenn die rostige schwere Stahlbrücke, die auf zwei roten Sandsteinsockeln aufgesetzt ist, um die Karlsruher Bahnlinie Richtung Stuttgart überqueren zu können, im Schneetreiben, im Nebel oder schon viel früher in der strahlenden Wintersonne auftauchte, war ich fast angelangt und entsprechend erwartungsvoll und unruhig. Danach kam nur noch zur Rechten ein Schrebergartengelände, das winterlich erstarrt etwas Trostloses hatte, aber durch seinen Namen „Hanfröste" die Phantasie anregte. Wurde hier im Sommer Hanf geröstet oder war hier das winterliche Haus der Fröste, die den Weiher zum Eisweiher machten?

Auf diesem tummelten sich bei meiner Ankunft schon viele bekannte und unbekannte Schlittschuhläufer. „Hast du mal wieder erst Schulaufgaben machen müssen?", höhnte Gerd J., mein Schulbanknachbar, und schlug, als wollte er meine Verfehlung kräftig unterstreichen, mit einem seinem Vater entwendeten Spazierstock, den er als Eishockeyschläger verwendete, auf eine verbeulte Blechbüchse, die er mit ein paar kräftigen Schlittschuhschritten angesteuert hatte und zielsicher traf. Ich machte mich an meinen Schlittschuhen zu schaffen, die jetzt an die dicken Sohlen der Skischuhe angekurbelt werden mussten, was bei klammen Fingern ein eher mühsames Geschäft war. Als ich dann auf ihnen durchs gefrorene Gras stakste und auf wackeligen Beinen die ersten Schlittschuhschritte versuchte, die noch jeder Eleganz und Schnelligkeit entbehrten, stellte sich meist ein seltsames Gefühl ein, das einer selbstverlorenen Einsamkeit. War es die Kälte, die Atemfahnen vor dem Mund, das Kratzen der wackeligen Kufen auf dem keineswegs spiegelglatten Eis? War es die Weite der Eisfläche, die meist von etwas Schnee überpudert ein unendliches grafisches Feld bildete, das sich dauernd veränderte, ein mobiles Strichmuster der Kurven, Kehren, halbfertigen Bögen, der Bremsversuche und neuen Anläufe?

Um mich herum war es keineswegs einsam. Wilde Verfolgungsjagden und Stopps beim durch Kufen beschleunigten Fangenspiel, improvisierte Eishockey-Matches mit ungleichen Spielgeräten, Stöcken aller Art und Funktion, Besenstielen mit aufgenagelten Schusslatten und ein oder zwei richtigen Eishockeyschlägern, die immer gleichmäßig auf beide Mannschaften verteilt wurden. Selbstverständlich war es vom ersten Schlittschuhtag an mein Ziel, einmal in einem der Teams mitspielen zu dürfen. Aber der Wunsch ging mit der Einsicht einher, davon noch weit entfernt zu sein und dafür noch sehr viel üben zu müssen. Das schnelle Starten, Wenden, Rückwärtsfahren, das mir nur ansatzweise gelang. Vorwärts und geradeaus wurde ich von Minute zu Minute mutiger und schneller und hielt mit im großen Kreisverkehr. Zuweilen versuchte ich mich auch in der eleganten Kurvenführung, wie ich sie bei den großen Eislaufidolen der Fernsehübertragungen der Eiskunstlaufweltmeisterschaft, bei Kilius und Bäumler, dem deutschen Traumpaar, gesehen hatte. Den am Rande des Eisweihers aufgestellten Bauwagen, in dem man sich in der Nähe eines vorsintflutlichen Brikettofens aufwärmen konnte, habe ich nie in Anspruch genommen. Seine Geruchsmischung aus Schweiß, Rauch und nassen Kleidern war wenig einladend. Erst die hereinbrechende Abenddämmerung stoppte meine Kufenkünste, und oft habe ich mich erst auf dem Heimweg daran erinnert, dass ich ja auch noch allen Essproviant in der Tasche hatte. Der war dann auch vonnöten, um den Weg, der immer länger wurde, zu bewältigen. Nässe, Kälte und Müdigkeit nahmen mit jedem Schritt zu. Und wenn dann endlich die Post und die Luther-Kirche in Sicht kamen, schleppte ich mich nur noch mühsam weiter, sah mich gleichsam als letzten deutschen Kriegsheimkehrer aus Russland, wie er jetzt oft in der Wochenschau gezeigt wurde. „Du hast aber lange durchgehalten" oder „Jetzt wird es aber Zeit!", begrüßte mich Mutti und verwies mich zum Ausziehen der Skischuhe in die Küche. In der Bauernstube dampfte schon der Früchtetee zum Abendbrot. Und die Bank am Kachelofen verschaffte mir jetzt die wohligsten Gefühle.

13 Familientopologie II: Blütenweg und Felsenkeller

Wieder ist es ein schlichter rechteckiger Küchentisch mit Schublade und Wachstuchauflage, um den sich die Familie versammelt. Der andere Großvater hat hier seinen angestammten Platz. Er wohnt mit seiner jüngsten Tochter Emmi und ihrem Mann Oskar in einem Haus. Der Wohn- und Anreiseradius der anderen Familienmitglieder ist etwas weiter als bei den „Bruchsalern": Zwei Töchter, Änne und Martha, kommen aus dem mittleren Schwarzwald, andere Verwandte reisen zuweilen aus Reutlingen, Tübingen und Freiburg an, wenn es etwas zu feiern gibt oder eben ein Besuch ansteht, wie er im Schwäbischen häufig und regelmäßig üblich ist. Der Tisch steht in der Küche eines Reihenhäuschens der Gartenstadt in Rüppurr, einem Vorort von Karlsruhe. Die Gartenstadt hält, was ihr Name verspricht. Entstanden ist sie als genossenschaftliches Projekt gemeinschaftlichen Haus- und Grundbesitzes: „Hellere, luftigere, gesündere und billigere Wohnungen" wollte man errichten, „die Spekulation mit Grund und Boden ausschalten", indem der Boden „Eigentum der Gemeinschaft bleibt", schreibt einer ihrer Gründungsväter im Rückblick über das im Jahr 1907 gestartete Unternehmen, was auch das jugendbewegte Pathos seiner Worte erklärt: „Wir wollten den Menschen erlösen aus den Steinwüsten der Städte und ihn wieder verknüpfen dem mütterlichen Boden, ihn wieder nahe bringen der Natur, ihn wieder eins werden lassen mit Sonne, Wind und Sternen, mit Blumen, Sträuchern und Bäumen, und ihnen diese Lebensquellen aufs Neue erschliessen, die uns verschüttet schienen im Staub, Dunst und Lärm der Städte."

Großvater Albert, der sich mit bescheidenen Mitteln in die Genossenschaft einkaufte, war beides: ein früher Grüner und ein alter Sozi, der die Ziele der Arbeiterbewegung und seine linken Überzeugungen ein Leben lang hochhielt und sie dabei entschieden bis stur vertreten hat, wie ich seinen Diskussionen mit meinem Vater entnehmen konnte.

13 Familientopologie II: Blütenweg und Felsenkeller

Immer mal wieder war im Familienkreis auch von seinem kommunistischen Freund die Rede, den er in der Nazizeit unterstützt und geschützt habe, was vom bürgerlichen Teil der Familie mit Respekt, aber in Zeiten des Kalten Krieges auch mit leichtem Schauder hingenommen wurde. Hier in seiner Küche flackerte kein Feuerschein. Hier zischten bläuliche Flämmchen, wenn man den Gashahn des Herdes aufdrehte und mit einem Fidibus entzündete, den der Opa zugeschnitten und gefaltet hatte. Der kleine, mit einem Streichholz in Brand gesetzte Papierstreifen schützte die Finger der Hand, hielt er doch den gehörigen Abstand zu der kleinen Explosion, die an den runden schwarzen Brennköpfen des Herdes beim Anzünden entsteht. Den kurzen prägnanten Knall und den Gasgeruch habe ich sofort im Ohr und in der Nase, wenn ich an diese Küche zurückdenke. Und ich sehe, wenn ich mich im Raum umschaue, eine ähnliche Grundausstattung wie bei den badischen Großeltern: einen Küchenschrank, dessen kleingeblümte Vorhänge auf der Innenseite der Glasfensterchen des Aufsatzes sein Innenleben verbergen, eine Küchenbank, die man aufklappen kann, drei oder vier weiß gestrichene Küchenstühle, kissenbelegt, mit schwarz gestrichenen Stulpen an ihren Fußenden. Alle stehen eckig um den Tisch herum. Rechts vom Fenster zum Garten schließlich ein etwas abgewetztes Sofa, auf dem der Großvater sein Mittagsschläfchen hält. Darüber ganz in der oberen Ecke – und das ist hier das Alleinstellungsmerkmal – ein kleines, dunkel gebeiztes, holzgedrechseltes Bücherbord. Der andere Opa, von Beruf Schreiner, hat es gebaut, lange bevor er seine Hobelbank in den Keller des Blütenwegs gestellt hat, wo er jetzt nach seiner Pensionierung – auch er ist ein Bähnler – Möbel der Nachbarn repariert und hin und wieder noch ein Schemelchen oder Holzkästchen schreinert und poliert. Beides ist zu riechen, betritt man das Haus.

Dieses schmale Bücherbord hat drei Etagen. In der obersten stehen die religiösen Texte. Ganz links die Heilige Schrift, Altes und Neues Testament, ein zerrissenes, häufig gebrauchtes Exemplar, was an den mit Lederstreifen zusammengeklebten Buchecken zu erkennen ist, die die Buchdeckel zusammenhalten. Es ist die Bibel, die „zu gesegnetem Gebrauch und zum Andenken an den Tag ihrer Trauung am 10. Juni 1905 in der Johannes Kirche in Karlsruhe dem Ehepaare Albert Wilhelm Kurzenberger und Friederike Wilhelmine Gaukler" überreicht wurde. Der Hochzeitstext, so ist es ebenfalls auf der ersten Innenseite vermerkt, lautet (Altes Testament, Buch Ruth, erstes Kapitel, Vers 16 und 17): „Wo du hingehst, da will ich auch hingehen; wo du bleibst, da bleibe ich auch.

13 Familientopologie II: Blütenweg und Felsenkeller

Dein Volk ist mein Volk, und dein Gott ist mein Gott. Wo du stirbst, da sterbe ich auch; da will ich auch begraben werden. Der Herr tue mir dies und das, der Tod muss mich und dich scheiden."

Der Tod hat Albert und Friederike früh geschieden. Großmutter Friederike, die ich nur von zwei Fotografien kenne, starb im Blütenweg 20 im 43. Lebensjahr an einer Lungenentzündung. Bis dahin hatte sie ihrem Mann Albert drei Töchter und drei Söhne geschenkt, genau in dieser Abfolge. Der älteste Sohn war gleich nach seiner Geburt gestorben, weswegen mein Vater, der Nächstgeborene, Ernst getauft wurde. Er war neun Jahre alt, als die Mutter starb. Die Formulierung, die Friederikes Ehemann Albert bei der Danksagung gewählt hat, lässt aufmerken bei all der Formelhaftigkeit, die damals wie heute bei diesem Anlass üblich ist: „Die von allen Seiten erwiesene Aufmerksamkeit bestätigt, dass die teure Entschlafene die Beste der Besten war." Ein letztes durch die Mitwelt bestätigtes Liebesbekenntnis!

Ob ihre besondere Qualität mit dem zweiten Buch im Bücherregal oberste Reihe zu tun hatte, das der damals 24-jährigen Braut vom Karlsruher Jungfrauenverein, dem sie wohl angehörte, zum Hochzeitstag geschenkt worden war, ein „Schatzkästlein", wie der Bücherrücken ausweist? Es enthält „biblische Betrachtungen" zur „Beförderung häuslicher Andacht und Gottseligkeit" und wurde „der lieben Friederike Gaukler" zum „täglichen gesegneten Gebrauch" ans Herz gelegt. Ich glaube nicht, dass die unbekannte Großmutter der christlichen Ratschläge und Sprüche von Pastor Johann Grossner bedurfte, der diesen *Reader's Digest* der Bibelstellen nebst frommen Mahnungen zusammengestellt hat. Ein ganz ähnliches Erbauungsbüchlein wurde 30 Jahre zuvor auch ihrer Mutter als Brautgeschenk zuteil: Kappfs *Weg zum Himmel*. Die überschaubare, fünf Bände umfassende Religionsabteilung des Bücherbords lässt eher darauf schließen, dass die Art und Weise, wie die pastoralen Hirten damals ihre weiblichen und männlichen Schäfchen führten, über lange Zeit dieselbe geblieben ist. Gebraucht und zerlesen ist nur die Luther-Bibel. Religion als lebensleitende Instanz war selbstverständlich und gehörte in die Küche wie Koch- und Haushaltsbücher, die in der untersten Etage des kleinen Bücherregals standen.

Dazwischen, keineswegs eingeengt, sondern sich in einer doppelten Anzahl von Buchexemplaren frei entfaltend, stand die Dichtung. Ausgewählte Werke von Schiller und Goethe, Uhland und Kerner, Scheffel, Pfeffel oder Schwab in bunter Reihenfolge, ebenfalls zum täglichen

13 Familientopologie II: Blütenweg und Felsenkeller

Gebrauch. Denn der Großvater war ein Liebhaber und Kenner der schönen Literatur, was sich vor allem darin zeigte, dass er sie auswendig konnte. Kein Familientreffen, an dem er nicht nach der Kaffee- und Kuchentafel von Töchtern, Söhnen oder Enkeln zum Vortrag gebeten wurde. Und er ließ sich nicht allzu lange bitten. Mitten in der Küche war seine Vortragsbühne. Hier stand er im achtzigsten, fünfundachtzigsten, neunzigsten Lebensjahr mit gekrümmtem Rücken, die rechte Hand fast zur Faust geschlossen, und markierte mit seinem leicht gebogenen Zeigefinger das Versmaß und die Höhepunkte der Handlung. Denn der erste im von ihm geschätzten schwäbischen Dichterverein war Friedrich Schiller. Und die Eröffnung der meist einstündigen Rezitierstunde machten seine Balladen. „Er stand auf seines Daches Zinnen, er schaute mit vergnügten Sinnen auf das beherrschte Samos hin. Das alles ist mir untertänig…", sprach der Rhapsode zu seinem Küchenpublikum in einem leiernden Tonfall und einem ausgeprägten Schwäbisch, das dem Dichter dieser Zeilen in nichts nachstand, aber gleichwohl die Hörer in seinen Bann schlug. Mir leuchtete in jungen Jahren zwar nicht ein, warum sich am Schluss des Gedichtes der Gast „mit Grausen wendet", nur weil Polykrates, sein Gastgeber, ein Glückspilz ist, wie er mir bisher nur in Gestalt von Gustav Gans, dem Vetter Donald Ducks in der *Micky Maus*, begegnet war. Aber der Klang der Reime entzückte mich und poetische Wendungen wie „des Himmels Huld" oder „von Furcht beweget" hatten es mir angetan. Meine Lieblingsballade war „Die Kraniche des Ibykus", die mir schon früh Furcht und Mitleid, Jammer und Schauder der griechischen Tragödie fühlbar machte. Wenn der Griechen Völker „Bank an Bank gedränget sitzen" und der Chor der Rachegöttinnen hervortritt, um des Theaters Rund zu umwandeln, war mir klar vor Augen, dass dies eine tiefgreifende Wirkung haben musste. Und schon hatten sich die beiden Mörder unter den Zuschauern verraten, als ihnen das Wort entfährt: „Sieh da, sieh da, Timotheus, die Kraniche des Ibykus." „Opa ander", wie der Vortragende von meinem Bruder und mir genannt wurde, steigerte diese Stelle durch deutliches Unterspielen. Er nuschelte die verräterischen Worte so hinweg, dass sie erst richtig auffielen. „Was ist mit dem? Was kann er meinen? Was ist mit diesem Kranichzug?", fragten sich die antiken Theaterzuschauer.

Der sonntagnachmittägliche Vortrag hatte seine eigene Dramaturgie. Nach den ernsten kamen die lustigen Gedichte, von denen der Opa einige auf Lager hatte und seine Zuhörer von den erhabenen Höhen der

13 FAMILIENTOPOLOGIE II: BLÜTENWEG UND FELSENKELLER

Schiller'schen Verse in die Niederungen jener Dichtungen führte, in denen der Held bei Kanonenbeschuss und Fliegerangriff mitten in der Nacht zum Beispiel seine Hosen sucht: „Dass mer doo net schlecht verschreckt! Meensch doo find mer gleich sei Hosse? Bei der Angst ganz ausgeschlosse." Der Publikumshit, der häufig den Schlusspunkt der Gedichtvortragsfolge setzte, war „Frau Schäufele mit dem neuen Hut". Diese Dichtung führte eine Kirchengemeinde beim Sonntagsgottesdienst gereimt und in Versen vor das innere Auge. Während der offenbar nicht sehr kurzweiligen Predigt des Pfarrers drehen die neugierigen Gläubigen beständig die Köpfe nach hinten, bis der gekränkte Herr Pastor selbst die Reportage der Zuspätkommenden übernimmt, sodass bei Ankündigung der Ankunft von Frau Schäufele mit dem neuen Hut alle „Äpfel rumfahre", also auf gut Deutsch alle Köpfe herumfliegen, um des Pfarrers Nachricht zu überprüfen beziehungsweise den neuen Hut zu begutachten.

Die Unterschiede zwischen E- und U-Kultur galten für den Großvater offenbar nicht. Nicht nur da war er seiner Zeit voraus. Er entwickelte außerdem ein höchst differenziertes Subventionssystem für kulturelle Leistungen, das mir sehr zugute kam. Schon bald nämlich ging ich bei seiner Frage, welches Gedicht ich in der Schule auswendig gelernt hätte, zu eigenem Vortrag über. Goethes „Erlkönig", „Droben stehet die Kapelle, schauet still ins Tal hinab" von Uhland oder Mörikes „Feuerreiter" mit dem Schlussvers „Husch, da fällts in Asche ab". Das brachte eine Deutsche Mark pro neuem Gedicht inklusive Gedichtvortrag. Als ich Goethes „Legende" als zu lernende Schulpflicht vor mir hatte, erleichterte die Gewinnaussicht die Mühsal des Auswendiglernens. Und die Moral des Gedichts tat es obendrein. Denn es handelte von den pädagogischen Tricks, die unser Herr Jesus zu Lebzeiten in Gebrauch hatte. Als er beim Erdenwandeln mit seinen Jüngern Petrus auf ein Hufeisen aufmerksam macht, das auf der Straße liegt, und diesen auffordert, „Heb doch einmal das Eisen auf", Petrus die Aufforderung aber willentlich überhört und den Herrn selbst zum Alteisenhändler degradiert, tauscht dieser im nächsten Städtchen das Fundstück gegen drei Pfennige, die er wiederum in Kirschen investiert, welche Herr Jesus später bei steigender Mittagshitze so geschickt dosiert ausstreut, dass Petrus, der Fels, auf den er später seine Kirche bauen sollte, sich unablässig nach den Kirschen bücken muss. „Der Herr geht immer voraus vor allen, lässt unversehens eine Kirsche fallen. Sankt Peter war gleich dahinterher, als wenn es ein goldener Apfel wär'." Am Ende spricht der

13 Familientopologie II: Blütenweg und Felsenkeller

Herr mit Heiterkeit: „Tätst du zur rechten Zeit dich regen, Hätts du's bequemer haben mögen. Wer geringe Ding wenig acht, Sich um geringere Mühe macht." Das Gedicht und seine Moral schlug in der Familienrunde wie eine Bombe ein. Man pries den Geheimen Rat Goethe und seine Lebensklugheit, staunte, dass ich das Gedicht beherrschte, also keine Aussetzer und Fehler beim Vortrag produzierte. Allein der Großvater verließ stumm die Küche, um seinen Geldbeutel zu holen, nahm mich etwas später zur Seite und sagte: Dieses Gedicht habe den fünffachen Umfang der Uhland'schen „Kapelle" und sei deshalb 5 DM wert, die er mir in die Tasche steckte. Kulturelle Leistungen nach ihrem quantitativen Umfang zu messen, schien mir ab da der richtige Maßstab.

Einen ähnlichen Publikumserfolg habe ich allerdings nie wieder erzielt. Nicht mit Uhlands martialischer Ballade „Schwabenstreiche", in der ein schwäbischer Kreuzritter auf dem Weg ins Heilige Land einen hinterlistigen Türken zu Pferde zerlegt: „Zur Rechten sieht man wie zur Linken einen halben Türken heruntersinken", nicht mit Fontanes „Archibald Douglas" und seiner herzergreifenden Pointe: „Der ist in tiefster Seele treu, der die Heimat liebt wie du." Und auch nicht mit „John Maynard", dem pflichtbewussten Steuermann, der sein brennendes Schiff „Schwalbe" über den Eriesee fliegen lässt und nicht vom Steuer weicht im Qualm des Feuers: „Noch 20 Minuten bis Buffalo", „noch 15 Minuten bis Buffalo", „noch zehn Minuten bis Buffalo" war der spannungssteigernde Refrain bis zum bösen und guten Ende: „Das Schiff geborsten. Das Feuer verschwelt. Gerettet alle. Nur einer fehlt!" Immerhin stimmte auch hier die Gage. 5 DM pro Ballade blieb das fixe Honorar des Großvaters.

Wirkungssüchtig stieg ich bald von der erzählten Handlung und Moral um auf die theatrale Darstellung selbst. Auf einem Jugendlager hatte ich mir eine Kurzversion von *Wallensteins Tod* abgeschaut. Sie bestand vor allem im Öffnen und Schließen des Theatervorhangs, der aus einem großen Schnupftuch bestand. Fünf Akte ging das Stofftaschentuch auf und zu, von der linken in die rechte Hand gefältelt mit der Ansage „Der Vorhang öffnet sich zum ersten Akt", „Der Vorhang öffnet sich zum zweiten Akt" und so weiter. Dazwischen viermal dieselbe Szene mit der immer wieder neu angesagten Handlung: „Wallenstein geht in seinem Zimmer auf und ab." Ich variierte das Gehen des Feldherrn kaum, legte vielleicht im dritten Akt einmal die linke Hand bedenklich an die Stirn. Dann das große Finale im fünften Akt: „Die Offiziere kommen. Sie fechten." Hier schlüpfte ich in die Doppelrolle der Fechtenden, hüpfte hin und her in die jeweils andere Fechtposition bis zum endgültigen Todesstoß. Das machte Effekt, Tante Martl war ganz aus dem Häuschen über so viel Talent ihres Neffen.

Das kulturelle Familienprogramm war damit aber noch lange nicht beendet. Der immer leicht schmollende und gern mit skurrilen Kommentaren aufwartende Onkel Oskar, der mit seiner auch in der Küche nicht abgelegten Künstlerbaskenmütze auf dem Kopf stumm in einer Ecke gesessen hatte, war jetzt bereit, den späten Nachmittag aus den Niederungen des allzu Seichten ins künstlerisch Vollendete zu führen. Er ließ nach mancher Ziererei die Familienrunde schließlich ins kleine, meist kalte Wohnzimmer ein, in dem das Klavier stand. Alle drängten sich aufs Sofa und die wenigen Stühle. Klaus und ich saßen auf dem Fußboden knapp hinter, fast unter dem drehbaren Klavierstuhl. Onkel Oskar machte den Klavierdeckel auf und dann erst einmal eine lange Pause, bevor er den ersten Ton anschlug und recht virtuos eine Beethoven-Sonate spielte. Ihrem letzten Ton lauschte er lange nach und meinte dann abrupt, für heute sei es wohl genug. Zuweilen gelang es der dankbar eingeschüchterten Hörerschar, ihm ein weiteres Klavierstück abzuringen. Meist aber ging er schon nach dem ersten dazu über, anhand einer bestimmten Tonfolge Beethovens oder Schuberts Genie zu preisen, womit er aber eigentlich sein eigenes meinte. Dieses stand in merkwürdigem Kontrast zu seiner Statistentätigkeit an der Oper des Badischen Staatstheaters, der er in jungen Jahren nachging und von der er zuweilen berichtete, schwärmerisch und desillusionierend zugleich. Am gelungenen Triumphmarsch von Verdis *Aida* hatte er offensichtlich maßgeblichen Anteil. Denn im siegreichen ägyptischen Heer des Radames diente Onkel Oskar als Träger des Falkengottes Horus, in der Speerabteilung, bei den Bogenschützen und im Regiment der Standartenträger an einem Opernabend auf derselben Bühne. Zusammen mit wenigen anderen Statisten imaginierte er die gewaltige ägyptische Streitmacht im Rundlauf mit jeweils wechselnden Requisiten. Zwischen Oskar und Großvater Albert herrschte eine unerklärliche Abneigung, vielleicht sogar eine Rivalität, die Tochter Emmi und Ehefrau Emilie oft in Not und in inneren Zwiespalt brachte. Sie flüchtete sich dann zu ihrer Tigerkatze Muschi, die sie anstelle der beiden Männer streichelte.

Oder sie besuchte ihre Cousine Liesel, die ein paar Gehminuten entfernt im Bussardweg 49 des „Dammerstock" wohnte. Die Siedlung „Dammerstock" war Ende der Zwanzigerjahre des vorigen Jahrhunderts

13 FAMILIENTOPOLOGIE II: BLÜTENWEG UND FELSENKELLER

entstanden. Mies van der Rohe und Paul Schmitthenner saßen in der Jury für das Bauprojekt und entschieden sich für Walter Gropius als Bauleiter, der hier die Kunst des „Neuen Bauens" an Formen des „Massenwohnbaus" erproben sollte. Die sogenannte Zellenbauweise hatte die „optimale Besonnung" zum Ziel. Morgens Licht im Schlafzimmer, mittags in den Wohnräumen. Eine moderne Weiterentwicklung der benachbarten Gartenstadt also, die damals mit den herkömmlichen Vorstellungen des Bauens und Wohnens offenbar nicht in Einklang stand. „Jammerstock" spottete bald der sogenannte Volksmund. Unklar, ob damit die angeblich zu kleinen Wohneinheiten oder die Bauhausnüchternheit der Gebäude gemeint war. Tante Luise, Liesel genannt, verkörperte das Gegenteil bzw. entsprach der optimalen Besonnung ihres Reihenhauses. Sie hatte im Gegensatz zur in sich gekehrten, zurückhaltenden, oft leicht verschatteten Cousine Emmi ein sonniges Gemüt. Sie strahlte. Fast durchgehend aus funkelnden Augen, umgeben von einem immer leicht ungeordneten zerzausten Haarkranz und ausgestattet mit einer Rededynamik, die sich allerdings in einem Lispeln brach, einem S-Fehler der Artikulation, was ihre grundsätzliche Begeisterung aber keineswegs schwächte, ihr im Gegenteil einen besonderen Drive gab. Tante Liesel scherte sich im Aussehen und Verhalten weder um Mode noch um Konventionen, auch wenn diese vielleicht angebracht gewesen wären. Mit dem Ruf „Isch's Ärnschdle da?" stürmte sie ins heimische Geschäft, zur Gaudi der Angestellten und unter dem missbilligenden Blick von Mutti, die die Autorität ihres Gatten in Gefahr sah. Liesels Mann Willi Siefermann war Ingenieur und Dozent am Technikum Karlsruhe. Und das genaue Ab- und Klischeebild eines Erfinders und Professors der Technik: immer wirres Haar, immer beweglich in Worten, Gedanken und Werken. Sein Daniel Düsentrieb'sches Genie war in der ganzen Familie anerkannt, auch wenn er manchmal wegen absonderlicher Hartnäckigkeiten belächelt wurde. Jahrelang bastelte er an der Optimierung seiner Zeltbehausungen und Wohnwagen. Einmal verlegte er sie aufs Dach seines PKWs, dann wieder in aufklappbare und zusammenzufaltende Anhänger, bevor er die Version des mobilen zweiten Stockes kreierte, den man einfach über den ersten hochkurbelte. Dabei blieb er durchgehend der unerbittliche Verfechter ungewöhnlicher Aussprache: „Zamping" sagte er statt des üblichen Camping. „Zamping, Zamping, wann gehen wir endlich wieder mal zum Zampen?", johlten Klaus und ich auf der Heimfahrt.

Doch der Reihe nach! Hatte Onkel Oskars Klavierkonzert ihn selbst und seine Zuhörer gar zu tief in die Melancholie der romantischen

13 Familientopologie II: Blütenweg und Felsenkeller

Klaviermusik geführt, machte Tante Emmi den Vorschlag, vor dem Abendessen noch die Siefermanns und Onkel August zu besuchen, den Vater von Liesel und Bruder von Emmis und Ernsts Mutter Friederike. Er hauste wie ein letztes Überbleibsel der Kaiserzeit im Oberstübchen des Dammerstockreihenhauses. Ein eher verschlossener Mechanikermeister a. D. mit Bürstenhaarschnitt und Schnurrbart, der seinem erfinderischen Schwiegersohn schon vor Jahren am gemeinsamen Arbeitsplatz im Technikum hilfreich zur Hand ging. Diesmal wurde Tante Emmis Besuchsvorschlag mit Begeisterung aufgenommen, hatte sie uns beiden doch schon beim Eintreffen angekündigt, im Siefermann'schen Garten führe eine riesige elektrische Eisenbahn zwischen den Blumenbeeten und Tomatenstöcken. Wir konnten also das Ende der letzten Schubert-Sonate, die Onkel Oskar zelebrierte, kaum abwarten.

Im Bussardweg angekommen wurde uns der Gartenzugang erst einmal verwehrt. Der Erfinder und sein liebes Frauchen, das sein Genie jederzeit glorifizierend ins rechte Licht setzte, berichtete von einer neuen grandiosen Erfindung, die die Menschenrettung bei Feuersbrünsten revolutionieren werde und die wegen ihrer Fortschrittlichkeit gleich in den USA als Patent anzumelden sei, was später dann auch gelang: die „mobile swivel ladder", die bewegliche schwenkbare Leiter, die den Rettungskorb in alle erdenklichen Positionen zu bringen imstande war, nicht nur in die erhöhten, sondern auch zu den tiefer liegenden (Patent US 3625307). Vater Ernst und Mutter Ruth beugten sich pflichtschuldig über die vielen in der ganzen Wohnung ausgebreiteten Pläne und technischen Zeichnungen, die ihnen höchst fachkundig erläutert und ins Umgangssprachliche übersetzt wurden, die Achsendrehtechnik der Rettungsleiter, der Anteil des Drehschwungs für die Antriebsleistung etc. Wir beide lugten derweil durch die geschlossene Terrassentür nach draußen, wo tatsächlich Eisenbahnschienen quer durch den Garten verlegt waren, in einer Spurbreite, die alles übertraf, was wir bisher gesehen hatten. Aber wo waren die Eisenbahnwagen, die Güterzugwaggons, wo waren die Lokomotiven?

Willi, der Schöpfer der neuen mobilen Rettungsleiter, machte keine Anstalten, von seinen Erklärungen abzulassen. Und auch Hans und Dorle, die Kinder von Liesel und Willi, lauschten andächtig den Worten ihres Vaters, als hörten sie zum ersten Mal von seinem Werk. Als Vater Ernst schließlich den Vorstoß wagte, nach der angekündigten, auch ihn interessierenden Modelleisenbahn zu fragen, entfuhr dem großen Erfinder nur ein leicht abschätziges Lachen. Aber er wies immerhin seinen

Sohn Hans an, „die Fahrwerke" aus dem Keller und seiner Werkstatt dort zu holen. Endlich durften wir in den Garten und bestaunten die Schienen und die Weichen, die die Strecke zwischen den Kohlköpfen teilten und ihre Kreuzung hinter dem Holunderbusch. Und plötzlich war ein helles lautes Surren in der Luft – und da kam auch schon das erste „Fahrwerk" über die Schienenpiste geschossen. Ja, es hatte vier Räder, aber sonst überhaupt keine Ähnlichkeit mit einer Eisenbahnlokomotive. Ein fahrbarer Untersatz, auf dem ein Scheibenwischermotor montiert war, der dem Gefährt zwar ein erstaunliches Tempo verlieh, aber in seiner prosaischen technischen Nacktheit für mich eine einzige Enttäuschung war. Die konnte auch das zweite Gefährt gleichen Aussehens nicht vertreiben, das jetzt auf der Gegenspur sauste. Die kleinen und großen Siefermänner und Sieferfrauen waren hingegen entzückt von der elektrischen Dynamisierung ihres Gartengeländes.

Zurück im Blütenweg 20 und am Küchentisch des Großvaters, der als Schreiner viele Jahre die „Holzklasse", also die Personenwagen der Deutschen Reichsbahn mit Sitzbänken und Holzverschalungen ausgestattet hatte, belehrte er uns mit dem ihm eigenen schlitzohrigen Lächeln, Siefermanns hätten den Blick fürs Wesentliche und hingen nicht an Äußerlichkeiten wie Karosserien oder Verkleidungen. Und Tante Emmi servierte ihren enttäuschten Neffen den von uns nach ihr benannten, weil heißbegehrten Tante-Emmi-Salat, ein wohlschmeckendes Gemisch aus Essiggurken, gekochten, klein gehäckselten Eiern, Zwiebeln und gekochtem Rindfleisch. „Opa ander" schmeckte bei seinem Verzehr gerne seiner Jugendzeit und einer schwäbischen Nudelsuppe nach, die Ausgangspunkt des gesottenen Rindfleisches war, und erinnerte an seine karge Wandergesellenzeit mit dem gern wiederholten Spruch: „Ei, Jungfer Köchin. Ihr Nudelsupp schaut mi heud wieder mit kaim einzige Aug an." Gleich nach dem Nachtessen holte er seinen Kalender hervor und das schwarze Wachstuchheft, auf dem „Monatsabrechnungen" stand, in dem aber auch seine Adressen festgehalten waren, und schlug einen Termin für den nächsten Besuch in Bruchsal vor, bei uns im Geschäft, denn er brauchte einen neuen Arbeitskittel, und mit Großvater Wilhelm und Großonkel August im „Winzerstübchen", denn er freute sich aufs Gespräch mit den beiden Generationsgenossen. Außerdem hatte er schon die demnächst fälligen Osterhasen für die Enkel im Heft notiert: „Hajo 15 DM, Klaus 10 DM."

Der Besuchstag hier aber wurde erst rund, wenn er mit einem Gedicht schloss. Claudius' Abendlied „Der Mond ist aufgegangen" schien dem Großvater dafür geeignet. Ich durfte beginnen: „Der Mond ist aufgegangen. Die goldnen Sternlein prangen…", sprach ich voller Andacht. Bei „Wir stolzen Menschenkinder Sind eitel arme Sünder Und wissen gar nicht viel; Wir spinnen Luftgespinste Und suchen viele Künste Und kommen weiter von dem Ziel", setzte er ein in seinem schönsten Schwäbisch und sprach das Gedicht bis zu seinem Ende. „Kalt ist der Abendhauch. Verschon uns, Gott! mit Strafen, Und lass uns ruhig schlafen Und unseren Kranken Nachbarn auch!" Vor „unseren kranken Nachbarn auch" machte er eine kleine Pause, und danach eine große. Sie fasste, ohne dies auszusprechen, am Ende des Liedes und des Tages zusammen, was er dachte und fühlte, was seine Lebensgrundsätze waren und seine Heilserwartung, und nicht zuletzt, wie wichtig ihm die Dichtung war, die all das ihm wesentlich Scheinende zur Anschauung brachte und sprachlich aufs schönste vertiefte.

Gedichte aufsagen und Gedichte machen gehörte an diesem Ort zum Familienalltag. Zahllose Reime wurden anlässlich wichtiger Familienfeste verfertigt und vorgetragen. Zum achtzigsten Geburtstag des Großvaters kam eine ganze Gedichtanthologie zusammen, alle Verwandten, außer Oskar, schwelgten in Versen: „Ein Raunen liegt heut in der Luft! In allem spürt man Festesduft: Die Gartenstadt ist in Bewegung und fühlt im Herzen tiefe Regung. Will gratulieren heut dem Alten, des Eifer nimmer will erkalten!" Die Taten und Fähigkeiten des Jubilars wurden in allen Farben und Tönen gepriesen, auch wenn die Qualität und Originalität der Verse gewaltig schwankte. Von „Heut zu Deinem Wiegenfeste wünschen wir das Allerbeste" bis „Und wenn es irgendwo gebricht, weiß er ein passendes Gedicht". Das Volk der Schwaben ist, das wird hier evident, ein poetisches Völkchen und ein großer Posaunenchor. Der stand schon am Morgen des Festtags, 20 Mann hoch, vor der Tür und blies mit Inbrunst seine Choräle. Ab da brach der Strom der Gratulanten den ganzen Tag nicht mehr ab. Alle jene, denen der Großvater kostenlos ihr Nachttischchen repariert oder ihre klemmende Haustür wieder in Schwung gesetzt hatte, brachten ihm Blumenstöckchen oder die obligate Flasche Wein. Der Großvater galt weit und breit als sogenanntes Original und ließ sich als solches auch feiern.

Seine poetischen Neigungen hat er weitergegeben an seine Kinder, Enkel und Urenkelinnen. Vom Sohn Ernst ist im Familienarchiv, einem vom Großvater geschreinerten Holzkästchen mit doppelten Böden und doppeltem Deckel als Geheimfach, ein Gedicht an die Mutter erhalten, das mit pubertärer Feierlichkeit die „frühverstorbene" herbei ruft: „und du gewannst in meiner fantasie wieder menschliche gestalt – du, die große frau, mit dem leicht gewellten dunklen haar und den braunen augen, in die meine kinderaugen vordem so gerne geblickt hatten –." Die verlorene Mutter lebte im 15-Jährigen wieder auf als poetische Projektion in Kleinschrift, als „hohe gestalt", die ihn, den von ihr verlassenen Sohn, im Traum in die Arme nimmt.

Dass die Toten weiter- und nachwirken auf direkte und geheime Weise, offenkundig und untergründig, ist eine Erfahrung, die mich früh beschäftigte, nicht nur, weil mir schon als Kind gesagt wurde, dass ich Friederike geheißen hätte, wäre ich ein Mädchen geworden. Großvaters erste Frau und Vaters Mutter waren auch für mich eine imaginäre Gestalt, der ich nachspürte. Einmal, weil ich mir für mich selbst nicht vorstellen konnte, wie mein Vater ohne Mutter zu sein, zum anderen, weil das Bild, das ich von ihr kannte, eine gewisse Magie auf mich ausübte. Eine schöne, dunkle, leicht verschattete junge Frau mit kräftigem schwarzen Haar, das nach hinten gebunden ist und so das linke Ohr freigibt. Rätselhaft ihr verhaltener Blick, kräftig ihre Wangenknochen, ausgeprägt die Lippen. In meinen Kinderaugen eine geheimnisvolle Mischung aus Südländerin und Indianersquaw. Dieses eine von zwei Bildern, die von ihr existieren, ist, wie ich später feststellte, nur ein Ausschnitt zu Erinnerungszwecken aus einem großen Familienbild aller Gauklers, auf denen Großmutter Friederike ganz am äußeren Bildrand steht und wohl um die Mitte 20 ist.

Ich meinte, sie später wiederzuerkennen in der ältesten Schwester des Vaters, Tante Änne, die viele äußere Merkmale mit ihr teilte: die schönen, leicht zum Silberblick tendierenden Augen, das kräftige schwarze Haar, die Wangenknochen. Und ein sanftes, zurückhaltendes und zugleich offenes Wesen, das auf ihre Mitmenschen ausgleichend und gütig wirkte. Wie sich das Leben in Geschwistern gleicher Eltern immer wieder neu mischt, in Ähnlichkeiten mit den Vorfahren und jeweils doch besonders und einmalig in der jeweiligen Person hervortritt, wie Schwestern sich völlig kontrastiv und gleichzeitig ergänzend inkarnieren, war bei Tante Änne und bei Tante Martha offenkundig. Die eine war die Verkörperung eines Lebensprinzips, das man „vita contemplativa" nennt. Die andere, Martha, das der „vita activa". Letztere war eine besonders temperamentvolle und dynamische Frau, die in Aussehen und fortwährender Aktivität eher der Familienlinie des Großvaters folgte. Doch beide Schwestern waren einander eng verbunden, schon auf dem ersten Familienfoto sind sie mit Armen und Händen innig verschränkt. Sie lebten etwa 15 Kilometer voneinander entfernt in zwei verschiedenen Schwarzwaldtälern, hatten dort ihre Familien, zogen da ihre Kinder groß, alles Söhne, alle meine fünf älteren Vettern. Einmal in der Woche – das war fast lebenslang ein festes Ritual der beiden – trafen sich die Schwestern. Oft auf der kleinen Passhöhe zwischen ihren Wohnorten, auf dem Fohrenbühl. Ich nehme an, sie haben sich dort bei einem Spaziergang und anschließendem Kaffee im Haus des Schwarzwaldvereins die Sorgen und Freuden ihres Lebens mitgeteilt, von ihren Kindern und Männern berichtet oder von den vergangenen Zeiten geredet, als sie früh schon die Rolle der Mutter übernehmen mussten und die beiden sehr viel jüngeren Brüder erzogen haben.

Ich habe beide Tanten gerne besucht und sehr gerne gemocht. Übernachtet habe ich nur bei der einen, bei Martha, die eine unglaubliche Gastgeberin war. Sie arbeitete mit Fleiß und großem Geschick, aber ohne falschen Ehrgeiz an ihrem Ruf als Superhausfrau, einem Etikett, das im Schwabenland ein Ehrentitel ist. Dafür war sie bestens qualifiziert als gelernte Damenschneiderin und zeitweilige Lehrerin an einer Hauswirtschaftsschule. Wie sie schon wenige Jahre nach dem Krieg, die Familientreffen arrangierte, belebte und bekochte, lässt mich noch heute staunen. Die erste Weihnachtsgans meines Lebens, knusprig und köstlich duftend, kam aus ihrem Backofen. Wo sie die aufgetrieben und wie sie diese damals finanziert hat, ist mir ebenso rätselhaft wie ihre Organisation und Verteilung der Schlafplätze für die Großfamilie, die sie am Felsenkeller 55, etwa am Silvesterabend, in Schramberg zusammenführte. Da wurden die Vettern eben zu Nachbarn ausquartiert, die Ehebetten für die Gäste freigemacht. Eine Hotelunterkunft war zu dieser Zeit außerhalb der Vorstellungs- und Finanzierungskraft aller. Wo sie und ihr Mann, der Onkel Gustävle, dann abgeblieben sind, weiß ich nicht mehr. Wir alle saßen zwei oder drei Tage vergnügt zusammen, man hat erzählt, Witze gemacht und Schabernack, Spiele gespielt, Dias vorgeführt.

Schon bei der Anfahrt an diesen Ort intensiver Familienbegegnung geriet ich in emotionalen Aufruhr. Kaum ausgestiegen aus einem der ersten VW-Nachkriegskäfer, der uns, vom Vater gesteuert, dorthin brachte, begannen die Fremdheit und Besonderheit des Ortes zu wirken. Die beiden großen Vettern, Zwillingsbrüder und fünf Jahre älter als ich, trafen wir meist im angrenzenden Wald, wo es feucht und unheimlich nach Tannennadeln und Harz roch. Der Onkel zeigte an regnerischen Tagen auf den gegenüberliegenden Schlossberg, wo die Wolkenfetzen zogen, und erzählte uns Kleinen, dort würden gerade die Hasen kochen, und Tante Martha stand in der Küche am Gasherd und bereitete für die Großfamilie Pfifferlinge zu, die ihr Gatte an geheimen, nur ihm bekannten Orten des schwarzen Waldes gesucht und gefunden hatte. Dankbar schauten wir zu den großen Vettern auf, wenn sie mit uns spielten, Karten oder später Tipp-Kick und zuweilen auch eine höchst merkwürdige Kanonenschlacht, die noch aus dem Spielearsenal ihres Vaters stammte. Ein kartoniertes Schlachtfeld wurde auf dem Wohnzimmertisch aufgebaut und Pappfiguren, die französische Soldaten darstellten. Mit einer Kanone, welche mit kleinen Metallschrapnells zu füllen war und an einen Druckbolzen angeschlossen wurde, zielten wir auf die Franzmänner, die bei einem Volltreffer aus ihren Halterungen fielen. Mit wachsendem Wirtschaftswunder kam dann Mitte der Fünfzigerjahre die elektrische Märklin-Eisenbahn dazu, die der Onkel in der guten Stube längs der Zimmerwände im Rechteck auf einer Holzplatte aufgebaut hatte, eine dreidimensionale Abbildung der berühmten Schwarzwaldbahn mit vielen Bergen, Viadukten und Tunnels. Kinder und Erwachsene waren gleichermaßen mit all dem und zugleich untereinander beschäftigt. Letztere redeten viel von Familienangelegenheiten, von Verwandten und was dieser oder jener so machte, auch von deren Erfolgen oder Missgeschicken. So bildete sich ohne Programm und besondere Absicht eine Gemeinschaft, die den familiären Zusammenhalt so selbstverständlich wie festlich beging. Mit Sehnsucht und Wehmut schaue ich heute auf ein Foto, das wohl von meinem Vater, der nicht auf dem Bild ist, gemacht wurde, kurz vor der Ab- und Heimfahrt von einem solchen Familientreffen. 16 Menschen sind auf der kleinen Fotografie zu sehen, gut gelaunt und fröhlich, der Großvater in der Mitte, zwei von den drei Schwestern des Vaters, sechs der sieben Vettern, meine Mutter und zwei Nachbarinnen. Die Gastgeberin und Seele der Familienversammlung, die rührige Tante Martha, reckt sich links außen vergnügt lachend ins Bild. Alle sind geschart um den dunkelbraunen VW mit Schiebedach kurz vor unserer Abfahrt nach Hause. Ein Abschiedsbild, das die schönen gemeinsamen Tage zusammenfasst.

Familienglück und Familienleid, auch das war eine frühe Erfahrung, liegen eng zusammen. Von all den Lieben, die das Bild vereint, leben die meisten nicht mehr. In unregelmäßigen Abständen ging eine nach dem anderen. Die Feststellung, die sei der Lauf der Welt, gibt wenig Trost. Die Trauer und das Gefühl der Verlassenheit, die der zunehmende

13 Familientopologie II: Blütenweg und Felsenkeller

Verlust von geliebten Angehörigen begleitet und häuft, ist mit dem Gemeinplatz, dass wir alle sterblich sind, nicht aus der Welt zu schaffen. Die Unwiederbringlichkeit gelungener Augenblicke weckt den Protest gegen unsere Sterblichkeit, gegen die tragische Bedingung der menschlichen Existenz. Sie wird dort gesteigert, wo ein nicht zu beherrschender innerer Zwang den Tod herbeiführt. Mehrere Familienmitglieder verschiedener Generationen litten an einer schweren seelischen Depression, die offensichtlich vererbt wurde. Diese Tatsache lag wie ein Schatten über der Familie, machte sie hilflos und deshalb anfällig und geneigt, diese schwere Hypothek zu tabuisieren.

Hier führt die emphatische Familienerzählung, die so gerne vom familiären Glück berichtet, zurück in die karge Küche des Blütenwegs 20. Großvater hatte einige Zeit nach dem Tod seiner geliebten Friederike ihre Schwester Luise zur zweiten Frau genommen. Eine eher pragmatische Entscheidung, vermute ich. Auf dem verblichenen Hochzeitsbild von Tante Änne und Onkel Richard ist die Hochzeitsgesellschaft unter blühenden Bäumen in einem Garten versammelt. Hier hat sich Zweitmutter Luise beim Großvater Albert untergehakt, rechts von ihr steht ihr Neffe und Sohn Ernst, also mein Vater, vielleicht 15 Jahre alt in kurzen Hosen und mit Schillerkragen. Zu Füßen des Eltern- und Hochzeitspaares lagert Tante Emmi im Gras, offenbar als Brautjungfer, mit einem Brautsträußchen in ihrer Linken. Der Widerhall von Mutter Luise im Familienkreis war eher gering. Ich habe kaum etwas von ihr gehört, wusste nur, dass es sie gab. Das mag nicht zuletzt damit zusammenhängen, dass sie 1943 den „Freitod" wählte, der wohl keine freie Entscheidung war, sondern einer inneren Not gehorchte. Sie drehte in den frühen Morgenstunden des ersten Mai den Gashahn auf. 5.45 Uhr ist sie, so verzeichnet es die Sterbeurkunde, verstorben, eben in jener Küche, die so viel Familiennähe schuf. Und die jüngste der drei Töchter des Großvaters, die Brautjungfer und Katzenliebhaberin Tante Emmi, die an diesen Ort kinderlos ein ganzes Leben mit Vater Albert und Mann Oskar verbrachte, verfiel nach beider Tod in eine letzte tiefe Depression, aus der sie nie wieder auftauchte. Ich habe sie zuletzt im psychiatrischen Landeskrankenhaus Wiesloch besucht, saß hilflos vor einem lieben Menschen, der sich für den Besucher nicht mehr öffnen konnte. Sie hat sich in der Gartenstadt, im Blütenweg 20, erhängt.

14 Dampfnudeln in der Bauernstube, Dampflok im Herrenzimmer

Zu den von mir als Kind nicht wahrgenommenen Wunderlichkeiten der Wörthstraße 4 und unserer hier neu eingerichteten Wohnung gehörte eine sogenannte Bauernstube. Ein gewaltiger Kachelofen mit umlaufender Eckbank, der von der Eingangsdiele aus geheizt wurde, bestimmte den Raum. Über dem Ofen schwebte eine hölzerne Kassettendecke, auch die Wände waren holzvertäfelt. Selbst die Nische, in der das Radio stand, umhüllte Fichtenholz, dessen Lasur leicht ins Rötliche ging. In dieser Stube spielte sich ein Großteil des Familienlebens ab, vor allem das Mittag- und das Abendessen, falls nicht an lauen Sommerabenden der Balkon dafür genutzt wurde. Für Papa kamen auch die Mittags- und Abendnachrichten aus der rustikalen Hörfunknische, Klaus und ich nutzten sie, um die, wie wir fanden, witzigen Lieder der Peheiros zu hören, etwa „Wasser ist zum Waschen da" oder „Die süßesten Früchte fressen nur die großen Tiere". Auf dem Boden des Bauerstubenblockhauses kämpften die Indianer und Cowboys aus Plastilin mit- und gegeneinander auf gescheckten Mustangs und rollenden Planwagen. Ich fühlte mich geborgen in diesem gedeckelten Holzgeviert, merkte aber, dass die Spielkameraden ein wenig staunten über die für sie ungewöhnliche Ausstattung dieses Ortes.

Die räumliche Gegenwelt gab es gleich nebenan. Durch eine Tür mit der Bauernstube verbunden lag das Herrenzimmer, ausgestattet mit Palisanderbücherschrank und Schreibtisch, Eckcouch und Klavier. Hier war der repräsentativere Teil der Wohnung, der aber nicht nur an Weihnachten und Festtagen genutzt wurde, vielleicht auch deshalb, weil dort bald die neuen Tonmöbel einzogen, Phono- und Fernsehschrank, dessen magisches Auge und die Senderleuchttafel allein schon eine Verheißung waren. Der Fernseher „Marke Grundig" hatte zwei Edelholzflügeltüren und stand auf kleinen, nach außen gerichteten Stelzen. Er war wegen der übergroßen Programmfülle und der langen Sendezeit, die binnen kurzer Zeit im ersten und einzigen Programm von drei auf sechs Stunden pro Tag anstieg, abschließbar.

Die Vorliebe für Bauernstuben hat bei den Eltern ein Leben lang angehalten, sich aber im Laufe der Wohnungswechsel zusehends verdünnt. Bei der nächsten Wohnstation waren es nur noch eichenfurnierte Deckenbalken und ein bleiverglastes Fenster, die das Esszimmer als bäuerlich auswiesen. Im später erbauten Eigenheim erinnerten dann allein eine taubenblau eingefärbte Kiefernholzdecke in der der Küche benachbarten Essecke und ein echter Bauerntisch aus dem Schwarzwald an ihre alte Liebe. Der Hauptteil des Hauses war unter dem Einfluss der ambitionierten jungen Architektin mit offenen ineinander übergehenden verglasten Räumen das Gegenteil bäuerlicher Stubenbeschaulichkeit. Diese war ein Bedürfnis der Kriegs -und Nachkriegszeit, gab Sehnsüchten feste Gestalt und handfestes Holzinterieur, auch wenn dieses nur Kulisse war. Der Bauernstubenwunsch der Eltern war, so glaube ich im Nachhinein, eine Mischung aus verschiedenen Ingredienzien: Er wurde am authentischen Ort geweckt, in den alten Schwarzwaldgasthöfen und Stuben, die die Jungverliebten als besonders eigen und schön empfanden, wurde verknüpft mit ihrem jungen Liebesglück im „Hirschen" von Schönwald. Dem Ruf der Natur und der Suche nach Ursprünglichkeit war Vater Ernst schon seit den Pfadfindertagen am Hohen Meißner gefolgt. Und Überbleibsel der Blut- und Boden-Nazi-Ideologie waren immer noch Teil des Nachkriegszeitgeistes. Vor allem aber verstärkte die sie umgebende Trümmerlandschaft das Bedürfnis der Eltern nach Geborgenheit, Wärme und Sicherheit, ohne dass die beiden sich das wohl bewusstgemacht haben. Neue alte Stabilität war Anfang der Fünfzigerjahre überall gefragt. Verständlich nach dem totalen Absturz eines ganzen Volkes. Der Wiederaufbau und das bald eintretende Wirtschaftswunder wurden zwar als Neuanfang oder Fortschritt verbucht. Aber die Gesellschaft und ihre Wertvorstellungen waren in großen Teilen rückwärtsgewandt, waren konservativ. Man klammerte sich an die Restposten des Bürgerlichen. Unsere Wohnung war also eine genaue Lagebeschreibung.

Auch das gesellschaftliche Leben, das sich in ihr abspielte, war zeitkonform. Freunde oder Gäste kamen „auf ein Glas Wein", zu einem Nachmittagskaffee, wenn es ausschweifend wurde, zu einer Erdbeerbowle an einem Sommerabend. Der begann mit der Auswahl der Figürchen und Symbole, die am Rand der Bowlegläser eingehängt wurden, um jedem in der Runde sein eigenes Glas zu sichern. Da wurde dann gescherzt und darüber gefrozzelt, womit jede und jeder seine Glücks- und Zukunftserwartungen markierte: Schornsteinfeger, Kleeblatt, Hufeisen für die symbolischen Traditionalisten, Rettungsring oder Würfel für die Wagemutigen, Geldsack, Auto oder Herz für die Unersättlichen. Im Nu war gute Stimmung. Mutti füllte den Couch- oder Balkontisch mit Schnittchen, Salzletten und Erdnüsschen. War es eine Weinrunde, wurden die Käsewürfel serviert, auf die Klaus und ich zuvor mit Zahnstochern die blauen oder weißen Weintrauben stecken durften. War vorweg ein kleiner Imbiss angekündigt, folgte der unvermeidliche Hawaiitoast, den der erste Fernsehkoch, der engagementlose Schauspieler Clemens Wilmenrod, den Deutschen auf die Teller geschwatzt hatte. Er war auch der Erfinder des arabischen Reiterfleisches und der gefüllten Erdbeere, „einer zauberhaften Überraschung", deren Kreation er mit dem Hölderlinzitat „Ein Gott ist der Mensch, wenn er träumt, ein Bettler, wenn er nachdenkt" im ersten Programm zur besten Sendezeit vorstellte. Das war das kulinarische Bildungsfernsehen der Fünfzigerjahre. Mutti und ihre beiden Söhnchen saugten es ein und kochten Wilmenrod begeistert nach. Das arabische Reiterfleisch blieb ein Hit für viele Jahre. Und immer, wenn Mutti jammerte „Was soll ich denn morgen kochen?", tönte es im Dreierchor „Arabisches Reiterfleisch". Begehrt waren aber auch ihre Dampfnudeln und Apfelküchle, ihre Schupfnudeln und Grießknöpfe. Letztere am wenigsten bei mir, denn sie erinnerten mich an die Leiden der Hoover-Speisung. Mutter Ruth beherrschte vor allem die Kunst der Dampfnudelherstellung. Sie besteht in dem dialektischen Kunststück, die Hefeteigklöße in einem Topf mit Deckel gleichzeitig zu braten und zu dämpfen, sodass ein knuspriger Boden und eine weiche Oberfläche entstehen. Ruth war die Königin der Dampfnudelkrüstchen, die Vater Ernst in ein Entzücken versetzten, das an Liebesfreuden erinnerte. Er ließ sich die Krüstchen unter „Ahs" und „Ohs" auf der Zunge zergehen, und wir aßen und lobten mit. Ruths Dampfnudelkönnen verbreitete sich so sehr, dass auch meine Freunde bald zu ihrer Dampfnudelfangemeinde zählten, allen voran Hansel, der Busenfreund von Klaus, der locker zehn bis zwölf Dampfnudeln verdrückte, wenn wir schon bei drei oder vier schlappmachten. Die Bauernstube war der angemessene Ort der Dampfnudel-Orgie.

Die Abendeinladungen der Eltern waren für mich zwiespältig. Wir Kinder waren in die Planung und Vorbereitungen der Einladung eingebunden, mussten aber dann bald nach dem Eintreffen der Gäste, die wir mit artigem Diener begrüßten, ins Bett. Das empfand ich schon bald als

Akt der Diskriminierung, denn ich hätte gerne gewusst, was die Erwachsenen so alles miteinander zu reden hatten. Ich teilte also Muttis Vorbereitung und Aufregung, bis die Gäste da waren, aber dann wurde ich von den Freuden der Zusammenkunft ausgeschlossen. Bei ihren beiden Schulfreundinnen aus dem Affenkranz, Margot und Inge, die regelmäßig zum Rommé- oder Canasta-Spielen in der Bauernstube Platz nahmen, hatte ich derartige Entzugserscheinungen nicht. Der akustische Wechsel von Stille und schrillen Lachsalven, der ins Kinderschlafzimmer drang, brachten Klaus und mich zur leicht verächtlichen Einschätzung: „Heut sind die Schreier wieder da!" Bei selteneren Gästen war das anders. Da hörte ich bei angelehnter Kinderzimmertür auch gerne mit und lauschte absurden Geschichten von Familien- und Geschäftsstreitereien, von ungeliebten Schwiegertöchtern oder den Abenteuern der Rossmann-Zwillinge, die auf ihrer monatelangen Italienexpedition mit Zelt, Rucksack und Fahrrad bis zum Kraterrand des Stromboli gelangt waren, was Anfang der Fünfzigerjahre fast einer Nanga Parbat-Besteigung gleichkam. Wie einer der beiden vor der kleinen Insel beim Umsteigen vom Schiff in das Ruderlandeboot mit Rucksack ins Meer gefallen war und wie er gerettet wurde, beanspruchte meine Fantasie eine ganze Weile.

Einer meiner Lauschangriffe war besonders verstörend. Ich hörte mitten in der Nacht ein heftiges Stöhnen. Als ich die Stimme meiner Mutter identifiziert hatte, machte ich mich auf den Weg, öffnete die Schlafzimmertür der Eltern und fragte besorgt: „Mutti, bist du krank?" Die Nachttischlampe ging an. Die Verlegenheit der Mienen beider Elternteile und Vaters übermütiges „Nein, Mutti geht es wunderbar!", machten mich völlig ratlos. Hier war ich auf etwas gestoßen, was ziemlich undurchschaubar und nicht ganz geheuer war.

Neben den geladenen Gästen gab es auch ungeladene, die einigen Wirbel machten. An ihrer Spitze war Tante Peterchen, die Mutti am Vormittag meistens vom Kochen abhielt und ihre Stimmung steigerte, indem sie ihrer Freundin, als die Mutti sie umgekehrt nicht eingestuft hatte, erklärte, dass dieser Pullover oder jenes Kleid nicht zu ihrem Typ passe. Sie war die selbsternannte Richterin des guten Geschmacks und holte sich die Legitimation dafür bei ihren langen Italienaufenthalten in Pesaro, wo sie angeblich die besten „amici" hatte, deren exzellenter Geschmack und Lebensstil sie auch „cisalpin" verwirklichen wollte. Das ging so weit, dass sie mit ihren Vorschlägen unsere ganze Wohnung umkrempelte oder ausräumte, die Sitzecke für heute nicht mehr möglich erklärte und antike Kommoden oder Sekretäre anpries, die sie für teures Geld in Bamberg, ihrer Heimatstadt, oder in Italien zu günstigsten Preisen erwerben könnte. Das Mittagessen nach solchen Besuchen war kräftig versalzen, die fassungslose Mutti damit beschäftigt, ihre Seelenlast bei ihrem Gatten abzuladen, der pflichtschuldig die Zahnarztgattin zur dummen Kuh erklärte, aber auch darauf hinwies, dass Jo, der Gatte der Zahnarztgattin, ein sehr guter Kunde sei.

Die Kleinstadttragödie, die eine Posse war, hatte ihren Gipfel erreicht, als es eines schönen Morgens bei uns klingelte und die Frau des hiesigen Internisten, die nicht zu Muttis engem oder weiterem Freundinnenkreis gehörte, „überraschend und geladen", wie Mutti später sagte, vor unserer Wohnungstür stand. Sie bat offiziell und entschieden um ein sogenanntes Gespräch und wurde deshalb ins Herrenzimmer gebeten. Hier verlangte sie, dass Mutter Ruth das Kleid, das sie gestern Abend beim Schlosskonzert getragen hatte, aus dem gesellschaftlichen Verkehr zu ziehen habe. Es hätte genau denselben Schnitt wie das ihre, das sie gestern trug und ein halbes Jahr früher bei der Schneiderin Maier, bei der beide Damen schneidern ließen, in Auftrag gegeben worden sei. Muttis Einwand, das ihrige habe aber doch einen ganz anderen Stoff und auch die Farbe unterscheide sich deutlich, ließ die Internistengattin nicht gelten. Sie schloss mit dunklen Andeutungen auch rechtliche Schritte nicht aus, um ihr textiles Unikat zu sichern. Auch in diesem Falle war der Medizinerehemann ein guter Kunde, ein „sehr guter sogar", wie Vater sagte, und zudem noch einer seiner Tennispartner.

Beschaulich bis hektisch waren die Adventssonntage, großartig und nie misslungen das Weihnachtsfest in der Wörthstraße 4. Bei den Adventssonntagen kollidierte das Materielle häufig mit dem Geistlichen. Denn sie waren offene Verkaufssonntage und zudem die umsatzstärksten Tage des Jahres. Dementsprechend kamen die Eltern meist abgekämpft und müde von der damals noch etwas bescheideneren Weihnachtsverkaufsschlacht nach oben in die Wohnung. Aber Mutti hielt immer durch und bestand auf der kleinen familiären Adventsfeier, nachdem alle Familienmitglieder ihre mit „Velveeta" geschmierten Käsebrote geschluckt und den Früchtetee getrunken hatten. Sie ging dann ins Herrenzimmer, steckte je nach Adventssonntag ein, zwei, drei oder vier Kerzen am Adventskranz an, holte ihre Gitarre hervor und intonierte Adventslieder. „Aus hartem Weh die Menschheit klagt, sie steht in großen Sorgen:

Wann kommt, der uns ist zugesagt, wie lang bleibt er verborgen?" Wenn Papa abzuschlaffen drohte und mit dem Gähnen kämpfte, machte sie ihm und uns mit „Macht hoch die Tür, die Tor' macht weit, es kommt der Herr der Herrlichkeit" wieder Dampf. Dann mussten Klaus oder ich noch einen besinnlichen Text vorlesen, meist eine Kurzgeschichte, die von guten Taten oder verirrten Kindern handelte, und anschließend durften wir die Adventskerzen ausblasen, aber nicht die Fernsehtruhe öffnen oder das Radio andrehen. So blieb ausreichend Zeit über die seltsamen Worte nachzudenken, die wir zuvor gesungen hatten und die in mir kräftig widerhallten. „O Heiland, reiß die Himmel auf, herab, herab vom Himmel lauf! Reiß ab vom Himmel Tor und Tür, reiß ab, wo Schloss und Riegel für!" Die Gewalttätigkeit dieser Zeilen, ihre herrischen Reiß-ab-Befehle, konnte ich nur schwer in Einklang bringen mit dem, was Mutti eine besinnliche Adventszeit nannte. Und auch die zweite Strophe schien mir eine höchst ungewöhnliche Aufforderung zum Ungeheuerlichen. „Oh Gott, den Tau vom Himmel gieß, im Tau herab, o Heiland, fließ! Ihr Wolken, brecht und regnet aus den König über Jakobs Haus!" Wurde eine bedrohlich heilsame Sintflut je dringlicher und schöner eingefordert?

Jeder Adventssonntag war ein wichtiger Schritt auf Weihnachten zu, jeder steigerte die Erwartung auf das Christfest und ging Hand in Hand mit Erwartungen und Wünschen, die in den beiden Spielzeuggeschäften der Stadt und ihren Auslagen ausgebreitet waren: „Schuco"-Autos, Trolleybusse, „Fleischmann"- und „Märklin"-Eisenbahnen. Aber es war auch eine Zeit, die sich in geruchsintensiven, zeitaufwendigen Backvorgängen messen ließ, denn immer wieder wurden, über drei oder vier Wochen verteilt, die Weihnachtsplätzchen oder „Weihnachtsgudsele" auf dem Backblech in den Elektroofen geschoben. Wieder waren Klaus und ich im Einsatz, wenn aus dem flachgewalzten Butterteig die Sterne, Monde, Stiefelchen auszustechen waren und mit Eidotter dann lasiert wurden. Es gab niedere und höhere Gebäckarten, eine Rangliste, die vom Aufwand der Herstellung und von der Beliebtheit des Produkts abhingen. Muttis Weihnachtsbäckerei begann meistens mit den weniger zeitaufwändigen. Sie wollte wohl ab dem zweiten Adventssonntag das sichere Gefühl haben, dass in ihren Keksdosen schon was „drin" ist. So begannen wir mit den Kokosplätzchen, den Haselnussmakronen, dem Spritzgebäck und den Feigenhäufchen, die sich fast in einem Arbeitsgang aufs Backpapier und die Oblaten setzen ließen.

Dann kamen die Lebkuchen, die Leckerli und die weichen Basler, die mit einem Teigrädchen aufgeteilt wurden, schließlich das gelbbraune Buttergebäck. Und ab da wurde es spannend, wie viele weitere aufwendigere Sorten noch zu schaffen waren. Die Springerle, ein Anis-Gebäck, das von Mutti nur als gelungen akzeptiert wurde, wenn sie Füßchen bekamen, und die Bildmotive, die Kirschen oder Tannenbäume konturiert zu erkennen waren, fehlten nie. Bei den Hildabrötchen wurde es schon kritischer, weil ihre gebackene Butterteiggrundfläche mit Marmelade zu bestreichen war, bevor ihre zweite ebenfalls schon gebackene gelochte Hälfte aufgesetzt werden konnte und dann ihre weiße Zuckerglasur bekam. Bei der Entstehung dieser Edelsorten waren wir beide nur noch Zuschauer, weil die mit Marmeladen zu bestreichende Hälfte leicht in die Brüche ging. Aber wir bewunderten das vollendete Endprodukt und zollten Mutti viel Beifall, weil das Johannisbeergelee unglaublich verlockend in seinem weißen Glasurring schimmerte. Ein vergleichbar kompliziertes ästhetisches Backerzeugnis war das Marmorgebäck, in dem sich ein heller und ein dunkler Streifen umeinander ringelten, um beim Verzehr geschmacklich zu kontrastieren. An die Zimtsterne wagte sich Mutti immer mit gemischten Gefühlen, weil sie lagerungstechnisch nicht im Griff hatte, wann und wie diese wieder „weich" wurden. Darauf aber kam es der Perfektionistin an. Keiner aus der Großfamilie sollte am Heiligen Abend oder später eine ausgebissene Zahnkrone riskieren.

Ab jetzt waren ihre beiden Assistenten bei jedem weiteren Backtag dabei, die schon geschafften, aus dem Backofen geholten Bleche und Sorten zu zählen. Gemeinsam wuchs der Stolz über das schon gehortete, je nach Teigart in Blechdosen oder Pappschachteln gelagerte Zuckerwerk. War dann noch Zeit für die Spitzbuben, wurde der Weihnachtsbäckereigipfel erreicht. Denn für diese Sorte waren drei sich verjüngende Buttergebäckplättchen zu türmen. Die kleine Pyramide, die dadurch entstand, wurde ebenfalls durch eine Fruchtmarmelade zusammengehalten und am Ende puderüberzuckert zu einem kleinen Schneeberg. Die ganze Gebäckpalette war freilich in vollem Umfang erst zu bewältigen, als Mutti von Papa zum Geburtstag eine „Progress"-Küchenmaschine geschenkt bekam und diese mit ihren verschiedenen Rührkolben das Mischen und Kneten der verschiedenen Teigsorten zum Kinderspiel machte. Ein surrendes Geräusch begleitete die stetige Verwandlung der vielen einzelnen Zutaten in einen Teig. Das war ein realer und magischer Vorgang in einem. Ich habe gerne in die Rührschüssel der „Progress"-Maschine geschaut und in der hier bereits freigesetzten Geruchsvielfalt schon das fertige Gebäck vorgeschmeckt. Wenn ich es heute recht nachfühle, war das Mehlabwiegen, das Kleinhacken der Mandeln, das Kneten, Auswalzen und Ausstechen des Teiges, das Lasieren, Aufs-Blech-Setzen der Plätzchen, das Backen und das wiederholte Prüfen, ob auch nichts verbrannt sei, und zu guter Letzt das Vom-Blech-Nehmen des Weihnachtsgebäcks die sinnlichste und längste, über viele Tage andauernde heilige Nacht, ein Fest der unheiligen Familie, denn Vater stibitzte am Ende genauso wie wir eine oder mehrere sogenannte Versucherle. Selten habe ich Mutti so bei der Sache, ihren Kindern und in Vorfreude erlebt, auch wenn sie immer besorgt war, dass etwas misslingen könnte.

Nie misslungen, auch wenn zuweilen etwas schiefging, war der Heilige Abend. Im Vorfeld gab es die familienüblichen kleinen Turbulenzen. Großonkel August, der unverheiratete und kinderlose, erklärte alljährlich, diesmal würde er nicht zur Bescherung kommen, ihm sei nicht weihnachtlich ums Herz. Was Großvater Wilhelm mit dem nicht sehr vorweihnachtlichen Satz kommentierte: „Dann soll er daheimbleiben, der alte Spinner!" Er kam selbstverständlich immer, ebenso wie die Großtante Mathilde, Oma und Opa. Und sie saßen dann mit ihren beiden Enkeln, die in Vorfreude auf den Weihnachtsbaum und die erwarteten Geschenke ausgelassen herumtollten, in der Küche und warteten aufs Christkind. Das ließ zuweilen lange, ja sehr lange auf sich warten, was Mutti, die immer mal wieder zur angeblichen Beruhigung der Wartenden in der Küche erschien, durch wachsende Aufregung beantwortete. Vater Ernst war nach Geschäftsschluss um 14 Uhr plötzlich gänzlich verschwunden. Wie wir erst mit vorgerücktem Alter bemerkten, ins Herrenzimmer, wo die Ankunft des Jesuskindes vorbereitet wurde. Warum sie sich zunehmend verzögerte, war mir aber erst seit jenem Weihnachtsfest klar, als die erste elektrische „Märklin"-Eisenbahn auf dem roten Berberteppich unterm Christbaum kreiselte. Hatte Papa zuvor nur den Baum zu schmücken, die Puppenküche vom Speicher zu holen und aufzustellen – ja, die beiden Söhne hatten und liebten ihre sich jährlich erweiternde Puppenküche – das Feuerwehrauto oder den Spielekarton zu arrangieren, kämpfte er jetzt auf dem Boden liegend mit Fehlschaltungen und Kurzschlüssen, bis die kleine Dampflok endlich fuhr und die zwei Weichen auch richtig gestellt werden konnten. Und das dauerte eben. Als das Glöcklein klingelte, was heute recht traurig noch im Geschirrschrank steht, das Christkind also gekommen und sofort wieder gegangen war, freundlicherweise aber viele Geschenke

hinterlassen hatte, leuchteten die Kerzen des Lametta behangenen Weihnachtsbaums, und die beiden übermütigen Buben verwandelten sich umgehend in andächtige Weihnachtsengel, was auch dem ersten, dem religiösen Teil des Heiligen Abends durchaus entsprach.
Muttis Dramaturgie war durchaus traditionell und deshalb wirkungsvoll. Sie setzte sich ans Klavier und spielte „Ihr Kinderlein, kommet" als Eröffnungslied, in das Opa Sturm sofort mehr als einen Halbton zu tief einstimmte, was dem gesamten Chor die falsche Tonhöhe und Richtung wies. Dann wurde die Kerze vor der Krippe angezündet, und Papa las das Weihnachtsevangelium vor. Als er an der Stelle angekommen war „und legten ihn in die Krippe, denn in der Herberge war kein Platz für sie", durchlief mich immer ein leichter Schauer, zugleich festigte sich meine Gewissheit, es in der versammelten Runde meiner Liebsten doch recht gut und gemütlich zu haben. Nun folgte „Stille Nacht, Heilige Nacht! Alles schläft, einsam wacht", was dazu führte, dass alle innerlich und im Vibrato auch die Frauenstimmen bebten. Gesungen wurden immer die Strophen 1, 2 und 6 bis zu „Jesus der Retter ist da". Über „O Tannenbaum, o Tannenbaum", „Kommet ihr Hirten" und „Es ist ein' Ros' entsprungen" arbeitete man sich aus dem Verinnerlichten gemeinsam zurück ins freudig Erhabene, um dann mit „O du fröhliche, o du selige, gnadenbringende Weihnachtszeit" die Wende in den weltlichen, den Gaben bringenden Teil des Abends zu schaffen. Jetzt durften gleich die Geschenke ausgepackt werden. Das Wunder der Heiligen Nacht nahm immer konkretere Formen an. Klaus war glücklich über seinen ab heute eigenen, zweiten Backofen in der Puppenküche, ich baute die Achterbahn aus Blechschienen zusammen und ließ, nachdem mich Opa nachdrücklich gewarnt hatte, die Metallfeder beim Aufziehen nicht zu überdrehen, den Achterbahnwagen auf ihr sausen. Schließlich bat Mutti vom Herrenzimmer in die Bauernstube, wo sie an jedem Heiligen Abend Königinpastetchen servierte. Diese waren mit Ragout fin gefüllt, das sie selbst zubereitet hatte, was Tante Mathilde jedes Jahr in ungläubiges Staunen versetzte. Ich goutierte die gefüllten Blätterteighüllen wegen der dunklen Worcestersauce, von der man einige Spritzer über die helle Füllung verteilte. Das schien mir unübertrefflich pikant und zugleich sehr exotisch.

Die Tatsache, dass das Christkind von Jahr zu Jahr mit zunehmender Verspätung eintraf, brachte uns beiden aber bald einen Riesenvorteil. Denn die elektrische Eisenbahn hob vom Boden und Berberteppich ab und landete als feste Installation auf einer großen Holzplatte, die auf dem abgeräumten Palisanderschreibtisch des Vaters platziert wurde und diesen rechts und links weit überragte. Nun glaubte auch der kleine Klaus nicht mehr, dass dieses Eisenbahnwunderland vom Christkind an diesen Ort eingeflogen worden sei, zumal Großonkel August sich schnell und stolz als Schöpfer und Gestalter der imposanten Eisenbahnlandschaft zu erkennen gab. Schon fuhr die große Dampflok mit den roten Rädern, die damals noch kein Nostalgiezug war, mit vier Schnellzugwagen im unteren Tunnel ein und kam nach einiger Zeit im oberen Tunnel wieder zum Vorschein, bevor sie das Viadukt überquerte, das sich zwischen den beiden zum Teil bewaldeten Bergen übers Tal spannte. Längst schon hatte sich zu diesem Zeitpunkt der große grüne Elektrotriebwagen in Bewegung gesetzt mit seinen Güterzuganhängern, aus denen die Wagen mit den Baumstämmen und dem gelben Benzintank besonders hervorstachen. Und als sich beide Züge kurz vor dem Bahnhof im Tal zum ersten Mal kreuzten, ohne zusammenzustoßen, ging ein Vater- und zwei Kinderträume in Erfüllung, zumal der Großonkel auch noch das weiße Kapellchen, das auf dem einen Berggipfel stand, mit einem speziellen Knopf zum Läuten brachte. Eine schöne alte Welt war da mit vielen Fachwerk-„Faller"-Häuschen im Talgrund bestückt, einer Fabrik mit Schornstein, einem Sägewerk am Lauf des Flüsschens und einer kleinen Poststation, gleich hinter den Bahnschranken, die man hinauf und hinunter bewegen konnte. Als dieses Weihnachtswunder sich zum ersten Mal ereignete, waren Klaus und ich gänzlich sprachlos. Ich hatte nur wenige Stunden in der Nacht zum Ersten Weihnachtsfesttag geschlafen und stand in aller Herrgottsfrühe, während alle anderen noch tief im Schlaf waren, fröstelnd, nur mit dem Nachthemd bekleidet, im Herrenzimmer vor dem Wunderwerk. Ich rieche noch heute den Nadelduft des vergangenen Abends, der sich mit der Ölfarbe mischte, die Berg und Tal der Anlage grundierte. Ich suchte unter der Holzplatte den Elektrostecker, stöpselte ihn ein und – welche Herrlichkeit! – die zwei Straßenlaternen am Bahnhof begannen zu leuchten und zugleich die kleinen Würfel auf den Weichen der Bahngleise. Ich sehe, wie meine Hand zaghaft den Drehschalter des blauen Trafos fasst und vorsichtig nach rechts bewegt. Das Geräusch der ganz langsam anfahrenden Züge war überwältigend. Es war ein himmlisches Geräusch, das nie mehr aus meinem Herzen und dem Katalog meiner dringlichsten Sehnsüchte verschwunden ist.

15 Vorspiel

„1000 Fehler!!!", schrieb der Herr Musiklehrer in das goldbraun kartonierte Aufgabenbüchlein, in dem die Unterrichtsstunden meiner fünf Jahre andauernden Bemühungen um die Erlernung des Klavierspiels protokolliert wurden. Und dies ganz regelmäßig mit acht bis zehn Ausrufungszeichen. Er bewertete damit, wie und in welcher Qualität ich mich am *Andante cantabile* von Diabelli, an Burgsmüllers *Unruhe* oder am *Menuett in C-Dur* von Wolfgang Amadeus Mozart vergangen hatte. Etwas machte ich in seinen Augen immer falsch: die Handhaltung, den Anschlag, das Tempo oder den Pedaleinsatz, der an dem großen schwarzen Steinway-Flügel des reizbaren Lehrers für einen Acht- oder Neunjährigen nicht einfach war. So habe ich es in meiner aktiven Musikerlaufbahn spielend auf über 200.000 Fehler gebracht, denn weniger als 1.000 Fehler pro Unterrichtsstunde waren in dem Heftchen nie vermerkt. Noch heute packt mich die Wut über den Musikpädagogen, der keiner war oder sein wollte, aber seinen Schülern die Musik verleidete. Er nannte sich Kapellmeister, dirigierte den Kirchenchor der Stadtkirche „Unsere Liebe Frau" und spielte dort sonntäglich im Hauptgottesdienst die Orgel. Beim Hochamt an kirchlichen Festtagen brachte er hier seine eigenen Kompositionen zur Aufführung und sorgte so für sein Renommee als örtliches Musikgenie.

Wenn ich am Nachmittag, nach Schulunterricht und erledigten Schulaufgaben, die vier oder fünf Stockwerke zu seiner Wohnung emporstieg, wurden die Beine mit jeder Stufe schwerer. Vor der Wohnungstür war meine untere Körperhälfte aus Blei. Auch hatte ich jedes Mal einen physischen Widerwillen, die Wohnung des Musikus zu betreten, weil sie fremd und merkwürdig roch, was andere Wohnungen freilich auch taten, weshalb ich hier aber immer eine kleine Überwindung beim Eintreten brauchte. Oft schickte er mich nach dem Öffnen der Tür allein ins abgedunkelte Musik- und Unterrichtszimmer, dessen schwere Vorhänge mir Sicht und Luft nahmen, und zwar mit dem Auftrag, schon einmal Tonleitern zu üben. Er blieb aber akustisch präsent mit Küchengeräuschen oder Korrekturrufen. Durfte ich schließlich die vorgegebene Übungsaufgabe unter seiner Aufsicht vorspielen, unterbrach er beständig meinen Spielversuch und hämmerte eine Korrektur nach der anderen in die Tasten. Häufig langweilte er sich aber auch und saß mit halb geschlossenen Augen zurückgelehnt und starr neben mir. Mein Blick ging, wenn seine Kommentare ausblieben, ängstlich zu ihm hin und blieb dann oft, mein Spiel fast vergessend, an seinen Schuppen hängen, die über die Schultern seiner dunkelblauen Hausjacke verstreut waren, oft auch an seinen strähnigen fettigen Haaren. Noch ekliger fand ich, dass er während meines Spiels bei offener Zimmer- und Klotür pinkelte und dann die Spülung zog. Ich hatte damals nicht einmal in Gedanken den Mut, ihn gleich mit ins Abwasserrohr zu wünschen. Irgendwann drang diese Angewohnheit, die wohl eher eine kleine Perversität war, in die Elternöffentlichkeit. Eine Schülerin hatte sich darüber beschwert. Zum Aufstand kam es aber nur hinter vorgehaltener Hand, so prüde und verklemmt waren die Zeiten. Keiner hätte gewagt, solches Tun eines Künstlers laut aus- und anzusprechen.

Das lag nicht zuletzt daran, dass der Herr Kapellmeister sehr genau und geschickt auf seine öffentliche Wirkung bedacht war. Eine dunkelrote Künstlerfliege, die er bei öffentlichen Anlässen trug, wies ihn als Maestro aus. Seine Schülerkonzerte, die er regelmäßig im Frühjahr und Herbst im Hotel „Friedrichshof" veranstaltete, dienten ebenso seiner Selbstdarstellung wie die lancierten Presseartikel darüber nebst seinem Konterfei in der Lokalzeitung. Hier wurde er unter der Überschrift „Erfolgreicher Bruchsaler Komponist" als Preisträger eines Komponistenwettbewerbs des badischen Sängerbundes gefeiert und sein bisheriges Schaffen ausführlich gewürdigt, zu dessen Höhepunkten angeblich seine *Deutsche Messe* und seine Rundfunkkonzerte gehörten, die er mit einem Karlsruher Gesangverein „gab".

Auch der Ort des Vorspiels war von ihm mit Bedacht gewählt. Als einziges Gebäude, das von den Fliegerbomben verschont geblieben war, stand gegenüber dem zerstörten Bahnhof das Hotel „Friedrichshof". Es zählte zu den ganz wenigen repräsentativen Gebäuden, die in der Stadt übriggeblieben waren. Eine nach den Seiten ausschwingende Treppe führte zu einer großen Terrasse, die wiederum auf vier ionischen Säulen eine weitere Terrasse trug, die ein Barock anmutendes Steingeländer säumte. Auch die dahinterliegende Fassade strahlte mit ihren Säulenhalbreliefs und floralen Ornamenten einen kulturellen

Anspruch aus, der in der Ruinenwüste rundherum offensichtlich zugrunde gegangen war.
 Eine halbe Stunde vor Konzertbeginn hatten sich „die Studierenden von Kapellmeister F. B." im sogenannten Nebenzimmer des Lokals einzufinden. Hier stand auch das Klavier. Der dunkel getäfelte Raum, der mit einem Alkoven und einem vierflügeligen bleiverglasten Fenster abschloss, verstärkte meine Bangigkeit. Und erst recht die Stuhlreihen, die eine Bedienung des Hotels aufgestellt hatte und nun gerade- und zurechtrückte. Gleich würden hier die Mütter, Väter, Tanten, Onkels und Bekannten der Spielerinnen Platz nehmen und Ohr und Augenmerk auf ihren Nachwuchs richten. Ich rannte noch einmal zur Toilette, wo ich Freund Gernot traf, der auch heute wieder eine Bleyle-Strickhose trug. Bei unserer Rückkehr wurde schon das Konzertprogramm an die Besucher verteilt. DIN-A4-Blätter, die mit „Musikschule Bruchsal. Staatlich anerkannte Lehranstalt für Musik" überschrieben waren und für Sonntag, den 8. März 1953, 15.30 Uhr, „Klassische und Romantische Klaviermusik" ankündigten, nebst den „Ausführenden" und der „Vortragsfolge". Die Namen der „Ausführenden" standen in Klammern unter dem Musikstück, das sie spielen sollten, die „Vortragsfolge" war penibel gegliedert. Ich war neben Gernot unter arabisch 2 und b) mit *Champagnerlied* von Wolfgang Amadeus Mozart" verzeichnet. Hinter mir rangierte auf 3a) ein weiterer Klassenkamerad, German L., mit einer *„Sonatine in G* von Ludwig van Beethoven". Die sogenannte Vortragsfolge war nämlich eine Rangliste der sich steigernden Klavierspielvirtuosität und erreichte mit Position 8, also mit dem 15. „Ausführenden" ihren Gipfel: Peter Tschaikowskys *Schneeglöckchen, op. 37 Nr. 4.* Die von einer Wachsmatrize abgezogenen Programmzettel mit ihrer geruchsintensiven Blaupausenschrift haben seit damals in meinem jungen Leben ihren Schrecken nie verloren, sie tauchten nämlich weiterhin in böser Regelmäßigkeit auch im Gymnasium wieder auf, wo in selbiger Ausführung die Klassenarbeitsthemen oder Texte verteilt wurden.
 Wie ich mein erstes Konzert überstanden habe, weiß ich nicht mehr. Irgendwann konnte ich meinen „Diener machen", blickte kurz zu meiner Mutter, die nickte, und verzog mich schleunigst auf die Bänke der „Ausführenden". Damit war aber die Infamie des Kapellmeisters und einzigen Lehrers der staatlich anerkannten Musikschule noch nicht zu Ende. Er sorgte dafür, dass seine Konzerte ausführlich und mit Namensnennung jedes Beteiligten im Lokalblatt besprochen

wurden unter so klangvollen und anregenden Überschriften wie „Angehende Künstler musizieren", „F. B.-Konzert fand beifällige Aufnahme" oder „Fröhliches Musizieren". Das Ganze war freilich alles andere als fröhliches Musizieren. Es war eine Leistungsschau mit erheblichem Leistungsdruck: „Den nicht ganz leichten Anforderungen, die die Komposition *Ritterlichkeit* an den Spieler stellt, zeigte sich Hajo Kurzenberger vollauf gewachsen." Verbrämt wurden sie durch ein kulturkonservatives Gesülze, das die Jugend feierte, „die sich auf musikalischem Gebiet betätigt." Der O-Ton der Rezension, „...aber die Musika bleibt bestehen", vereint alle Elemente, die einem kleinbürgerlichen Kulturbewusstsein lieb und teuer waren. Aufstiegsbegehren, Profilierungs- und Glücksverheißung wurden mit verstecktem Nationalstolz und vager Innerlichkeit vermengt: „Unbestreitbar werden diese jungen Menschen, die irgendein Musikinstrument spielen, durch ihre Kunst einen Vorsprung vor den anderen haben. Sie werden beliebt und geachtet sein, weil sie imstande sind, da und dort Freude und Glück ins Leben der Familie und Gesellschaft zu bringen, was ihnen jeder danken wird. Auch werden sie mit größerem Verständnis und innerer Bereitschaft unserer großen klassischen Musik gegenüberstehen, aus der sie Kraft für den Alltag schöpfen und sich durch sie seelisch bereichern."

Bereichert hat sich nur der Veranstalter, der deshalb mit Energie und Fleiß immer neue Varianten seiner Konzertreihe erprobte. Da kam zur „klassischen und volkstümlichen Klaviermusik" in Teil 1 plötzlich in Teil 2 „beliebte Akkordeonmusik" hinzu und zum Vortrag mit so reizvollen Titeln wie *Heuwalzer, Tanzende Finger* und *der Klarinetten-Muckl*. Oder die Veranstaltung wurde interdisziplinär und multimedial erweitert um Tanz und Violinspiel. Ich durfte dann zum Spitzentanz und türkischen Marsch der Tanzgruppe M. Krätzel das *Hirtenlied, Op. 100 Nr. 3* beisteuern. Aber bevor sich das Konzertgeschehen immer mehr zur Italienischen Nacht im Horváth'schen Sinn entwickeln konnte, riss der Impresario und Kapellmeister das Steuer wieder herum, tat sich mit der Frau Konzertsängerin M. W. aus Karlsruhe und ihren Gesangseleven zusammen und präsentierte seine neueste Konzertvariante im örtlichen Kulturbetrieb. Nun mischte sich *Mein Herr Marquis* aus Straußens *Fledermaus* mit Franz Schuberts *Impromptus, as-dur, op. 90, Nr. 4*, Mozarts *Bei Männern welche Liebe fühlen* mit Schuberts *Militärmarsch opus 51, Nr. 2*.

Bruchsal, den 9.8.51.

Meine liebe, gute Mutti

Wir sind alle wieder gut hier angekommen. Die Fahrt an den Bodensee hat mir gut gefallen. Ich habe viel Neues gesehen. Der Bodensee ist ja so groß und die Fahrt auf dem Dampfer nach Lindau war herrlich. Überall flogen Möven herum und fingen das Brot auf. Vom Schiff aus sahen

Fundstücke I

> Wir die Alpen mit dem Säntis. Bald kamen wir nach Lindau. Am Hafen sah ich den bayrischen Löwen. Auf der Rückfahrt fuhren wir mit der Schwarzwaldbahn. Alles hat mir recht gut gefallen. Ich war müde und habe gut geschlafen.
>
> Ich wünsche Dir liebe Mutti gute Erholung und dem König von Schramberg.
> Auf Wiedersehen und viele Grüße an alle
>
> Dein Hajo

Brief des Siebenjährigen an die Mutter

2 Vaters Mythen

Lagerspiele der Rüppurrer Pfadfinder: Reiterkampf und „Prellen"

2 Vaters Mythen

Vater Ernst im Gespräch mit Olaf Olafson, dem Kapitän der „Godafoss"

Unterwegs in Island

Telegramm von der „Godafoss" an Ruth Sturm: „erreiche hamburg sonntag treffpunkt 23 bahnhof ernst"

3 Ungleiches Schicksal: die Brüder Ernst und Karl

Pfadfinder des „Sturmtrupp Süd Stamm Rüppurr" beim Ausmarsch („Weit lasst die Fahnen wehen/Wir woll'n zum Sturme gehen...") und beim Geländespiel („Der Angriff")

3 Ungleiches Schicksal: die Brüder Ernst und Karl

Karl K. bei seiner
Schwester Martha
S. in Schramberg
(Weihnachten 1935)

Reichsarbeitsdienst
(RAD) in Mittel-
aschenbach (Lager
3/226/224) (1938)

3 Ungleiches Schicksal: die Brüder Ernst und Karl

Karl K. als „Nachrichter" im Frankreichfeldzug (1940)

3 Ungleiches Schicksal: die Brüder Ernst und Karl

Karl K. als Sieger und als „Verwundeter"(?) in Frankreich

3 Ungleiches Schicksal: die Brüder Ernst und Karl

Ernst K. am Schreibtisch des Wehrmeldeamts Bruchsal und als Kradfahrer vor dem Bruchsaler Schloss

Schachturnier des Wehrmeldeamts Bruchsal in der Hauptschule Gochsheim am 30.1.1945

4 Der glamouröse Herr Scheuermann und das elegische Fräulein Sturm

Die Eltern...

4 Der glamouröse Herr Scheuermann und das elegische Fräulein Sturm

...jung verliebt (1938/39)

4 Der glamouröse Herr Scheuermann und das elegische Fräulein Sturm

Ruth S. in Rokokomaskerade (Schlosskonzerte 1935/36)

Hochzeitsbild Ernst und Ruth K. (1941)

Erste gemeinsame Ferien am Achen- und Bodensee (1940)

6 Gefangenschaft

„Ihr Gatte befindet sich in amerikan. Gefangenschaft in Heilbronn"
Erste überbrachte Nachricht aus dem Gefangenenlager

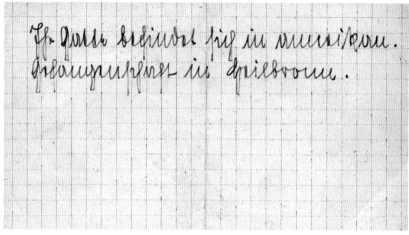

Aus dem Zug geworfene Nachricht von Ernst K. beim Gefangenentransport nach Belgien (24.07.1945)

6 Gefangenschaft

V.: Siehe, o gütigster und süßester Jesus,

A.: Vor deinem Angesicht werfe ich mich auf die Knie nieder, / und bitte und beschwöre dich / mit der heißesten Inbrunst meiner Seele: / Präge meinem Herzen ein / den lebendigen Geist des Glaubens, der Hoffnung und der Liebe, / eine wahre Reue über meine Sünden / und den festen Willen mich zu bessern. / Mit innigem Mitleid und tiefem Schmerz meiner Seele / betrachte ich deine fünf Wunden und beherzige dabei, / was der Prophet David von dir, o guter Jesus, geweissagt hat: / „Sie haben meine Hände und Füße durchbohrt, / sie haben alle meine Gebeine gezählt."

Tagebuchseite des Vaters (Gefangenenlager Mons, Belgien 22.08.1945)

7 Mutterschutz

Viermal Mutter und Sohn

7 MUTTERSCHUTZ

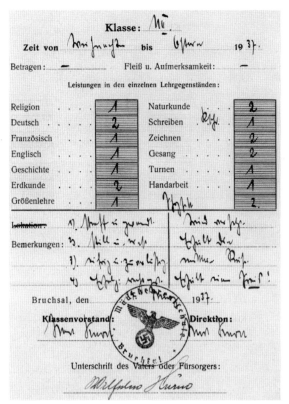

Abgangszeugnis der Mutter an der Mädchenrealschule
(Mozartschule) in Bruchsal 1937:
„1) straff (?) u. gewandt
2) still u. wach
3) eifrig u. zuverlässig
4) Erfolg: sehr gut
Wird versetzt. Erhält die mittlere Reife. Erhält einen Preis!"

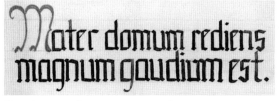

Eigenhändige Schriftübung des Sohnes Hajo K.:
„Kommt die Mutter nach Hause zurück, ist die
Freude groß"

8 „König von Schramberg"

Bruder Klaus (ab 1947)

8 „König von Schramberg"

Die Geschwister (Anfang der 50er)

Die älteren Vettern und die jüngeren Brüder in Schramberg

9 Familientopologie I: Der Garten der Kindheit

Verlobung (1914 oder 1915) und goldene Hochzeit (1969) der Großeltern Anna Sturm geb. Rapp und Wilhelm Sturm

9 Familientopologie I: Der Garten der Kindheit

Die Geschwister Mathilde (1889–1979), Anna (1892–1971) und August (1891–1972) Rapp

Großvater Wilhelm Sturm
(1892–1970)

9 Familientopologie I: Der Garten der Kindheit

In „Ogus" Kletter- und Zaubergarten
(um 1950)

10 Am Stadtgarten 3, in der Wörthstrasse 4

Die Brüder...

10 Am Stadtgarten 3, in der Wörthstrasse 4

... im umhegten Spielgelände (1950 bis 1957)

11 Schulanfang

Schulanfang (1950)

12 Magische Orte: Schwimmbad und Messplatz, Kaffeebuckel und Eisweiher

Das Schwimmbad

Der Eisweiher

13 Familientopologie II: Blütenweg und Felsenkeller

Danksagung.

Für die innige Teilnahme beim Heimgange meiner lieben, unvergeßlichen, treusorgenden Frau, für die viele Liebe und die reichlichen Blumenspenden sage ich auf diesem Wege aufrichtigsten und herzlichsten Dank. Die von allen Seiten erwiesene Aufmerksamkeit bestätigt, daß die teure Entschlafene die Beste der Besten war. B39890

Karlsruhe-Rüppurr, 25. November 1924
Im Namen der tieftrauernden
Hinterbliebenen:
Albert Kurzenberger.

Die Großeltern Albert Kurzenberger (1875–1965) und Friederike K. geb. Gaugler (1881–1924)

13 Familientopologie II: Blütenweg und Felsenkeller

Vater Ernst K. mit seinen Geschwistern Änne, Emilie, Martha und Karl (ca. 1923)

Abschiedsbild nach einem Familientreffen in Schramberg

13 Familientopologie II: Blütenweg und Felsenkeller

"Opa ander", der Liebhaber
und Rezitator der Dichter
(ca. 1957)

Großvater Albert an seinem 80. Geburtstag, umringt von vier seiner Enkel (1955)

14 Dampfnudeln in der Bauernstube, Dampflock im Herrenzimmer

Vater Ernst auf der Kachelofenbank der sogenannten Bauernstube (1954)

15 VORSPIEL

Das Badische Staatstheater vor seiner Zerstörung (27.09.1944): Erlebnis- und Sehnsuchtsort des Vaters

Das erste große Konzert mit Jehudi Menuhin in der Karlsruher Schwarzwaldhalle (1958)

15 Vorspiel

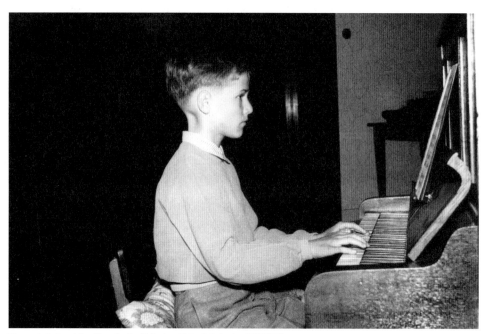

Vorspiel der Musikschule F.B. im Friedrichshof (1953)

Im Mozartjahr 1956 wurde ich ein letztes Mal Opfer solchen Innovationsdrangs. Der Kapellmeister beauftragte mich aus Anlass des 200. Geburtstages des Salzburger Musikgenies beim nächsten Vorspiel einen Festvortrag mit dem Titel „Mozarts Leben und Werk" zu halten. Ich konnte mich nach Rücksprache mit den Eltern dieser Aufgabe angeblich nicht entziehen und überließ Vater, dem „Musikliebhaber", die Ausarbeitung meines Vortrags. Mein Ghostwriter reihte halb pflichtschuldig und halb begeistert alle Mozartanekdoten und -klischees aneinander. Zunächst die des Wunderkindes, das schon mit fünf Jahren zu komponieren begann, der auf seinen frühen Konzertreisen auch in Bruchsal gastierte und dann den vierzehnjährigen Goethe in Frankfurt begeisterte; das kleine Genie, das in Rom mit sieben Jahren einen fünfstelligen Chorsatz hörte und aus dem Gedächtnis niederschrieb und so weiter und so weiter. Selbstverständlich wurde diese Jugend, die unter einem überaus glücklichen Stern stand, tragisch gewendet. Der Mozart und vor allem seiner Frau fehlende Sinn für sparsame Wirtschaft führte zwangsläufig in bittere Not, die aber den Vorteil mit sich brachte, „die größten und reichsten Werke" hervorzubringen. Dann folgt eine Aufzählung aller Kompositionen und schließlich das verbale Finale furioso: „Dies ist das gewaltige Werk eines gottbegnadeten Menschen. Es ist erschütternd, dass ein solcher Mann in einem Armengrab enden musste. Aber durch sein Werk ist er doch unsterblich geworden. Lasst uns alle dieses große Genie der Musik verehren." So lautete die Schlussfanfare meines Vaters, die ich mit gläubiger Unschuld nachposaunte. Wenn ich 60 Jahre später sein von ihm selbst getipptes Manuskript lese, rührt mich die identifikatorische Naivität, die sein Text enthält und trägt. Und es ärgert mich der pflichtschuldige und devote Bückling, den er vor dem zweifelhaften Kapellmeister als Texteinwurf formuliert hat: „Wie würde sich unser verehrter Herr B. freuen, wenn wir um vieles ältere Schüler nur einen Bruchteil des Auffassungsvermögens des kleinen Mozart hätten. Aber solche Wunderkinder gibt es wohl nur alle paar Jahrhunderte!"

Zwei oder drei Tage später, es war mitten in der Lateinstunde, schnauzte mich der kahlköpfige Doktor N., von den Schülern Nero genannt, unvermittelt an, sein auch sonst rollendes R hörbar verschärfend. „Kurrrrrzenberger! Was lese ich da für einen Unsinn, der in der heutigen Zeitung steht! Du hast ein Referat über Mozart gehalten. Weißt du, was ein wissenschaftliches Referat ist? Ein Sextaner hält keine Referate!" Dann legte er noch einmal nach mit der Bemerkung, es genüge doch wohl, wenn jede Woche ein oder mehrere Familienmitglieder mit ihren Tenniserfolgen in der Zeitung stünden. „Setzen!" Meine Verwirrung war groß, aber heilsam, weil es meine Vorbehalte gegen öffentliche Vorspiele und öffentliche Vorträge, an denen ich mich beteiligte, verstärkte. Bald verweigerte ich mich dem Klavierspiel und Klavierunterricht gänzlich. Und widerstand auch dem Widerstand der Mutter, die meine Kunstübungen weitergetrieben sehen wollte. Auch die Variante des einschlägigen Arguments vom Vorsprung vor anderen, den das Klavierspiel erbringe, verfing nicht. Mutti lockte mit einer imaginären Karriere, in der sich ihr halbstarker Filius nach der offiziellen Tanzstunde ans Klavier setzen könne und umschwärmt von allen Tanzstundendamen aufspiele. Zur Verwirklichung dieser Vision ist es Gott sei Dank nie gekommen. Ende der Fünfzigerjahre war schon der Plattenspieler Zentrum der Party und nicht das Klavier. Und zum anderen, das ahnte ich schon als Zwölfjähriger, wären dem umschwärmten Klavierspieler dann ja die Hände gebunden gewesen, was den ersten erotischen Erkundungen dieser Lebensphase sicherlich nicht förderlich gewesen wäre.

Meine gescheiterte Pianistenkarriere hinderte mich nicht, „das Genie der Musik" verehren zu lernen. Dies geschah im Schlepptau des Vaters, der, wie ich schon früh spürte, immer der genauere Hörer und größere Musikenthusiast war und ein Leben lang geblieben ist. Seine Begeisterung war ansteckend, ob er mich in eines der vom Süddeutschen Rundfunk veranstalteten Schlosskonzerte mitnahm oder zum großen Sinfoniekonzert in die „Großstadt" führte. Denis Zsigmondy war der erste herausragende Geiger, der im heimischen Kammermusiksaal des Schlosses spielte, Yehudi Menuhin das musikalische Großereignis, an dem ich in der Karlsruher Schwarzwaldhalle teilhatte. Vater Ernst hatte schon wochenlang davor von dem großen Künstler, dem Geigenvirtuosen und der erstaunlichen Tatsache geschwärmt, dass der jüdische Geiger Deutschland besuche, er mit Furtwängler Freundschaft geschlossen habe, obwohl der Dirigent ein Aushängeschild der Nazis im Nazi-Deutschland gewesen sei. So erwartete ich schon im Vorfeld des Konzerts die Ankunft eines Messias der Kunst und der Humanität, obwohl ich die politische Tragweite seines Gastspiels in den frühen Fünfzigerjahren selbstverständlich nicht erfasste.

Der Ort des Konzerts schien mir seinem angekündigten Erscheinen höchst angemessen. Die Schwarzwaldhalle bot ein anderes Ambiente als der biedere dunkel vertäfelte „Friedrichshof", wo der Kapellmeister seine Truppe vorführte und ich als Spieler der Burgsmüller'schen *Ritterlichkeit* dilettierte. Die Karlsruher Schwarzwaldhalle war ein in Beton gegossenes Symbol des neu erstehenden modernen Deutschlands. Der bekannte Architekt Professor Schelling hatte sie entworfen. Die neugierige Familie inspizierte sie regelmäßig bei der Vorbeifahrt zum Großvater in der Rüppurrer Gartenstadt. Noch stand sie eingerüstet wie auf Stelzen. Nur 6 cm dick, so war zu hören und zu lesen, wurde das freitragende Hängedach auf einer Holzverschalung betoniert und sollte 2.500 Quadratmeter und bis zu 3.500 Besucher überspannen. Eine technische Spitzenleistung und ein ästhetisches Wunderwerk, das sich erst zeigte, als die Holzgerüste fielen. Das war in meinen Augen kein Hängedach, sondern eine frei und weit ausschwingende Fläche, die die Betonmaterie zum Verschwinden brachte. Ein architektonisches Gegenprogramm also zur monumentalen Säulenarchitektur der Nazis und deshalb der ideale Ort für den großen, eleganten charismatischen Geiger aus Amerika, um hier Mozarts *Violinkonzert KV 271a* in ein helles Flimmern zu verwandeln, dem 2.000 Menschen gebannt zuhörten, Vater und ich voller Andacht und Bewunderung unter ihnen. Ob es tatsächlich dieses Violinkonzert war oder ob ich es Menuhin nachträglich unterjuble, kann ich nicht verlässlich sagen. Nur die Eintrittskarte, nicht der Programmzettel hat schwarz auf rot überlebt. Vielleicht hat mein Gedächtnis fälschlicherweise als Karlsruher Programm eingesetzt, was das fünfzehnjährige, damals noch etwas dickliche Wunderkind Yehudi 1931 erstmals mit Bruno Walter als Dirigent in Berlin zur Aufführung brachte. Aber das ist letztlich egal. Vater und Sohn erlebten, wie ein großer Genius der Musik das fliegende Dach ein zweites Mal zum Fliegen brachte und mit ihm die vielen beglückten Zuhörer, allen voran meinen verzückten Vater. Yehudi Menuhin öffnete den Sternenhimmel der Kunst, der jetzt nicht mehr mit Professor Schellings vielen kleinen Deckenleuchten bestückt war, sondern in vielen Sternbildern funkelte.

Dass das fliegende Wunderdach, das Krümmung und Gegenkrümmung spannungsvoll harmonisch zum Ausgleich brachte, bald darauf eine Ringer-Weltmeisterschaft deckelte, war für mich kein Problem. Denn kurz darauf machte Louis Armstrong, genannt „Satchmo", mit Fliege, Einstecktuch und Trompete die Halle zum Mississippidampfer und brachte das Publikum auf andere Weise zum Rasen. „And I think to myself what a wonderful world." Stars und Sternchen hatten ihr neues Spiel- und Auftrittsfeld. Maria Schell nahm hier 1955 ihren vierten Bambi in Empfang, O. W. Fischer seinen dritten, diese zeittypische provinzielle Tierplastik, die das Haus Burda aus Offenburg kreiert hatte. Die Lokalpresse berichtete vom „Andrang der Massen" vor der Schwarzwaldhalle. „Es stellt alles Bisherige in den Schatten." Sicher nicht Yehudi Menuhins erstes Vorspiel und seine musikalische Geste der Aussöhnung, auch wenn in diesem Jahr erstmals nach dem Krieg ein ausländischer Filmstar persönlich erschienen war. Jean Marais kam über die nahe deutsch-französische Grenze. Es wurde von einem Tänzchen mit Maria Schell, der Schweizerin, berichtet.

16 „Dort, wo die Glocken klingen hell ..."

Die „Frankfurter Allgemeine Zeitung" eröffnete am 5.7.2013 im Reiseteil ihre Reihe „Abschiede von gestern" mit einer Hommage an einen unspektakulären besonderen Ort. „Dort, wo die Glocken klingen hell, in diesem Tal liegt Bayrischzell. Besuch in einem Dorf, das man wie durch einen Zeittunnel betritt." Freddy Langer, der Verfasser des Artikels, sprach mir, 60 Jahre nach meinem ersten Aufenthalt in diesem Dorf, aus dem erinnerungsseligen Herzen. Denn er war selbst beseelt von dieser oberbayerischen Lokalität, die er mit inniger Ironie vorstellte: „Bayrischzell ist der Traum von einem Dorf. Mit einer wunderschön ausgemalten Barockkirche im Zentrum. Mit einem wunderschönen Biergarten unter riesigen Kastanien unmittelbar gegenüber der Kirche. Mit einem Bauernhof wiederum gleich neben dem Gasthaus, vor dessen Tor sechs Kälber auf einer kleinen Weide stehen und fröhlich mit ihren Kuhglocken bimmeln. Mit einer riesengroßen Linde, die einst zu Ehren des durchreisenden Königs gepflanzt wurde. Mit einem Bach, der mitten durch den Ort führt und vor sich hin murmelt. (...) Es ist ein Dorf wie aus dem Bilderbuch, dessen größter Reiz heute darin besteht, dass es mit seinen Reizen nicht protzt."

Zu diesem damals und heute nicht protzenden Bilderbuchdorf wies 1953 Vaters Geschäftscompagnon Carl Kruse den Weg. Mit dem Satz, „Das wär' doch was für euch, zum Ausspannen und Wandern. Preiswert, kein Rummel und typisch bayerisch", überreichte er das lokale Hotelverzeichnis. Am Tisch der heimischen Bauernstube wurde es von den Eltern gründlich studiert und sorgfältig geprüft. Nach vielen Überlegungen, nicht zuletzt finanziellen, wurden aus drei angekreuzten Pensionen der engeren Wahl das „Landhaus Schelle-Schneider" ausgesucht. Pfadfinder Ernst hatte auf dem Lageplan entdeckt, dass man von dort frei über die Wiesen des Zellerbauern hinauf in die Berge und hinaus ins Tal Richtung Tirol schauen können müsste. Was er nicht im bescheidenen, nur mit ein paar Schwarz-Weiß-Fotos bestückten Prospekt wahrnehmen konnte, war die Atmosphäre des Ortes. Sie war so typisch, dass sie auf Anhieb, schon gleich nach der Dorfeinfahrt des VW Käfers W64-3356 Mutti ein „Hier ist es aber schön!" entlockte. Üppig lehnten sich überall die Geranien und Hängepetunien, die Wandelröschen und fleißigen Lieschen, der Leberbalsam und die roten Fuchsien, die gelben Pantoffelblümchen und das blaue Männertreu aus den Blumenkästen der Holzbalkone. Und vor dem Landhaus Schneider wuchs der Phlox, die Flammenblumen, rund um den plätschernden alten Steinbrunnen im Garten.

Am ersten Morgen schaute die vierköpfige Familie, die aus der noch halb zerstörten, halb wieder aufgebauten Kleinstadt gekommen war, mit großen Augen aus ihren Zimmerfenstern, die ein Lüftlmalergeselle mit spätbarocken Ranken geschmückt hatte, direkt überm Fenstersturz und den hölzernen Fensterläden. Der Blick ging hinauf zum Seeberg und hinunter auf die Frühstückstische unter weißrotgestreiften Markisen und Sonnenschirmen. Andere Gäste schlugen schon ihr Frühstücksei auf und nahmen ihre Brezen aus dem Brotkorb. Allein eine knallrote Hollywoodschaukel an der Ecke des Hauses irritierte Muttis Blick. Keineswegs den von Klaus und mir. Wir fanden das schaukelnde Sofa im Freien sofort todschick und ließen uns später mit mafiösen Sonnenbrillen auf der Nase dort von Papa ablichten. Die Eltern hingegen bewunderten die mit Heiligenfiguren bemalten stattlichen Bauernhöfe, die blühenden Landhauspensionen, die alten Gasthäuser, Wegkapellen und Marterln im Wiesengelände am Wegesrand. Sie hatten hier ihre riesige wirkliche Bauernstube gefunden, deren Ursprünglichkeit und lokale Verankerung weit größer war als die zu Hause. Und das „Landhaus Schelle-Schneider" wusste zudem, wie sich Heimatliebe und bayerische Urigkeit noch steigern ließ: Jedes der Pensionszimmer war nach einem der umliegenden Berge oder einer naheliegenden Alm benannt: Aiplspitz, Wendelstein, Traithen, Grafenherberge, Vogelsang, Tanneralm, Rote Wand. Das jeweilige Etagenklo trug, sehr zu Klaus' und meinem Vergnügen, die Aufschrift „Schoiseralm". Im Innern der Zimmer gab es holzgetäfelte Sitzecken mit rotweiß karierter Tischdecke und einem Keramikblumenkrug. Auch die himmelblaue oder hellgrüne Bettstatt daneben war blümchenbemalt.

Voll geheimen Zaubers waren für mich die fremden bayerischen Laute und Namen. Friedel und Loisl hießen unsere Gastgeber mit Vornamen. Ihre Tochter war die schmucke Mucki, was mir Mutti mit Ursula übersetzte. Ihr bayerisches Gewand waren Dirndl und Lederhosen, die sie nicht nur beim Umzug des Trachtenvereins trugen. Und wenn der immer freundliche und gutgelaunte Loisl uns oder anderen Gästen die jeweilige Tagestour schmackhaft machte – welche Fülle der Klänge und verheißungsvollen Bezeichnungen. Er schlug uns vor, ins Ursprungstal, zur Bäckeralm oder zum Zipflwirt zu wandern. Er erzählte, auf seinen Gartenrechen gestützt, vom Sudelfeld und vom sagenhaften Tatzelwurm, beschrieb genau die Anfahrts- und Aufstiegswege zum Wendelstein oder zur Rotwand. Und er schwärmte von Schmankerln und vom guten Rotwein im nahen Tirol in Gasthöfen von Landl, Thiersee oder Kufstein.

Den Weg zu den umliegenden Gasthäusern fanden wir schnell allein. Zum „Bräustüberl" des „Gasthofs zur Post", mit eigener Metzgerei, wo es die besten Weißwürste mit süßem Senf gab und einen großen Saal mit kleiner Bühne für die Hochzeiten und Heimatabende, ins „Deutsche Haus", wo angeblich der beste Zwiebelrostbraten aus der Küche kam, oder in die „Königslinde", die im Zentrum neben dem Kriegerdenkmal steht, gleich gegenüber einer realen Linde mit gewaltigen Ästen und sommerlichem Blätterschmuck. Sie war anlässlich und zur Erinnerung des Besuchs von Max II., dem Bayernkönig, dort gepflanzt worden. Ein einziges Mal während der zwei Ferienwochen gingen wir in die vornehme „Alpenrose", dem ersten Hotel am Platz, wo damals die Porschefahrer aus München mit ihren Gspusis abstiegen. Hier stand neben dem Schweinsbraten mit Knödeln auch der Burgunderbraten mit Kroketten auf der Karte und zudem die heimische Bachforelle, die draußen vor der Tür ohne Ahnung ihrer nahen Zukunft im Aquarium schwamm.

Der dramatische Höhepunkt des ersten Bayrischzell-Aufenthaltes war die Besteigung des Wendelsteins in geschlossener Familienseilschaft. Der Wendelstein ist ein gewaltiger Gesteinsbrocken, der das Leitzachtal überragt und an dessen Fuß Bayrischzell liegt. Das verhalf ihm zur Strophe drei des fünfstrophigen Bayrischzeller Liedes mit den oben zitierten hellklingenden Glocken und zu mythischer Qualität: „Zu höchst steht unterm Himmelszelt Der Wendelstein der greise Held. Auf seinem Haupte die Kapell In seinem Schoß das Haus so hell." Tagelang wurde die Expedition zur Besteigung dieses mythischen Riesen besprochen und vorbereitet. Vater Ernst verordnete seinen sechs- und neunjährigen Söhnen ein Wanderaufbauprogramm, das er geschickt mit kleinen Verlockungen würzte. Der lange Weg zum Sillberghaus an einem glühend heißen Sommertag endete für uns in einem kleinen grünalgigen Bergschwimmbad, heute renoviert als „Almbad" angepriesen, und bot noch eine zweite Ferienattraktion, als beim Aufstieg auf dem steilen Waldweg ein alter geländetauglicher Militärkübelwagen, frisch gestrichen in hellem Braun, entgegenkam. Das Gefährt, das sich im Zweiten Weltkrieg durch russische Schlamm- und nordafrikanische Sandwüsten gewühlt hatte, war jetzt ein vergnügtes Touristenmobil. Statt der zugelassenen vier Insassen bevölkerten mehr als die doppelte Anzahl die schwimmfähige offene Karosse, alle fröhlich winkend und grässlich singend, chauffiert vom Wirt der Alm. Militärkübelwagen, Sillberghaus, unverhofftes Bergschwimmbad – der heiße Sommertag bekam seine lebenslang unvergessliche Signatur.

So auch die Wendelsteinbesteigung, die nach dem Motto „im Frühtau zu Berge" zu nachtschlafender Zeit, also kurz nach 7 Uhr, begonnen wurde. Ich war mit dem Frühstart durchaus einverstanden, weil ich mir erhoffte, gegen Mittag an diesem sich ebenfalls als heiß ankündigenden Sommertag noch ins Waldschwimmbad zu kommen, wo ein neuer in den Ferien erworbener Freund den ganzen Tag verbringen durfte. Mir war also die verordnete Bergsteigerei an diesem heißen Ferientag von vornherein zuwider, zumal der letzte Aufstiegsteil, wo man als richtiger Bergsteiger Pickel und Seil hätte gebrauchen können, auf in den Fels eingelassenen Holzstegen zum Gipfel führte, wo die Zivilisation schon kräftige Spuren hinterlassen hatte: eine Wetterstation, die besungene Kapelle und eine gelbe Zahnradbahn, die gerade aus ihrem letzten Tunnel kroch, als wir oben ankamen. Mit der ganzen Bahnladung mussten wir dann um die festinstallierten wenigen Fernrohre rangeln, die aufs Alpenpanorama gerichtet waren, und um das Eis am Stiel auf der Hotelterrasse am Kiosk.

Ich begann bald zu quengeln, doch jetzt bitte wieder abzusteigen, in der unausgesprochenen Hoffnung, das Schwimmbad noch zu erreichen. Vater, Mutter und ein mitmarschierender Freund der Eltern gaben meinem Drängen nur mit ein paar begütigenden Worten nach. Man rühmte ausführlich die großartige, einmalige Rundsicht, bestimmte jede Bergkette und jeden einzelnen Berg bis zum Großglockner und wieder zurück. Als schließlich der Rückweg angetreten wurde, kam Mutti nach der ersten Abstiegsetappe am Fuße des riesigen Felsbrockens auf die Idee, den idyllischen Ort mit jetzt herrlichem Blick auf eine tieferliegende Alm für eine letzte Brotzeit zu nutzen, denn es waren noch vier Käsebrote und drei Äpfel im Rucksack. Der neunjährige Mitwanderer wurde zum Rebell, kündigte jetzt trotzig seinen alleinigen Aufbruch und Weitermarsch an. Gegen den Einspruch der

Mutter erlaubte Vater einen Vorlauf auf Sichtweite und verordnete die Einhaltung des markierten Weges, da dieser, so sprach er zu seiner Ruth, jetzt keine Schwierigkeiten und Gefahren mehr bereithalte. Doch nur kurze Zeit währte die gerade errungene neue Freiheit. Nach der nächsten Wegbiegung, kurz vor der Almhütte, deren Anblick von oben das retardierende Picknick ausgelöst hatte, verstellte ein Geißbock meinen Weg. Schnurstracks lief er auf mich zu und schubste mich mit den Hörnern so vor die Brust, dass ich ins Straucheln kam. Noch war ich mir einer Gefahr nicht bewusst, glaubte, er wolle mit mir ein wenig spielen, außerdem sei ich ihm kräftemäßig ja überlegen. Als sich das Schubsen aber in ein Anrennen, das Straucheln in ein Umgestoßenwerden verwandelte und ich beim dritten oder vierten Fallen mitten in der Kuhscheiße landete, wurde der Ziegenbock zum unbändigen, ja teuflischen Wesen, das mit funkelnden Augen und stark wie ein Stier sein Opfer in immer wieder neuen Anläufen suchte und fand. Ich schrie – zuerst vor Schreck, dann um Hilfe. „Mutti, Mutti! Hilfe, Hilfe! Papa, Papa!" Da bog im Sauseschritt auch schon der Vater um die Wegecke und bändigte mit einer an der Almhütte angelehnten Holzstange das Teufelsvieh. Und jetzt tauchte auch die Sennerin auf, der das Tier friedlich entgegentrabte, von dem sie, dieses streichelnd, behauptete: „Der Pankraz is a ganz a liaba." Ich hatte vorerst den Schaden und den Spott, stand mit Kuhscheiße beschmiert und einem blutenden Riss am Knie erbärmlich da und war zu guter Letzt noch einer kräftigen moralischen Nachdusche Muttis ausgesetzt.

Kurze Zeit später jedoch erwies sich mein alpenländischer Alptraum als Volltreffer. Denn er war als Sujet in der Schule multifunktional verwertbar, weil sich die Geschichte je nach Aufsatzthemenstellung in viele Richtungen entwickeln und umformen ließ. Ihr Spektrum reichte von „Mein größtes Ferienerlebnis" über „Mein erstes Abenteuer" bis zu „Meine letzte Verfehlung". Was ich von meiner Erstbesteigung des Wendelsteins mit nach Hause nahm, war die Erkenntnis, dass meine gern und oft wiederholte, aber nie erfolglose Erzählung – die Noten schwankten zwischen sehr gut und gut – sich je nach Perspektive und Bewertung des Geschehens anders anhörte und las, dass man sie moralisierend aufblasen oder als existenziellen Überlebenskampf darstellen und so zu ganz verschiedenen Wirkungen bringen konnte.

In den nächsten Sommern füllte sich das Haus „Schelle-Schneider" mit neuen Stammgästen, die alle auf das Werbekonto unserer Familie gingen. Nun hatte ich neben den dort schon erworbenen neuen Freunden auch meine heimischen um mich. Gernot, der seine Bleyle-Hosen gegen lederne getauscht hatte, und Eckehard, der wilde Indianer aus dem sozialistischen Osten, oder die Sproedt-Buben, mit denen ich so leidenschaftlich die Voss-Kunstbilder verhandelt und getauscht hatte. Zusammen mit Albrecht Zufall, dem Arztsohn aus Karlsruhe, bauten wir umgehend einen Beobachtungsstand für das heimische Rotwild. Albrecht war ein geschickter Zimmermann und ein noch besserer Messerwerfer. Seine kleine Schwester Ulli ärgerten wir mit der Anrede „Llafuz" in Umkehrung ihres richtigen Zunamens zu Tränen und den noch jüngeren kleinen Sohn von Dr. Imhoff, dem Psychiater aus Heilbronn, missbrauchten wir für niedere Dienste wie Holztragen und Holzsammeln und fragten ihn regelmäßig: „Bisch haid au scho in e Wäpsch dappt?", weil er die schwäbische Botschaft „Sanne isch in e Wäpsch dappt" (Susanne ist in eine Wespe getreten) zu unserer immer wieder repetierten Belustigung ein paar Tage zuvor seinen Eltern als Missgeschick seiner kleinen barfüßigen Schwester Susanne überbracht hatte. Es war also etwas los im bayerischen Tann und in der Familienpension Schneider. Und es bedurfte keines Clubangebots für Kinder. Wir waren Robinson, Winnetou, Dammbauer, Schatzsucher, Waldläufer und Piraten im schnellen Zeit- und Ortswechsel vom Tannerfeld zum Larchbach hinterm Haus, vom Waldrand am Seeberg zu den Leitzachauen. Wenn es gar zu wild wurde, verabredeten die Eltern untereinander ein Kulturprogramm für die Kinder, das wir mehr oder weniger aufmerksam absolvierten, wenn versprochen war, dass wir anschließend noch das Café Winklstüberl besuchten.

Schon früh erfasste ich den kulinarischen Charakter der mich umgebenden Barockkultur, im „St. Martinsmünster" von Fischbachau oder in der Wallfahrtskapelle Maria Himmelfahrt in Birkenstein, vor allem aber angesichts der Tortenpracht des Café Winklstüberl mit seinen 500 Kaffeemühlen an den Wänden. Noch heute sehe ich die ganze Bande, all die wilden Kerle und vorlauten pferdebeschwanzten Mädchen der Pension Schneider samt ihren Eltern andächtig vor dem Tortenaltar stehen, an dem Konditormeister Mairhofer persönlich die Baisertorte, den Blaubeerkuchen, die bayerische Vanillecremetorte, die rot gedeckelte Holländer Kirsch, die Erdbeersahne oder die Flockensahne in rasendem Tempo auf die Teller schob und seine Götterspeise oft direkt an seine Gäste weiterreichte, weil die vielen Dirndlbedienungen nicht mehr nachkamen. Waren es die Süßigkeitsdefizite der Nachkriegszeit, die überdimensionierten Tortenstücke oder die Atemlosigkeit des Zuschlags und der Präsentation durch den Konditormeister? Es ist mir bis heute ein Rätsel, was die Räuberbande, die von den Eltern zeitbrav Rasselbande genannt wurde, an der Tortenausgabe so faszinierte. Abgesehen davon, dass der Kuchen wunderbar schmeckte.

Zu den Ritualen, die sich über die Jahre einstellten, gehörte neben dem „Toll, dass ihr heuer auch wieder da seid" – ja, man übte sich im Anfangsbayrisch – der regelmäßige Besuch eines sogenannten Heimatabends und seit 1957 des Films *Der Bauerndoktor von Bayrischzell*, der im Peterhof-Kino über Jahre regelmäßig auf dem Programm stand. Beide Veranstaltungen ergänzten sich wechselseitig. Erst mussten die kulturellen Grundlagen des Bayerischen, das Jodeln, Fingerhakeln oder Schuhplatteln erlernt sein, bevor man ihre mediale Verarbeitung im filmischen Schenkelklopfer genießen konnte. Er war eine recht misslungene Produktion aus der Gattung Heimatfilm, allerdings in klassischer Besetzung mit Carl Wery und Beppo Brem, der damals allein schon für ein volles Kino sorgte. Er spielte den Pfundtner, den reichen und leicht verblödeten Guldenhofbauer, der sich nach sieben Töchtern endlich einen Hoferben wünscht und dem deshalb jedes Mittel recht ist, auch das „Knabenelixier" des Kräutersepp, um zu einem Sohn zu kommen. Man kann sich leicht vorstellen, dass mit heraufziehender Pubertät dieses Sujet an Interesse und Kommentierungslust gewann und die Kinovorstellung von der jugendlichen Pension-Schneider-Crew an den Rand des Abbruchs gebracht wurde. Dasselbe galt für den Heimatabend. Hatte man in jungen Jahren noch mit wachem Interesse und herzlicher Anteilnahme die Gamsbartburschen und ihre Dirndlmaderln beim Tanz bewundert, wie sie die drehenden Röcke zum Fliegen brachten, und vor allem mit lokalpatriotischem Enthusiasmus dem Loisl applaudiert, der dort die Schoßgeige spielte, war die letzte von mir besuchte Heimatpräsentation ein preußischer Angriff auf bayerische Tradition.

Einer aus unserer Runde, sein Name muss auch heute noch geheim bleiben, ließ in die musikalische Stille eines herzerweichenden Volksliedes den Schnappverschluss seiner Bierflasche knallen, nachdem er sie vorher kräftig geschüttelt hatte. Das führte zu einer ersten Verwarnung durch einen norddeutschen Gast und zu einer Wiederholung der Explosionen, nun von drei oder vier benachbarten Bierflaschenbesitzern. Statt über die fatalen Folgen des Filmlustspiels und seiner ungleich gröberen Scherze nachzudenken, die zu dieser Verrohung der Sitten am

Ort beigetragen hatten, packte nun ein echter Bayer den Erfinder des Bierflaschenschüttelkonzerts und setzte ihn mit einem „Hau ab, du gscherter Rammi" vor die Türe des Saales vom „Gasthaus zur Post".

Zu den kulturellen Großereignissen gehörte jedes Jahr der Besuch in der „Meindelei". Dort spielte ein oder zweimal im Monat Loisl mit seinem Trio. Und alle Hausgäste der Pension Schneider machten sich fein für diesen besonderen Abend am besonderen Ort. Die „Meindelei" galt als das Exklusivste im idyllischen Dorf. Dort war das Echtbayrische schon Anfang der Fünfziger zum Edelbayerischen mutiert: spitzgotische Fenster und Erker, aus denen nachgeschnitzte Heiligenfiguren auf edle Perserteppiche, offene Kamine und Zinntellerreihen blickten, unter denen einsam ein Posthorn hing oder ein Kupferkessel. Im Eingangsbereich stand die schwere Steinschale eines Zierbrunnens, in dessen Bepflanzung sich ein Barockengel tummelte, im Keller gab es ein Schwimmbad, dessen Holzverschalung und Geranienbepflanzung für damalige Zeiten keinen Wunsch offenließ. Das schwere Gestühl, das die Tische des Gastraumes verbarrikadierte, hatte jene Mischung aus Pseudovornehmheit und Einschüchterung, die jeden Preis für eine Flasche Wein rechtfertigte. An diesen Ort also pilgerte die Hausgemeinschaft, und Mutti nahm diesen gesellschaftlichen Höhepunkt der Ferien so ernst, dass sie ihre beiden Söhne als Modeberater heranzog. Sollte sie im Pullover gehen oder im Kleid, mit oder ohne Perlenkette, musste nicht auch die Frisur noch aufgefrischt werden?

So auch am 23. August 1957. Die Rasselräuberbande freute sich schon im Voraus, weil dann die ganze Pension Schneider ihr gehörte. Alle Bandenmitglieder besprachen, was man dann im und rund um das erwachsenenfreie Haus alles anstellen könnte. Aber der Abend verlief diesmal eher harmlos und störungsfrei. Im „Vogelsang" spielte die eine Gruppe Monopoly, in der „Tannenalm" die andere Mau-Mau. Und ab und zu tauschte man die Zimmer oder rannte eine Runde ums Haus durch die laue Sommernacht. Gegen Mitternacht ließen die Aktivitäten merklich nach, Gernot, Bruder Klaus und ich wippten eine letzte Runde auf der Hollywoodschaukel und schauten in den sommerlichen Sternenhimmel, bevor wir zu Bett gingen.

Um 5 Uhr oder 6 Uhr am Morgen erwachte ich an einem Geräusch, das mir sofort unheimlich war. Ein lautes Stöhnen und Jammern. Mutti tauchte in unserem Zimmer auf und sagte entsetzt, es sei etwas passiert. Was genau, wusste sie nicht, aber Papa sei aufs Sudelfeld gefahren. Bald war klar, dass Eckehards Vater schwer verletzt in seinem Zimmer lag. Und kurz darauf traf die Nachricht ein, dass Loisl tot sei. Verunglückt auf der Alpenstraße bei der Rückfahrt vom Sudelfeld. Erst beim völlig unerwarteten Tod meiner Mutter 25 Jahre später habe ich eine ähnliche Leere und Hilflosigkeit gespürt wie an diesem Morgen. Die Bayrischzeller Idylle war mit einem Schlag zerbrochen. Und als gegen 12 Uhr Mucki, die in München studierte, eintraf und ihrer Mutter Friedl laut schluchzend in die Arme und um den Hals fiel, zerriss es mir das Herz.

Tief erschüttert standen wir wenige Tage später am Grab des liebenswerten Musikers, unseres freundlichen Wegweisers und Gastwirts. Jedes Mal, wenn ich später zum Skigebiet Sudelfeld fuhr, oft mit dem eigenen Auto, habe ich am Unglücksort auf dem Hin- und Rückweg seiner gedacht und jener Unglücksnacht, die mich ein ganzes Stück erwachsener gemacht hat.

Wir haben den Mitverunglückten, Eckehards Vater, den Textilfabrikanten F. G., in Miesbach im Krankenhaus besucht, wir haben das Unglücksauto, den verbeulten und verschrammten VW ratlos betrachtet. Die Haus- und Gästegemeinschaft hat den Ablauf des Abends immer wieder rekonstruiert. Dass man nach der „Meindelei" gegen 3 Uhr noch auf ein Glas Sekt in den „Lukaskeller" gezogen sei und dass dort der Loisl auf die unselige Idee gekommen wäre, seinen Gästen den Sonnenaufgang auf dem Sudelfeld zeigen zu wollen. Vater Ernst hatte sich dem entzogen, Mutter Ruth hatte ihm wohl den Heimweg nahegelegt. So fuhren nur Loisl und Vater G., zu zweit allein, in der Morgendämmerung los und auf dem Rückweg geschah das Unglück. „Schau nur nunter, mei Dorf, wias der Herrgott hinglegt hat", seien die letzten Worte des tödlich Verunglückten gewesen, hat der Beifahrer meinem Vater später erzählt. Und der hat aufgrund der Schleuderspur, die vom Rand der linken Straßenseite gegen den begrenzenden Felsen der rechten führte, gemutmaßt, dass Loisl unvermittelt nach links gesteuert habe, um beiden die Aussicht aufs Dorf zu ermöglichen, und Eckehards Vater ihm dabei erschrocken ins Steuer gegriffen habe, um einen vermeintlichen Absturz zu verhindern. Ob es so war, wir wissen es nicht. Sonnenaufgang, Sonnenuntergang.

Bayrischzell ist mein bayrisches Dorf und meine bayerische Liebe geblieben, auch wenn die Glocken ab jetzt nicht mehr so hell klangen. Mucki, die Studentenweltmeisterschaftsdritte im Slalom 1958, hat uns das Skifahren beigebracht, das zu einer lebenslangen Leidenschaft wurde. Alle Hänge und Buckelpisten kannte ich auswendig, die herab vom Vogelsang, die hinunter zum Rosengarten. Und auch alle Brotzeitstuben und -stüberln, von der Waller- über die Speckalm bis zur Oberen Sonnenalm, die unter den beiden ersten liegt. Auch bei meinem letzten Besuch in einem Frühjahr habe ich beglückt festgestellt, dass man das Dorf immer noch durch einen Zeittunnel erreicht, auch wenn auf dem Tannerfeld das „Naturhotel" und „Gesundheitsressort" Tannerhof offenbar erfolgreich im Trend liegt. Dort sind modernistische hölzerne Wohntürme in den Himmel gewachsen und ganz in der Nähe unseres Wildbeobachtungsstandes steht jetzt die „Weiße Rehbockhütte" und die „Taubenhütte". Aus unserem Versteck in den Bergen ist die Werbeformel „Ihr Versteck in den Bergen" geworden und unser Lagerfeuer ist jetzt eine Bio-Küche. Auch mit dem Wendelstein, dem greisen Held, konnte ich damals meinen Frieden schließen. Mit Mucki bin ich einen seiner schönsten enzianbestückten Südhänge hinaufgestiegen, mit einer Begeisterung, die altersbedingt melancholisch eingefärbt war.

17 Kleines Familienwörterbuch

„Ogu", „Dadi", „Abu"! Die Vokale sind in der Mehrzahl bei den ersten sprachlichen Verlautbarungen des Kindes. Kleine Klangkörper der Sprechlust und zugleich ein erster phonetischer Zugriff auf Personen im nahen Umkreis. Mit diesen Zauberformeln kann man andere akustisch lebendig machen und locken, ihre Resonanz bewirken: „Ja, wo ist er denn unser kleiner Strolch?" „Opa ander" ist schon ein Denkschritt, vielleicht von den Eltern souffliert, jedenfalls die erste nachvollzogene oder entdeckte Unterscheidung und Systematisierung: Es gibt zwei von dieser Sorte, den Opa vor Ort, den anderen in der Gartenstadt. Wann der erste Satz gelingt, nachgesprochen oder selbst geformt, und was er meint, bleibt meist im Dunkeln. Haben ihn Einsager vorgesprochen oder hat ihn das Kind selbst in die Hand genommen wie einen Stecken, mit dem man auf den Busch klopft, um zu sehen, was aus ihm herauskommt? Ein Eichhörnchen oder ein flatterndes Vögelchen oder das eigene Klopfgeräusch? Riechen, anfassen, greifen und haben wollen: Worte helfen bei der Weltentdeckung. Und wenn dabei eine unfreiwillige Pointe aus dem Kindermund kommt, ist der Satz gesichert für das familiäre Poesiealbum und wird von den entzückten Erwachsenen weiter kolportiert ein Leben lang. „Ableimen und mitstohlen!" Mit dieser Aufforderung hat sich Vater Ernst bei seinen großen Schwestern tief ins Langzeitgedächtnis eingebrannt. Ein Satz, der nur im Haus eines Schreiners und seiner Tätigkeiten an der Hobel- und Werkbank entstehen kann. Dass alles, was hier seinen festen Platz haben soll, angeleimt sein muss, ist da zu beobachten und zu riechen. Die Umkehrung und deren Konsequenz allerdings weisen schon ins Kühn-Kriminelle des Sprechers. „Mitstohlen!" Welche gelungene Kontamination, semantisch und grammatikalisch. Kein Wunder, dass sie dem „Ernstle" frühen Familienruhm einbrachte und für häufige Wiederholung sorgte.

Vater Ernst hatte ein Leben lang Spaß an der Sprache und am Sprechen. Kein Geburtstag seiner Frau ohne Gedicht, ob über den in Kriegszeiten geschenkten Dackel Peterle oder über das Fatale einer anonym abgeschickten Liebeserklärung. „Blumen, Gaben und ein Reim, das soll Dir das Herz erfreuen", schreibt er „dem Liebsten Ruthle zum 5. Kriegsgeburtstag". Und seine beiden Knaben erfreut und nervt er schon in jungen Jahren mit gern wiederholten Sentenzen, Zungenbrechern oder sprachlichen Ohrwürmern. Sie spiegeln und kommentieren nicht nur seine eigene Welt, sondern stellen eine eigene sprachliche her, deren poetische Kraft kein Kind vergisst. „Ein Elefant aus Celebes, macht öfter mal was Gelebes." „Der Cottbuser Postkutscher putzt den Cottbuser Postkutschkasten." „Fischers Fritz fischt frische Fische." Das sprachliche Kunststück, dass man einen Satz von vorn genauso wie von hinten lesen kann, war Vaters großer verbaler Zaubertrick: „Ein Neger mit Gazelle zagt im Regen nie", präsentierte er, als habe er das Buchstabenwunderwerk selbst erfunden, während ich darüber grübelte, warum ein Neger ausgerechnet im Regen mit einer Antilope spazieren geht. Andererseits: An Vaters Sentenzen interessierten mich oft weniger ihre Bedeutung als der Klang und der Rhythmus des Gesagten. „Audiatur et altera pars", drang mir, selbst als ich Latein verstand, nicht als römischer Rechtsgrundsatz ins Ohr, sondern als ein A-Klang erfüllter Rhythmus. Die vom Vater von seinem Vater übernommene oft zitierte Lebensregel: „Das war ein großer Philosoph, der weise Marabu. Denn wer in Frieden leben will, drückt stets ein Auge zu", interessierte mich allein wegen des Wortes Marabu, das eine ganz eigene Aura verbreitete, die ich später rückkoppelte an das zerzauste Aussehen des afrikanischen Storchenvogels, den ich im Karlsruher Zoo in einem Gehege betrachten durfte. So sehen also Philosophen aus! Ebenfalls aus dem Zitatenschatz des spendablen schwäbischen Großvaters stammte der Satz: „Das letzte Hemd hat keine Taschen." Vater Albert und sein Sohn Ernst sprachen ihn beide im Ton lakonischer Gewissheit.

Vaters Feststellung, „Geld regiert die Welt", konnte ich mir erst ein wenig konkreter erschließen, als er bei Ferienreisen die Restaurantrechnung gern mit dem Satz quittierte: „Meine Mark ist 25 Pfennig wert", was ich bei zu häufiger Wiederholung als Lieblosigkeit empfand. Hatte er Mutti nicht freiwillig gewählt und uns beide nicht gewollt? Er glich diese Erniedrigung allerdings aus durch zwei häufig gebrauchte Redewendungen, die ich nicht in ihrer genauen Bedeutung verstand, aus deren Tonfall und Klang ich aber eine freundliche Zuwendung heraushörte: „Mein lieber Scholli!" und „Mein lieber Freund und Kupferstecher!" Die erste Anrede hat ihren Ursprung im nahen Frankreich, das mit vielen Wörtern den badischen Sprachschatz bereichert hat, und lässt „joli", hübsch und niedlich, anklingen. Die zweite ist mir bis heute semantisch dunkel geblieben, wenngleich ich sie immer als einen Tadel wahrnahm, den man nicht gar zu ernst nehmen musste. In beiden ist mir der Vater in seinem Grundgestus und in seiner Haltung gegenwärtig. Spreche ich die beiden Zauberformeln, habe ich ihn nicht nur im Ohr, sondern auch vor Augen. Vaters gern gebrauchte Zauberformeln waren Opernzitate, z. B. „Oh, wie so trügerisch sind Weiberherzen!" Dieser Satz aus *Rigoletto* passte überhaupt nicht zu seiner mehr als verlässlichen Frau. Es war die für den Opernfan regelmäßig notwendige Huldigung an Verdi. „La donna è mobile" bewegte sein Kunstliebhaberherz und war Ausdruck seiner Sehnsucht, diese Musik möglichst bald erneut zu hören. Vater konnte zwischen den Zähnen pfeifen, ohne dabei die Lippen zu bewegen, wohl auch eine Übung seiner Pfadfinderzeit. Und er tat dies gerne und gekonnt. Nicht nur, um seiner Frau Ruth sein Kommen zu signalisieren. Zu seinem eigenen Vergnügen entfaltete sein verborgenes, von einem leichten Zischton unterlegtes Pfeifen die ganze Palette bekannter Motive der klassischen Musik. Er, der kein Instrument spielte, hatte sein jeweiliges Konzertprogramm zwischen den Zähnen, je nach Stimmung und Laune. Verständlich, dass ihm dessen reduzierte Ausführung nicht genügte. Sie war ein Schwelgen in musikalischen Erinnerungen und ein Versprechen auf künftige Konzert- und Opernbesuche.

Eine ganz eigene, sich ebenfalls häufig wiederholende Sprachabteilung waren Sprechrückstände aus der Nazizeit. Mit dem Satz „Österreich haltet aus, Österreich wird wieder frei", den er mit rollendem R und Schweizer Tonfall vortrug, dabei einen Radiosprecher von Radio Beromünster imitierend, fuhren wir regelmäßig über die Grenzen des Nachbarlandes und auch auf seinen Berggipfeln oder Pässen fand das Hörzitat Verwendung. Vaters gern wiederholte Behauptung, er habe zwischen 1933 und 1945 den Führergruß nur unterminierend nuschelnd mit „Dreiliter" artikuliert, erschien mir schon früh ein wenig albern und kaum glaubhaft. Damals unverständlich und heute noch unverständlicher fand und finde ich seine Formulierung „der Hajo hat ein KZ-Figürle". Ich hörte sie das erste Mal beim Baden am Wolfsee nahe Bayrischzell, als ich vielleicht acht Jahre alt war. Sie klang ganz liebevoll und zärtlich und meinte meine asketische Knabenkonstitution. Aber wie konnte er sich zu dieser Formulierung versteigen, er, der immer heftig gegen Hitler und die Nazis polemisierte? War er kaum zehn Jahre nach Kriegsende so unreflektiert und naiv? War das KZ und seine abgemagerten Opfer auch einem Nazigegner so vertraut und selbstverständlich geworden, dass er die Unangemessenheit, ja Ungeheuerlichkeit des Vergleichs nicht spürte? In vielen Gesprächssituationen und -runden, deren Zeuge ich zum Teil war, hat er bis ins hohe Alter immer wieder jene attackiert, die behaupteten, man hätte von der Ermordung der Juden nichts gewusst: „Haben sie 1938 nicht die Synagoge brennen sehen?"

Muttis Sprachschatz, von dem in meiner Erinnerung weniger hängen blieb, war kaum politisch, aber zuweilen zeittypisch. „Unser kleiner Stromer" hat sie ein Bild in meinem Fotoalbum untertitelt und meinte damit nicht ein Pedelec. Das, was ihr hervorragend oder gar toll erschien, war für sie „pfundig". Sie hatte gern gebrauchte Lieblingswörter, wenn es darum ging, den Frauentyp zu bestimmen, dem sie sich wohl auch gerne zugehörig fühlte. Diese Frau sei „patent", sagte sie dann, also tüchtig und geschickt, oder jene sei „apart", also wegen einer Eigenart auffallend und besonders. „Natürlich" war ein Etikett, das sie für sich und jene in Anspruch nahm, die nicht „aufgetakelt" daherkamen. Und hat man sie gefragt, welche Moderichtung sie bevorzuge, kam die Antwort „sportlich elegant". Zu den abwertenden Wörtern mit deutlich moralischem Unterton gehörte das Wort „billig", wenn es für eine Geschlechtsgenossin in Anschlag gebracht wurde. Erotische Verworfenheit schwang in „Das ist vielleicht ein Muster" mit, was wohl das Gegenteil von nachahmenswert meinte. Die Charakterisierung konnte noch gesteigert werden durch die Formulierung, diese oder jene sei ein „Feger". Dieses Vokabular war mir schnell vertraut, und ich habe es wohl in mein frühes Frauenbild übernommen.

Spannender waren zweifellos jene Wörter, die ich mir nur halb erklären konnte, zum Beispiel das Wort „Halbstarker". Auf meine Nachfrage, wer und was das sei, nannte Mutti Manfred B., den besten und elegantesten Tennisnachwuchsspieler des Vereins, was aus heutiger Sicht eine völlige Irreführung war und sich bestenfalls auf die Alterszugehörigkeit beziehen konnte. Er trug weder eine Haartolle noch Nietenhosen. Ob er James Dean verehrte oder gern Rock 'n' Roll tanzte, weiß ich nicht. Aber er zählte gewiss nicht zu jenen, die nach einem Film mit Bill Haley ein Kinomobiliar auseinandernahmen. Wörter und Begriffe, die man nicht ganz verstehen oder einordnen konnte, so lernte ich, schärfen den Blick für das, was gemeint sein könnte. Die Halbstarken-Krawalle in München oder Dortmund, die in der Presse verabscheut wurden, hatte ich deshalb ab da doppelt scharf im Blick.

Dass Bedeutungen und die Herkunft von Wörtern und Redeweisen ein Leben lang im Dunkeln bleiben, habe ich später mit Vergnügen an Formulierungen Muttis studiert, die ihr, der so Korrekten und wahrscheinlich eher Prüden, ganz selbstverständlich und unschuldig von der Zunge gingen, weil sie ihre Genese nicht kannte und deshalb nicht reflektierte. Nicht selten nannte sie einen mehr oder weniger Halbstarken „einen jungen Spritzer" und bekam dabei keine Schamröte ins Gesicht. Fehlende Kenntnis der Herkunft und Bedeutung von Wörtern machten mir selbst zum ersten Mal bei Oma Annele zu schaffen, bei der ich viel Kinderzeit verbrachte. Hatte ich gar zu sehr im Garten herumgetobt und zu viele Obstbäume hintereinander beklettert, prüfte sie, ob mein Hemd feucht sei, und drohte mit dem Satz: „Du holst dir noch den Pfipfes!" Hatte ich im Herbst oder Winter eine Bronchitis, was fast regelmäßig geschah, sagte sie nach meiner Genesung: „Du siehst aus, wie's Kätzle am Bauch." Warum ich ein „Kätzle am Bauch" sein sollte, leuchtete mir überhaupt nicht ein. Und heute, da ich der Herkunft der Redeweise endlich nachgegangen bin, noch viel weniger, denn ich finde sie im Schwäbisch-Lexikon *schwäbisch schwätza* aufgeführt und frage mich, wie sie in den Sprachgebrauch der badischen Großmutter gekommen ist, deren Bruder Träger der badischen Verdienstmedaille war. „Wenn oine guckt wie's Kätzle am Bauch, dann sieet se scho arg mitgnoma aus! Dera isch sauschlecht." „Sauschlecht" ist es mir in Anwesenheit der Oma nie gewesen. Wie sie, die Schwäbisch für eine Fremdsprache hielt, zu dieser Redewendung kam, weiß ich nicht. Von Anfang an verständlich, weil durch ihre Koch- und Backkunst beglaubigt, war mir ihre oft gebrauchte Redensart „Liebe geht durch den Magen". Den Gatten und ihre Enkel zu füttern, dass letztere „groß und stark" werden, war ihr ein Lebensbedürfnis, auch wenn Opa ein Leben lang schlank und hager blieb. Aber für ihn hat die amouröse Regel wohl nur bedingt gegolten in Anbetracht des von Oma behaupteten Fehltritts. Gerundet hat sie ihr kulinarisches Weltbild mit dem Satz „Käse schließt den Magen", den sie mit leicht geschürztem Mund und einer gewissen geborgten Vornehmheit aussprach. Zu ihrem Lieblingsenkel sagte sie zärtlich: „Du bist mir aber ein Strick!"

18 Tennisplatz

Ruths Sprung übers Netz, Ernsts sanftes Tätscheln der Tennisbälle auf dem Schläger im Gottfried von Cramm-Outfit liegen eine ganze Reichsepoche zurück, auch wenn die wechselseitig gemachten Fotos erst vor kurzem „geknipst" wurden. Die Kleinstadt ist zerstört, die Tennisplätze der Turn- und Sportgemeinschaft an ihrem Rande am unteren Schlossgarten gleichen riesigen Maulwurfshügeln, auf denen allerlei Unkraut grünt und wuchert, als habe es hier nie eine Weltkriegskatastrophe gegeben. Sie ist gerade noch an einem Aushub erkennbar, der wohl in allerletzter Minute, also fünf nach zwölf, zu militärischen Zwecken veranlasst wurde, vielleicht um eines der letzten Flakgeschütze in Stellung zu bringen und im angeblichen Finalkampf eine letzte Position zu behaupten. Nun aber wird hier fröhlich geschaufelt, nicht mehr in Reih und Glied, werden Schubkarren durchs Gelände geschoben, alte und neue Erde gleichmäßig verteilt und dann die Kohleschlacken aufgebracht, die die Grundschicht der erneuerten Tennisanlage bilden. Nur ein einziges Mal habe ich meinen Vater als Bauarbeiter gesehen, nämlich hier, mit den anderen fröhlich palavernd. Alle Schaufler und Schubkarrenschieber sind frischen Mutes und begeistert beim Anpacken nach dem Überleben. Man spürt die Vorfreude auf ein neues normales besseres Dasein, in dem nicht mehr marschiert werden muss, sondern gespielt werden darf.

Bruder Klaus und ich haben schon bald riesige Tennisschläger in der Hand, auch wenn beide noch kaum über die Netzkante schauen können. Und wir versuchen den ersten Ball zu treffen oder gar übers Netz zu bringen. Ein paar Jahre später tragen wir schon unser erstes eigenes Turnier aus. Auf dem plattenbelegten Innenhof der Wörthstraße 4 wird ein Seil als Netzersatz gespannt, und das Bruderduell kann beginnen, ohne Aufschlagpflicht und ohne T-Feld. Barri im angrenzenden Hundezwinger ist begeisterter Zuschauer, was sich durch anhaltendes Bellen manifestiert, und Schildkröte Lulu verzieht sich derweil aufs Rasenstück an der anderen Hofseite. Wenn die Zuschauerresonanz auf unser

Spiel gar zu groß und laut wird, taucht der Besitzer des Reformhauses auf, das im Haus das Herrenbekleidungsgeschäft ersetzt hat, und ermahnt Hund und Spieler. Bald schon wird der Wettbewerb durch Gewinnprämien verschärft. Wer heute den Sieg davonträgt, darf beim Abendessen die größere Portion Fleischsalat in Mayonnaise essen, für unsere Nachkriegsgaumen der Gipfel des Kulinarischen.

Auf dem richtigen Tennisplatz entfaltet sich gleichfalls reges Leben, sportlich und gesellschaftlich. Bald gibt es hier Medenspiele, Clubturniere, sogenannte Forderungsspiele, um auf der Clubrangliste auf- oder abzusteigen. Staunend schauen wir den Erwachsenen zu, lernen schnell, einen Lob von einem Longline-Ball zu unterscheiden, und bibbern mit, wenn Mutti ins Turniergeschehen eingreift. Wir wollen sie gewinnen sehen, auch wenn sie meist nur auf Platz 4 der Damenmannschaft spielt. Sie macht ihre Sache auch hier sorgfältig und solide, etwa so, wie sie Weihnachtsplätzchen bäckt oder unsere Schulhefte beschriftet. Ihre Schwäche ist offenkundig der Aufschlag, der den weißen Flauschball eher sicher ins andere Feld befördert, als ihn wirklich dorthin schlägt. Ihr beste Freundin, Tante Inge, die Nummer eins, putzt diesen dann auch regelmäßig weg, wenn beide im Clubturnier aufeinandertreffen, mit einem scharfen Cross, der knapp und kurz an die Außenlinie gesetzt ist. Ich stehe meistens am Netzpfosten, um nach dem gewonnenen oder verlorenen Punkt eiligst einen Ball aufzulesen und ihn der Aufschlagenden zuzuwerfen. Und ich bin dabei extrem parteiisch, wünsche Muttis Gegnerin beim Zuwerfen alles erdenklich Schlechte, etwa dass sie bei der Ballannahme falsch steht, beim Aufschlag in die Sonne schauen muss, von einem Zwischenruf auf dem Nebenplatz gestört wird oder beim Versuch, einen Ball zu erlaufen, vielleicht ausrutscht oder gar umknickt. All dies geschieht allerdings zum Glück höchst selten. Und wenn der Schiedsrichter am Schluss des Matches „Spiel, Satz und Sieg" verkündet, ist oft Muttis Gegnerin auch die Siegerin.

Dasselbe Identifikationsspiel wiederholte sich einige Jahre später, als Bruder Klaus, der mit Abstand Tennisbegabteste der Familie, seine Turnierspiele austrägt, er in der Badischen Bambino-Rangliste weit nach oben klettert. Jetzt hat sich meine Wahrnehmung leicht ins Ästhetische verschoben, denn Klaus ist ein Ballkünstler. Alle bewundern sein Ballgefühl, wenn er einen Volleystopp ins gegnerische Feld tropfen lässt, einen Slice punktgenau die Linie entlang spielt oder mit einem

18 Tennisplatz

Lob einen oder gleich zwei Gegner überlistet. Sein Kontrahent im Club und sein Doppelpartner bei Turnieren, Gottfried, verkörpert das genaue Gegenteil. Er knallt die Bälle die Linie entlang, rennt verbissen auch den scheinbar uneinholbarsten hinterher und schaut durchgängig wie ein knurrender Foxterrier drein, der seinem Gegner mit hochrotem Kopf in die Wade beißen will. Bruder Klaus hingegen hat die Fähigkeit, sein freundliches Wesen ins Spiel zu verwandeln, selbst bei kräftigen Schlägen sichtbar werden zu lassen, dass er spielt.

Der Tennissport bestimmte in den späten Kinder- und frühen Jugendjahren das sommerliche Familienleben. Alle Mitglieder spielten in einer der Clubmannschaften, fuhren, wenn es kein Heimspiel war, zu Meden- oder Henner Henkel-Spielen nach Heidelberg, zu Schwarz-Gelb oder zum HTC, nach Mannheim zu Grün-Weiss, zu Rot-Weiss in Baden-Baden, zum KTV Karlsruhe, nach Pforzheim oder in den Schwarzwald nach Gaggenau. Denn Tennisclubs sind in den Fünfzigern noch rar im Land, das heißt, sie sind weit verstreut und auch exklusiv. Der weiße Sport ist zu jener Zeit noch kein Volkssport. Und ein Turnierspiel ist auch immer ein kleines gesellschaftliches Ereignis. Freilich kann sich die Tennisabteilung der Turn- und Sportgemeinschaft kaum messen mit den Anlagen und Clubräumen in Mannheim, Heidelberg oder in Baden-Baden, wo schon wieder erster Luxus eingezogen ist und praktiziert wird, auf den Kaffeeterrassen oder in den Liegestühlen im weitläufigen Gelände. Zu Hause hat man gerade mal eine bescheidene Holzhütte erworben und als sogenanntes Clubhaus aufgebaut. Die schmalen Umkleideräume quellen an den Wochenendspieltagen über von trockenen und feuchten Klamotten, und die zwei Duschkabinen verdienen kaum ihren Namen, sie sind bessere Bretterverschläge mit einem wackeligen Wassergalgen. Die räumliche Enge fördert aber meist die gute Stimmung. Und das Clubleben hat seine aktivierenden Rituale. Die Damen liefern zum sonntäglichen Turnierspielausklang ihre selbstgebackenen Kuchen an, nicht ohne konkurrenzierenden Blick auf die Mitspielerin oder Doppelpartnerin, die Herren schleppen die schweren hölzernen Stühle und Tische des Clubhauses auf die Festwiese draußen. Und dann sitzen alle an einer langen großen Kaffeetafel, beschattet von rot-weißen Sonnenschirmen, deren dezenter Reklamerand verkündet „Libella erfrischt richtig" oder „Trink Coca-Cola eiskalt". Serviert wird allerdings von den Damen im mitgebrachten Sonntagsgeschirr aus riesigen Porzellankaffeekannen der vor Ort gebrühte Filterkaffee.

18 TENNISPLATZ

Diese Tennisfeste wiederholten sich regelmäßig den ganzen Sommer hindurch. Sie hatten ihren Höhepunkt am Endspieltag des Club-Turniers gegen Ende der Saison oder wenn ein besonderes Gastspiel anstand, etwa mit einem befreundeten Club oder als Ausnahmeereignis Anfang der Fünfzigerjahre die Einladung eines sozialistischen sächsischen Tennisvereins. Diese frühe Vereinigung mit den Tennisbrüdern und Tennisschwestern aus der Sowjetzone war durch Vermittlung eines aus dem Osten geflohenen Clubmitglieds zustande gekommen und versetzte den ganzen Verein in Aufregung. Nicht nur, weil die private Unterbringung der Gäste zu organisieren war, sondern vor allem, weil man die mitgereisten Offiziellen erkennen und unschädlich machen musste. Noch lange danach kursierten Erzählungen, wie man die Leute von der Staatssicherheit schon frühzeitig unter den Tisch getrunken habe. Folgenreich für unsere Familie blieb dieses einmalige Wiedervereinigungstreffen in Form der Weihnachtspakete, die drei Jahrzehnte lang zur Tennispartnerfamilie nach Döbeln geschickt wurden, die dort ebenfalls ein Textilgeschäft betrieb.

Schäumte auf dem Tennisplatz an solchen Tagen das Leben, so war dieser in den Jugendjahren auch ein Ort ausgeprägter Langeweile. Besonders in den Schulferien, die zu großen Teilen vor Ort verbracht wurden, wenn das Wetter nicht mitspielte, die roten Sandplätze den Regen nicht mehr aufnehmen konnten und sich vor allem an den Grundlinien größere Pfützen bildeten. Dann saß man leicht fröstelnd im kargen hölzernen Clubhäuschen und lauerte auf den Sonnenstrahl, der nicht kommen wollte. Die Phasen des Herumalberns wechselten mit jenen des Kartenspielens, 17 und 4 oder Mau-Mau vor allem. Dieses betrieben zumeist diejenigen, die sich davon einen Zugewinn versprachen und bald auch sicherten. Denn es wurde um Geld gespielt. Um aus heutiger Sicht minimale Beträge, die aber sehr wohl damals eine gerippte Flasche Libella kosten konnten. Ich spielte ohne wirkliche Anteilnahme und Freude. Und verlor auch regelmäßig. Diejenigen, die immer gewonnen haben, waren auch später im Leben erfolgreiche Geschäftsleute. Dauerte das Warten auf Wetterbesserung Stunden, war alles Geld verspielt und die Stimmung am Boden, ging die jugendliche Meute dazu über, den Platzwart zu ärgern oder die Platzwartfrau, die die Getränke verkaufte, mit falschen Behauptungen zu reizen. Etwa der, die Plätze seien abgetrocknet und der Platz jetzt bespielbar. Was dann immer zu kleinen Scharmützeln führte, bei denen die beiden Platzverantwortlichen zwar protestierten, aber auch stets die soziale Hierarchie im Auge hatten, denn beide lebten am Rande der Tennisgesellschaft und waren auf sie und das hier entstehende schmale Verdienst angewiesen.

Hierarchien spielen in einem Tennisverein nicht nur in den Clubranglisten eine Rolle. Man war mit ihnen schon in frühen Jahren unmittelbar konfrontiert, weil ein gewisses eigenes spielerisches Können einen bald zum Mitspieler oder Gegner der Erwachsenen machte. Da gab es an der Spitze der Rangliste, also auf Platz 1 im Tennisclub und in der Selbsteinschätzung, den schneidigen Ex-Offizier im weißen Zopfstrickpullover mit rotgerändertem V-Ausschnitt. Er hatte den Casinoton nur teilweise abgelegt und praktizierte ihn gern und einschüchternd in seiner charmanten Damenversion, wenn er meiner Mutter mit „Gnädige Frau" begrüßte und mit Handkuss verabschiedete. Einen ungewohnt sächsischen Unterton hatte der elegante Sohn einer Wirkwarenfabrik, die sich hier im Süddeutschen wieder angesiedelt hatte, aus dem Osten mitgebracht, und eine ebenso elegante Spielweise, die ihn und seine vornehme blonde Erscheinung geradezu ideal komplettierte.

Präsident des Tennisclubs, wenngleich eigentlich nur einer der Abteilungsleiter des Großsportvereins, war ein Fabrikant, der Geldzählmaschinen herstellte und mit progredierendem Wirtschaftswunder auch zunehmende Geldmengen in die eigene Tasche zählen konnte. Er hatte sein hohes Amt mit einer weiblichen Schönheit geadelt, die einen ungarischen Akzent sprach oder sich ihn zugelegt hatte. Sie war eine Mischung aus Gräfin Mariza und Marika Rökk und hatte die Tochter Klari mit in die Ehe gebracht, die die etwas stämmigere Ausgabe der Mutter war, aber ebenfalls gerne den Männern den Kopf verdrehte. Dahinter rangierte in voller Breite der Spezialdisziplinen die örtliche Ärzteschaft, vom Hals-Nasen-Ohren-Spezialisten, der durch lange weiße Kniestrümpfe bestach, bis zum Facharzt für Innere Medizin, dem schönen Anton, genannt Toni, der durch seine kräftige Statur auffiel. Sie waren auch auf dem roten Tenniscourt die Götter in Weiß, selbst wenn die meisten von ihnen nicht herausragend spielten. Medizinisch kam man an ihnen und ihren Beurteilungen ohnehin nicht vorbei. Die Eltern waren fast servil dankbar für ihren Rat. Der Hals- und Nasen-Doktor mit den weißen Kniestrümpfen und dem wunderbar klingenden Namen Dr. Schneemilch malträtierte mich bei der Entfernung meiner vereiterten Rachenmandeln, die er als Ursache meiner häufigen Bronchitis diagnostizierte, bis aufs Blut.

Unterhalb der Ärzteriege gab es ein bunt gemischtes Mittelfeld der unterschiedlichsten Existenzen und Berufe: Kinobesitzer, Einzelhändler oder Chemiker, Architekten und Handelsvertreter, aber zum Beispiel auch einen Malermeister oder den Besitzer eines Gipsergeschäfts, der mit einem Doktortitel reüssierte. „Dr. Gips", wie er hinter seinem Rücken betitelt wurde, erklärte wortreich die Welt und die wahren Motive der Politik. Der Inhaber des Malergeschäfts verstand sich als Künstler und war eine sogenannte Stimmungskanone. Als „Dibbel" spielte er im Duo „Dibbel und Dabbel" das Akkordeon und brachte mit seinem Partner und dem gemeinsamen Gesang die Prunksitzungen der Großen Karnevalsgesellschaft in der Aula des Gymnasiums zum Rasen, ebenso wie jedes Tennisfest in eine „Bombenstimmung". Geliebt von allen wegen seiner so charmanten Gemütlichkeit wurde der von der Statur her eher kleine Tabakfabrikant und -vertreter Seppel Wöhrle, der sich gerne mit dem Spruch einführte „großes W, kleines öhrle". Dieser kam wohl auch bei den Damen gut an, derer er gleich zwei besaß, eine aus Sachsen importierte weißblonde frühere Balletttänzerin vor Ort und eine zweite geheim gehaltene im Osten unseres Vaterlandes, die bald durch eine innerdeutsche Stacheldrahtgrenze vor der West-Rivalin geschützt war. Gefürchtet von allen war „der braune Bomber", ein Ingenieur und Tennisfanatiker namens Braun, mit dem im Tennismatch nicht gut Kirschen essen war, wenn er seinen eigenen Ball drinnen, also innerhalb des Spielfeldes, und den gegnerischen Ball meistens jenseits der Linie verortete. Auch gehörte es zu seinen Angewohnheiten, ein Spiel plötzlich für beendet zu erklären, weil die angeblich hereinbrechende Dunkelheit keine Sicht und fairen Wettkampf mehr zulasse. Meistens war er bei diesen Abbrüchen auf der Verliererstraße.

Das bürgerliche Personal ergänzte eine Reihe von eher windigen jugendlichen Gestalten männlichen Geschlechts, die das Tennisterrain gerne auch für amouröse Spielchen nutzten. Denn es gab manche bedürftige Dame zu beschäftigen, und zwar in fast allen Altersklassen und auf allen Spielfeldern. Einer der ganz coolen Typen, wie man heute sagen würde, war der Sohn eines Busunternehmers, der mit seiner skrupellosen Art rennomierte. Er wurde „Ludde" genannt, was aus seinem Vornamen Ludwig herzuleiten war. Oft gelang es ihm, die ganze Zuschauerterrasse vor dem Clubhaus in Bann zu schlagen, wenn er äußerst lässig behauptete, es gebe heute keine gesellschaftlichen Grenzen und Tabus mehr, man könne zu jedem und allem Zutritt bekommen, wenn man nur entsprechend auftrete. Er belegte dies mit illegalen Einkäufen in den PX-Geschäften der Amis im Heidelberger Headquarter oder im Patrick-Henry-Village. Seine Spezial- und

Glanznummer, die er halb vorführte halb erzählte, war sein Auftritt in der Spielbank Baden-Baden, die er anlässlich einer geschlossenen Gala allein mit der Sicherheit seiner Zugehörigkeit zur feiernden Gesellschaft enterte, und dann, so seine Behauptung, mit großem Geldgewinn wieder verließ.

Der Tennissommer ging meist mit einem Clubturnier-Abschlussfest zu Ende. Über der bescheidenen Umkleidekabine hing dann das Kartonschild „BAR". Ein Musikerduo sorgte für Stimmung, und die kleine Zuschauerterrasse war die Tanzfläche. Der reichhaltigen Fotodokumentation einer dieser Veranstaltungen ist zu entnehmen, dass die Sommernacht lau, die Stimmung bestens und der Alkoholkonsum ausreichend war, um auch mal über die Stränge zu schlagen. Da flirtet der Zahnarzt Dr. Jo Immerschitt dann auch ganz unverhohlen mit der Hals-Nasen-Ohren-Gattin, nimmt der Junggeselle Oscar, ein einsamer promovierter Chemiker, flugs Tante Inge auf die Arme, legt der schöne blonde Sachse Dietel der wählerischen Tante Margot die Hand an die Hüfte. Im Mittelpunkt vieler der besonders häufigen Menschenknäuelfotos in der Clubhaushütte findet sich die ungarische Gräfin. Es muss sich hier um ein Gesellschaftsspiel gehandelt haben, bei dem die körperliche Annäherung nicht nur erlaubt, sondern Pflicht war. Der heutige Wahrnehmungseffekt dieser Fotos: Man meint, der Munterknopf sei gedrückt und mit einem weiteren Knopfdruck würde das Lachen und Kreischen der Gesellschaft wieder freigesetzt, käme Bewegung in die nur kurz gestoppte Ausgelassenheit.

Dann kam die tennislose Zeit. Hallenplätze gab es damals nur an wenigen Orten. Sie wurde einmal im Winter von einem Tennisfaschingsball unterbrochen. Er war in unserer Familie ein problematisches Ereignis, auf das vor allem Mutti mit einiger Besorgnis vorausblickte. Sie war eine erklärte Anti-Karnevalistin, hatte keine Freude, sich zu verkleiden, verabscheute verordnete Fröhlichkeit, ein Urteil, dem sich ihr Ehemann pflichtschuldig anschloss. Dennoch schien sie sich der gesellschaftlichen „Verpflichtung", die dieser Ball in ihren Augen darstellte, nicht entziehen zu können. So bastelte sie in Gedanken und dann in der Wirklichkeit schon Wochen zuvor an ihren Kostümen, die sich laut Bildüberlieferung vom Improvisierten übers Frühvollendete ins Fantasielose steigerten. Ein Faschingsball „im privaten Rahmen" zeigt sie im kleinen Schwarzen nur mit einem spitzen Glanzpapierhütchen auf dem Kopf, neben ihr Ehemann Ernst im dunklen Anzug mit silbergrauer Krawatte und einem Türkenfez auf dem Haupt.

Die im wörtlichen Sinne aufgesetzte Lustigkeit wirkt hier erstaunlicherweise ungezwungen und leicht.

Die „richtigen Tennisbälle", etwa die im fastnächtlich dekorierten „Café Kull", zeigen, zumindest bei Mutter Ruth, verordnete Mitmachfröhlichkeit. Wo sich der singende Malermeister Kurt E. als weißer Maharadscha im Kreis der Damenwelt hervortut, umzingelt von Zigeunerinnen, steht sie als Lausbub im buntkarierten Hemd und kurzer Lederhose am Rande. Im nächsten Jahr mit gelber Butterflyblume im Haar und seidig glänzendem Chinesenkittel mit aufgesetztem schwarzem Stoffdrachenemblem erobert sie sich immerhin einen Platz an der Seite des Clubpräsidenten, der als spanischer Grande figuriert. Beide halten Hof auf einem orientalischen Diwan. Ihren letzten dokumentierten Fastnachtsauftritt sieht sie als Gärtnerin mit Kittelschürze und Strohhut. Mein Vater hat es in diesem Karnevalsjahr zum Piraten gebracht mit aufgemaltem Schnurrbart und rotem Kopf- und Hüfttuch, an denen goldene Münzen klimpern. Die Ärzteschaft erscheint diesmal fast geschlossen im Luden-, Ganoven- oder Gefängnisdress an der Barfront – was Gärtnerin Ruth daneben besonders brav aussehen lässt. Damit ist ihre Fastnachtsballkarriere aber offenbar auch schon zu Ende. Die Fastnachtstage werden jetzt zum Skifahren im Schwarzwald genutzt.

Das Tor zur großen Welt öffnete sich für mich mit dem ersten Besuch des internationalen Tennisturniers in Baden-Baden. Hier auf dem Gelände von Rot-Weiss, wo 1881 der erste deutsche Tennis Club, der „Baden-Baden Lawn Tennis Club", gegründet worden war und ein Wimbledon vergleichbar wichtiges Turnier unter der fürstlichen badischen Schirmherrschaft stattfand, feierte man jeden Frühherbst ein wirkliches Tennisfest. Die Lichtentaler Allee war dann rund um die Tennisanlage mit Fahnen vieler Nationen beflaggt. Das war sechs Jahre nach Kriegsende ein Ereignis, wie Klaus und ich am Enthusiasmus des Vaters ablesen konnten, der die damals Tennisgrößten der Welt seinen kleinen Söhnen vorstellte, als wären sie alle nur für uns allein hierhergekommen. Gottfried von Cramm, der große Sportsmann, war ihm so heilig und verehrungswürdig wie in der Oper später nur die Callas. Viele Einzelheiten seiner Karriere wusste Papa zu berichten: Siege in Roland Garros, seine Finalteilnahme in Wimbledon und die Verhinderung eines Sieges dort durch den Krieg und durch seine Nazi-Haft. Nun stand diese Lichtgestalt des deutschen Tennissports unmittelbar vor

18 Tennisplatz

uns. Nicht nur in naher Entfernung auf dem Platz, nein, zum Anfassen nah, wenn er einem anderen Spiel zuschaute oder auf der Terrasse des Clubhauses saß. VIP-Zonen waren zu einer Zeit, in der man für die eigens zu diesem Tennisturnier aufgeschlagene Holztribüne das eigene Sitzkissen mitbrachte, noch nicht ausgegrenzt. Da gab es keine Sponsorennamen, keine Reklametafeln, nur die Drahtzäune zwischen den einzelnen Plätzen waren ganz funktional mit grünen Planen bespannt, auf denen „Dunlop" stand. Die Rede von der großen Tennisfamilie traf zu: Überschaubar war die Zuschauerzahl, vielleicht am Endspieltag um die vier- oder fünftausend. Überall begegnete man während des Turniers Tennisbekannten aus anderen Clubs, und die Tennisasse bewegten sich ganz selbstverständlich zwischen den Zuschauern, wenn sie zum Platz ihres Matches gingen oder von ihm kamen.

Von Cramm war 1951 schon 42 Jahre alt. Er hatte in dieser Saison zum letzten Mal am Einzelwettbewerb in Wimbledon teilgenommen. Jetzt in Baden-Baden spielt er nur im Doppel zusammen mit seinem langjährigen Davis-Cup-Doppelpartner Göpfert. Er war der einzige und letzte, der nicht in kurzen Hosen auf dem Platz stand. Ob deshalb sein Spiel so überaus elegant wirkte? Beim Aufschlag warf er den Ball weit in den Himmel, spannte den Körper wie einen weißen Bogen von der Fußspitze bis zum Schlägerkopf, bevor er die Filzkugel traumhaft sicher traf und ins gegnerische Feld schnellen ließ. Drei oder vier Jahre später war Gottfried von Cramm nur noch als Besucher des Turniers vor Ort, an der Seite seiner amerikanischen Millionärsgattin Barbara Hutton. Bruder Klaus und ich gehörten inzwischen zu den eifrigsten Autogrammsammlern des Turniers. Mit Herzklopfen näherte ich mich dem Tennisbaron. Mit welch freundlicher Generosität von Cramm dem Elfjährigen seinen Namenszug auf die Schülerkarte für eine D-Mark-Eintrittsgebühr schrieb und überreichte, ist unvergesslich. 50 Jahre später stehe ich mit meinem Vater, der mich zum letzten Mal in Hildesheim besucht, an seinem Grab, vor der Cramm'schen Familiengruft in Schloss Oelber am weißen Berge, und danach, einige Schritte weiter, an jenem Tennisplatz, auf dem der Champion, so die wahrscheinlich richtige Legende, seine ersten Tennisschläge und Spiele gemacht hat.

1954 und 1955 gab es in Baden-Baden einen neuen anderen Star, der zwar weniger Glamour verbreitete, aber ebenso meine Fantasie beschäftigte. Er spielte für Ägypten, war im Winter Eishockeyspieler, hatte von den Olympischen Spielen 1948 in St. Moritz eine Silbermedaille mitgebracht und 1954 als bisher einziger Ägypter das Turnier in Wimbledon gewonnen: der gebürtige Tscheche Jaroslav Drobný. Er wirkte mit seiner eher gedrungenen Gestalt wie ein Gegenbild zu von Cramm. Die Brille verlieh ihm etwas Alltägliches, ja leicht Bürokratisches. Aber auf dem Platz war er ein perfekter Kämpfer, der jeden Schlag beherrschte und mit seiner Beinarbeit auch jede Ecke des Platzes. Hinzu kam bei ihm eine gute Portion Schwejk'scher Taktik. Sein Match gegen den Schweden Lennart Bergelin, von der Statur und der Spielanlage eher Gottfried von Cramm gleichend, war der Kampf zweier Tennisstile, den der bullige Drobny für sich entschied. Es ließe sich weiter von vielen Tennisgrößen erzählen und schwärmen, etwa von Manuel Santana, der es vom Balljungen zum Weltklassespieler brachte und der einzige Europäer war, der der australischen Übermacht, Ken Rosewall, Rod Laver oder Roy Emerson Paroli bieten konnte. Aber es ging bei diesem Sportereignis nicht allein um das sportliche Können. Das internationale Tennisturnier in Baden-Baden machte alljährlich auch dem jüngsten Zuschauer klar, wie Menschen unterschiedlicher Nationen und Sprachen die Welt reicher und weiter machen, und was es als Erlebnis bedeutet, wenn sie sich in einem fairen Wettkampf treffen und messen.

19 „K&K": das Geschäft

„In schwerer Zeit wenden wir uns heute als alter und treuer Kunde ihres geschätzten Hauses an Sie, um wieder die auch fernerhin notwendige Verbindung aufzunehmen. Wir können die Schwierigkeiten ahnen, die uns noch von einem auch nur annähernd geregelten Geschäftsgang trennen. Aber zu irgendeinem Zeitpunkt wird sich die Lage doch wieder bessern, zumal die Versorgung der Bevölkerung mit Spinnstoffwaren nach der Ernährung doch die vordringlichste sein wird. Wir möchten Sie deshalb bitten, uns Nachricht darüber zu geben, ob, wann und in welchem Umfang Ihr Betrieb wieder anläuft und bis wann wir wieder mit einer Belieferung rechnen können. Wir bitten Sie, uns als alten Kunden nicht zu vergessen und uns bald zu unterrichten, zumal wir im April durch Fliegerschaden unser gesamtes Warenlager verloren haben. In der Hoffnung recht bald in günstigem Sinne von Ihnen zu hören, grüßen wir Sie. Hochachtungsvoll."

Diesen Briefentwurf formulierte der Kriegsgefangene Ernst Kurzenberger am 8.6.1945 hinter den Stacheldrahtzäunen des Prisoner of War Transient Enclosures (PWTE) in Heilbronn, gut einen Monat nach Kriegsende und seiner Einlieferung dort. Er schreibt ihn mit einem Bleistift auf die herausgerissene erste Seite einer englischen Konversationsgrammatik in der Absicht, ihn möglichst bald danach seiner Frau Ruth zukommen zu lassen, die ihn dann offiziell und vervielfältigt an die alten Firmen schicken soll.

Diese ist längst, noch vor Kriegsende, kurz nach der „Verlegung" ihres Mannes und des Wehrmeldeamtes ins Allgäu geschäftinitiativ. Sie fertigt in ihrem „Adressen-Merkbuch" auf Seite eins eine „Abschrift: (Gochsheim) Warenbestand: 27.4.1945" und listet in Sütterlinschrift elf Kartons und ihren Inhalt auf inklusive der jeweiligen Anzahl der Artikel und der Größenangaben, zum Beispiel „Karton Nummer 1: Hosen von Größe 46 bis 54" oder „Karton Nr. 6: 3 Unterhosen 5/5/4, zwei Kindermäntel, Gr.oo/o" bis Karton 10 und 11 „5 Arbeitsmäntel, ein Lodenmantel, Gr. 49, 4 Knabenhosen Gr. 8/8/10/10, zwei Knabenanzüge,

Gr.11". Buchhalterisch ist also schon vor Kriegsende die Grundlage für einen wiederaufzunehmenden Geschäftsbetrieb von "Ph. Scheuermann und Co" gelegt. Wo er nach der völligen Zerstörung des Geschäftshauses stattfinden und wann er beginnen könnte, ist freilich gänzlich offen. Der prisoner of war E. K. kalkuliert allerdings richtig. Die Bevölkerung "mit Spinnstoffwaren zu versorgen", gehört zu den Grundbedürfnissen und Aufgaben, die bald zu bewältigen sind. Denn mit ihren zerstörten Häusern und Wohnungen haben die Menschen alles verloren, auch ihre Kleider. Diesem Verlust ist man mit ca. 60 Stück Warenbestand in 14 Kartons freilich nicht gewachsen. Noch sind es zwei Jahre, bis mit dem Marshallplan das rettende Wiederaufbau- und Wirtschaftsprogramm anläuft. Seit Sommer 1946 ist zwar eine Währungsreform in Planung, aber erst am 20.6.1948 wird sie durchgeführt und mit 100 RM zu 6,5 DM das neue Gleichgewicht zwischen Geld und Gütermenge bestimmt. Bis dahin hält sich die Bevölkerung eher schlecht als recht über Wasser, überlebt ausgehungert und mühsam dank der Lebensmittelimporte der Alliierten, dank der Care-Pakete, die menschenfreundliche Amerikanerinnen den ausgehungerten ehemaligen Feinden schicken, dank der Schulspeisungen, die den Kindern den Magen füllen. Nicht zuletzt sichert der Schwarzmarkt das Überleben, auf dem ein Kilogramm Butter 450 RM kostet, 3 Pfund Brot für 20 RM zu erwerben sind und ein Pfund Zucker bescheidene 80 RM wert ist, auf dem aber in der Hauptsache der Tauschhandel blüht.

In dieser Nachkriegsschwarzmarktphase bewährt sich auch die illegale Seite der beiden ehrbaren Kaufleute Kruse und Kurzenberger. Sie sind, wie schon erzählt, zusammen mit dem Motorrad, Rucksäcken und ihren Resthosenpaketen unterwegs auf Hamsterfahrten bei Bauern im Schwäbischen oder in der Pfalz, halten aber auch Ausschau nach noch vorhandenen Textilbeständen, die Carl Kruse in größerem Umfang im Bauland, dem sogenannten badischen Sibirien, findet, in einem nicht aufgelösten Depot der deutschen Wehrmacht. Er luchst den Amerikanern den Zuschlag für eine größere Menge Militärmäntel ab und verspricht ihnen deren Entnazifizierung. Vater organisiert ihre Umarbeitung in einer Kirrlacher Textilfabrik, in der noch einige Nähmaschinen stehen und für die sich einige Schneiderinnen finden lassen. Die Wendemäntel helfen doppelt. Sie schaffen eine erste Geschäftsgrundlage für den Neuanfang des Herrenbekleidungsgeschäftes und bringen eine Anzahl von Menschen etwas wärmer über den sehr kalten Winter 1946/47, in

19 „K&K": Das Geschäft

dem die Temperaturen auf fast 20 Grad minus fallen. Eines Ladens mit Schaufenstern, Auslagen oder Registrierkasse bedarf es für den Verkauf nicht. Und es braucht auch keine Werbung. Zwei oder dreimal so viele Kaufinteressenten, als Mäntel vorrätig sind, stehen Schlange. Die Mundpropaganda weist ihnen den Weg in die Privatwohnung Kurzenberger „am Stadtgarten 3", wo die runderneuerten Soldatenmäntel im Esszimmer in Pappschachteln lagern.

Drei oder vier Jahre später sieht das Geschäftsleben schon ganz anders aus. Jetzt hat in der Wörthstraße 4 das neue Geschäft in einem neu gebauten Haus eröffnet. Neuer Anfang heißt auch neues Nachkriegsfirmenlogo. Aus „Scheuermann und Co" wird „K&K" – Kruse und Kurzenberger. Carl Kruse ist Finanzier und Eigentümer des Neubaus, der gleich zwei seiner Geschäfte aufnimmt. Im Erdgeschoss die Herrenbekleidung, darüber deren Büro und Schneiderei und außerdem die Lokalredaktion der „Bruchsaler Post", die er in der Druckerei Kruse in Philippsburg, wo er Teilhaber ist, drucken lässt. Ein kleiner Mischkonzern! Vater Ernst ist der finanzschwache Kompagnon und ausgebildete Textilkaufmann. Schnell geht es sichtbar voran. Im Nu werden aus zwei Schaufenstern mehr als die doppelte Schaufensterfront. Auf das Nachbargrundstück, das der Besitzer gerade bis zur betonierten Kellerdecke finanzieren und fertig stellen konnte, wird ein großes Schaufenster auf Zeit gesetzt. Das heißt, kaum ist der Laden bezogen, ist er schon wieder zu klein. „Jetzt kommt das Wirtschaftswunder, jetzt kommt das Wirtschaftswunder!" Und die beiden Geschäftsleute verhandeln mit der Stadt wegen eines Grundstückstausches, denn an der Stelle, wo vor dem Krieg die Firma „Gebrüder Bär, Manufakturen- und Herrenkleidergeschäft", dann „Scheuermann & Co" seine Kunden empfing, soll ein nierenförmiges Betonbecken mit nächtlich vielfarbig beleuchteten Fontänen und Grünanlage den Bürgern die Verschönerung der hastig wieder aufgebauten Stadt vor Augen führen.

Der „Nierlesbrunnen", wie er bald genannt wird, und das neue Bekleidungsgeschäft entstehen fast gleichzeitig. Schon sechs Jahre nach der ersten steht die zweite Neueröffnung von „K&K" bevor. „Zur Neueröffnung unseres Hauses am 19. Mai 1956, 10 Uhr, laden wir herzlich ein. In unseren großzügig und modern gestalteten Schaufenstern und Verkaufsräumen finden Sie eine imponierende, großstädtische Auswahl bester Qualitätskleidung in modisch gültigen Formen zu besonders vorteilhaften Preisen. Jetzt zeigen wir Ihnen, wie leistungsfähig wir sind."

Die kleinlaute Bescheidenheit der ersten Nachkriegsjahre scheint passé. „Wir sind wieder wer", heißt es jetzt auch in der Provinz. Vor dem marktschreierischen Teil des Inserats wird das neue Gütesiegel vorgestellt, das Solidität, Qualität und Exklusivität verheißt: „Künftig nennen wir uns ‚Ihr Kleiderberater'. Nur bestgeführte Spezialgeschäfte, von denen über 100 im ganzen Bundesgebiet zu einer Leistungsgemeinschaft zusammengeschlossen sind, dürfen sich „Ihr Kleiderberater" nennen. In Bruchsal hat allein unser Haus das Recht, sich so zu bezeichnen. Der Silberschild, den sie ab heute an jedem Kleidungsstück finden, das Sie bei uns erwerben, ist das Gütezeichen für erlesene Qualität, hervorragende Verarbeitung und fachmännische Beratung." Dieses Mantra des gehobenen Einzelhandels wurde optisch beglaubigt durch ein fein gezeichnetes schlankes Strichmännchen mit fröhlich aufwärts schwingenden Schnurrbarthärchen in adrettem Hemd und einwandfreier Bügelfaltenhose, dem eine Schneiderstoffschere um die Schulter gehängt war. Überschrieben sind seine akkuraten Hosenbeine mit „Kleiderberater" in Sütterlinschrift, die 1956 bewährte Tradition suggerieren sollte.

Dieses fröhliche Schneidermännchen war ein Werbeemblem und eine vorhandene Realität zugleich. Denn schon im ersten neuen Geschäft war die riesige, auf Holzböcken aufgelegte Arbeitsplatte der Schneiderei der verborgene, aber wahre Geschäftsaltar. Tatsächlich im Schneidersitz saßen hier die beiden Hausschneider und nähten wie im Märchen von ihrem tapferen Berufsgenossen mit Nadel und Faden, was sie zuvor auf der großen dicken Holzplatte mit Schneiderkreide auf den Kammgarnstoff gezeichnet und dann mit der Schere ausgeschnitten hatten: den Maßanzug. Er war in den Fünfzigerjahren noch der Gipfel der Herrenbekleidungskunst, wenngleich auch damals schon exklusiv. Die Gutbetuchten, die Fabrikanten und die Ärzteschaft des Ortes standen zum Anprobieren bereit und mussten viel Zeit mitbringen, um „sich abstecken", Jacke und Hose in zwei oder drei Anproben an die jeweilige „Figur" des Kunden anpassen zu lassen. Mich interessierte, während das Werk voranschritt, vor allem die Innenwelt des Anzugs, die von Hand aufgestichelten Einlagen und Wattierungen, die nicht nur im Schulterbereich dem Sakko Form und Festigkeit verliehen. Eine geheimnisvolle Signatur weißer Fäden hielt das Ganze zusammen. Nach vielen, vielen Arbeitsstunden vollendete ein schweres dampfzischendes Schneiderbügeleisen das textile Wunderwerk.

Im neuen, das heißt also im ganz neuen Geschäft saßen jetzt gleich drei Schneider auf der Platte, aber sie waren nun zunehmend mit soge-

19 „K&K": DAS GESCHÄFT

nannten Änderungen befasst. Auf dem Eröffnungsfoto sind 13 Verkäufer abgelichtet, die als Kleiderberater fungierten. Damit lässt sich heute fast ein halbes Kaufhaus führen! Verhaltener Stolz und gebotener Ernst spricht aus ihren Festtagsmienen. Sie haben allen Grund dazu. Denn „K&K" hat jetzt nicht nur über 20 Meter Schaufensterfront, sondern zieht sich über drei Stockwerke des Hauses. Das wissen auch die Ehrengäste in ihren Reden zu würdigen, allen voran der Oberbürgermeister Professor B. und der Syndikus der Industrie- und Handelskammer Karlsruhe Doktor G.

Für mich bestand die Attraktion der Eröffnung nicht in den Festtagsreden, unter denen sowohl Inhaber C. K. als auch Inhaber E. K. den Werdegang ihres Unternehmens an einem Rednerpult, das auf die Verkaufstheke der Hosenabteilung aufgesetzt war, darstellten. Die wahre Eröffnungssensation war das kalte Buffet, das von vier Köchen unter weißen Kochhauben angerichtet und präsentiert wurde: Eine überwältigende Fülle von Speisen, ein Jahrzehnt nach den Hungerjahren! Jede der Silberplatten war ein kleines kulinarisches Blumenbeet, auf dem sich nicht nur die Petersilie kräuselte, sondern essbarer Zierrat unbekannter Art und in bunter Farbigkeit die Pasteten, Zungen, die mit weißen Manschetten handlich gemachten Geflügelteilchen oder die filetierte Gänsebrust umspielten und in den lukullischen Himmel hoben. Im Zentrum des Arrangements lagerte mit offenen Scheren ein feuerroter Hummer, den keiner der Gäste anzurühren wagte, da die einen ihn für eine Attrappe hielten, die anderen nicht wussten, wie man ihn essen sollte. Erst als einer der Köche auf die Möglichkeit hinwies, dass das Schalentier entkernt und verzehrbar sei, wagte sich der Vater meines Schulkameraden Eckehard, der aus dem Osten in den Westen geflohene Kleiderfabrikant mit bescheidener Anzug- und Mantelproduktion vor Ort, an das ins Auge stechende Scherentier. Die anderen Gäste saßen derweil vergnügt an den vielen weiß gedeckten Tischen, die zwischen den Kleiderständern, Mantelreihen und den Anprobekabinen aufgestellt waren. Mich beeindruckte, dass man vier verschiedenfarbige Soßen als verfeinernde Geschmackszutat wählen konnte, und vor allem die gefüllten Oliven, die ich zum ersten Mal in meinem Leben zu Gesicht und in den Mund bekam. Der rote Paprikastreifen, der ihren Kern ersetzte und einem verlockend entgegenleuchtete, schien mir das höchste Raffinement der Zubereitungskunst. Ich befragte einen der Kochmützenträger, der die ausgewählten Speisen den Gästen auf den Teller legte, ob er denn jede der vielen Oliven eigenhändig so filigran ausgestattet und ver-

schönert habe. Der erklärte frech und unwahrheitsgemäß: „Ja, selbstverständlich, mein Junge!"
Die optische Sensation des Eröffnungsfestes war die Frau des Karlsruher Architekten Gäckle, der das Haus geplant und gebaut hatte. Ihr war die Innenausstattung zu verdanken, die alles an Deckenleuchten, Farbkombinationen, Tapetenmustern, Treppengeländern in geschmackvoller Mischung aufbot, was die Fünfzigerjahre mir bis heute ästhetisch ungewöhnlich und anziehend machen. Sie setzte mit ihrem kanariengelben Hut, den sie für die Eröffnung gewählt hatte, das i-Tüpfelchen auf ihre Inneneinrichtung und gab der Veranstaltung großstädtisches Flair. Den hatte ihr Gatte schon in seiner Architektur verwirklicht. Die Fluchtlinien des nach vorn abgeschrägten Eckhauses, das sich dreieckig zur Rückseite verjüngte, mündeten in ein Treppenhaus, das es in sich hatte. Eine Wendeltreppe ringelte sich bis ins Dachgeschoss, zur Hälfte umschlossen von Glasbausteinen und ausgehängt mit Leuchttüten, deren Schnüre bis 15 Höhenmeter in die Kellertiefe durchmaßen. In diesem Geschäftshaus und bei seinem opulenten Eröffnungsfest wurde offenbar, was das Geschäft viele Jahre für die ganze Familie bedeutete: Es war die Zentralachse des Lebens.

Die beiden Söhnchen des Unternehmens nahmen an allen Höhen und Tiefen, an allen Erfolgen und Misserfolgen des „Geschäfts" lebendigsten Anteil. Wenn Vater jammerte, wie viel Geld er dieses Jahr wieder allein in das Warenlager, in Anzüge, Mäntel, Stoffe und Hosen gesteckt habe, von denen niemand sagen könnte, ob sie auch ihre Käufer fänden, zitterten wir mit auf den schwankenden Planken des Geschäftsschiffes. Wenn der Weihnachtsverkauf anzog und die umsatzstärksten Wochen des Jahres ins Haus standen, verfolgten wir mit sportivem und existenziellem Interesse, wie der Tagesumsatz sich entwickelte. „Wieviel?", flüsterte ich zu Mutti, die an der Kasse stand. Sie öffnete eine Klappe und sagte dann „Erst 4!" oder „Schon 8!" oder leicht triumphierend „Über 10". Dann bebten unsere kleinen Kaufmannsherzen mit. Es ging voran, weiter und weiter aufwärts! Das Wirtschaftswunder hielt Kurs, ohne zu schwanken.
Jeder Herrenmodetrend, der auf der Kölner Fachmesse angepriesen wurde, unterlag auch unserer Begutachtung, ja wir beide waren das modische Aushängeschild der jeweiligen Entwicklung der Knaben- und Herrenmode. Allerdings nur bis zu dem Tag, als das Titiclub-Hemd am Modehimmel auftauchte. Jockel S., der Chefarztsohn, trug es als Erster

und hielt sich nicht zurück, einen Karlsruher Herrenausstatter als Quelle dieser exklusiven Hemdart auf dem Tennisplatz anzupreisen. Das Besondere an diesem Freizeithemd war sein Halsverschluss, der waagrecht von einer zur anderen Schulter verlief. Es wurde nach den Anfangsbuchstaben der italienischen Modefirma „Transformazioni Tessili" TiTi benannt. Auf der Stelle war mein Begehren geweckt, und ich verlangte entschieden, Vater solle umgehend diese schicke italienische Hemdenkreation in seine Herrenkollektion aufnehmen. Aber bei keiner seiner Firmen war das Titiclub-Hemd im Angebot und zu ordern. Auch nochmalige Nachfrage und die Behauptung, eine Vielzahl von Kunden begehrten es zu erwerben, konnte das Titiclub-Hemd nicht herbeizaubern. Ich benötige es aber dringend, um mich auf dem Markt der hiesigen Eitelkeiten behaupten zu können. So lag ich Mutti tage-, ja wochenlang in den Ohren, erklärte das bevorstehende Geburtstagsfest zum ultimativen Termin für die Inbesitznahme dieses Kleidungsstückes, da ich ansonsten in meinem Freundes- und Bekanntenkreis als völlig hinter der Zeit und dem Mond gelten würde. Mutter Ruth kam in echte Bedrängnis. Da auch sie bei Vater in dieser Angelegenheit nichts ausrichten konnte, ein Kauf des Hemdes in Karlsruhe aber der totale Verrat am kleinstädtischen Einzelhandel und seinem Ethos bedeutet hätte, überlegte sie heftig, was für ihren modebewussten Sohn zu tun sei. Und siehe da: Sie beging ihren ersten und letzten Ehebetrug, schickte ihre Schwester Inge nach Karlsruhe zum Herrenausstatter, täuschte ihrem Gatten vor, die frevelhafte Patentante hätte die unlauteren Wünsche ihres Patenkindes erfüllt. Gleich zwei Titiclub-Hemden nannte ich ab da mein Eigen und trug sie ganz lässig und selbstverständlich. Als dann die ersten Schulkameraden sie im väterlichen Geschäft zu kaufen suchten, verschärfte sich das Titiclub-Problem erneut.

Überhaupt war ich nicht der beste Werbeträger von „K&K". Im Gymnasium gab es in der Unterstufe eine Klasse der Städter und jene, die sich aus den Schülern der umliegenden Dörfer rekrutierte. Man begegnete sich eher auf Distanz, nur beim gemeinsamen Sportunterricht kam es zwangsläufig, vor allem beim Fußballspiel, zu Vermengungen und Konfrontationen. Regelmäßig zogen die Einheimischen auf diesem Felde gegenüber der jungen Landbevölkerung den Kürzeren. Wenn wir geschlagen vom Platz trotteten, kommentierte ich die Niederlage mit dem verächtlichen Satz: „Es ist keine Schande, gegen diese Bauern zu verlieren!" Womit ich ihre rustikale Spielweise meinte. Eines Tages bezahlte ein Ehepaar, das sich als Erzeuger eines Sohnes aus meiner Parallelklasse bei meiner Mutter an der Kasse zu erkennen gab, nach einem Großeinkauf mit folgendem Kommentar. Sie seien seit Jahren guter Kunde bei „K&K" und sehr zufrieden mit der Leistung des Modehauses. Was sie nicht billigen könnten, seien die Kommentare des Juniorchefs, der ihren Sohn als Bauer diffamiere. „Wir haben keine einzige Kuh im Stall!" Mutti rang ein wenig nach Luft, rügte ihren Sohn erst in Abwesenheit, später real, und versprach den guten Kunden, dessen loses Mundwerk künftig besser zu kontrollieren. So wurde mir früh klargemacht, dass die Redefreiheit ihre Grenzen dort hat, wo finanzielle Interessen im Spiel sind.

Das Geschäft eröffnete Bruder Klaus und mir ein weites Feld sozialer Erfahrungen, gute und weniger erfreuliche. Die Männerriege der Verkäufer – Verkäuferinnen kamen erst Ende der Sechzigerjahre hinzu – war eine Mannschaft mit ganz unterschiedlichen Qualitäten. Bestach der eine durch Freundlichkeit und Eloquenz, war der andere durch seine Stur- und Mundfaulheit nur bei gewissen Kunden erfolgreich. Und jeder Einzelne hatte in den Fünfzigern noch „seine Kunden", die er aufgrund persönlichen Umgangs an sich binden konnte: die Mitglieder seines Sport- oder Fußballvereins oder die Bevölkerung des jeweiligen Herkunftsortes („Mir gehe heid zum Ludwig, der schafft drinn beim Krose und Korzeberger") oder als jugoslawiendeutscher Verkäufer einen Teil des Banats, der Batschka oder der späteren Gastarbeiter vom Balkan, Jugos genannt. Einen Anzug zu kaufen war mehr als nur einen Konsumartikel zu erwerben. Der Kauf war Vertrauenssache und nichts Alltägliches. Er brachte ein Lebensereignis in eine äußere sichtbare Form: die Konfirmation, die Hochzeit oder die Beerdigung.
    Kaufen und Verkaufen entwickelten sich erst innerhalb des nächsten Jahrzehnts zunehmend zur verschärften Konkurrenz. Sie steigerte sich innerhalb des Geschäftes mit der Einführung von Verkaufsprämien, die „Ladenhüter" schnell beseitigen sollten. Der Verkauf jedes Kleidungsstückes, das nicht aus der aktuellen Saisonkollektion stammte, zahlte sich prämienbelohnt auf dem Gehaltszettel des Verkäufers aus. Das führte, wie man sich leicht ausmalen kann, schnell zu Missgunst und Rangeleien untereinander, zumal dann, wenn unter den Lehrlingen ein Verkaufsgenie auftauchte, der das Doppelte oder Dreifache der durchschnittlichen Prämienleistungen der anderen schaffte. Solche besonderen Talente gab es ab und zu. Sie wurden fast über Nacht zu besonders effektiven Kleiderberatern, waren gleichsam die erfolgreichen Torjäger

des Herrengeschäfts, wenn sie zum Anzug neben dem Hemd und der neuen Krawatte auch noch ein Jackett plus passender Hose und den sogenannten Übergangsmantel an die Kasse zur erfreuten und freundlichen Chefin brachten. Die Verkaufskollegen schauten dabei weniger glücklich.

Mit den Jahren häuften sich die Konflikte zwischen den älteren und jüngeren Verkäufern, den Traditionalisten und Modeorientierten, den immer Einsatzbereiten und den weniger Initiativen. Auch die immer ausgefalleneren und kostenintensiveren Betriebsausflüge, die Carl Kruse auf den Weg brachte, konnten die Differenzen nicht ausgleichen. War man Mitte der Fünfzigerjahre noch zusammen kreuzfidel auf der kurvenreichen Achterbahnrutsche oder bei der „Badewannenfahrt zum Jungbrunnen" in Tripsdrill unterwegs, einer bescheidenen Vorform des heutigen Erlebnisparks, und hockte anschließend vergnügt zusammen in dem idyllisch gelegenen Kraichgauort bei einer Vesper mit Weinprobe, war der erste echte GeschäftsausFlug 1964 mit einer viermotorigen „Lockheed Super Constellation" von Frankfurt nach Zürich schon ein Ereignis, das den Gruppengeist der Belegschaft überforderte, weil die Bahnhofstraße, das Kunsthaus, der zeitweise Wohnsitz Lenins oder der Blick von der Quai-Brücke auf den Zürichsee nur noch begrenzt gemeinschaftsstiftend waren und bald danach auch noch das Finanzamt auf den Plan riefen wegen unzulässiger Geschäftsausgaben.

Verschärfte Konkurrenz kam aber vor allem von außen. Der Kleinstadteinzelhandel, eingeklemmt zwischen zwei angeblichen Großstädten, Karlsruhe und Mannheim, geriet in Bedrängnis, weil die Auswahl und das Markenangebot ständig größer werden mussten, um die zunehmend auf mehr Konsum getrimmten Kunden bei Laune und in Kauflust zu halten, die Zahl der Kunden vor Ort aber nicht größer wurde. Zwei oder drei Markenanzüge einer Konfektionsgröße von Odermark, Wilvorst, Kohnen oder später Boss reichten nicht mehr aus, um von einer „imponierenden großstädtischen Auswahl bester Qualitätskleidung" zu sprechen. Gleichzeitig schielte ein Teil der bisherigen treuen Stammkundschaft plötzlich auch auf die gegenläufige Tendenz: die Billigangebote, die die Einzelhandelsfachgeschäfte an der anderen Verkaufs- und Preisfront attackierten.

Der Konkurrenzkampf hatte für mich ein ganz persönliches Gesicht. Einer meiner Freunde, Eckehard G., dessen Indianergeschichten aus dem „Wilden Osten" meine Phantasie so beschäftigt hatten, mit dem zusammen ich die vier langweiligsten Wochen meines Lebens in einem Kindererholungsheim Bad Dürrheims überstand, der mit mir stundenlang auf dem Jägerhochsitz ausharrte, um die Zwölfender zu beobachten, die in der Abenddämmerung am Waldrand in der Nähe unseres gemeinsamen bayerischen Familienferiendomizils zum Äsen auf die Lichtung traten, wechselte überraschend die Geschäftsseite. Genauer erzählt: Sein Vater, der aus der Sowjetzone geflüchtete Kleiderfabrikant, der sich am Eröffnungstag von „K&K" an dem einzigen Hummer des Buffets gütlich tat, machte aus seiner ebenfalls unter Konkurrenzdruck leidenden „F. G. KG" in der Eisenbahnstraße, eine Herrenkleiderfabrik mit Direktverkauf und damit auch einen direkten Konkurrenten von „K&K". „Möglicherweise für sie ein kleiner Umweg zu uns, aber ein lohnender", war die Werbeformel für die „Glatex-Kleidung", die bisher vor Ort nur in unserem Geschäft vertrieben wurde. Der zusätzliche Werbehinweis, „große Parkmöglichkeiten direkt am Haus", markierte mehr als die Zeitenwende der gewachsenen Motorisierung Mitte der Sechzigerjahre. Es war das Ende der Freundschaft zwischen beiden Familien.

Ab Anfang der Siebzigerjahre musste sich auch „Ihr Kleiderberater" ständig etwas Neues einfallen lassen: z. B. die jetzt überall obligate Abteilung für junge Mode „im neu gestalteten Untergeschoss", sprich Keller. Oder ein frisch gestyltes „K&K"-Logo, schließlich den Umbau und die Runderneuerung des ganzen Hauses, der Frau Gäckles vollendete Inneneinrichtung von 1956 zum Opfer fiel. Ein zweiter Luftangriff also, diesmal von der spätkapitalistischen Seite! Kurz danach die freudige Wiedereröffnung: „Vertraute Gesichter erwarten Sie in neuen Räumen." Wenigstens die alten Verkäufernasen waren auf dem ganzseitigen Zeitungsinserat übriggeblieben. Aber die Anpreisung „Großstadtauswahl auf Großstadtniveau" war, so scheint es mir heute, schon verräterisch überformuliert. Und dass mit der alten Belegschaft auch die Weingartener „Weinkönigin Doris die Erste" nebst einem „herzhaften Schluck von den Hängen des Kraichgaus" die Kunden erwartete, hatte die Grenzen des gehobenen Geschmacks, der jahrelang als Geschäftsimage hochgehalten wurde, deutlich unterschritten. Nichts dagegen einzuwenden war, dass der als „drei Meter hoch" angekündigte „lange Max" um 15 Uhr des Wiedereröffnungstages ein Klappfahrrad, Bücher und Malkästen für die jungen künftigen Kunden verloste. Aber die Zeit des Schlangestehens war längst vorbei. Es sei denn, Borussia Mönchengladbach spielte im Karlsruher Wildparkstadion. Dann erschien am nächsten Tag in den

19 „K&K": DAS GESCHÄFT

„Badische Neueste Nachrichten" das Bild einer Menschentraube vor dem Geschäft und die Bildunterschrift: „Magnet Mönchengladbach: Hochbetrieb herrschte am Montagmorgen in Bruchsals Kaiserstraße, wo ‚Kruse und Kurzenberger' als Vorverkaufsstelle des KSC um seine Einrichtung fürchten musste und Eintrittskarten für das Gastspiel des deutschen Fußballmeisters im Wildparkstadion aus einem Kleinbus heraus verkaufte. Binnen weniger Minuten waren sämtliche Tickets vergriffen und der Nachweis erbracht, dass auch in Bruchsal das Bundesliga-Fieber grassiert." Der KSC-Stürmer Schütterle, der bald danach zu einer Autogrammstunde bei „K&K" gastierte, konnte sich solchen Zuspruchs nicht erfreuen. Aber seine Mannschaft dümpelte damals ja auch meist in der Abstiegszone. Eine vergleichbare Resonanz hat nur noch Wim Thoelke erreicht, der zwar ohne seinen Loriot-Hund Wum kam, aber 100.000 Mark für die Aktion Sorgenkind mitnehmen durfte, die der Sütex-Einkaufsverband stiftete, dem der Bruchsaler Kleiderberater zugehörte. Der verkaufte aus gegebenem Anlass, ebenfalls zugunsten der Aktion Sorgenkind, „Fabio Krawatten" aus der Kollektion Wim Thoelke und LPs „Der Große Preis", eine rein akustische Wiedergabe der Fernsehunterhaltungsshow, die Wim und Wum so berühmt gemacht hatten.

Bruder Klaus hat das Geschäft zum 31. Dezember 1998 geschlossen und aufgegeben. Auch ein Textilgeschäft für Damen- und Herrenkleidung, das danach einzog, hat die Geschäftsräume nach wenigen Jahren wieder verlassen. Heute ist ein deutsch-türkisches Brüderpaar Besitzer von Haus und Geschäft. Sie haben den ehemaligen Herrenspezialisten dreigeteilt: in der Mitte ein türkisches Spezialitäten-Restaurant, auf der rechten Seite hinter der Busstation ein Schnellimbiss und auf der linken eine T-Mobile-Filiale.

20 Freund Carl, Kompagnon Kruse

Vater Ernst berichtet in seinem „Tagebuch mit Rückgriffen auf Lebensereignisse" am 5. Februar 2012 von seinem Lieblingslehrer Dr. Aljechzin, der ihm in der „Kant Oberrealschule" in Karlsruhe das Schachspielen beibrachte, ihm „ansonsten aber in den Fächern Französisch und Turnen als strengster Lehrer der Schule begegnete." „Da ich damals schon lesebegierig war, durfte ich ihm in der Schulbibliothek helfen. Leider hat mich mein Vater schon nach der Untersekunda aus der Schule genommen, da er mich zu einem Kaufmann machen wollte. Er hatte einen Freund, der Oberbuchhalter bei der ‚Helvetia', einer schweizerischen Versicherungsgesellschaft war (An sich wäre ich gerne Ingenieur oder Lehrer geworden). Dort musste ich dann, weil ich ja schon 17 Jahre alt war, nur 2 Jahre Ausbildung machen. Die Ausbildung hat sich dann doch als gut und sinnvoll erwiesen, da ich in jener Zeit meinen späteren Teilhaber kennenlernte, der wie ich Pfadfinder war, allerdings 12 Jahre älter als ich. Als 1933 Hitler an die Macht kam, war ich also 18 Jahre. Da ergab sich 1936, dass die Bruchsaler Juden Bär (Herrenbekleidung) auswandern wollten. Um eine Fachausbildung zu bekommen, besuchte ich dann eine zweisemestrige Textilausbildung an der höheren Textilfachschule in Aachen, anschließend wurde ich dann Teilhaber der Firma „Scheuermann & Co" in Bruchsal. Da Kruse kein Fachmann war, wurde ich also ein Kaufmann Co. Als 2 Jahre später Scheuermann ausschied, wurde ich Teilhaber und Geschäftsführer."

Der Text des 87-Jährigen ist in mancher Hinsicht ungenau und deutungsbedürftig. Der Vater des Vaters bestimmte die Berufswahl. Ihm, dem Schreinermeister bei der Reichsbahn, schien die nächste Bildungs- und Ausbildungsstufe über seinem Handwerkerberuf attraktiv genug für seinen Sohn, zumal er bei seinem bescheidenen Gehalt keine Chance für dessen Studium sah. Der Sohn mit musischen und konstruktiven Neigungen schickte sich drein. Aus der Pfadfinderfreundschaft mit Carl Kruse entsteht im Handumdrehen eine neue Berufsorientierung und ein neues Ausbildungsziel. Erstaunlich beschönigend für den jungen und den alten Hitlerhasser Ernst ist seine geradezu verfälschende Formulierung über die Brüder Max und Ferdinand Bär, Manufakturwaren und Herrenbekleidung, Bruchsal, Kaiserstraße 46. Sie wollten nicht, sie mussten emigrieren. Beide sind zwar in der Untersuchung *Bruchsal und der Nationalsozialismus* verzeichnet, über ihr Schicksal und das ihrer Familien ist hier aber im Gegensatz zu anderen jüdischen Mitbürger nichts zu erfahren. Gelang ihnen die sogenannte Auswanderung, die eine durch die Nazis erzwungene Flucht war? Konnten sie ihre Frauen, Kinder und sich selbst vor den Todeslagern in Sicherheit bringen oder sind sie dort umgekommen? Unklar bleibt, wer das Geschäft von ihnen erworben hat, zu welchem Preis und wann das genau geschah. Die von Vater Ernst genannte Zahl stimmt offenbar nicht, denn es liegt ein mit 1. Oktober 1936 datiertes Zeugnis über ihn selbst vor, das auf einem Briefbogen von „Ph. Scheuermann & Co, Spezialhaus für moderne Herren- und Knabenkleidung" getippt ist und ihm bescheinigt, dass er „im Anschluss einer abgeschlossenen kaufmännischen Ausbildung in einem anderen Betrieb" sich ab dem 1. April 1935 bis zum 1. April 36 „bei uns in die Lehre begab, um sich als Textilkaufmann auszubilden." 1935 war das Geschäft also schon in Händen und Besitz von „Ph. Scheuermann & Co". Aber wer war Ph. Scheuermann? Hatte Carl Kruse zusammen mit ihm oder allein das Geschäft gekauft und sich hinter seinem Namen versteckt? Oder hat er es ihm bei seinem Ausscheiden aus der Firma abgekauft? Vater Ernst beginnt seine Fachausbildung also wohl 1936, denn das Zeugnis ist als Empfehlung „für die Höhere Textilfachschule in Aachen zwecks Vervollkommnung seiner Ausbildung" geschrieben. „Wir können Herrn K. jederzeit nur bestens empfehlen." Wenn er nach zwei Semestern zurückgekehrt sein sollte, was anzunehmen ist, wäre das 1937 gewesen. Danach wäre er Teilhaber und Geschäftsführer geworden, mit noch nicht 23 Jahren, ohne dabei einen Pfennig eigenes Firmenkapital einbringen zu können.

Vaters Weg und schnelle Berufskarriere lässt sich nur über seinen Freund Carl Kruse erklären, den er wohl im Sommer 33 oder 34 kennengelernt hat. Kruse war schwul und bemühte sich um die Freundschaft des attraktiven 18- oder 19-jährigen Jünglings. Dies geschah, schaut man auf die Bilder der Fotoalben, zunächst bei „Wasserwanderungen auf unserem schönen Rhein". Sie zeigen Carl in Badehose mit dem Faltboot „polytropos", Ernst mit Pfeife im Mundwinkel in der Paddelposition vor ihm. Die Odyssee „der viel umher getriebenen" Wasserfahrer erweitert zunehmend ihren Radius, bald als „BMW-Fahrer" im Murgtal, dann im Motorboot auf dem Bodensee in Friedrichshafen, während der „Zepp" gelassen über ihnen schwebt. 1934 oder 1935 gibt es eine gemeinsame Italienfahrt, die zunächst über Südfrankreich die Riviera entlang führt, im offenen DKW. Genua, Pisa, Rom, Ostia, Tivoli, Siena, Florenz und Mailand lautet die klassische Tour. Aber Ernst und Carl sind keineswegs zusammen allein, sie haben im Fond des Wagens ein mit Kruse befreundetes Ehepaar, das mit ihnen zusammen in Pisa und an anderen Orten unter dem Titel „Vier Deutsche in Italien" abgelichtet ist, aber nicht namentlich identifiziert wird.

Die nächste große Fahrt, die Jugoslawienfahrt 1936, erfolgt wieder in Viererbesetzung. Diesmal ist Ernsts bester und ältester Pfadfinder- und Lebensfreund Sven mit von der Partie und Teil der rein männlichen Besatzung des DKW-Cabrios. Über Padua, Venedig, Triest dringt man zum Balkan vor, wo es zunehmend abenteuerlicher und exotischer wird. Vor der „Locanda al Campanile" spaziert die Reisecrew in Weiß, picobello von den Schuhen bis zum Jackett, in Sibernik sitzt man elegant, Vater in Leinenhosen und in weißem Hemd mit Krawatte, bei Limonaden unter Palmen in Korbstühlen wie seinerzeit Peer Gynt als Kolonisator in Marokko. Und dann entdeckt die Viererbande den noch lupenreinen Orient. Die erste Moschee taucht auf, verwegene Gestalten mit Schnurrbart und Turban auf dem bosnischen Markt, verschleierte Türkinnen in Sarajevo, mohammedanische Priester im langen Gewand huschen eine weiße Hauswand entlang. Carl macht sich im Fez, den er auf dem Bazar erworben hat, zum improvisierten Türken und bei jedem Betanken des Cabrios, häufig an der Apotheke des Ortes, gibt es einen Volksauflauf, weil ein stolzer Mohammedaner damals noch auf Pferd oder Esel daherkommt. Im Edeloutfit sieht man die vier Entdecker seltsamerweise auch vor den beiden eigenen Zelten: „Lager bei...". Pfadfinderfahrt und Luxusreise mischen sich auf seltsame Weise.

Das Männerbündlerische und der Freundschaftskult der Pfadfinderbewegung spiegeln sich auch in Vater Ernsts Fotoalben. Immer wieder gibt es Seiten, die lakonisch „Freunde" heißen. Da sind Sven in Pfadfinderkluft, Carl in Knickerbockern, Ernst in „schnittiger Windjacke" und Mockel schon in Wehrmachtsuniform nebeneinander geklebt. Sprechend heterogen ist auch eine andere Bildserie „Freunde", die ein strahlendes Porträt von Sven neben Ernst in voller Pfadfinderkluft, Thomas mit Krawatte auf dem Turm des Straßburger Münsters und Carl sinnierend am Schreibtisch versammeln. Er hat auf diesem unter der Tischlampe einen Totenschädel platziert: „Sein oder nicht sein", das ist hier die Pose. Was Carl und Ernst auf welcher Beziehungsebene verbunden hat, ist die naheliegende Frage. „Freunde", so nannten sich vor und in der Nazizeit die Schwulen selbst. Aber ich habe Zweifel daran, dass Vater Ernst mit Carl Kruse eine schwule Beziehung gelebt hat. In meiner beginnenden Pubertät hat er mich aufgeklärt, dass es Männer gäbe, die Männer lieben, und dass Kruse zu ihnen gehöre. Und er hat damals erzählt – für das übliche Verhalten seiner Generation relativ unverklemmt und viel weniger darum herumredend als bei der ersten Aufklärungsrunde zwei Jahre davor, als die Blütenstaubmetaphern und Hahn und Henne dafür herhalten mussten – wie ein Freund Carl Kruses, der zu ihrem Kreis gehörte, einmal versucht habe, sein Geschlecht anzufassen und zu streicheln. Er habe ihm erschrocken und deutlich erklärt, dass es dafür bei ihm keinen Bedarf gebe. Die spätere Entwicklung der Beziehung zwischen Carl Kruse und ihm spricht dafür, dass Carl einer unerfüllbaren Liebe hinterherlief, er wohl auch nicht offen wagte, diese ihm zu bekennen.

Es gibt einen einzigen privaten Brief Carl Kruses, den Vater aufbewahrt hat. Er teilt viel über die Zeitläufe und einiges über das persönliche Verhältnis der beiden mit. Der Brief wurde am 10. Mai 1943 in Warschau verfasst, während einer „Nachtschicht" des dort stationierten Soldaten Kruse. Die erste Hälfte schildert den Streit zwischen ihm und seinem älteren Bruder Hans. Es geht ums Geld und ums Geschäft. Jeder fühlt sich vom anderen hintergangen: „Mir wirft er vor, ich würde ihn melken und ausnutzen." „Schon seit Jahren mache ich seine Bilanzen, ohne einen Pfennig dafür zu bekommen." Offenbar läuft die brüderliche Kommunikation nur noch über die Mutter („Ich habe ferner mitteilen lassen..."). Der Warschauer Brief ist die Klage eines tief Gekränkten, der Zustimmung und Beistand bei seinem Freund und Geschäftspartner sucht. „Was sagst du dazu?" „Du weißt, wie ich denke. Ich will keine Anerkennung. Die Pflichterfüllung an sich ist mir schon Befriedigung." Aber diese hat im Dienste und zugunsten des angeklagten Bruders einen Schaden genommen, den Carl mit Ernst teilt: „Was haben wir ihm (dem Bruder) Vorteile geboten, dass wir K., D., V. ein halbes Warenlager mitnehmen ließen im Laufe der Jahre. Jetzt fehlen uns die Punkte und käme noch was heraus, dürften wir für die Firma Hans Kruse, die sich dann eins ins Fäustchen reibt, ins Zuchthaus." Ein wohl übersteigert dargestelltes Bedrohungsszenario, das auf dem Punktesystem der Warenzuteilung in den Vor- und Kriegsjahren fußt, wobei nicht nur der Kunde Punkte beim Kauf abliefern musste, sondern auch die Warenzuteilung nach eingenommenen Punkten erfolgte. Hier waren die beiden Geschäftsmänner K&K ohnehin im Nachteil, weil beide nicht Parteimitglieder der NSDAP waren. „Und da spricht man wegen ein paar Mark Fahrgeld von ausnutzen", fährt der empörte Carl fort. „Er schrie sogar, er verzichte auf meine Bruderschaft. Er wolle auch keine Aufträge von Warschau. Ich habe ihm eine Million Drucke beschafft. Du siehst das Theater wie immer mal wieder, wenn er sich nicht beherrschen kann."

Es handelt sich hier, das habe ich selbst als Acht- oder Neunjähriger in der Wörthstraße 4 akustisch miterlebt, um einen klassischen Bruderzwist, der damals lautstark durch die Bürodecke zu uns in die Wohnung drang. Hans Kruse war das, was man heute einen dynamischen Unternehmer nennen würde, einerseits ein kraftvoller Entscheider, ein andermal ein Dampfhammer, der glaubte, seinen eher weichen jüngeren Bruder von Zeit zu Zeit in den Senkel stellen zu müssen, wohl nicht zuletzt deshalb, weil er ein „Warmer", also schwul war. Dass Hans Kruses Leben unter einem Güterwagen endete, als er an einem unbeschrankten Bahnübergang mit seinem schwarzen Mercedes in einen Zug raste, entsprach seinem Temperament und seiner Persönlichkeit.

Der zweite Teil des Warschauer Briefes schildert die Situation vor Ort: „In Warschau ist einigermaßen Ruhe. Das Ghetto brennt immer noch. Die Juden werden wie Tiere in einen Wagen gepfercht und vor der Stadt irgendwo liquidiert. Die Polen sagen alle, wir bräuchten von Kathyn nicht so viel Geschrei machen, in den Konzentrationslagern sind schon zehntausende Polen elendiglich umgekommen. Man hat sie aber nicht begraben, sondern verbrannt! Das stimmt auch, denn überall trifft man Leute, deren Angehörige, oft grundlos, in die Konzentrationslager wanderten oder als Geiseln festgenommen und erschossen werden. Karpis Vater starb ja auch bei der Gestapo" (Karpi ist ein polnischer Zwangsarbeiter, der, wie aus einer anderen Briefstelle hervorgeht, offenbar in der Druckerei des Bruders in Philippsburg tätig ist). Kruses Bericht zeugt von erstaunlicher Offenheit und Klarheit. Freilich bleibt er unvollständig und im Blick begrenzt. Der Aufstand im Warschauer Ghetto begann am 19. April 1943 und war am 10. Mai, dem Datum des Briefes, keineswegs beendet. Erst mit der vollständigen Niederbrennung des gesamten Ghettos konnte die SS das Stadtgebiet unter Kontrolle bringen. Am 16. Mai telegrafierte SS-Brigadeführer Jürgen Stoop an General Krüger in Krakau: „Der ehemalige jüdische Wohnbezirk

Warschaus besteht nicht mehr. Mit der Sprengung der Warschauer Synagoge wurde die Großaktion um 20.15 Uhr beendet. Gesamtzahl der erfassten und nachweislich vernichteten Juden beträgt 56065. Meine Leute haben ihre Pflicht einwandfrei erfüllt. Ihr Kameradschaftsgeist war beispiellos."

Vater Ernst, so vermute ich, hat den Brief wegen Kruses Zeugenschaft dieser Ereignisse aufbewahrt. Der Brief zeigt aber auch, wie politisch und menschlich nahe sich die beiden in dieser Zeit gewesen sein müssen. Wer als Soldat so offen und eindeutig in der Bewertung die deutschen Verbrechen schildert, muss dem anderen voll vertrauen und seine politische Übereinstimmung und Verschwiegenheit voraussetzen. Und er muss zudem gewiss sein, dass kein Dritter den Brief zu lesen bekommt. Er kann also kaum als Feldpost seinen Adressaten erreicht haben, wohl eher durch einen persönlichen Überbringer. Zumal Carl Kruse danach die Kriegslage insgesamt erörtert: „Jetzt nach der Erledigung Afrikas" sei er „auf den weiteren Ablauf des Krieges gespannt. Wann geht er zu Ende?" Das ist Anfang 1943 eine mutige, sehnsuchtsvolle und zugleich defätistische Frage, die offiziell so nicht gestellt werden durfte. Im selben Atemzug und mit gleicher Ehrlichkeit vor sich selber fährt er fort: „Ich fühle mich in der Uniform schon so, als ob das der normale Zustand sei. Und dazu fühle ich mich in Warschau wie in der zweiten Heimat. Du weißt ja, als Wm. kann man es sich schon ganz nett machen. Ich habe mein eigenes Zimmer und damit meine Ruhe." Mit den Kameraden gäbe er sich nicht viel ab, er sei „ererbtermaßen misstrauisch" und käme so auch „in kein Geschwätz". Eine merkwürdige Wendung am Schluss seines Briefes. Sie zeigt Carl Kruses Ambiguität. Unverblümt die Wahrheit auszusprechen, wo er sich sicher fühlte, und gleichzeitig mit misstrauischer Vorsicht durchs Leben zu gehen, waren zwei Seiten seiner Person.

Da „Herr Kruse" ja fast 20 Jahre mit unserer Familie unter einem bzw. unter zwei Dächern wohnte, sind mir diese Charakterzüge aus eigener Anschauung bekannt. Sich offen zum Schwul-Sein zu bekennen, war noch in der Adenauerzeit völlig undenkbar, weil über einer gleichgeschlechtlichen Beziehung das Damoklesschwert des Paragraphen 175 hing, der die schlimme Tradition und Praxis der Nazizeit einfach weiterführte. Stand dort die Verfolgung der Homosexualität im Dienst der Ideologie von „der Herrenrasse", die produziert und reproduziert werden musste und die „entartetes Verhalten" ausmerzte, war nach dem

Krieg bis Ende der Sechzigerjahre „von der unglücklichen Veranlagung" die Rede. Ein „Das ist doch nicht normal!" ersetzte die systematische Hetzjagd. Aber 70.000 Verfahren gegen Homosexuelle in der Nachkriegszeit ergeben genau dieselbe Anzahl von Anklagen wie in der Zeit der Nazis.

Man kann sich leicht vorstellen, wie derartiger Druck, dem ein junger Mann permanent ausgesetzt ist, ihn formt und verformt. Verstellung war das oberste Gebot. Tartuff'sche Züge und Verhaltensweisen waren auch bei Carl Kruse unverkennbar. Er hatte das Glück, vermögend zu sein, und setzte sein Geld auch dazu ein, sich bürgerliche Reputation zu erkaufen, als ehrbarer Geschäftsmann oder als weltoffener Pressevertreter sich darzustellen. Vaters strahlendes Lächeln an seiner Geschäftsseite und sein meist freundlicher Umgang mit Menschen haben ihm dabei sicher nicht geschadet. Carl Kruse, der Mann mit dem Hamlet'schen Schädel auf dem Schreibtisch, war, so scheint es mir, eine zerrissene Existenz. Einerseits suchte er die Nähe zu einer, zu unserer Familie, angeblich hat er Vater ja auch bei der Tanzveranstaltung der Turn- und Sportgemeinschaft auf seine spätere Frau Ruth aufmerksam gemacht. Er war Pate meines Bruders Klaus, den er jedes Jahr zum Geburtstag und an Weihnachten mit massiv silbernen Besteckteilen beglückte. Er gab Anregungen und Empfehlungen, wo unsere junge Familie Ferien machen könnte und dann auch machte, allerdings immer unter dem Aspekt, die familiären Ausgaben, die ja im Geschäft zu erwirtschaften waren, in Grenzen zu halten. Im Schwarzwaldverbindungshaus seiner katholischen Studentenverbindung in Hinterzarten etwa, das besonders preiswert war, oder in Bayrischzell, wo die günstigen Familien-Pensionen blühten. Immer wieder nervte er später vor allem Mutti mit Kommentaren wie „Ich mache jetzt mal eine kleine Pause und gehe mein Linsensüppchen essen!", was sie als versteckten Hinweis auf ihre zu hohen Haushaltsausgaben hörte, die derselben Geschäftskasse entnommen wurden, an der die beiden abwechselnd im Geschäft standen. Sie verwies dann am Abend in der Bauernstube in bitterem Ton auf die Ausgaben, die „der Kruse" bei seinen damals noch richtig kostspieligen Fernreisen mache, nach Ceylon, Thailand oder Sumatra. Carl, „der Kruse", hat diese Kommentare offenbar überhört, denn er brachte von dort immer etwas für uns mit: eine bunt bemalte Maske, die ich in meiner Schlafkoje aufhängte, ein zizeliertes Silberlöffelchen oder ein Batiktuch aus Indonesien.

Für den Klimawandel der Beziehung, die für Vater Ernst fast 40 Jahre andauerte, ist der Bernhardiner-Hund Barri das Tiersymbol. Genauer gesagt: Es waren zwei Barris, einer der Vorkriegszeit und einer der Nachkriegszeit, die C. K. genauso als besondere Statussymbole pflegte wie seine Automobile oder schweren Motorräder. Der erste Barri war, so weist es das Fotoalbum aus, „Unser Liebling". „Unser" bezieht sich bei dem so untertitelten Foto auf Carl und Ernst und geht dann im Liebesfrühling der Eltern auf die beiden über, die den großen, damals in der Kleinstadt völlig ungewöhnlichen Schweizer Rettungshund regelmäßig durch die Stadt spazieren führten. Der Nachkriegs-Barri, der an den Hinterläufen etwas lahmte, war nicht „Unser Liebster". Er biss eines schönen Sonntagnachmittags Mutti bei Kaffee und Kuchen plötzlich ins Bein, was bei ihr und allen Anwesenden Furcht und Schrecken verbreitete. Von da an war er zwangsweise mit Maulkorb unterwegs und in einem Zwinger im Hof weggesperrt, wobei Herr Kruse immer wieder erklärte, was für eine sanfte Seele das Tier doch habe. Davon war außer ihm nur noch Lulu, unsere Landschildkröte, überzeugt, die mit Barri zwei dasselbe Gelände teilte, allerdings im kleinen Garten auf der anderen Seite des Maschendrahts. Unwiderstehlich zog es sie zu dem Schweizer Rettungstier. Sie schaufelte sich unter seinem Zwingerrand hindurch, was Barri völlig verrückt machte und sein lautes Bellen auf Dauerbetrieb stellte. War sie bei ihm angekommen, nahm er Lulu zwischen seine Zähne, biss auf ihrem Panzer herum und ließ sie dazwischen immer wieder in den Dreck fallen. Regelmäßig musste Frau Maurer, Herrn Kruses Haushälterin, die Barri fütterte, herbeigeholt werden, um das eigensinnige Kriechtier zu retten und aus dem Zwinger zu holen. Dies und auch die Blutspuren auf ihrem Panzer hinderten sie nicht, ihre Annäherung an ihren großen Freund regelmäßig zu wiederholen. Die Hartnäckigkeit, in seinem Maul und zwischen seinen Lefzen stecken zu wollen, war berührend und wahnsinnig zugleich.

Als Carl Kruse Anfang der Siebzigerjahre nach einer Prostataoperation überraschend verstarb, zeigte er noch einmal, was wohl sein Lebenstraum und sein Lebensdefizit gewesen war. Er wollte geliebt werden, wie alle Menschen. So vererbte er den Großteil seines Geschäftsvermögens bei „K&K" an die Angestellten. Ein großer Abgang mit großer sozialer Geste! Seinem alten Freund Ernst vermachte er einige Kunstgegenstände, das Blumenbild eines angesehenen lokalen Malers, eine riesige mit Motiven aus dem Alten Testament bemalte Prunkvase aus Meißen mit zwei Kinderköpfen statt Henkeln, die auf der Frontseite ein Gemälde Adrian van der Werfs wiedergibt, das sich in der Dresdner

Gemäldegalerie befindet: die Verstoßung der Hagar durch Abraham. Außerdem einen wundersamen großen Buddha-Kopf aus Sandstein, den er aus Ayutthaya mitgebracht hatte, von dem das „Certificate of Antiquity and Origin" behauptet „Sand Stone Buddha Head, Cambodian style, over 250 years old. The above item is very rare and of high artistic value". Dieser Buddha mit seinen breit aufgeworfenen Lippen und seinem verinnerlichten Lächeln ist so unlesbar wie Carl Kruse selbst. Immer wenn ich ihn betrachte, und ich tue es zuweilen, kommt mir nicht nur Carl Kruse in den Sinn, sondern auch die Tatsache, dass Menschen sich selbst und anderen oft ein Hamlet'sches Rätsel sind.

Schließen wir den Vorhang der Umkleidekabinen des Herrenspezialgeschäftes „K&K" mit einer wohlmeinenden pastoralen Einschätzung, die auf der Rückseite einer Postkarte mit der Sentenz „Glück kann man nur multiplizieren, indem man teilt" den beiden Teilhabern und Chefs von einem ehemaligen Lehrling geschrieben wurde, der sich später in den Dienst eines höheren Herrn begab. Hier ist zu lesen: „Für mich waren die Jahre bei ‚K&K' wesentlich mehr als sonst übliche Lehr- und Verdienstjahre. Stark wirkten auf mich ihre Persönlichkeiten mit der prägenden Pünktlichkeit, Weitsichtigkeit, mit Menschlichkeit und Toleranz. Züge, die gerade in meiner künftigen Arbeit mit der Jugend und in der Gemeinde entscheidend wichtig sind." So wurden die beiden glücklich und unglücklich verbundenen Kleiderberater zu guter Letzt zu mittelbaren Seelsorgern, die für Werte standen, die nicht von Rost und Motten gefressen werden.

21 Fundstücke II: „Rückerstattungsanspruch" und „Wiedergutmachung"

In der obersten, nur mit einer kleinen Trittleiter zugänglichen Etage des Einbauwäscheschranks im ehemaligen Schlafzimmer der Eltern stoße ich auf der Suche nach Platzreserven für mein Kellerchaosarchiv der hier zitierten Briefe, Fotos und Dokumente, die ich mittlerweile mehrfach umgewälzt und umsortiert, aber kaum besser geordnet habe, zu meiner Überraschung auf 6 DIN-A5-Fotos hinter Glas, gefasst und gerahmt mit schwarzen Papierklebestreifen wie Trauerkarten. Sie zeigen das Interieur eines mir unbekannten Herrenbekleidungsgeschäfts: doppelstöckige Kleiderständer, freistehend oder an den Wänden von Holzeinbauten gerahmt, mit Anzügen oder Hosen reichlich gefüllt, Verkaufstheken vor Regalen mit Kammgarnstoffballen, Pullovern und Hemden in Schachteln, alles penibel geordnet. Ein Treppenaufgang zum wohl zweiten Stock des Geschäftes, teppichbelegt, mannshohe Spiegel für Umkleide- und Probierkabinen. In allen fotografierten Räumen schweben Milchglaskugellampen an Aluminiumstengeln. Alles wirkt betont sachlich, funktional, solide, auch modern, nimmt man die 30er als Jahreszahl der Aufnahmen. Auf einem einzigen Foto sind zwei Personen abgelichtet: Ein realer oder fingierter Kunde, vor dem ein Schneider kniet, der mit einem Maßband eine Hosenlänge abzumessen scheint. Keines der Bilder gibt vor- oder rückseitig einen schriftlichen Hinweis auf Ort oder Zeit. Nur ein am rechten unteren Bildrand eingestanztes Signet weist den Fotografen aus: C. O., der Arrangeur der Rokokopärchen im Schlossgarten und Inhaber des ersten Fotogeschäftes am Platze.

Dass es sich bei den Bildern um das Geschäft der „Gebr. Baer, Manufakturwaren und Herrenbekleidung" handelt, das 1934 zu „Philipp Scheuermann & Co" mutierte, legt die unter den Bildern verborgene, arg verblichene lachsrote Akte nahe. Sie enthält alle Antworten auf die Fragen, die bei meiner bisherigen Recherche offengeblieben sind. Die wichtigste: Ferdinand Baer und seine Familie haben den Holocaust überlebt, wohl in England, wie aus dem Schreiben der Karlsruhe Rechtsanwälte Trautwein und Jahn vom 22. April 1949 an „Herrn Karl Rudolf Kruse, Schriftleiter und Verleger, Bruchsal, am Stadtgarten 3" hervorgeht.

„Im Auftrag des Herrn Ferdinand Baer, 99 Greenhill, London, habe ich fristgemäß beim Zentralanmeldeamt Bad Nauheim Rückerstattungsantrag gestellt wegen Entziehung des Herrenkonfektionsgeschäfts in Bruchsal, am Stadtgarten 3, welches unter dem Zwang der Judenverfolgung am 15.10.1934 von Herrn Baer u. a. auch an Sie veräussert werden musste. Der Rückerstattungsanspruch wird ihnen vom Schlichter für die Wiedergutmachung beim Amtsgericht Karlsruhe noch zugestellt werden, wenn dies inzwischen noch nicht geschehen sein sollte.

Heute hat im Auftrag von Herrn Ferdinand Baer dessen Sohn, Herr Frank B. Ferries (früher Baer jr.) bei mir vorgesprochen, um die ganze Rückerstattungsangelegenheit zu erledigen.

Herr Frank Ferries begibt sich heute nach Italien und wird am 12. Mai 1949 wieder zurück sein, um kurze Zeit in Deutschland zu weilen. Ich stelle Ihnen anheim, diese Gelegenheit wahrzunehmen, um zunächst außergerichtlich zu versuchen, die Angelegenheit ins Reine zu bringen."

14 Monate später wird die „Angelegenheit ins Reine" gebracht. Nach Besprechung der Sach- und Rechtslage einigen sich die Beteiligten im Wege des Vergleichs gütlich dahin: „I. Die Antragsgegner leisten als Gesamtschuldner an die Antragsteller zusammen eine Zahlung im Betrage von 4000 D-Mark (Viertausend Mark)." Rückgriffsansprüche gegen den Kaufmann Philipp Scheuermann in Philippsburg, der 1937 aus dem Unternehmen ausschied, werden ausgeschlossen. Aus der Anmeldung des „Rückerstattungsanspruchs" des „Ferdinand Baer, 99 Greenhill, London W. W. 3" vom 20. Dezember 1948 geht hervor, dass Philipp Scheuermann ein früherer Angestellter im Herrenbekleidungsgeschäft Ferdinand Baers war. Am 14. September 1934 unterzeichnen Gebr. Baer und C. R. Kruse den „Vertrag zwischen der Firma Gebrüder Baer, Bruchsal einerseits und den Herren C. Rudolf Kruse in Bruchsal und Philipp Scheuermann, Philippsburg, andererseits." Der Kaufpreis für „a) das Inventar b) für die Warenvorräte" wird mit „a) 2000.- b) 9734.20 RM" angegeben, allerdings sind mit Bleistift geschriebene Zahlen eingesetzt, was mich vermuten lässt, dass es sich

wohl um einen Vertragsentwurf handelt. § 2 sieht vor: „Ein Betrag von M 6000 auf den Kaufpreis wird im Auftrag des Herrn Kruse durch die Dedibank Bruchsal ausbezahlt." Für offene Reichsmark 2000.- übernimmt die Firma J. Kruse & Söhne, Philippsburg die Bürgschaft. In einem „Nachtrag zum Kaufvertrag" wird festgelegt, „dass bis zur vollständigen Bezahlung des Gesamtkaufpreises nebst Zinsen das Ladeninventar, wie es im anliegenden Verzeichnis aufgenommen ist, Eigentum der Firma Gebr. Baer bleibt."

Unklar ist, wie viel von der gestundeten Summe den Gebr. Baer bezahlt wurde. Es gibt mehrere Vertragsvarianten, die Unterschiedliches vorsehen: „Ein weiterer Betrag von RM 3000.- wird Herrn Scheuermann in der Weise gestundet, dass je RM 1000.- am 1.1.1936, am 1.1.1937 und am 1.1.1938 zur Zahlung fällig sind". In einer wohl späteren Version des Vertrages heißt es: „Einen weiteren Betrag von RM 3000.- bringt Herr Scheuermann in die Firma ein." Ferdinand Baer bestätigt am 30.12.35 den Eingang von 600.56 Reichsmark und am 23. Juli 1935 150.- Reichsmark von Herrn Scheuermann. Ende 1934 ist noch „An Saldo 5000.- Soll" in einem Buchführungsblatt der Firma „Philipp Scheuermann & Co" verzeichnet. Danach schweigt die Akte, was weitere Zahlungen betrifft. Es sprechen nur noch die Liste „Vom Lager verkaufte Sachen", die den Warenwert von 9104.20 verzeichnen: das sind z. B. die Wind- und Metzgerjacken mit 4.50 oder 3.00 Reichsmark, die Knicker- Hosen à 7.00 oder die Kletterwesten für 4.50 Reichsmark, die Seppel- oder Tennishosen für 1.50 bzw. 7.00 Reichsmark, die Loden- und Wettermäntel, schließlich die Hochzeitsanzüge auf der letzten Seite der Liste, die beide für 5 und 7 Reichsmark veranschlagt wurden. Noch grotesker erscheint die Liste des Ladeninventars, das wohl bis zum 1. März 1945, als es im amerikanischen und englischen Bombenhagel in Flammen aufging, im Besitz der Gebrüder Baer in London verblieben war: die Holz- und Metallständer, die Stand- und Seitenspiegel, die vier Knaben- und sieben Herrenfiguren, Packtisch und Kasse, Handbesen und Handschaufel.

Einen Monat nach Abschluss des Kaufvertrags gründen Philipp Scheuermann und Carl Rudolf Kruse am 15. Oktober 1934 eine „offene Handelsgesellschaft", deren Dauer auf die Zeit bis zum 31. Dezember 1936 festgesetzt ist. Carl Kruse hat sie wohl zu diesem Termin gekündigt. Die Firma lautet danach weiterhin zwar „Philipp Scheuermann & Co.", hat ab dem 14. Juli 1937 aber die Gesellschafter Carl Kruse und Ernst Kurzenberger. Der Firmentitel „K & K" ist ein Nachkriegskind.

21 Fundstücke II: „Rückerstattungsanspruch" und „Wiedergutmachung"

Und noch ein drittes Fundstück tauchte auf, das ich jetzt erst in Zusammenhang bringe mit der sogenannten Übernahme jüdischer Geschäfte. Es fand sich in einer Pappschachtel mit der Aufschrift „Verschiedenes", einem Sammelsurium von Fotografien. Auf einer von ihnen ist ein Zug von Männern abgelichtet, der angeführt wird von einem Nazi in Uniform. In der zweiten Reihe marschieren Carl Kruse und sein jugendlicher Kompagnon, mein Vater. In der ersten Reihe meine ich den ehemaligen Besitzer eines hiesigen Porzellanwarenladens zu erkennen, die anderen Personen sind mir unbekannt. Was ist das für ein Zug, wo marschiert er und hinter was laufen die Männer her? Denn am linken Bildrand ist der letzte Zipfel eines mit Tannenreisern geschmückten Wagens zu erkennen. Vier Uniformierte und ihre Mützen sind auf dem Bild auszumachen und ein lachender Hitlerjunge. Die Männer in Zivil wirken eher verhalten angespannt, Vaters Kopfhaltung und leicht verkrampftes Lächeln eher verlegen. Oder ist das schon eine unzulässige Projektion? Und eine noch problematischere, weil sie Mitläufer und Opfer gleichsetzt, dass ich das Bild in Zusammenhang bringe mit einem anderem aus dem Propagandafilm „Bruchsal judenfrei! Die letzten Juden verlassen Bruchsal, 18. Oktober 1940."? Hier kann ich fünf Uniformträger erkennen, die die Deportation bewachen, und Männer und Frauen, die ihre letzte Habe in Koffern mitschleppen. Sehr dunkel meine ich mich zu erinnern, dass Vater davon erzählt hat, die Nazis hätten ihn und Kruse zu einer öffentlichen Demonstration gezwungen. Aber wofür? Für das judenfreie Bruchsal? Für die arische Geschäftsübernahme?

22 Katholisch

„Weißer Sonntag". Welcher Wirbel, welche Andacht, was für ein Fest! Da drehte sich zum ersten Mal in seinem Leben schon Tage, ja Wochen zuvor alles um den Erstkommunikanten. Wer schenkt ihm was? Die Kommunionkerze, das Gebetbuch, die neuen schwarzen Schuhe? Wer kommt zum Fest und wo findet sein weltlicher Teil statt? Wie viele Kuchen braucht man, und wo sitzen an der Kaffeetafel Oma und Opa, wo die Kinder? Wer holt die Tanten aus dem Schwarzwald am Bahnhof ab? Wer bringt sie zurück?

Währenddessen ist er pünktlich und regelmäßig jeden Donnerstag über Wochen zum Erstkommunionunterricht gegangen, um, wie man ihm sagte, „seinen Glauben zu entdecken". In der engen Kirchenbank der schlecht geheizten kleinen Seitenkapelle des Chors der Stadtkirche „Unsere Liebe Frau" lauschte er zusammen mit 20 Mädchen und etwa gleich vielen Buben den Worten und Lehren des Kaplans. Die Kirche nebenan ist ein Notbehelf. Von der stolzen gotischen Stiftskirche, gebaut als sichtbares geistliches Zentrum der Stadt, ist wenig übrig geblieben im Bombenhagel. Gänzlich unversehrt ist nur die Namenspatronin der Kirche, die Madonna mit dem Kind und der großen schweren Goldkrone auf dem Haupt. Sie steht heil geblieben auf dem nordöstlichen Außenpfeiler des Chores, den Jesusknaben, der ihr an den Hals fasst, auf dem linken Arm, die Weltkugel mit dem Kreuz des Heils als Insignium ihrer geistigen Macht in der rechten Hand. „Ein Symbol für die ewige Dauer frommen Christenglaubens", wie die Stadtkirchenbroschüre nach dem Krieg behauptet? Der Blick der jungen Gottesmutter ist vielsagend. Er macht dem Namen der Kirche alle Ehre. Aber Unsere Liebe Frau, so lässt er erkennen, ist auch eine Mutter der Schmerzen. Golgatha liegt hinter und vor ihr. Sie trägt das Glück und Leid dieser Welt, ohne viel Aufhebens davon zu machen. Sie allein ist aufrecht stehen geblieben, um sie scharten sich nach Kriegsende die ersten katholischen Gläubigen zum Gedächtnis. Und dann zum Gottesdienst. Wenige Jahre später ist zumindest der Chor hinter ihr einigermaßen hergerichtet und mit einer riesigen Bretterwand gegen die Ruinenreste des Kirchenschiffs abgesichert, die einsturzgefährdet sind. Hier im gotischen Chor mit dem wiederhergestellten Kreuzrippengewölbe wird das christliche Initiationsfest, der religiöse Teil des „Weißen Sonntags", stattfinden. Die weltliche Festivität, Mittagessen und Nachmittagskaffee im „Jägerstüble", einer leicht oberbayrisch anmutenden Holzbaracke unter den Platanen des Luisenplatzes. Das Lokal wird von den Eltern schon nach kulinarischen Gesichtspunkten ausgewählt, weil der spätere Chef des Ratskellers ein guter Koch sei.

Noch aber laufen die vielen Vorbereitungen, auch die geistlichen. Wie es sich nach den Regeln des katholischen Katechismus gehört, wurde das Kommunionkind erstmals auf das heilige Sakrament der Buße vorbereitet: Es hat sein Gewissen erforscht, hat die „echte Reue erweckt", hat gute Vorsätze gefasst, hat endlich seine Sünden bekannt und die auferlegte Buße verrichtet. Alles wie vorgeschrieben! Freilich: Die Sündenlast war nicht zentnerschwer und der Beichtspiegel an einigen Stellen unverständlich und zugleich dunkel verheißungsvoll. Er hatte nicht gestohlen und getötet, vielleicht manchmal die Kinderpflichten nicht eingehalten, hatte vergessen für Vater und Mutter zu beten. „Unkeusches Tun in Gedanken, Worten und Werken", darunter konnte er sich bei der ersten Beichte noch wenig vorstellen. Am aufregendsten war für ihn das Betreten des Beichtstuhls. Zögerlich, ja ängstlich fasste er den Vorhang, schob ihn erst langsam zurück und dann langsam wieder nach vorne. Er kniete nieder und sah vor sich hinter einem Holzgitter das Profil und Ohr des Priesters, der eine violette Beichtstola um den Hals hatte. Dessen intime Nähe im Halbdunkel, er konnte sein Atmen spüren, war ihm unangenehm, ja unheimlich, obwohl oder gerade weil er den Geistlichen auch bei Tageslicht kannte. Glücklicherweise hielten sich dessen Nachfragen in Grenzen und die auferlegten Bußgebete, drei Ave Maria und zwei Vater Unser, waren schnell absolviert. Erleichtert, ja geradezu froh verließ er Kirchenbank und Kirche, nicht nur deswegen, weil er alles ehrlich bekannt hatte, sondern vor allem, weil er dieser ihm peinlichen Situation entronnen war.

Weiß und rein war jetzt, so hatte er es gelernt, seine Seele. Weiß wie die neuen Kniestrümpfe, die er am Festtag trug, weiß wie das Kommunionhemd unterm Kommunionanzug, weiß wie das Stoffblumengebinde an seinem Revers und die Blumengirlande, welche die Kommunionkerze umschlang. Sie steckte in einem versilberten Leuchter, den er stolz und sich der Wichtigkeit des Tages gewiss, fest umfasste. Bis heute hat er seinen Platz neben dem Tafelgeschirr der Familie behauptet. Und dann zog die ansehnliche Zahl der Kommunionkinder, die Mädchen ganz in Weiß mit weißen Blumenkränzen im Haar vorneweg, die Knaben, kurz oder lang behost, im gepflegten Dunkelblau dahinter, vor den Messdienern und schließlich dem Stadtpfarrer in feierlicher Prozession vom nahen Pfarrhaus vorbei an der Kirchenschiffruine in die kleine Chorrestkirche. „Introibo ad altare Dei. Ad Deum, qui laetificat iuventutem meam", was auf Deutsch heißt: „Zum Altare Gottes will ich treten. Zu Gott, der mich erfreut von Jugend auf." Die noch stattlichere Zahl der Eltern und Verwandten stand gerührt und mit ernster Miene draußen Spalier, betrachtete ihre Sprösslinge und dachte an ihren eigenen Weißen Sonntag, während Oma drinnen schon mal eine der raren Kirchenbänke für die Familie besetzt hielt. Einige Väter zückten verstohlen den Fotoapparat, um das erste wichtige Lebensereignis ihres Kindes zu bannen. Allein Onkel Gustävle, der Mann von Tante Martl, kurbelte eifrig und für alle sichtbar an seiner Agfa-Filmkamera. Die hatte er eigens für diesen Anlass entliehen und mitgebracht. Sie war Eigentum des Schramberger Schwarzwaldvereins, gestiftet von der Uhrenfabrik Junghans. So wurde das festliche Ereignis auch zu einem frühen Medienereignis und bewegt festgehalten, wie ich beim Vorbeilaufen einen ebenso scheuen wie gravitätischen Blick auf den Kameramann werfe und ein wenig die Mundwinkel zur Andeutung eines Lächelns nach oben ziehe. Denn meine ganze Konzentration hatte sich auf das heiligste und ehrwürdigste Sakrament zu richten, das die katholische Kirche für ihre Gläubigen bereithält: „Das Brot des Lebens, der Leib unseres Herrn Jesus Christus." Ihn zum ersten Mal zu empfangen, war das besondere Geschehen des Tages. Und ich nahm dies ernst mit der ganzen Kraft meiner kindlichen Seele. Als Stadtpfarrer Hennegriff die heilige Hostie in die Höhe hob und auf Lateinisch „Seht das Lamm Gottes, das hinwegnimmt die Sünden der Welt" sprach – die deutsche Übersetzung hatte ich im Kommunionunterricht gelernt – und die Schar der jungen und alten Gläubigen mit den Worten des Hauptmanns von Kapharnaum drei Mal erwiderten, „Herr, ich bin nicht würdig, dass du eingehst unter mein Dach, aber sprich nur ein Wort, so wird meine Seele gesund", fühlte ich mich tief erfasst vom christlichen Heilsgeschehen. Beim Empfang der Hostie, der Oblate aus Wasser und Mehl, die mir der Pfarrer auf die Zunge legte, wunderte ich mich ein wenig, wie geschmacklos der Leib Christi war, verdrängte diesen profanen Gedanken aber ebenso schnell und heftig wie die schon früher einmal aufkommende Beunruhigung, das Blut unseres Herrn zu trinken und seinen Leib zu essen, sei eine kannibalistische Untat. So wandte ich mich nach meinem ganz persönlichen Dank an den empfangenen Herrn bald den im Gebetbuch empfohlenen Danksagungen und Gebeten nach der heiligen Kommunion zu: „Du bist in mir, ich bin in Dir. Mein Herr und mein Gott." Und dann setzte schon der Vorbeter ein: „Jesus, du Sonne des ewigen Lebens." Und der Kommunikantenchor antwortete: „Mach mein Herz hell und warm." Das geschah umgehend nach dem Gottesdienst.

Auf dem direkten Weg von der Kirche zum „Jägerstüble" gratulierten verschiedene Onkels und Tanten, begrüßten sich die Verwandten untereinander, schwirrten die Gespräche munter hin und her. Und in der Hütte standen schon Oma und Opa, Großtante und Großonkel nahe am Geschenktisch, um ein Auge darauf zu haben, wie ihr Geschenk beim Erstkommunikanten ankommt. Alles, was ich jetzt auspacken durfte, war fürs „richtige Leben" gedacht, der „Zeiss"-Feldstecher in einer dunkelbraunen ledernen Umhängetasche sollte meinen künftigen Weit- und Durchblick stärken, die „Junghans"-Armbanduhr mir das richtige Zeitmaß vorgeben, das Opernglas im edlen dunkelblauen Etui meinen Kulturenthusiasmus fördern und die „Agfa-Clack" meine Absicht, das Leben zu dokumentieren. Ich war begeistert, fühlte mich ernst genommen und fürs künftige Leben bestens ausgestattet und vorbereitet. Die Fotos, die Vater Ernst noch vor dem Mittagessen von mir machte, waren, wie ich noch heute sehen kann, wohl überlegt. Der Kommunikant in sein Gebetbuch vertieft, die Kerze neben ihm auf der Parkbank abgestellt. Der Kommunikant im völlig von Häusern befreiten Gelände vor dem etwas weiter entfernten Kirchengerippe „Unserer Lieben Frau" mit ihrem abgeschnittenen Turm. Denn er hatte seine barocke Haube im Krieg verloren.

Kurz nach dem Fest sagte sich der Stadtpfarrer zu einem pastoralen Besuch bei der Familie an und wurde voller Ehrerbietung von Mutter und Vater im Herrenzimmer empfangen. Er lobte ihren Sohn als eifriges Christenkind und machte den Vorschlag, ihn in die Schar seiner Messdiener aufzunehmen. Mutter fühlte sich geehrt, Vater nickte. So kam ich noch vor dem Gymnasium zu meiner ersten Lateinlektion. Einer der „großen Ministranten", er wohnte in unmittelbarer Nachbarschaft, brachte mir das Stufengebet bei und danach das Confiteor, das in bestem Kirchenlatein, „mea culpa, mea culpa, mea maxima culpa", meine übergroße Schuld Gott und allen Heiligen bekannte. Dieses Schuldbekenntnis ohne Fehler aufsagen zu können, war der Ministranten-Ritterschlag. Später diente es auch zuweilen sportiven Zwecken: im Wettstreit, wer diese zungenbrecherische lateinische Formel 1-Aufsagestrecke am schnellsten bewältigt. Von solcher Profanierung war ich am Beginn meiner Messdienerzeit allerdings noch weit entfernt. Ministrant zu sein bedeutete zunächst einmal Andacht und Askese. Askese deshalb, weil ein oder zwei Wochentage jetzt schon eine Stunde früher, also um sechs Uhr, begannen. Wenn eine Viertelstunde vor sieben das Marienglöckchen im Dachreiter der chorreduzierten Kirche „Unsere Liebe Frau" zu bimmeln begann, war ich schon auf dem Weg in die Sakristei. Im Winter war es noch dunkel und meistens recht kalt und nicht immer gewiss, ob der zweite „eingeteilte Ministrant" erschien. Sein Ausbleiben war mir in der Anfangszeit die größte Sorge, weil ich noch nicht alle Messdienergänge und Verrichtungen der Heiligen Messe intus hatte. Mich erwartete meist ein missmutiger Messner, der seine ganze Familie bei der Bombardierung der Stadt verloren hatte, und der Kaplan oder Stadtpfarrer, der sich die auf einem großen Tableau ausgebreiteten Messgewänder anzulegen begann. Im Oberstübchen des barocken Sakristeianbaus hingen die Gewänder der Ministranten, die je nach Stand des Kirchenjahres oder Festanlasses in Rot, Grün, Violett oder Schwarz überzuziehen waren. Beim Beginn der Messe und dem Austritt in den Kirchenchor zog ich die große Handglocke, die aus einem Dreiklang kleiner Glocken bestand. Aber nur am Sonntag setzte dann die Orgel ein. Bei der täglichen Frühmesse stimmte eine begrenzte Anzahl meist mittelalterlicher Frauen das Eingangslied an: „Aus Herzensgrund ruf ich zu dir, Gott höre auf mein Flehen." Die heilige Messe schleppte sich meist formelhaft träge dahin bis zum Sanctus, dem die zittrigen weiblichen Stimmen mit „Heilig bist du, großer Gott, heilig, Herr Gott Sabaoth" neuen Schwung zu geben suchten. Die heilige Wandlung von Brot und Wein in den Leib und das Blut Christi war Höhepunkt und Peripetie zugleich. Während die werktags spärliche Gemeinde „Oh heilige Seelenspeise auf dieser Pilgerreise" sang, teilte der Priester die Kommunion aus und ich an seiner Seite hielt ein kleines vergoldetes Tablett unter das Kinn der Empfangenden, deren Andachtsmienen schon bald Gegenstand meiner vergleichenden Studien wurden. Noch war ich beeindruckt von den frommen Frauen, die dem Herrn und der Kirche mit Andacht und konstanter Anwesenheit dienten. Irritiert, ja empört war ich, als ich zum ersten Mal aus Männermund hörte, sie seien Betschwestern und „Glockeheuler".

Die Profanierung des Heiligen machte mir auch andernorts zu schaffen, wenngleich ich zugleich die Verlockung spürte, die sie mit sich brachte. Einer der Mitministranten, der als Rowdy und Schlitzohr galt, prüfte die mit und neben ihm Dienenden mit seinen gewagten Verballhornungen während der heiligen Messe. Nach dem verkündeten Evangelium verwandelte er flüsternd das fällige „laus tibi Christi" (Lob sei dir, Christus) in ein „lauf oder i friss di", um die Lachbelastungsgrenze der anderen Mitministranten zu testen. Oder er machte aus „Deo gratias" (Dank sei Gott) die Aufforderung „Theo kratz die Katz". Ich fand solchen verbalen Wagemut schamlos und imponierend zugleich.

Wie die menschliche Natur die göttliche durchdringt und bedrängt, war auch am ständigen Gerangel unter den Messdienern zu erleben: Wer „oben" oder „unten" dient, wer das Weihrauchfass schwenken darf oder nur, aber immer noch in hervorgehobener Stellung, das Schiffchen mit den Weihrauchkörnern trägt, wer mit dem halbedelsteinbesetzten Kreuz an der langen Tragestange der Prozession voranschreitet oder wer im Gros der Mitläufer verschwindet, das waren existenzielle Ministranten-Fragen. Kirche ist Hierarchie, diese Erfahrung machte man früh.

Sie zeigte sich am sichtbarsten, wenn die großen Kirchenfeste Weihnachten oder Ostern anstanden und vorbereitet wurden. Dann benannte der Kaplan zuallererst Rolle und Funktion des Dienenden, die aber auch unausgesprochen jeder einzuschätzen und nach der er sich einzuordnen wusste. Dem Oberministranten, „Obermoppel" genannt, stand das Weihrauchfass zu und vielleicht noch eine Aufgabe als Lektor der Lesung oder des Evangeliums. Er war zugleich der Hüter und Hirtenhund der Messdienerhorde. Seine Anweisungen waren zu befolgen. Selbstverständlich unterstand er wiederum dem Kaplan, der mit ihm zusammen die verschiedenen Gottesdienste der Karwoche einübte. Diese erste Woche der Osterferien wurde von mir immer in Analogie zum Leidensweg des Herrn als strenge Prüfung erlebt. X-mal wurden die Gänge und Abläufe der ungewohnten Gründonnerstags- und Karfreitagsliturgie wiederholt. Die Probe des österlichen Hochamtes, die glorreiche Auferstehung des Herrn, endete zuerst einmal im Durcheinander sich verlaufender Messdiener, bevor die unzähligen Wiederholungen einsetzten, die deshalb kaum Fortschritte brachten, weil ihre

Anbindung an die Sinneinheiten der ungewohnten Liturgie fehlte. Die Gebetsformel, „Christus ist für uns gehorsam geworden bis zum Tode", wurde mir zur unmittelbaren Erfahrung schon lange vor dem Tod des Herrn am Kreuze.

Doch als die heilige Karwoche dann begann, war alles Ereignis und Erlebnis: Dann wurden die Palmzweige, die auf einem Tisch neben dem Altar lagen und die Gläubigen in Händen hielten, mit Weihwasser besprengt und mit Weihrauch beräuchert. „Die Kinder der Hebräer breiteten ihre Kleider über den Weg", sprach der Vorbeter und die Gemeinde antwortete: „Hosanna dem Sohne Davids! Gepriesen, der da kommt im Namen des Herrn." Die Darstellung des Einzugs Jesu in Jerusalem, der auf einem kleinen Esel reitend die Huldigungen des Volkes mit gemischten Gefühlen entgegennimmt, fiel mit Pfarrer Hennegriff als Christusstellvertreter in der Hauptrolle eher meditativ elegisch aus, zumal er bei der beginnenden Messfeier schon die Essenz der Karwoche im Munde führte „Mein Gott, mein Gott, warum hast du mich verlassen! Warum bist du fern meinem Flehen, dem Ruf meiner Klage!"

Am Montag nach Palmsonntag wurde dann wieder geübt, an den Stufen des Altars die Fußwaschung des Gründonnerstags simuliert, schließlich warteten alle mit großer Spannung, dass der Messner die hölzernen Klappern brachte, die nach dem Gloria der Gründonnerstagsmesse, wenn Glocken, Orgel und Schellen verstummen, die Funktion der letztgenannten ersetzen. Man stelle sich im heutigen medialen Dauergeräusch vor: Das Klack-Klack, das die kleinen hölzernen Hämmerchen auf der Holzplatte der Klappern hervorbrachten, war die tonale Besonderheit des Vorabends von Christi Sterben. Ein Klack-Klack besiegelte das Ende des letzten Abendmahls, das Versagen seiner Jünger am Ölberg, den folgenden Judaskuss und Jesu Gefangennahme. Klack-Klack war für mich ein beängstigend sachliches Geräusch, so sparsam und trocken wie eindrucksvoll. Es ließ mit zwei Schlägen alle anderen Geräusche der Welt und ihren Lärm hinter sich, ja für die Osterwoche gänzlich verschwinden. Da bedurfte es bei der wirklichen Trauermette am Gründonnerstag nicht mehr der Ablegung der weißen Gewänder von Priester und Diakon, nicht der violetten Stolen, nicht des verhüllten Kreuzes, nicht der Überführung des Allerheiligsten in die Seitenkapelle des Chors. Auch nicht der öffentlichen Entblößung des Altars, der in seiner marmornen Nacktheit jetzt kalt und trostlos dastand. Das Klack-Klack fasste all dies und die ganze Stimmung der Karwoche in zwei einfachen Geräuschen zusammen.

Der Karfreitag, der Freitag des Leidens und Sterbens unseres Herrn, war der einzige Nachmittagsgottesdienst des Jahres. Er bestand aus Stille und gelebter Gegenwart der Passionsgeschichte. Schweigend zog der Pfarrer mit seiner Ministranten-Schar zum Altar, von keiner Orgel, keinem Lied, keinem gesprochenen Gebet begleitet. An seinen Stufen ging er in die Knie, warf sich nieder und lag nun ausgestreckt eine ganze Zeit lang auf dem nackten Steinboden. Alle harrten mit ihm im stummen Gebet. Stadtpfarrer Hennegriffs Wiederauferstehung war eine jedes Jahr zunehmende körperliche Anstrengung, so als trüge er das schwere Holzkreuz des geschundenen Jesus tatsächlich über viele Stationen auf dem Rücken. Dann setzte schon bald das Evangelium von der Passion ein, aufgeteilt in drei Sprecherrollen. Mit voranschreitender Ministranten-Karriere wuchsen hier meine Aufgaben. Erst war ich im fünften Messdienerjahr Volkes Stimme, dann übernahm ich den Part des Jesus aus Nazareth im sechsten, am Ende gar den des Evangelisten. So habe ich immer wieder neu die Passion des Herrn aus allen Perspektiven betrachtet und erlebt. Und ich habe sie jedes Mal als höchst dramatisch empfunden, vor allem als eine Kette der Schwächen seiner Jünger. Erst die scheinheilige Frage des Judas, der mit der Wahrheit zu lügen versucht: „Bin ich es Meister?", auf Jesus' Ansage, „einer von euch wird mich verraten." Dann Jesu Prophezeiung, „ehe der Hahn kräht, wirst du mich dreimal verleugnen", auf die Angeberei des Petrus, er stünde mit Sicherheit hinter ihm. Schließlich die bittere Stunde der Todesangst am Ölberg, wo ihn seine Jünger, auch die drei Auserwählten, im Stich lassen, indem sie einfach wegschlafen. Mehr Verlassenwerden, so schien es mir, war nicht möglich, zumal zum bösen Ende auch Gott Vater den Kelch nicht an ihm vorübergehen lassen wollte. Die Gespaltenheit des Herrn in den Allmächtigen und den völlig Ausgelieferten wurde mir zum Anlass des Nachdenkens. Wie konnte es sein, dass er einerseits alles voraussah, also prognostischer Herr seiner Zukunft war, zum anderen aber zugleich ohne jede Zukunftsperspektive tief in höchster Not und Bedrängnis steckte, seinen morgigen Tod vor Augen? Als Jesus am Kreuz dann zur neunten Stunde mit lauter Stimme rief: „Eli Eli, lama sabachthani. Mein Gott, mein Gott, warum hast du mich verlassen", war ich im Innersten erschüttert und zugleich um die Erkenntnis reicher, wie gefährlich, verhängnisvoll und aussichtslos es auf dieser Erde sein kann, ein Mensch zu sein. In den österlichen Auferstehungsjubel stimmte ich zwar gerne und erleichtert mit ein. Aber das „Christus ist erstanden von der Marter alle", „Jesus lebt,

Jesus lebt, Jesus lebt, Halleluja Jesus lebt" erschien mir zuweilen wie eine bange Beschwörungsformel oder auch nur als eine kirchenmusikalische Euphorie, der ich nicht gar zu fest vertraute.

Mit dem Tod und der Sterblichkeit wurde man früh bekannt. Ministranten lernen damit ganz pragmatisch umzugehen. Immer wieder war, meistens zur Mittagszeit, „eine Beerdigung zu dienen". Im schwarzen Gewand stieg dann der Pfarrer zusammen mit seinen Ministranten in das Taxi, das zur Sakristei bestellt war, und dann wurde man zum Friedhof chauffiert. Dort schnappte ich mir in der Leichenhalle das Beerdigungskreuz, Weihrauchfass und Weihwasser hatten die Ministranten-Kollegen im Auto mitgebracht, und wartete auf den Einsatz der Orgel, um dem Priester voran aus der Seitentür zum blumengeschmückten Sarg zu schreiten. Da setzten in der Regel vermehrt die Schluchzgeräusche der Angehörigen ein, was sich beim Herablassen des Sarges in das Grab nochmals verstärkt wiederholte. Dabei war ich berührt und distanziert zugleich. Berührt, weil ich den Schmerz der Verwandten ernst und ein offenes Grab mit seinen rohen Balken und Brettern, auf denen er abgestellt wurde, dem frischen Erdaushub am Rande, dem dunklen Loch, das sich vor mir in der Erde auftat, als eine Zumutung empfand. Distanziert, weil ich aufgrund der Beerdigungswiederholungen spürte, dass dies wohl der Lauf der Welt ist. Zudem beruhigte mich der irdische Anteil des Leichenbegängnisses. Die betroffenen Angehörigen bedachten den Pfarrer und die Ministranten meist mit einer finanziellen Gabe, jeden Messdiener vielleicht mit 50 Pfennigen oder, wenn es hochkam, mit einer D-Mark.

Die Wiederholungen, der Kreislauf des Kirchenjahres mit Advents- und Weihnachts-, Fasten- und Passionszeit, Osterfest, Weißer Sonntag, Pfingsten, der Maiandacht – sie gaben dem Leben einen festen Rhythmus und Verlauf, schenkten einem aber auch immer wieder neue festliche Erwartung: der Geburt Christi, seiner Auferstehung, seiner Himmelfahrt. Und jedes Fest und jeder Gottesdienst hatte seine eigene Gestalt und seine besondere Atmosphäre: das Schwelgen im Blütenmeer des Marienaltars und in der murmelnden kollektiven Trance der Litaneien und Rosenkränze der Maiandacht. Jeden Abend im Wonnemonat Mai wurde der „mater amabilis, der mater admirabilis, der mater purissima" ein Blüten- und Gebetsteppich ausgebreitet, ihr gehuldigt im freudenreichen oder glorreichen Rosenkranz, wo immer nach dem

Wort Jesu beim zehnten Mal wiederholten Ave Maria eine neue Formel eingesetzt wurde: „Jesus, der von den Toten auferstanden ist, Jesus, der in den Himmel aufgefahren ist, Jesus, der uns den Heiligen Geist gesandt hat, Jesus, der dich, o Jungfrau in den Himmel aufgenommen hat, Jesus, der dich, o Jungfrau im Himmel gekrönt hat." Eine merkwürdige Mischung von Einübung, stupider Wiederholung und langsamem Voranschreiten auf dem mühsamen Erdenweg. Oder: das umherziehende Gottesvolk bei der Fronleichnamsprozession! Sie war ein die Straßen der Stadt okkupierendes Ereignis. Hier wurde öffentlich, prunkvoll und für alle sichtbar, entfaltet, was bei der Einsetzung der Eucharistie am Gründonnerstag gedämpft, weil schmerzüberlagert blieb. Ein Festzug, eine Prozession mit Gebet und Gesang, in deren Zentrum der „Himmel" schwankte, ein goldgewirkter Stoffbaldachin mit vier Tragestangen, die die Honoratioren der Gemeinde abwechselnd mit ihren weißen Handschuhen umfassen und tragen durften, unter dem Baldachin der Priester im schimmernden schweren Weihrauchmantel mit goldener Monstranz, die mit ihrem Strahlenglanz das Allerheiligste, eine konsekrierte Hostie, den Leib Christi umschloss. Die Ministranten aller vier Kirchengemeinden der Stadt schritten bei diesem Festzug genau davor, die Messdiener „Unsere Liebe Frau", jene der Schloss- und Hofkirchenpfarrei, die der Gemeinden St. Paul und St. Peter, vielleicht insgesamt 70 oder 80 an der Zahl in ihren rotweißen Gewändern. Je näher man Richtung „Kloster" kam, zur vierten Altarstation, umso grüner und festlicher wurde es. Auf den Straßen des damals noch bäuerlich geprägten Stadtteils war das duftende Heu ausgebreitet, vor den Häusern und ihren Toreinfahrten wuchsen kleine Birken- und Buchenwälder und schon viele Meter vor dem Altar war kunst- und liebevoll ein Blütenteppich auf der Straße gelegt, den keiner von uns Ministranten betreten durfte. Er war allein dem einziehenden Lamm Gottes vorbehalten, das am Ende der Blütenrampe dann auch noch als Bild zusammen mit dem Pax-Christi-Symbol aus unzähligen Pfingstrosenblättern nachgebildet war. Über diesem letzten und schönsten Altar und dem dort verkündeten Johannes-Evangelium, „Im Anfang war das Wort und das Wort war bei Gott, und Gott war das Wort", wölbte sich ein riesiger Kastanienbaum, der zum Festtag seine roten Kerzen aufgesteckt hatte. Natur und Religion verschmolzen miteinander, die frühsommerliche Pracht umfasste geradezu überschwänglich das religiöse Geschehen, und das im wörtlichen Sinn. Denn hier am Rand der Stadt zogen sich die Weinberge hinunter zur Huttenstraße und auf der anderen Straßenseite verblühten gerade die letzten Apfelbäume auf der großen Obstwiese der Gärtnerei des „Klosters". Und ihr wiederum gegenüber überspannte ein Torbogen den Feldweg, der als Steighohle hinauf in die ersten Kraichgauhügel führte. Ein bukolisches Gelände, gekrönt durch das riesige barocke Weiße Kreuz aus dem 17. Jahrhundert. Jedes Mal, wenn ich heute dort vorbeikomme, werde ich melancholisch. Jetzt ist hier alles bebaut und der Weinberg des Herrn ist zubetoniert.

Neben den sich wiederholenden Festen gab es singuläre Anlässe, die ein Ministranten-Leben besonders machten. „Ministranten beten um Priesterberufe. 4.300 Teilnehmer beim ersten Messdienertreffen der Erzdiozöse" war die aufregende Schlagzeile des Lokalblattes. In aller Herrgottsfrühe am Tag nach Pfingsten hatte ein „Herberger"-Panoramabus die Bruchsaler Ministranten-Fraktion zum Volksschauspielort Ötigheim gebracht. Um die Dorfkirche wimmelte es schon von Messdienern mit und ohne Gewändern, als wir dort eintrafen. Dann zog eine riesige Ministranten-Prozession zur Freilichtbühne, die der anwesende und sogleich lautstark gefeierte greise Pfarrer Saier Anfang des Jahrhunderts im Jahre 1903 gegründet hatte, um die Dorfjugend „vor drohender Entwurzelung" zu bewahren. Die Ötigheimer Festspiele waren von Anfang an ein heiliger Hain der Kunst und der Religion, der bald weit ausstrahlte in die Region. Ich kannte ihn bereits von einer Aufführung des *Wilhelm Tell*. Der Schweizer Armbrustschütze und Freiheitsheld schien hier seine endgültige Bestimmung gefunden zu haben, so sehr war sein Name mit diesem Ort verbunden. Ötigheim war Schwyz, Uri und Unterwalden zugleich, lag zwischen der Rütliwiese und dem Vierwaldstättersee, was man leicht daran erkennen konnte, dass bei der Aufführung Hunderte von Ziegen, Schafen, Kühen, Pferden und Laiendarstellern ins Tal hinabströmten zum Seeufer. Am heutigen Tag war die Burg des Zwingvogts Gessler und Tells Heimathütte von einem heiligen Mann besetzt, den ein barbarischer Staat namens Rot-China vertrieben hatte. Bischof Olbert, der viele Monate in kommunistischen Gefängnissen gefangen gehalten wurde, schilderte uns in glühenden Farben seinen Weg zum Priestertum. Er sprach von der Mission der Kirche in China und vom Kampf der jungen Kirche in diesem gottlosen asiatischen Erdteil. Am Ende seines Vortrags nahm er uns das Versprechen ab, treu am Altar zu dienen und zu beten „für die Weckung von Priester und Ordensberufen und für den Kampf der verfolgten Kirche in der ganzen Welt." Das ging allen in der vieltausendköpfig besetzten Arena ans Herz. Mein Ministranten-Bruder Klaus M. neben mir machte ihm Luft, indem er immer wieder eine Zitronensprudelflasche heftig schüttelte und dann den Schnappverschluss betätigte, um mit Knall die Kohlensäure entweichen zu lassen. In der Hitze dieses Tages war dies ein geeignetes Verfahren der Akklamation und zugleich der Grund, dass unsere monetäre Wegzehrung schon zur Mittagszeit aufgebraucht war. Der Zitronensprudel und die Waldmeisterbrause flossen zuvor in Strömen. Letztere habe ich hier zum ersten Mal konsumiert, sie drückte dem Tag seinen unvergesslichen Geschmacksstempel auf.

Als Ministrant war man ganz selbstverständlich Teil der lokalen Feierlichkeiten in der kleinen katholisch geprägten Stadt. Der Stadtpfarrer hielt den Maurerhammer in der Hand und besiegelte mit einem dumpfen Schlag die Segenswünsche über dem Grundstein des neu erstehenden „Vincentius-Hauses", das bald festes Domizil meiner Pfadfinderzeit und der katholischen Jugend wurde. Er war dabei umstellt von seinen Ministranten, dem Oberbürgermeister und dessen Stadträten, dahinter die mit buntem Halstuch, weißer Weste und schwarzer Melone dekorierten Handwerker. Und dazu posaunte die städtische Blaskapelle, sang der Kirchenchor, flatterten die weiß-gelben Fahnen mit dem Pax-Christi-Zeichen im Wind. Auferstanden aus Ruinen war 1958 auch wieder die mittelalterliche Stadtkirche. 13 Jahre nach Kriegsende war das kirchliche Chorprovisorium beendet, der Turm wieder um seine große barocke „welsche" Haube verschönt. Das neu gebaute Langhaus verband nun wieder, allerdings in Fünfzigerjahre-Nüchternheit, die historischen Restteile Chor und Turm. Aber in fast alter Außengestalt war die Mitte der Stadt neu markiert.

Bevor der Freiburger Erzbischof die Stadtkirche im Oktober 1958 feierlich konsekrierte, gab es vor dieser Nachkriegskirchweih ein Vorereignis, das die Gemeinde wochenlang belebte: die neuen Kirchenglocken. Vier an der Zahl waren von ihr in Auftrag gegeben. Sie wurden in Heidelberg „festgemauert in der Erden" gegossen und in Bruchsal erwartet von wieder derselben Festbesetzung: Blaskapelle, OB, die Mitglieder des Kirchenrates und voran die Geistlichkeit nebst Ministranten-Schar. An der Zollhalle neben den Bahnhofsgeleisen wurde das Glockenquartett auf einen offenen „Magirus-Deutz"-Lastwagen verladen. Mit Girlanden geschmückt die drei kleinen Glocken, girlandenumwunden der LKW-Anhänger mit der großen Glocke, viele tausend

Kilogramm schwer. Der Stadtpfarrer gab mir, dem ältesten Ministranten, der das Stabkreuz der Gemeinde „Unserer Lieben Frau" vorantragen durfte, das Zeichen. Und ich fühlte mich gut vorbereitet, loszumarschieren und den Glockenzug anzuführen, die Kaiserstraße hinauf bis zur Stadtkirche, andächtig bestaunt von vielen Schaulustigen. „Freude dieser Stadt bedeute Friede sei ihr erst Geläute." Schillers Schlussverse hatten in der ausgebombten Stadt ihren besonderen Klang. Und ich kannte sie bestens von „Opa anders'" Gedichtvortrag. „Das Lied von der Glocke" gehörte ja in der Küche des Blütenwegs 20 zum Standardprogramm. Es hatte mich gelehrt, welche hohe Pflicht die Glocken haben. Dass sie im Boden eingegraben gegossen wurden, um „hoch überm niederen Erdenleben" im blauen Himmelszelt zu schweben und dort an die Sternenwelt zu grenzen. „Des Lebens wechselvolles Spiel" mit ihrem Schwunge zu begleiten und zu instrumentieren von der Wiege bis zur Bahre war ihre vornehme Aufgabe. So war mir bei dieser Prozession feierlich, ja sehr feierlich zumute, seelisch erhoben vom aktuellen Anlass und von Schillers Gedicht. Nur kurz dachte ich, als der Zug sich der Kirche näherte, daran, dass die kleine Glocke im Dachreitertürmchen des Chors nun ausgebimmelt hatte. Und damit auch das besondere Ministranten-Glück vorbei war, das Glockenseil in den Händen zu haben, es zu ziehen und zu ziehen und zu ziehen, bis es die eigene Schwerkraft aufhob und den kleinen Messbuben fast einen Meter über den Kirchenboden „in die Himmelsluft" trug.

Es sind auch in den katholischen Tempelbezirken Menschen, die dem religiösen Tun Gesicht, Farbe und Glaubwürdigkeit geben. Blicke ich von heute aus zurück, im Kopf all die kirchlichen Skandale und die nur halb aufgeklärten Verbrechen der letzten Jahre, bin ich verwundert und dankbar, wie vielen charaktervollen Vertretern der Kirche ich in meinen katholischen Jahren begegnet bin. Am wenigsten hat mich schon damals der höchste Kirchenvertreter der Diözese überzeugt. Erzbischof S. aus Freiburg war ein Patriarch, der all das verkörperte, was Kirchenvertretern üblicherweise nachgesagt wird. Ich schaue anlässlich einer Firmung, das Stadtkirchenkreuz fest umklammernd, auf einem Foto mit skeptischem Blick auf seine das Volk segnende Hand, während die Frauen der Gemeinde in höchster Ehrerbietung, als sei Papst Pius XII. oder gar der Herr Jesus Christus persönlich gekommen, vor ihm in die Knie gehen, eine sogar versucht seinen Bischofsring an der Hand zu küssen. Die Priester, die mich umgaben, die ich vom Dienen, Religionsunterricht oder der katholischen St. Georgs-Pfadfinderschaft kannte, waren alle ihrer Sache, dem Gottesdienst und der Seelsorge, mit Ernst und Verstand hingegeben. Allerdings waren sie sehr verschieden in ihren persönlichen Eigenheiten, in ihrer Ausstrahlung, auch in ihrem fehlenden oder vorhandenen Humor. Der Stadtpfarrer trug, wie ich fand zu Recht, den Titel „Geistlicher Rat". Er war ein in sich und Gott versunkener Mystiker, ein nicht allzu guter Prediger und ein noch schlechterer Sänger. Aber man hatte Vertrauen zu ihm und Respekt vor ihm. Im Kontrast dazu der junge, charismatische, strahlende Verkünder, der im Religionsunterricht immer die Existenz- und Sinnfragen stellte. Wie mir schien, nicht nur zum Schein. Er konnte so spannend über die Dimensionen des Kosmos erzählen, über Ursprungstheorien, Lichtjahre, Zeit und Raum, dass ich ihm mit großen Augen und Ohren folgte, auch dann, wenn er zum Herrn seines Geschäfts, dem christlichen Weltenschöpfer, zurückkehrte. Und es gab in der kleinen schwarzen Stadt auch den politischen, den roten Pfarrer, ein Dynamiker, der in den Fünfzigerjahren gegen die verkaufsoffenen Sonntage in der Adventszeit wetterte und sich mit meinem Vater anlegte, der als Mitglied oder Vorstand der Werbegemeinschaft Bruchsaler Geschäfte selbstverständlich andere Interessen verfolgte. Immer gut gelaunt und umtriebig war der Kaplan der Gemeinde, der die Ministranten-Meute zu bändigen und einzuüben hatte. Und schließlich gab es vor Ort den nachdenklichen Philosophen, von allen nur ehrerbietig Professor M. betitelt. Er war der geistliche Anführer und Kurator der Pfadfinder, von denen er seltsamerweise nur Murks genannt wurde, und war ansonsten als Gymnasiallehrer tätig. Er versammelte uns früh schon zu Gesprächsrunden in seiner kleinen Wohnung, um einen philosophischen Text oder den eines großen Kirchenvaters zu lesen, zu verstehen und zu diskutieren, was nur in bescheidenem Maße gelang, weil historische Kenntnisse fehlten. Er hatte bei jedem Wort und Satz, den er sprach, den Gestus des nachdenkenden Prüfens, hatte aber auch sehr menschliche Züge. Im fortgeschrittenen Alter legte er sich ein Toupet zu, um seine Glatze zu verdecken.

Als Vater Ernst ihn bei einem Besuch und Kauf im Herrenbekleidungsgeschäft fragte, wie es denn mit seinem Sohn Hajo in der Schule und im Religionsunterricht stünde, legte er die ohnehin schon zerfurchte Stirn in doppelte Falten und hob menetekelnd, so Vaters Schilderung, die linke Hand und drehte sie langsam hin und her, bevor er sich zu einem vieldeutigen „Ja, der Haaajo" herabließ. Diese Geste und der lakonisch vieldeutige Kommentar bezeichnete jene Zeit der zunehmend kritischen Fragen an den Professor und den lieben Gott, die andeuteten, dass meine aktive Zeit als Katholik langsam zu Ende ging.

Bevor das Kapitel „Katholisch" aber geschlossen werden kann, müssen erst noch seine Anfänge gewürdigt werden, die eng mit Tante Mathilde verbunden waren. Omas unverheiratete Schwester war eine spezielle, aber durchaus repräsentative Inkarnation des Katholischen. Sie arbeitete in ihrer ersten Lebenshälfte als Telefonfräulein bei der Post und fast ein ganzes Leben lang – sie wurde 89 Jahre alt – diente sie zwei Herren. Einem weltlichen, nämlich ihrem ebenfalls unverheirateten Bruder, dem sie den Haushalt besorgte, und in keuscher Andacht und dauerhafter Verehrung ihrem höchsten Herrn und Erlöser Jesus Christus. Sie bemühte sich in besonderer Weise auch um mein Seelenheil und hing den Traum nach, ihr Großneffe könnte vielleicht die eigene Familiengeschichte zum krönenden Abschluss bringen, indem er Priester würde. Um diesem Wunsch ein wenig nachzuhelfen, schenkte sie mir zum Geburtstag – war es der neunte, zehnte oder elfte? – einen Messkoffer. Drinnen waren en miniature alle sakralen Gerätschaften, die für die heilige Messe benötigt wurden, Kelch und Monstranz, Stola und Weihwasserspender. Und der Koffer konnte, stellte man ihn breitseits, als Tabernakel dienen. Ich war etwas ratlos, wie ich mit den heiligen Utensilien umgehen sollte, obwohl eine Gebrauchsanleitung beilag, die das heilige Messe-Spiel organisieren wollte. Noch ratloser schaute Mutti auf das Geschenk. Ich weiß heute nicht mehr, ob dieser heilige Koffer aus Desinteresse sang- und klanglos aus meinem Blickfeld verschwand, oder ob Mutter Ruth ihn mit dem Argument, dafür bist du noch zu klein, endgültig entsorgte.

Doch Tante Mathilde ließ nicht locker in ihrer missionarischen Tätigkeit. Eines schönen Sommertages wurde ich von ihr in „das Herz Bayerns" verschleppt, in die Gnadenkapelle der Schwarzen Madonna nach Altötting. Inmitten eines Pilgerstroms näherten wir uns dem Ziel der Wallfahrt. Ich interessierte mich vor allem für die verschiedenen Wunder, die die Gottesmutter hier bewirkt hatte. Es war keineswegs nur das erste spektakuläre, als ein Kind in den Mörnbach gefallen war, der ertrunkene Knabe auf ihren Altar gelegt wurde, unter den inständigen Gebeten der Gläubigen wieder zu atmen begann und zu guter Letzt auch noch zum Priester geweiht wurde. Es waren unzählige! Viele von ihnen waren im Arkadenvorbau der Kapelle dokumentiert und bedankt, mit kleinen silbernen Körperteilen, Beinen, Armen oder Köpfen, die Heilung erfahren hatten. Aber es klebten auch zahllose Bilder und Inschriften an den Wänden, auf denen Datum, Ort und Verlauf des Wunders verzeichnet waren. Geradezu zwergenhaft klein, von ihrer Goldkrone und dem Goldmantel schier erdrückt, erschien mir die wunderstarke dunkelfarbige Gottesmutter im Inneren der Kapelle, zugedeckt vom Glanz ihrer Umhüllungen und ihrer feinziselierten Altarumgebung. Als die beiden Wallfahrer bis zu ihr vorgedrungen waren und vor ihr knieten, flüsterte mir Tante Mathilde voll anschwellender Inbrunst ins Ohr, dass die Herzen der bayerischen Herzöge, Könige und Kurfürsten in den Mauernischen rings um die Madonna verteilt seien, sie in den silbernen edelsteingeschmückten Herzurnen ruhten. Ich erschauerte. Dies war ein Ort der Wunder und Geheimnisse. Und zugleich der neuen Erfahrungen, ganz gleich, ob wir in der Nacht mit einer Kerze in der Hand im Pilgerstrom um die Kapelle kreisten, neben uns die auf Knien rutschenden Extrem-Gläubigen, oder davor eine Weißwurst mit süßem Senf in den Weißbräustuben verdrückten.

Noch aber hatte ich mit der Tante den geistlichen Gipfelpunkt nicht erklommen: „Das Panorama Kreuzigung Christi". Hier ereignete sich für mich ein optisches Mirakel. Ich hatte in der erhöhten Mitte des Rundbaus den Weit-, Nah- und Fernblick über das ganze Kreuzigungsgeschehen, das sich auf 95 Längenmetern und zwölf Metern Höhe um mich herum abspielte. Jerusalem war umgeben von uneinnehmbaren mächtigen Mauern, kantigen Türmen und weitläufigen Zinnen, die den heiligen Tempel in der Mitte schützten. Die Burg Zion lag zur Stunde der Kreuzigung in grauer Düsternis, nur ein schmaler Lichtstreifen erhellte den Horizont. Dennoch: Ich sah übergenau den Ort, wo Pontius Pilatus, der römische Statthalter, Gericht hielt, sah die Versammlungsstätte, in der sich der Hohe Rat zu seiner trüben Verschwörung verabredete, sah das Haus des letzten Abendmahls, den Garten der Villa Joseph von Arimathäas, wo die Jünger zusammenhockten und voller Entsetzen auf Golgotha starrten. Auf dem kargen Felsplateau war die Hinrichtung in vollem Gange. Die Hohenpriester hoch zu Pferde gaben ihre besserwisserischen bis hämischen Kommentare ab, Mutter Maria streckte ihre Arme aus hin zum gekreuzigten Sohn und der römische Hauptmann stand stramm und beobachtete aufmerksam das blutige Geschehen. Dieses Panoramabild entsprach voll, rund und ganz der Ungeheuerlichkeit des dargestellten Ereignisses. So empfand es der zehnjährige Knabe.

22 Katholisch

Die religiöse Tiefe und Größe des Prospekts war lange nicht zu toppen. Auch nicht von Tante Mathildes Wallfahrt nach Lourdes und ihren Erzählungen von den Marienerscheinungen in der Grotte, von deren Quelle sie für alle Fälle sowohl für die gesunden als auch für die möglicherweise demnächst kranken Familienangehörigen ein Fläschchen heiliges Wasser mitbrachte. Als sie sich zur Kreuz- und Pilgerfahrt ins Heilige Land anschickte, was in den Fünfzigerjahren, als der Reisehorizont gerade bis Oberitalien reichte, eine Expedition war, gehörte ihr wieder die ganze Aufmerksamkeit und Erwartung der Familie. Sie wurde nicht enttäuscht. Tante Dadie fand dort, wie sie nach ihrer Rückkehr glaubhaft erzählte, alles so vor, wie es in der Heiligen Schrift stand: den See Genezareth, auf dem der Herr übers Wasser ging, den Ölberg, wo er so gelitten hat, den Berg Tabor, wo er verklärt wurde. Auf meinen Einwand, die Geburtskirche in Bethlehem habe aber keinen Stall mit Ochs und Esel, ging sie nicht weiter ein. Dafür brachte sie von dort aus Olivenbaumholz geschnitzte Krippenfiguren mit, die um eine stattliche Zahl von Kamelen, im Vergleich mit mir bekannten Krippen, vermehrt waren. Auch führte sie als erste das Palästinenser-Kopftuch bei uns ein und eine Kufiya, ein weißes Kopftuch mit Agal, einer viereckigen doppelten prächtigen Kordel, die jahrelang als arabische Fasnachtsverkleidung die Runde machte. In ihren späten Jahren, als Tante Mathilde über 80 und kaum noch gehfähig war, richtete sie das übergroße Potenzial religiöser Hingabe, das sie in sich trug, auf den Geistlichen Rat Stadtpfarrer H., den sie jetzt als wahren Stellvertreter des ewigen Herrn ansah und dem sie am Ende fast ihre ganze kleine Postbeamtinnenpension für gute seligmachende Werke zukommen ließ.

Das katholische Milieu in seiner unaufgeklärten, zum Aberglauben neigenden Form war die ihre Seele wärmende Heimat der guten Großtante. Dennoch frage ich mich heute, wie viel mir mit dieser mythischen Welt verloren ging und was von ihr für mich prägend und gewinnbringend war. Etwa mit der Gewissheit groß zu werden, dass in jeder katholischen Kirche und in jeder jüdischen Synagoge das ewige Licht brennt, das die ständige Gegenwart Gottes sichtbar macht, dass auf jedem katholischen Altar ein Tabernakel steht, die „Hütte" und das „Zelt" eines Allerheiligsten. Und was es bedeutet und mit einem macht, davor das Knie zu beugen, ja überhaupt zu knien. Unterwerfung oder Demut, Dank oder Einordnung? Mit dieser geistlichen Gymnastik etwas zu verinnerlichen durch körperliches Tun, etwas durch Aufstehen wieder zu veräußerlichen, das den Körper und das Herz erhebt.

„Sursum corda!", „Wir haben es beim Herrn". Oder vielleicht noch besser bei unseren Mitmenschen? Und die vielen anderen sinnlich-geistlichen Erfahrungen, mit denen ein Gottesdienst unser Menschsein definiert, ordnet und bewertet. Etwa das Aschekreuz, womit der Priester am Aschermittwoch unsere Stirn und Sterblichkeit bezeichnet. Dieses ist ab da eingebrannt ins künftige Leben. Ebenso wie viele Sätze des Evangeliums, die immer wieder zu denken geben. „Liebe deinen Nächsten wie dich selbst." Welche Erleuchtung hatte ich als 13- oder 14-Jähriger, als mir aufging, dass ich meinen Nächsten „nur" wie mich selbst zu lieben angehalten bin. Nicht mehr und nicht weniger! Was für eine realistische Einschätzung des menschlichen Wesens und seiner Ichbezogenheit, die offenbar vonnöten ist, wie die Heilige Schrift ausdrücklich feststellt. Selbstliebe und Nächstenliebe, eine verschworene Gemeinschaft zur Verbesserung dieser hinfälligen Welt!

23 Kaspar, Tod und Teufel

In frühen Kindertagen kam es, wenn die Eltern ausgingen, vor, dass wir beide in die Styrumstrasse 5 ausquartiert wurden, um dort zu übernachten. Bruder Klaus schlief zwischen Oma und Opa im „Gräbele", also in der Ritze zwischen den Ehebetten, ich bei Großtante Dadie im Bett. Bevor sie die Daunendecke ein letztes Mal zurechtzupfte und das Licht der Nachttischlampe löschte, schälte Dadie einen Apfel und zwar so, dass die Schale zu einem spiralförmigen kleinen Kunstwerk wurde, das sich langsam in die Länge zog. Sie zerteilte den geschälten Apfel dann sorgfältig in Schnitze, legte sie auf ein kleines Porzellantellerchen, steckte mir einen in den Mund, bevor sie begann, ein Grimm'sches Märchen vorzulesen. Das Märchenbuch lag immer neben dem Gesangbuch auf dem Nachttisch. So hörte ich wohl versorgt und warm gebettet die vielen gruseligen Geschichten, unter anderem auch die von Hänsel und Gretel.

Als Dadie nach kurzer Unterbrechung und Apfelspaltenverzehr an der Stelle angekommen war, wo „die steinalte Frau" als Hexe enttarnt wird, die den Kindern auflauerte, um Hänsel in den kleinen Stall mit der Gittertüre zu sperren und dort zu mästen, und die Hexe dabei vor sich hin murmelte, „das wird ein guter Bissen werden", rückte ich ganz nah an die Tante im leinernen Nachthemd heran. Erst als Gretel die Hexe in den Backofen geschoben hatte und „die Gottlose" darin „elendiglich verbrannte", konnte ich mich wieder etwas beruhigen. Freilich bedurfte es noch eines zusammen mit der Tante laut gesprochen Nachtgebetes, um in einen unruhigen Schlaf zu finden.

Da Großtante Dadie neben dem Gesang- und Märchenbuch auch ein Sonntagnachmittagsabonnement im Staatstheater Karlsruhe besaß, lag es anlässlich einer Weihnachtsvorstellung der Oper *Hänsel und Gretel* nahe, den kleinen Großneffen um die sinnliche Anschauung ihrer Märchenlesung zu bereichern. Wir gingen also zusammen ins Theater. Ich war sehr verwundert, wie viele Menschen dies ebenfalls taten. Es wimmelte nur so von Kindern, Tanten, Onkeln und Großeltern, als wir unsere Mäntel an der Garderobe abgaben. Der Raum, in den ich geführt wurde, erschien mir riesig und stimmenverwirrt. Leuchten glühten feierlich unter der Decke des Balkons, und die vielen Stuhlreihen hatten herunterklappbare Plüschsitze, auf denen viele Gleichaltrige schon herumturnten, ermahnt von ihren erwachsenen Begleitern. Ganz, ganz langsam gingen dann die Lichter aus. Vor mir öffnete sich ein schwerer Vorhang, der fast bis zur Decke reichte, und plötzlich wehte mir ein kühler Wind und eigenartiger Geruch entgegen. Ich war äußerst verwirrt und weiß bis heute nicht genau, warum. Vielleicht, weil vor mir zum Greifen nahe die ärmliche, grau bemalte Kulissenstube einer Besenbinderfamilie stand oder weil dazu ein ganzes Orchester spielte oder die als Kinder verkleideten Sängerinnen auf der Bühne herumtollten und sich freuten, dass es jetzt gleich Reisbrei zu essen geben sollte. Jedenfalls erkannte ich von meiner Märchengeschichte nichts wieder, zumal im Wald auch noch ein „Sandmännchen" auftauchte, das die verirrten Kinder in den Schlaf sang. Als dann am nächsten Morgen zusätzlich „Taumännchen" erschien, um sie zu wecken, hatte ich mich innerlich endgültig von Hänsel und Gretel verabschiedet. Erst das Hexenknusperhäuschen und die böse Hexe selbst verschafften mir wieder ein wenig Orientierung. Theater, so war das unausgesprochene Fazit meines ersten Theaterbesuchs, dient offenbar der Verwirrung seiner Zuschauer.

Das war bei meiner nächsten Theateraufführung ein paar Jahre später anders. Das Theater stand jetzt auf einer grünen Wiese am Waldrand. 50 Meter von ihm entfernt spielte eine Blaskapelle, und auf einem eigens für diesen Anlass gezimmerten Podest tanzten Mädchen im Dirndl und Burschen in Lederhosen, wobei die Männer merkwürdige Hüte auf dem Kopf hatten und spitze Schreie ausstießen, sich dabei mit den Händen auf die Oberschenkel oder Schuhsohlen schlagend, dass es nur so knallte. Es war der „Tag des Gastes" in Bayrischzell, der oberbayerischen Gemeinde unterm Wendelstein, die in den Fünfzigerjahren noch kein „Haus des Gastes" besaß, aber auf eine folkloristische Aufmunterung ihrer Besucher nicht verzichten wollte. Dazu gehörte für die kleinen Gäste das Kasperltheater auf der Wiese, wo es jede halbe Stunde eine neue Vorstellung gab. Eine schwarz-weiße Pappuhr mit Pfeil zeigte den jeweiligen Beginn der nächsten an. Ich habe dort keine ausgelassen. Und viele zum wiederholten Male angeschaut.

Kasperle als Ringkämpfer war mein Lieblingsstück. In ihm legte Kaspar einen als Türken verkleideten sächsischen Muskelmann auf die Matte und gewann nach viel Hin und Her dann den dafür ausgesetzten Preis. Das Drama *Kasperl und der Teufel* kam in meiner Rangliste gleich danach. *Kasperl und Don Juan* war mir, wie ich heute vermute, zu literarisch, *Frau Kasperl und die Köchin* schien mir zu derb, weil die eifersüchtige Karline, die in Kasper verknallt war, urplötzlich mit einem Besen mörderisch auf Frau Kasper eindrosch. Streitereien und Konflikte, das hatte ich schnell kapiert, machen das Theater nicht nur laut, sondern auch unterhaltsam. Eine nochmalige Steigerung war möglich, wenn auf der Bühne etwas vertauscht oder wenn gezaubert wurde. Der Teufel zum Beispiel hatte Kaspers eckige Kiste gestohlen, in die er im Stück davor Frau und Köchin gesperrt hatte, um diese am Ende mit einer Schubkarre auf dem Misthaufen zu entsorgen. Anstelle der eckigen stand nun im nächsten Stück eine runde Kiste auf der schmalen Bühnenkante, in der der Teufel saß und lauerte, um Kasper gleich in die Hölle mitzunehmen. „Eine Fickermentskiste", wie Kasper erklärte, während er an ihr ausgiebig schnupperte, weil er meinte, Bratwürstl zu riechen. Als er sie öffnete, fuhr zu seinem Schreck der Teufelsbraten heraus und Kasper musste notgedrungen zu den allmächtigen Zauberformeln „Parlucke" und „Parlicke" greifen. Rief er „Parlucke", fuhr der Teufel in die Tiefe, wo er hingehört, rief er „Parlicke", kam er nach oben geschossen und schlug sich verdientermaßen den Kopf an der imaginären Decke an. So bringt man leicht jeden Teufel zur Strecke, dachte ich, und die Zuschauer zum Johlen. Mit „Radiridirulala" wurde am Ende auch der Teufel in den Ofen geschoben, nachdem ihn Kasper zuvor mit einem Prügel endgültig erlegt hatte. Solche radikalen Finallösungen, das merkte ich erst später, waren eine spezifisch bairische Variante des Theaterspiels.

In den folgenden Jahren konnte ich nur noch moralisch unzweifelhafte Fassungen des Kasperltheaters genießen. Jeden Sonntag gab es im Schlosstheater, einem der drei Kinos der Heimatstadt, eine Nachmittagsvorstellung um 14 Uhr, in der die Verfilmungen der Abenteuer des Hohensteiner Kaspers gezeigt wurden. Auch sie waren in fernsehlosen Zeiten begehrt. Schon eine halbe Stunde vor Vorstellungsbeginn drängelte eine Traube von Kindern vor der Eingangstür. Zehn Minuten später öffnete der Kinobesitzer persönlich die Pforte, seine Frau verkaufte die Karten für jeweils 50 Pfennige an der Kasse, und er riss sie wenig später, der Lärm war inzwischen nochmals erheblich angeschwollen, an der Eingangstür zum Kinosaal ab. Kasper kasperte nun überdimensioniert groß auf der Leinwand, tauchte wie immer in Windeseile auf und ab und machte auch noch seine Wortverdreherwitze, aber echte

Konflikte, wie ich sie auf der bayerischen Wiese schätzen gelernt hatte, blieben zu meinem Leidwesen aus. Meistens ging es um einen vom Räuber der Großmutter gestohlenen Sonntagskuchen, der wiederbeschafft werden musste, oder um ein entlaufenes Krokodil, das Gretel fressen wollte und von Kasper und Seppel wieder eingefangen wurde. Und immer gab es eine dicke Moral am Ende, die meist Kaspar selbst lauthals verkündete und dabei die Zuschauer animierte mitzutun.

Von hier war es zum „richtigen", dem klassischen Theater nicht mehr allzu weit. Ich war Sextaner, als das humanistische Schönborn-Gymnasium, das meine Eltern für mein geistiges Fortkommen ausgesucht hatten, sein 200-jähriges Bestehen feierte. Die dreitägige Festveranstaltung wurde am 14. Juli 1955 mit einem musikalisch umrahmten Festakt eröffnet, an dem der Kultusminister des Landes, alle Honoratioren der Stadt, alle Lehrer und alle Schüler teilnahmen. Am Nachmittag folgte der schon lange im Voraus behauptete erste Höhepunkt, eine seit Wochen den Schulalltag bestimmende Aufführung der Sophoklei'schen Tragödie *Antigone*. Der Direktor der Schule selbst, so war es bis in die unteren Klassen gedrungen, hatte sie Wort für Wort aus dem Altgriechischen ins Deutsche übertragen, eine gewaltige Leistung, wie mir schien, obwohl der Direktor, in Habitus und Auftreten ein wahrer Tyrannos, mir ziemlich unheimlich war. Spielort war das Belvedere, ein Schießhaus, das der Fürstbischof von Speyer, ein von Hutten, 1756 zur höfischen Belustigung im chinoisen Stil auf die Kuppe des Hügels gesetzt hatte, wo auch die Schule stand.

Der Aufführungsort war gut gewählt, denn es handelte sich um eine Skene im antiken Sinne. Aus den Rundbogen des barocken Palastes traten über einige Stufen Antigone und Ismene, Kreon und Haimon, der Wächter oder der Chor. Das Festpublikum allerdings saß nicht im Halbrund auf ansteigenden Stufen um sie herum, sondern schaute zwei Meter tiefer, vor dem barocken Gartenteich platziert, gläubig, erregt oder gelangweilt zu den heroischen Gestalten hinauf. Ich stand hinter der letzten Stuhlreihe auf dem Rasen und erwartete mit großer Spannung den Auftritt meines ehemaligen Klassenkameraden Peter W., der ein halbes Jahr früher das Gymnasium betreten durfte, da meine Eltern mich ein zusätzliches fünftes Schuljahr absolvieren ließen, das wegen einer Schuljahresumstellung nur halbjährig ausfiel. Er spielte den Knaben, der den blinden Teiresias auf die Szene führt. Und schon nahte sich das Sehergespann. Teiresias mit einem langen hölzernen Stab sich vergewissernd, dass Peter W. ihn nicht in den Publikumsabgrund laufen ließ. Dieser hielt sich brav an die Regieanweisung, schaute sich immer wieder nach allen Seiten um. Dies sollte anzeigen, dass dem blinden Greis nichts in die Quere kommen sollte. Mich erfasste, wie ich fühlte, aber nicht durchschaute, der pure Rollenneid. Warum nur durfte Peter W. bei dieser so wichtigen Festveranstaltung im wallenden weißen, um die Hüfte geschürzten Gewand mit nackten Füßen dem alten Seher voranschreiten? Außer dieser Frage war für mich an diesem Nachmittag nur noch Haimon bemerkenswert. Mutig und mit allen ihm zur Verfügung stehenden Gefühlen und Argumenten stellte er sich seinem Vater entgegen, was mich auch deshalb beeindruckte, weil ich ihn als braven Sohn von einem mit meinen Eltern befreundeten Arztehepaar kannte. Allerdings gingen seine vehementen Gefühlsausbrüche meistens ins Leere, denn sein Widerpart Kreon war ein eher gutmütiger Geselle. Er wurde später katholischer Pfarrer in einem Dorf der Umgebung, wo er sehr viel richtiger besetzt war denn als Alleinherrscher von Theben, der seine Nichte in ein Felsengrab sperrte, um sie verhungern zu lassen. Zudem kollidierte seine lokale Dialektfärbung in meinen Ohren mit den hohen Versen, die der Schuldirektor übersetzt hatte. Er allein, so festigte sich im Laufe der nächsten Gymnasiumsjahre meine erste Wahrnehmung, wäre der echte unerbittliche Kreon gewesen, denn er war nicht nur in meinen, sondern auch in den Augen der meisten Mitschüler ein scharfer Hund.

Zu seinem und dem Ruhm seines Gymnasiums weitete er das Schuljubiläum zu wahren Dionysien nach antikem Vorbild. Mit Festgottesdiensten, Tragödientheater, Fackelzug, der manchen an des Direktors braune Vergangenheit erinnerte, Schwimmwettkämpfen im städtischen Schwimmbad, „mens sana in corpore sano", und einem „großen Festball" in der Aula des naturwissenschaftlichen Gymnasiums, weil das sich selbst feiernde nur eine uralte verstaubte Turnhalle hatte. „In dionysischer Daseinsfreude klangen die Tage der 200-Jahrfeier aus, die Besinnung auf große Traditionen und Bekenntnis zur umfassenden Weite humanistischer Lebensart und Weltansicht in gelöster Weltoffenheit vereinigte hatte", hielt der Chronist fest, der vermutlich der Direktor selber war.

Die Verlockungen des Theaters brachen ab jetzt nicht mehr ab. Bald kam mir ein Gerücht zu Ohren – ich glaube, es stammte aus in der Regel verlässlichen Ministranten-Kreisen –, dass im St. Paulsheim ab Ende November eine große Theateraufführung stattfände, die fast so viele

Mitspieler habe wie die Schule Schüler. Diese quantitative Mitteilung verlockte mich doppelt. Denn das „Kloster" genannte St. Paulusheim, damals noch ganz am Rande hinter Weinbergen hoch über der Stadt gelegen, war ein geheimnisvoller, unzugänglicher Ort. Es erschien mir mit seinen grauen hoch aufragenden Steinmauern, seinen im Zentralbau spitz zulaufenden Fenstern, seinen Türmchen und Toren wie eine Mischung aus Gralsburg und Gefängnis. Dabei enthielt der Bau ebenfalls ein altsprachliches Gymnasium, allerdings exklusiv für Internatsschüler, die hier zu Pallottiner-Patres erzogen werden sollten oder bei Scheitern dieses Ziels wenigstens zu normalen Priestern. Da in dieser katholischen Zuchtanstalt höchstens eine Handvoll internierter einheimischer Zöglinge war, die große Mehrheit aber aus ländlichen Zonen aller süddeutschen Gaue hierher berufen wurden, waren die Klostermauer noch hermetischer, weil kein Einheimischer sie zu durchbrechen begehrte und kein Insasse sie verlassen durfte. Zudem lockte mich das Theater und seine weltlichen Versuchungen in die verbotene Stadt. So schummelte ich mich an einem Novembersonntag in den Schulhof, wo gerade die großen Busse eintrafen mit den Eltern, Verwandten und Geschwistern der Theaterspieler. Alle waren festlich hergerichtet für das anstehende Kulturereignis. Ich reihte mich, als wenn ich dazu gehörte, in den Strom der Besucher ein und durchschritt bald die Gnadenpforte, die mit „Ave in Domine" die Eintretenden begrüßte. Im Innern war der Ort so geheimnisvoll, wie ich ihn mir vorgestellt hatte. Er bestand vor allem aus Säulen, spitz zulaufenden Fenstern und sich windenden Treppen, die mit seltsamen Mustern und mit Farben bemalt waren, wie ich sie noch nie in dieser Mischung gesehen hatte: ein sattes dunkles Violett und ein geheimnisvolles Grün, geometrisch zugespitzt und gestaffelt. In Filmen von Murnau habe ich viele Jahre später ähnliche Räume gefunden und im Internet unter dem Stichwort „Farbiges Bauen mit expressionistischem Formvokabular". Denn die mystische Burg, die ich betreten hatte, war 1922 errichtet worden, offenbar mit dem Anspruch, ihre Besucher und Bewohner magisch zu bannen. Wären nicht die zum Theatersaal strebenden und stolpernden Menschenmassen gewesen, deren Teil ich war, wäre mir das Farb- und Raumereignis ein hinreichendes Erlebnis gewesen. So aber wurde ich vorangeschoben in einen Saal, der bald völlig überfüllt war, in dem die Erwartung sekündlich stieg wie der Pegelstand bei einer Sturmflut. Jetzt griff einer der Patres ein und durch. Er ordnete mit mächtiger Stimme an, dass alle Kinder sich nach vorne begeben und auf dem Fußboden Platz nehmen sollten. Die Aufregung

23 KASPAR, TOD UND TEUFEL

im Raum wurde dadurch eher noch gesteigert. Als endlich das Licht ausging und die wenigen Scheinwerfer auf wackeligen Ständern am Bühnenrand an – ganz finster wurde es allerdings nicht im Raum, denn die hohen Fenster waren mit angeklebten Tüchern eher abgedunkelt als verdunkelt –, fand ich mich zu Füßen eines durch sein Kostüm mächtig aufgeplusterten schwarzen Engels wieder, der sich später als eine besondere Form Luzifers, also des Teufels, entpuppte. Auf der anderen Bühnenseite stand sein weißer lichter Widerpart auf einem etwas höheren Podest platziert, offenkundig ein Erzengel, treu seinem Herrn ergeben und dienend. Zwischen den beiden, die ihre weißen und schwarzen Flügel zuweilen etwas unbeholfen und schwerfällig bewegten, gab es endlose Debatten um die Seele eines lasterhaften Menschen. Am Ende wurde über ihn zum letzten Gericht gesessen. Viel war von guten Werken die Rede, die er offenbar versäumt hatte zu tun. Obwohl eine große Menge von Menschen und Figuren die Bühne bevölkerten, die alle ebenfalls viel redeten, fand ich dieses Theater ziemlich langweilig. Spannend und dramatisch war nur das Abenteuer, zu ihm zu gelangen. Heute vermute ich, dass es sich bei der Aufführung um das Jesuitendrama *Cenodoxus* handelte, das der schwäbische Theologe und Philosoph Jakob Bidermann 1602 in fünf Akten verfasst hatte. Dass in ihm die personifizierten Mächte des Guten auf die ebenfalls mehrfach personifizierten Mächte des Bösen treffen, stimmt mit meiner Erinnerung überein, auch dass es einen Hauptteufel gab und viele Gehilfen, die direkt vor mir agierten. Ob allerdings der angekündigte Höllensturz des Titelhelden, der zu seiner Zerknirschung und Reue führt, wie bei der Uraufführung, die 14 adligen Hofdamen zum Eintritt ins Kloster bewegte, bei den Busladungen der hiesigen Aufführung ähnliche Wirkung tat, ist nicht überliefert.

Theater, so mein damaliger Entwicklungsstand, hatte wenig mit dem Alltag zu tun, der mir vertraut war. Absonderliche Wesen bevölkerten die Bühne. Taumännchen, Hexen, Teufel, Tyrannen oder blinde Wahrsager. Seltsame Konflikte bewegten das Geschehen. Offenbar ging es häufig um Tod und so genannte letzte Fragen, was ich staunend und beeindruckt zur Kenntnis nahm, mir allerdings aus kirchlichen Zusammenhängen schon ein wenig bekannt vorkam. Gefallen, ja erregt hat mich die ganz andere Welt, die ich im Theater vor mir hatte, manchmal bunt, zuweilen laut, oft zum Greifen nah und sehr real. Und selbstverständlich die Tatsache, dass auf der Bühne etwas los war, vor allem im Kaspertheater, weniger im klösterlichen Terrain. Über die Schauspieler und ihr Können habe ich dabei ebenso wenig nachgedacht wie über die Qualität der Inszenierung. Mir genügte, dass ich und das Publikum eine Vorführung gut fanden und dass alle am Ende begeistert klatschten.

Die Schauspielkunst rückte erst über die Erzählungen meines Vaters in mein Blickfeld. Er schwärmte zwar vor allem in höchsten Tönen von Sängerinnen und Sängern der Oper oder von Generalmusikdirektoren, sogenannten GMDs, die es von Karlsruhe bis Bayreuth, München oder Berlin gebracht hatten. Aber dazwischen tauchte auch regelmäßig ein Schauspieler auf. Er war wie der Vater selbst in Karlsruhe geboren, war fast gleichaltrig mit ihm und hatte seine Karriere bei den Ötigheimer Volksschauspielen, dem regional bekannten und beliebten Freilufttheater, als Statist begonnen bei einer Aufführung des *Wilhelm Tell*, den er später dann selbst immer wieder dort gespielt hat. Er hieß Kurt Müller-Graf und beeindruckte meinen Vater in jungen Jahren so sehr, dass er ihn zu seinem Stellvertreter auf der Bühne erkor. Gemeinsame Identifikationsfigur beider war Peer Gynt. Müller-Grafs Darstellung des Ibsen'schen Titelhelden machte Vater Ernst offenbar so süchtig, wie es sonst nur der Oper gelang. Von wiederholten Besuchen dieses Stückes war die Rede und dass der verehrte Mime auch ein großartiger Faust gewesen sei.

Im hohen Alter, der eine war vielleicht 85, der andere 87 Jahre alt, kam es dann bei einer „Lions"-Veranstaltung zu einem persönlichen Gespräch zwischen den beiden. Vater schwärmte sicherlich erneut von seinen Peer Gynt- und Faustdarstellungen, die er damals im alten Karlsruher Hoftheater bewundert habe, und Kurt Müller-Graf, so wurde mir berichtet, erklärte ihm wortreich mit zerfurchter Stirn und Bedenklichkeitsmiene, wie schwierig es für einen Schauspieler heute sei, einen König zu spielen, wo uns doch alle königliche Erfahrung verloren gegangen wäre.

Eben dieser Theaterkönig, der Staatsschauspieler in Karlsruhe war und später auch das Wiener Burgtheater eroberte, tauchte 1953 in Bruchsal auf, wo er an der „Unterländer Volksbühne" den Hamlet spielte und eine Spielzeit später wieder den Peer Gynt. Hierher gelockt hatte ihn dessen Intendant Franz Mosthav, den er vor dem Krieg als Beleuchter in einem Münchner Theater kennengelernt hatte. Das war ein geschickter, überaus publikumswirksamer Schachzug Mosthavs, der sich kurz davor selbst zum Intendanten gekrönt hatte. Denn er kämpfte nach Kriegsende weiter, jetzt gegen „den ethischen und moralischen

23 Kaspar, Tod und Teufel

Verfall und die Verflachung des seelischen Lebens", und unter dem Titel und Anspruch „kulturell" für eine badische Landesbühne, die der württembergischen künstlerisch Paroli bieten sollte. Mosthav, der für seinen Künstlernamen nur ein f gegen ein v ausgetauscht hatte, um dem Spott Mosthafen zu entgehen, konstatierte überall das Bedürfnis nach guter Kunst, beschwor programmatisch „die unvergänglichen Werte der Dichtung", sah sich und den Menschen im Ringen mit „den Mächten" und forderte, „der Mensch in seiner Beziehung zu Gott müsse im Zentrum der Spielplans stehen" und dieser auch der steuerzahlenden Bevölkerung des platten Landes präsentiert und vermittelt werden. Dieser Mix aus Pragmatismus, künstlerischem Ehrgeiz und Idealismusformeln plus persönlicher Hartnäckigkeit machten ihn schließlich zum Begründer und Chef einer umherziehenden Theatertruppe mit dem seltsamen Namen „Unterländer Volksbühne", die nach einigem Hin und Her ihren festen Sitz in der Heimatstadt nahm. Meine frühen Schuljahre verbrachte ich mit der Komödiantenschar unter einem Dach. Denn just in jener Dragonerkaserne, in der ich die Volksschuljahre absolvierte, waren auch die Verwaltung, die Werkstätten und der Fundus des Theaters untergebracht. Geprobt wurde auf den Gängen der Kaserne. Spielstätten waren die Aulen des Justus-Knecht-Gymnasiums und der Handelslehranstalt, deren Guckkastenbühne in Breite und Tiefe gerade mal für eine Schuljahreseröffnung oder Schulabschlussfeier mit Gedichtvortrag und Klavierspiel taugten.

Ob man morgen in „die Unterländer" gehen solle und es sich überhaupt lohne, war eine häufig gestellte Frage und Überlegung bei uns zu Hause. Mutter Ruth hat sie meist zögerlich und leicht abwertend im Tonfall gestellt. Ihr war dieses Theater in der Aula, das auch den festlichen Schulball beherbergt hatte, nicht geheuer. Nicht geheuer war ihr auch der Prinzipal, der einen zweifelhaften Ruf in der Kleinstadt genoss. Wie dieser zustande kam, ob er gerechtfertigt war oder den alten Vorurteilen über die Komödianten entsprang, die theaterferne Menschen am Ort auch gerne als „Scheureborzler", also Scheunenpurzler bezeichneten, ist schwer zu sagen. Sicherlich wurde er durch die Tatsache gespeist, dass der Herr Intendant grundsätzlich alle Schurkenrollen für sich beanspruchte: den mörderischen Claudius in *Hamlet*, den intriganten Franz Moor in den *Räubern* oder den klassisch metaphysischen Bösewicht Mephisto im *Urfaust*. Am Ende und als Höhepunkt seiner Karriere hat ihm der britische Gangster Alfred Frost in der mehrteiligen Fernsehfassung des englischen Postraubs *Die Gentlemen bitten zur*

Kasse zu überregionaler Bekanntheit verholfen. Wahrscheinlich wusste Mosthav genau, was all diese Ganovenrollen für ihn als Schauspieler hergaben. Da er seine Theaterkarriere als Beleuchter begann, mag er dafür den richtigen Blick gehabt haben.

Der unerbittliche Blick meiner Mutter richtete sich auf ein uneheliches Verhältnis, das er pflegte, und auf die Rolle, die er beim sonntäglichen Gottesdienst in der Stadtkirche spielte. Dort stand er während der heiligen Messe grundsätzlich hinter der letzten Kirchenbank, sichtbar reuig und büßend in sein dunkles Innere versunken. Bei der Austeilung des Sakraments der heiligen Kommunion wählte er mit genau kalkuliertem Abstand die letzte Position in der Reihe der Wartenden. Oder es konnte vorkommen, dass er sich buchstäblich in letzter Sekunde entschloss, den Leib des Herrn zu empfangen. Das sicherte ihm einen langen Auftritt und noch längeren Abgang durch den Mittelgang der Kirche und selbstverständlich die Aufmerksamkeit der Gemeinde, sofern sie nicht selbst in Buße und Andacht vertieft war. Vielleicht war sein sakraler Auf -und Abtritt aber auch das werbewirksame Vorspiel für seine Mephistodarstellung in einer Vorstellung „der Unterländer" in der nächsten Woche. Wer weiß und will entscheiden, was die sensible Künstlerseele in ihrer Tiefe bewegte? Dass er ein gewiefter, ja gerissener Intendant war, der meist einschüchternd im Zweireiher und mit schräg sitzendem Hut auftrat, ist gewiss. Wie wäre es ihm sonst gelungen, Film- und Bühnenstars wie Lil Dagover, Alexander Golling oder Kurt Müller-Graf in sein theatrales Unterland zu locken?

Dies ist die lange, aber nicht unwichtige Vorgeschichte für meinen ersten „richtigen" Theaterbesuch in einem „richtigen" Theater. Mein Vater erklärte mich im zwölften Lebensjahr für reif, zusammen mit ihm *Wallensteins Tod* bei der „Unterländer Volksbühne" zu besuchen. Ich habe von dieser Aufführung nur wenige Eindrücke behalten. Einmal, dass es in diesem Stück ungeheuer bedeutend und dramatisch zugeht, viel von Vertrauen und Untreue die Rede ist und sich der Feldherr fälschlicherweise auf einen Astrologen verlässt. Und zum anderen, dass es im Schloss zu Eger, wo Wallenstein seine letzte Entscheidung treffen musste, extrem eng war. Denn die kleine Aulabühne füllte sich immer wieder mit einer übergroßen Anzahl von breitbehüteten Offizieren. An Degengefechte, wie ich sie bei meiner one-man-Wallensteinshow im Repertoire hatte, war hier nicht zu denken. Im Gegenteil. Die Militärs mussten immer Obacht geben, sich mit ihren Stichwaffen nicht unfreiwillig wechselseitig in die Quere zu kommen. Zu sehen und zu hören war hier eine Ausweich- und Vermeidungschoreografie, die Schillers Versen einen ganz besonderen Schwung gab. Und dies zu Zeiten des klassischen Literaturtheaters, in dem man üblicherweise stand und sprach, in der Regel auf festen Positionen und mit ebenso festen Überzeugungen.

Kurze Zeit später wurde ich, wie es heute heißen würde, bei einem Casting in der Schule ausgewählt, auf eben diesem „richtigen" Theater eine „richtige" Rolle zu spielen, den Ben in Forsters Stück *Robinson soll nicht sterben*, einen Jungen, der hart in einer Baumwollfabrik arbeiten muss, was mir sehr gefiel, weil es mit meiner Wirklichkeit wenig zu tun hatte. Ich habe mich dieser großen darstellerischen Aufgabe kurz vor der Premiere durch einen grippalen fiebrigen Infekt entzogen und mir später die Verfilmung mit Romy Schneider, Horst Buchholz und Erich Ponto angeschaut.

Noch etwas später probte und spielte die Theater-AG der beiden städtischen Gymnasien gemeinsam auf derselben Bühne, auf der Franz Mosthav als Wallenstein das Zeitliche gesegnet hatte, *Unsere kleine Stadt* von Thornton Wilder. Das amerikanische Spiegelbild der Kleinstadt passte gut hierher, auch wenn Grover's Corner in New Hampshire manch interessante US-Eigenheit mehr aufwies. Ich spielte George Gibbs, der Emily, die Nachbarstochter liebt, heiratet und im dritten Akt nach der Geburt ihres zweiten Kindes beerdigen muss, was sie auf dem Theater nicht hinderte, als tote Emily abschließend auf dem Friedhof einen Hymnus auf das Kleinstadtleben anzustimmen. „Man muss das Leben lieben, um es zu leben, und man muss das Leben leben, um es zu lieben … Man nennt das einen Circulus vitiosus", sagt zu Beginn des zweiten Aktes der Spielleiter des Ganzen. Ich habe zu dieser Sentenz meinen darstellerischen Teil beigetragen. Meine Lernfaulheit führte nämlich zu einer permanenten Textunsicherheit, die sich bei der Premiere zur Katastrophe steigerte. In der entscheidenden Szene, die in einer kleinen Bar spielte, wo ich Emily nach der Schule einen Milchshake spendierte, ging mir bei meinem Liebesbekenntnis der Text aus. Ich begann zu stottern und hampelte auf dem Barhocker herum in höchster Not. Das führte prompt zu Szenenbeifall, weil das getäuschte Publikum dies für die Schüchternheit des innig und heiß Liebenden hielt und seine perfekte Darstellungsleistung belohnen wollte.

24 „Goldige Kerlchen"

Es war Lulu, die griechische Landschildkröte mit dem unwiderstehlichen Drang zum bissigen Barri, dem Schweizer Rettungshund, die diese Beziehung stiftete. Bruder Klaus lockte mit dem gepanzerten Kriechtier Hans Michael ins heimische Gartenterrain. Beide waren sich erstmals im benachbarten Käthe Luther-Kindergarten begegnet. Und der kleine Klaus fand den Hansel, wie man ihn in Kinderzeiten diminuierte, wohl ganz besonders. Dieser hat seine Zuneigung bald erwidert. Ab dem fünften Lebensjahr wurden die beiden das, was man unzertrennlich nennt. Sie waren ein passendes Paar an Gleichheit und Verschiedenheit. Hell- und dunkelblond, braune und blaue Augen, vereint in Freundlichkeit und getrennt als sportive Gegner, vor allem beim Tennis und Tischtennis. Mit ihren Max und Moritz-Streichen hätten sie jedes Kinderbilderbuch belebt, etwa als sie – ritze ratze – durch die Lüftungsschlitze des Schaufensterholzrahmens die mehrstöckige Zigarrenkistenpyramide im angrenzenden Tabakgeschäft „Hofmeister" zum polternden Einsturz brachten und trotz schneller Flucht zwei schallende Ohrfeigen des Ladenbesitzers einfingen. Ansonsten waren die beiden „goldige Kerlchen", wie der Vater von Hans Michael, der in der Kleinstadt angesehene und beliebte Arzt Dr. Hans Sproedt, sie gerne zu titulieren pflegte. Dass sie am selben Tag beim selben Friseur sich eine Meckifrisur zulegten, sie im achten oder neunten Lebensjahr wiederum synchron beim Optiker sich die erste Brille verpassen ließen, hielten ihre Klassenkameraden für einen abgesprochenen Coup, was es nicht war. Oft sah man sie Hand in Hand, und wo der eine auftauchte, war der andere nicht weit. Eine so innige Kraft ging von den beiden aus, dass diese auch die beiden Familien erfasste. Eine Familienfreundschaft entstand auf dem Freundesfundament der beiden Jüngsten und Kleinsten. Dessen Festigkeit war kein Zufall. Denn die beiden bildeten, zusammen und verbunden, eine Freundesenklave, eine starke Bastion gegen die großen Brüder, die beide hatten, deren Ratschlägen, Besserwissereien, Anweisungen und Befehlen sie allein oft ausgeliefert waren. Zusammen waren sie stark, auf ihre ganz sanfte und überzeugende Art, „goldige Kerlchen" eben, die Vorboten der Generation Flowerpower. Dass die Familienzusammenführung der „Sproedter" und der „Kurzesiesers", so die inoffizielle, etymologisch nicht herleitbare wechselseitige Namensgebung, dass die Freundschaft sich festigte, bevor sie zur Familiendauerfreundschaft wurde, hatte auch einiges mit dem besonderen Klima, den Aufbrüchen und kleinen Freuden der Nachkriegszeit zu tun. Der Sonntagsausflug im „Opel Kapitän" und „Ford Taunus" begann meist mit dem Besuch einer als „besonders gut" geltenden Gaststätte vor Ort oder in der Umgebung. Im Gasthaus „Zum Rössle" in Sternenfels, im „Goldenen Ochsen" in Bauschlott oder im „Engel" an der Großen Brücke in Bruchsal. „Nächsten Sonntag gehen wir mit Sproedts auswärts essen!", war die Fanfare in der Woche davor. Wir Kinder freuten uns auf die Berge von Pommes frites, die Riesenschnitzel, die dort aufgetischt wurden, und auf die freundliche Bedienung, die den Herrn Doktor und uns meist schon kannten und ohne Aufschlag nachlieferten, wenn noch Fressbedarf war. Der Beginn des Ausflugs war eigentlich schon der Höhepunkt, ging es danach nicht noch ins gerade neu eröffnete „Wartberg Freibad" in Pforzheim oder auf den Minigolfplatz in Bad Liebenzell. Wir Kinder waren neugierig auf das, was die Erwachsenen sich zu erzählen hatten und welche Neuigkeiten der Kleinstadt sie bekakelten. Dass man sich wieder „etwas leisten" konnte so bald nach den Kriegs- und Hungerjahren, auch wenn das kulinarische Angebot aus der Rückschau sehr bescheiden war, beflügelte und machte dankbar. Vor allem die beiden Väter Hans und Ernst wiesen ihre Sprösslinge regelmäßig darauf hin, welches nicht nur kulinarische Wunder hier geschehen sei. Vieles, auch das Alltägliche, wurde in dieser Zeit, als das gebeutelte Nachkriegsdeutschland wieder auf die Beine kam, als besonders empfunden. Zumindest materiell begann ja fast alles bei null. So schien vieles neu in dieser Zeit, obwohl vieles oft alt war oder nach dem Althergebrachten strebte.

Direkt gegenüber dem frisch sprudelnden „Nierlesbrunnen" und seinen bis 22 Uhr vielfarbig beleuchteten Fontänen hatte Dr. Sproedt sein neues Haus gebaut und seine alte Praxis wiedereröffnet. Im „sehr großzügigen" Wohn- und Esszimmer, wie Mutti Ruth anerkennend und Gatte Ernst zum Ansporn konstatierte, war alles auf solide Bürgerlichkeit gestellt: das mit grünem Veloursamt bezogene Sofa, die galoppierenden Pferde im Barockrahmen darüber, die Chippendale-Anrichte und die Chippendale-Sessel auf dicken Perserteppichen. Die große Attraktion des bewunderten Hauses über drei Etagen war aber, ich schätze ab 1954, eine große Fernsehtruhe mit zwei Flügeltüren. Auf dieser Truhe Marke „Grundig" mit einem sogenannten beleuchteten magischen Rahmen, der so etwas wie der Weißwandreifen des aufblühenden Fernsehgeschäfts war, stand eine Bronzeplastik, deren Faszination ich gleich beim ersten Anblick erlegen war. Mit aufgerissenem Rachen, spitzen Eckzähnen, einem ansehnlichen Gebiss, in Verteidigungs- und Angriffsstellung zugleich, die geschmeidigen Muskeln dabei gespannt, schlich der allein optisch fauchende Tiger auf dem dunklen Tropenholzfurnier des neu erworbenen TV-Geräts. Ihn hatte es aus Yokohama in das bürgerliche Wohnzimmer der Fünfzigerjahre verschlagen. Die Frau des Hauses und Mutter von Günter, Bernd und Hans Michael, Tante Erika, war im Fernen Osten geboren als Tochter des Direktors der IG Farben Japan. Sie war das Gegenteil der Raubkatze, die sie von dort in die Kleinstadt und in ihre Ehe mitgebracht hatte. Ihr sanftes, gleichbleibend freundliches, meist zurückhaltendes Wesen entsprach dem Klischee des Fernöstlichen. Die Aura, ja Poesie ihrer Person wurde von ihrer feinen, hohen Stimme, ihrer vornehmen Blässe und einer gewissen Weltfremdheit getragen. Ihr Gatte war in vielem das Gegenteil seiner Frau: ein Pfarrersohn aus Wuppertal, wie Martin Luther mitten im Leben stehend. Er war volkstümlich, ohne tümlich zu sein, liebte seine Patienten und war umtriebig in vielen Ämtern: Er war Präsident des ersten hiesigen Fußballvereins, des VfB, war im Vorstand des Kirchenrates, Vorsitzender des Roten Kreuzes und zig weiteren Vereinen, später auch noch im Tennis- und Lions-Club. Das heißt: Er war nur selten zu Hause.

Nicht so aber am Samstagabend. Dies war nämlich ein neu eingeführter, nicht kirchlicher Feiertag, den das gerade eingerichtete erste Fernsehprogramm schuf und schnell im allgemeinen Kalender etablierte. Dass dies so schnell gelang, war zwei Fernsehgrößen zu verdanken, die man damals noch nicht als Stars bezeichnete. Der eine nannte sich selbst gerne Quizmaster, obwohl er eigentlich mit Leib und Seele Schauspieler war. Er hieß Hans-Joachim Kulenkampff und wurde schnell als „Kuli" zum Liebling aller. Der andere betrat in seinem zweiten Lebensjahr zum ersten Mal die Bühnenbretter und war jetzt am fast unzerstört gebliebenen Theater seiner Väter als sogenannter Vollblut- und Volksschauspieler in Köln zugange: Willy Millowitsch. Wenn diese beiden so völlig gegensätzlichen Kerlchen die Fernsehbühne betraten, saß ihre Bruchsaler Familienfankulisse vereint in festlicher Erwartung vor dem Tigerfernseher. Sie knabberte Salzletten und Erdnüsschen, nippte an ihrem Glas mit rotem Johannisbeersaft, nahm einen Schluck von der heimischen Spätlese oder im Sommer von der extra für diesen Abend zubereiteten Erdbeerbowle, aus Gläsern, an deren Rand Glückssymbole wie Hufeisen, Kleeblätter oder kleine Schornsteinfeger angehängt waren. Willy Berking, der wohlbeleibte Chefdirigent des Tanzorchesters des Hessischen Rundfunks, eröffnete derweil den Fernsehabend mit einer flotten, leicht verjazzten Orchesterweise, die sich regelmäßig wiederholte und die Quizshow eröffnete. Danach trat Kuli auf die Bühne, plauderte höchst charmant über Gott und die Welt, bevor er, auch das bald ein festes Ritual, seine reizende Assistentin Uschi präsentierte, meist mit einer ersten kleinen Anzüglichkeit über ihre Rocklänge oder den Ausschnitt ihres Kleides. Seine Zuschauergemeinde in den Chippendale-Sesseln und auf dem grünen Samtveloursofa kam freilich erst richtig in Fahrt, wenn Kuli seine Kandidaten und vor allem seine Kandidatinnen vorstellte, genauer gesagt, vorführte. Dabei war der feinsinnig joviale, keinen jugendfreien Herrenwitz auslassende Quizdompteur Meister in mehreren Sparten: im verbalen Florett, in der augenzwinkernden Anspielung und im schnellen Return. „Was für eine Schlagfertigkeit!", sagte anerkennend Onkel Hans und Vater Ernst stimmte zu: „Was der wendige Bursche heute wieder alles draufhat!" Das fand der Nachwuchs auf dem Perserteppich auch: „Toll, der Kuli, viel besser als Frankenfeld!", den wir bald „Krankengeld" tauften.

Bei Willy Millowitsch waren die Zuschauerreaktionen ganz andere. Der Kölsche Jung mit den Moritatensängervorfahren aus dem hinteren Balkan langte kräftiger und deftiger zu. Er tat sich gütlich an Komödienrollen, die seine Schlitzohrigkeit zur Entfaltung brachten. Das erste Stück, das ich mit ihm sah, hatte alle Merkmale, die es für eine unterhaltsame Komödie untauglich machte. Es spielte im Ersten Weltkrieg in einer beschlagnahmten flandrischen Stube. Und es ging um einen „gefundenen" Hasen, also um ein geklautes oder gewildertes Karnickel, auf das alle anwesenden Soldaten scharf waren, weil ihnen nur eines gemeinsam war: der Heißhunger. Das galt aber auch für ihren militärischen Vorgesetzten.

Millowitsch, in der örtlichen Militärhierarchie der Unterste, war der Gewiefteste von allen bei der Verteidigung des Festtagsbratens. *Der Etappenhase* hieß die Militärklamotte, die es zur ersten Fernseh-Liveübertragung aus einem Theater brachte. Ab da waren Millowitsch und sein Theater für die Schenkelklopfer am Samstagabend zuständig mit so treffend benannten Stücken wie *Tante Jutta aus Kalkutta* oder *Der verkaufte Großvater*. Die derbe Poesie der Titel hielt, was diese versprachen. Bei Onkel Hans brachten sie den Rheinländer zum Vorschein und bei Tante Ruth lockten sie ihr sonst verborgenes anarchisches Lachpotenzial hervor. Tante Erika hat die theatralen Kraftmeiereien wohl eher über sich ergehen lassen, obwohl ihr zuweilen plötzlich ein überraschendes helles Kichern entfuhr, das wohl nicht ihrem Tiger, sondern dem Theaterlöwen galt, der alle Mitspieler und Mitspielerinnen in seiner fröhlich rheinischen Art verschlang. Kläuschen und Hansel, die „goldigen Kerlchen", beendeten, ohne von der Bowle genippt zu haben, den Abend mit dem Karnevalsschlager, den die Stimmungskanone Willy erfunden, gesungen und zigtausend Mal verkauft hatte: „Schnaps, das war sein letztes Wort, dann trugen ihn die Englein fort." So gut und ausgelassen und übermütig war die Stimmung an jenen unvergesslichen Fernsehfestabenden.

Dass die Familie Sproedt die Familie Kurzenberger lockerer und lebensfreudiger machte, war bei vielen Anlässen und Gelegenheiten zu spüren. Etwa beim lang geplanten und freudig erwarteten Treffen am Gardasee. Dessen erster Teil, der verabredete gemeinsame Besuch der *Aida* in der Arena von Verona, fiel allerdings ins Wasser. Chauffeur Ernst hatte die Fahrzeit der Kurvenstrecke vom Lago Maggiore zum Zielort falsch berechnet. Statt Triumphmarsch gab es erst einmal Gemaule auf den hinteren Rängen des VW Käfers. Dafür entschädigte der nächste Badetag im See und vor allem der abendliche „Bummel" durch Gardone Riviera. Schon bei Tag, welch ein Lebensgefühl in Bella Italia! Das Licht, die Palmen und Zypressen, das Glitzern des Sees, die dunstblauen Berge, die ihn säumten. Und dann erst die italienische Nacht heute Nacht. Ein Blütenduftrausch, der aus den Gärten der alten mächtigen Villen strömte, die Eleganz der Menschen und der Restaurants, die Grandezza der Kellner, die durch die fein eingedeckten Tischreihen tanzten, das Lichtermeer, das die Seeufer funkeln ließ. Diese synästhetische Symphonie im Verein mit den „Sproedtern" erleben zu dürfen, die ihre auf dem Markt erworbenen italienischen Schuhe, den letzten Schrei der einheimischen Lederwarenproduktion, spazieren führten und beim uns noch unbekannten Meloneneis von ihrem Abenteuer mit einer heimischen Seeschlange berichteten, die sie auf der Luftmatratze überraschte. Konnte das Leben aufregender und schöner sein?

Unvergesslich war auch einer der vielen gemeinsamen Ferienabende am gemeinsamen bayerischen Urlaubsort Bayrischzell. Von dort war man am Morgen aufgebrochen nach Kufstein. Alle schlurften eher pflichtschuldig durch die Feste, besuchten dann das vom Pensionsinhaber in Bayrischzell, dem Loisl, wärmstens empfohlene „Auracher Löchl", angeblich die älteste Weinstube Österreichs, und landeten schließlich am Thiersee unter den damals noch reklamefreien buntgetupften Sonnenschirmen des dortigen Seecafés mit eigenem Badestrand. Vor der Rückkehr ins Stamm- und Schlafquartier machten die Väter noch halt in der Jausenstation beim „Krämerwirt" in Landl. Jeder bekam dort sein Speckbrot, seinen Wurstsalat oder zwei von uns zusammen einen Kaiserschmarrn. Die beiden Chefs und Chauffeure prosteten sich gegenseitig wohlgelaunt zu mit einem Viertel Tiroler Rotwein. „Auf dass wir uns vertragen!", sagte der Onkel Hans, „Auf das, was wir lieben!", Vater Ernst. Ein gelungener Familienausflug ging heiter zu Ende im damals preisgünstigeren Österreich.

Auf der Schlussetappe nahmen Hansel, Klaus und ich auf der Rückbank des Opel Kapitäns Platz. Und als wir kurz nach der Grenze am Ursprungstal vorbei fuhren, jammerten wir drei im Fond des Wagens, dass unser stundenlanges Warten auf dem Jägersitz am Waldrand in diesem Jahr völlig erfolglos war, nicht einmal ein verirrtes Reh habe sich gezeigt. „Das lässt sich ändern", sagte der angeheiterte Onkel Hans, trat auf die Bremse, stellte seinen Kapitän auf der Straße quer und im Scheinwerferkegel glühten auf der Wiese am Waldesrand mit einem Schlag 20 oder mehr Augenpaare von Hirschkühen und stolzen Hirschen. Die waren nur kurz erstaunt über die nächtliche Störung, ergriffen keineswegs die Flucht, nahmen vielmehr bald ihr Geschäft wieder auf, die einen ästen, die beiden männlichen Tiere, stattliche Zwölf- oder Vierzehnender, rannten gegeneinander an und krachten brünstig mit ihren mächtigen Geweihen aufeinander. Onkel Hans legte den Rückwärtsgang ein, und wir bebten vor Aufregung noch in den Betten der Familienpension Schneider die halbe Nacht.

Das Leben im Hause Sproedt schien mir oft die Fortsetzung der gehobenen Ferienlaune. Hier war es unterhaltsamer und farbiger als bei uns. Das lag vielleicht auch am untersten Fach des Schrankes in Hansels Kinderzimmer, aus dem, wenn man ihn öffnete, eine Fülle knallbunter Comics quoll, deren Reiz sich dadurch erhöhte, dass sie bei uns zu Hause als Schund verschrien und deshalb auch verboten waren, vor allem die Tarzan-Hefte, die 1954 durch die Bundesprüfstelle für jugendgefährdende Schriften geadelt wurden, wovon Mutter Ruth wohl wusste. Das kann kaum am knappen Lendenschurz des Waldmenschen gelegen haben, der als Findling von Affen großgezogen wurde und deshalb mühelos an Lianen von Baum zu Baum schwang. Vielleicht eher am Leopardenfellbikini seiner Freundin Jane, die er mit dem berühmten Tarzan-Schrei über seinen jeweiligen Dschungelstandort informierte. Er kämpfte bevorzugt mit Löwen oder giftpfeilbewehrten Negerstämmen, war aber auch Hüter der Schwachen und Pfleger der Natur. Ein grüner Rassist also und ein Fantasieprodukt der auslaufenden Kolonialzeit!

Seine Gegenfigur, im Aussehen und Gebaren, war Prinz Eisenherz mit seiner immer gut gekämmten Pagenfrisur in tiefem Schwarz. Auch er fand sich reichlich im Sproedt'schen Kinderzimmerschrank. Der Wikinger-Prinz blubberte nicht mit Sprechblasen, die mit verbalen Kürzeln gefüllt waren, seine abgebildeten Abenteuer waren standesgemäß untertextet, denn er gehörte als Ritter zur Tafelrunde des sagenumwobenen Königs Artus. Gegen ihn konnte die moralische Prüfstelle kaum etwas einwenden. Er war ein Held ohne Fehl und Tadel. Mit ausgeprägtem Gerechtigkeitssinn zog er durch die Welt und die Zeiten. In einem Heft begegnete er römischen Legionären, im anderen fürchterlichen Hunnen. Er bereiste im Wikingerschiff Amerika und Russland, pilgerte nach Jerusalem und erkundete den Orient. Das historische Durcheinander irritierte mich, sein edles Tun bewegte unser Herz. Eben: Prinz Eisenherz!

Die größte Comicschrankportion, die Hansel sein eigen nannte und die er zum großen Teil von den großen Brüdern ererbt hatte, waren die Micky Maus-Hefte. Sie eröffneten uns dreien, Hansel, Klaus und mir, nicht nur eine Welt, nein viele Welten: die amerikanische Kleinstadt Entenhausen, das früh- und spätkapitalistische Treiben am Rande des Geldsilos von Onkel Dagobert, dem notorischen Geizhals, das soziale Auf und Ab im beständigen Überlebenskampf von Onkel Donald. Lange vor allen späteren Ehrungen, die Erika Fuchs, die wunderbare Übersetzerin und Neuerfinderin der Dialoge zurecht erfahren hat, waren wir drei uns völlig einig, dass uns hier das Tor zur wahren Poesie aufgestoßen wurde, zu einer Dichtung, die man brauchen und im Leben sofort nutzen konnte. Wochenlang unterhielten wir uns untereinander nur mit „grübel, grübel", „klimper, klimper", „schluck", „stöhn", „knurr" und „schnorch". Welche Onomatopoesie! Minimal poetry, die in der großen Familienrunde nur anfänglich goutiert wurde, bei längerem Gebrauch aber alle nervte und mit dem lausigen Argument des drohenden Sprachverfalls bekämpft wurde. Also stiegen wir eine Bildungsetage höher und demonstrierten unserer Mitwelt die multifunktionale Anwendung von „Luft, Luft, Clavigo!", eine Sentenz, die wir nicht bei Goethe, sondern von Goofy gelernt hatten. Tick, Trick und Track, Donalds wendige Neffen, waren unser Vorbild. Sie wussten am allerbesten, wie man mit Klassikern umgeht und sie anwendungsfähig macht: „Wir wollen sein ein einig Volk von Brüdern, in keiner Not uns waschen und Gefahr." Auch untereinander verständigten wir uns bald nur noch über Zitate, mit denen Erika Fuchs den Disney-Figurensprech ästhetisch veredelt hatte. Traf ich auf Hansel, begrüßte er mich mit „Hoppel, galoppel, von der Prärie komme ich rein. Und wer mir im Weg steht und nicht sofort weggeht, den schieß ich ins Bein." Ich antwortete darauf lakonisch: „Und sie begruben ihn, wie ers gewollt, mit seinem Cowboyhut und seinem Colt." Statements von Goofy und Micky, die den Präsidentschaftswahlkampf 60 Jahre später zwischen Donald T. und Hillary C. vorformulierten.

Manche Sätze blieben bis ins frühe Erwachsenenalter in Gebrauch, etwa der eines Panzerknackers: „Mensch Ede, werd' nicht poetisch, da kommt der Zaster." Damit ermahnte eines der Bandenmitglieder im Knastoutfit und mit Gesichtsmaske den Kollegen, der in Frühlingsgefühlen schwelgte, statt auf den Erfolg der glänzenden Idee zu achten, Onkel Dagoberts Geldsilo mit Wasser zu fluten, damit die winterliche Vereisung dessen Betonwände sprengt. Die Sonne bringt, oh Frühlingsglück, den vereisten Geldblock zum Schmelzen und lässt das ersehnte Dollarzasterbächlein zu Tale fließen.

Absurd und real zugleich, was im Duck'schen Kosmos von Entenhausen geschah. Lange vor Arthur Millers *Der Tod des Handlungsreisenden* war „die anthropomorphe Ente" Onkel Donald Opfer des Systems und Pechvogel vom Dienst. In schöner Regelmäßigkeit gingen seine besten Pläne bei ihrer Durchführung den Bach hinunter, ohne dass Geldscheine herbeigeschwommen wären. Ganz im Gegensatz zu seinem Vetter, dem Glückspilz Gustav Gans, der sich nicht einmal bücken musste, um zu Geld zu kommen. Wir spürten, dass hier die Kapitalismuskritik der 68er-Bewegung theoretisch und empirisch genau vorbereitet und auf den Weg gebracht wurde. Und wir waren nicht zuletzt deshalb leidenschaftliche Donaldisten, lange bevor es die offizielle Vereinigung mit diesem Etikett gab. Wir waren es so leidenschaftlich, dass wir unsere gezeichneten Helden nachzeichneten und an unsere Zimmerwände nagelten. Wir pausten die Figuren der Titelblätter auf Sperrholz, sägten sie aus und bemalten sie liebevoll, als wollten wir sie mit dem Pinsel und der Farbe zärtlich streicheln, um sie am Ende mit einem Klarlack zu überziehen, der sie auf Hochglanz brachte. Doch kaum hingen sie an der Wand, waren sie – „oh Schreck", „seufz, seufz" – tot. Es erging ihnen wie allen Denkmalerhöhten. Alles das, was wir an ihnen liebten, ihre Lebendigkeit und Verrücktheit waren auch mit „Uff, Uff" und „Ächz, Ächz" nicht zurückzuholen. So machten wir die Ausgesägten kurzerhand zu selbstgebastelten und deshalb besonders wertvollen Geschenken bei Geburtstagseinladungen von nicht ganz so beliebten Schulkameraden.

Die Großen, also Günter und Bernd, schauten derweil recht spöttisch auf unser Tun und Werk. Ich schämte mich ein wenig, weil ich ja altersmäßig zwischen den „goldigen Kerlchen" und ihnen war. Hätte ich vielleicht doch lieber die Finger von der Sägerei gelassen und wäre besser bewundernd am Rand der großen Holzplatte im Zimmer unterm Dach gestanden, hätte zugeschaut, wie sich die beiden ganzjährig, im Unterschied zu unserer zeitlich limitierten Weihnachtsphase, an den Stellwerken ihrer elektrischen Eisenbahn betätigten und mit fachmännischen Gestus – „Dem Ingenieur ist nichts zu schwör" – die Stromkreise zerlegten?

Es ging erfahrbar freier zu im Haus des Dr. Hans Sproedt. Ob das an der Überbeschäftigung des Hausherrn lag oder an der sanften Milde von Tante Erika, ob der freie Geist des lutherischen Pfarrhauses bis hierhin wehte oder die bürgerliche Großzügigkeit, die selbst Raubkatzen aus Japan in diesem Gelände freien Lauf ließ? Kein Wunder, dass die Söhne wagemutiger waren als wir. Wagemutig bis tollkühn! Eines schönen Tages steuerte Günter, der älteste Sohn, mit vielleicht 16 Jahren den Opel Kapitän seines Vaters ohne Führerschein und selbstverständlich ohne Wissen des Besitzers in eine Baugrube. Da hing er nun, der Silbergrauschwarzlackierte, zwischen Himmel und Erde über dem Abgrund des ausgebombten Kellerlochs, unser geliebter Käptn, der Stolz der Ausflugsfahrten. Das Entsetzen war groß, aber bei mir noch größer die Bewunderung. Eine solche Ausfahrt hätte ich nie gewagt und auch nicht geschafft!

Ja, den „Sproedtern" verdanke ich nicht nur viele schöne Stunden vor dem ersten Fernseher meines Lebens, bei der umfassenden Lektüre aller erlaubten und verbotenen Comics, bei braven Familienausflügen und illegalen Wildbesichtigungen. Ich verdanke ihnen und ihrem in vielem kontrastiven Familienleben die frühe und lebenslang wichtige Einsicht: Es gibt nicht nur die eine, die erste Welt, in die man hineingeboren wird, die man gewohnt ist, in die man eingeübt wird, die einen festigt und einem Sicherheit gibt, nach deren Regeln man aber auch zu tanzen hat. Nein, schon im Nachbarhaus konnte alles ganz anders, anders und fremd, anders und auch schön, anders und freier sein.

Die Erfahrung gemeinsamen Glücks geht mit der Erfahrung gemeinsamen Unglücks meist Hand in Hand. Vater Ernst und Onkel Hans, beide damals um die 50, erkrankten nahezu gleichzeitig an derselben Krankheit, einer Leberzirrhose, ohne dass die Ursachen dafür klar waren. Es lag bestimmt nicht, trotz der gelungenen Tiroler Weinprobe, am Alkoholkonsum der beiden. Vater Ernst war bis zum 30. Lebensjahr Guttempler, also völlig abstinent. War es die Auswirkung seiner regelmäßigen Einnahme von „Eusedon", einem starken Schlafmittel, das Vater Ernst jeden Abend zu sich nahm, hatte sich Onkel Hans mit dem Hepatitis-C-Virus infiziert? Beide suchten dieselbe Spezialklinik in Darmstadt auf. Vater Ernst genas, Onkel Hans starb mit 52 Jahren.

Noch heute erinnere ich jedes Mal, wenn ich durch die Schloßstraße gehe, den Schreck, als mir dort der Leichenüberführungswagen mit dem Hamburger Autokennzeichen entgegenkam, der Onkel Hans tot zurückbrachte. Er hatte in Hamburg zuletzt eine alternative Therapie versucht. Und noch tiefer in mein emotionales Gedächtnis hat sich eingegraben, wie unser gemeinsamer Freund Hans Michael, inzwischen von allen Vip genannt, auf der Eckcouch unseres Wohnzimmers saß, nachdem ihm Mutti die Nachricht vom Tod seines Vaters überbracht hatte, weil Tante Erika wohl noch auf dem Rückweg von Hamburg war. Regungslos blickte er stundenlang vor sich hin. Und keiner von uns wagte, seinen Schmerz zu berühren, seine Hilflosigkeit, die ja auch die unsere war, anzusprechen.

25 Im Schönborn

Noch heute, zu Beginn des achten Lebensjahrzehnts, sitze ich in einem Klassenzimmer, das am Anfang der Schulzeit der Zeichensaal war, im obersten Stockwerk unter dem großen Walmdach des Schönborn-Gymnasiums. Ich schreibe eine Klassenarbeit, die sich im Laufe des Traums zu einer Abiturabschlussklausur auswächst, ohne dass ich das Fach oder das Thema der gestellten Aufgabe kenne. Die letzte Stunde vor der Abgabe ist längst angebrochen, und mir fehlt das Papier, um ein bisher nicht vorhandenes Ergebnis schriftlich zu fixieren. Ich gehe zum Lehrerpult, wo Lala, so der Spitzname des Lateinlehrers, kerzengerade und, wie mir auf einmal scheint, mit leicht triumphierendem Lächeln steht. Er zeigt nicht die geringste Reaktion auf meine Bitte nach dem Schreibpapier. Der Haarkranz um seine Glatze leuchtet im Licht, das schräg durch eines der Dachgaubenfenster fällt. Ich renne zu einem Kopierer rechts neben der doppelflügeligen grünen Schultafel. Selbstverständlich gab es Anfang der Sechzigerjahre weder Drucker noch Kopierer in diesem Raum. Ich reiße das Papierfach auf und finde dort nur beidseitig bedruckte Blätter, die meisten vergilbt und am Rande ausgefranst. Ich bitte einen Klassenkameraden um Hilfe, den fast zwei Meter großen B., der mir einmal den Zirkel mit der Spitze nach oben auf den Schulstuhl gesteckt hat. Er verscheucht mich mit eindeutiger Gebärde: „Verpiss dich!" Plötzlich wird mir klar, dass ich weder Gliederung noch andere Vorarbeiten skizziert oder verfasst habe, noch irgendetwas, das man nun „ins Reine" schreiben könnte. Ich rieche das Bohnerwachs des Fußbodens, ich spüre meinen Herzschlag und ein Gefühl totaler Hilflosigkeit. Gelähmt und kopflos zugleich laufe ich ohne Orientierung und Verstand durch den Raum mit den vielen Gaubenfenstern. Die Mitschüler sind ruhig und konzentriert in ihre Arbeit vertieft. Lala steht noch immer im schräg einfallenden Licht mit seinem imaginären Lorbeerkranz auf dem Kopf, zur Salzsäule erstarrt. Ich weiß, dass jetzt nichts mehr zu retten ist, weil er gleich die Ansage machen wird: „Bitte die Arbeit abgeben!"

25 Im Schönborn

Der Beginn meiner Gymnasiastenzeit ist kein Alptraum. Sie fängt ganz harmlos und wohlgeordnet an. Agricola arat: der Bauer pflügt, ancilla laborat: die Magd arbeitet, mater cenam parat: die Mutter bereitet das Essen. Mutter Ruth hört allerdings lieber die lateinischen Vokabeln ab, die vielen Deklinationen und Konjugationen, die a- und o-, die konsonantische, die u- und e-. Mutter und Sohn sind dabei in schönem Einklang, die angeblich tote Sprache zu beleben. Mutti, weil alles so wohlgeordnet vor ihr liegt, in Tabellen und Kästchen fast wie in den Schubladen ihrer „Poggenpohl"-Küche, ihr Sohn, weil er schon bald das Futur I aktiv im Sauseschritt durchmessen kann, von amabo (ich werde lieben) bis amabunt (sie werden lieben) oder die Personalpronomen ebenso rasant durchdekliniert, wie er die Verben durch den Konjunktiv Plusquamperfekt passiv jagt. Gleich Romulus und Remus auf dem Deckel des Lateinbuchs „Ars Latina" saugen die beiden Neulateiner an den Zitzen der römischen Wölfin, staunen über den Ablativus absolutus, freuen sich am Vokativ und wissen die Verba anomala angemessen zu behandeln. Hat man uns etwa zu viel versprochen mit der Behauptung, wer Latein lerne, lerne logisch denken? Und die Nichtlateinerin Ruth fügt bei den gemeinsamen Übungen gerne hinzu, hier eröffneten sich mir die Pforten zu allen romanischen Sprachen, von denen ich bis heute allerdings keine beherrsche. „Exercitatio artem parat", was so viel heißt, wie Übung macht den Meister, ist Muttis Losung. Und ihr Lernziel heißt: Wie sie selbst soll auch ihr Sohn Klassenbester sein. Das gelingt von Sexta bis Quarta, also bis zur Pubertät, spielend. Mutti holt sich am Elternsprechtag ihr Lob für das Söhnchen von den Lehrern ab und ihr Sohn einen Preis beim Festakt am Schuljahresende. Aber er spürt schon beim ersten Mal, als er den Mittelgang der Aula des naturwissenschaftlichen Justus-Knecht-Gymnasiums – dem altsprachlichen Schönborn steht für größere Versammlungen nur eine alte Turnhalle mit Kletterstangen und Klettergerüsten zur Verfügung – nach vorne zur Bühne gehen muss, beäugt von Mitschülern und Eltern, dass dieser erste Gang durch die Öffentlichkeit seine Tücken hat: Ein erster Platz schafft nicht nur Freunde, aber, so ahnt er, zusätzlichen Leistungsdruck.

So starre ich beim Rückweg zu meinem Stuhl auf die Umschlagseite des Buches, das der Schuldirektor mir eben überreicht und aus dessen Innenseite er vorgelesen hat: „Für besondere Leistungen in allen Fächern im Schuljahr 1955/56 erhält der Schüler der Sexta b H. K. diesen Preis."
„Bringt sie lebend", springt mir als Titel entgegen. Und ich sehe auf dem

grell gezeichneten Umschlag einen gewaltigen Menschenaffen in einem Bambuskäfig, der von halbnackten Schwarzen durch die Savanne geschleppt wird. Vorneweg schreitet unterm Tropenhelm mit geschultertem Jagdgewehr der weiße Anführer der Tierfängerbande. Während Schüler und Eltern schon nach draußen drängen und Frau Oberforstrat J., die Mutter eines Klassenkameraden, dessen Familie nach dem Krieg aus dem Sudetenland zugezogen ist, Mutti mit rollendem R und auf gut kakanisch zu ihrem Sohn, dem „Vorzugsschüler", gratuliert, beschäftigt mich immer noch das Titelbild vom eingesperrten Großaffen, der durch die glühende afrikanische Sonne getragen wird.

Drei Jahre später hat sich das Lektüreklima am humanistischen Gymnasium abgekühlt. Aus der Großwildsafari wird Krieg. Die Legionen des Gaius Julius Caesar marschieren durch Gallien, das nach Definition des Imperators in drei Teile zerfällt. „Gallia est omnis in partes tres." Ein Helveticus namens Orgetorix, also ein Urahn der braven Schweizer, beansprucht frecherweise die Alleinherrschaft über alle drei partes, und am östlichen Horizont dräuen fortwährend die Germanen, von denen das Gerücht geht, sie seien unbesiegbar, liebten statt Ackerbau die Jagd und den Krieg und gäben erst Ruhe, wenn sie die anderen vertrieben oder erschlagen hätten. So muss sich der große Feldherr ihrer annehmen und anschließend im Winterquartier Buch 4 von *De bello Gallico* über diese heimtückischen Feinde schreiben. Überall Unruhen, überall Aufstände und überall die ordnende Hand des großen Cäsar.

All seine hierhin und dorthin marschierenden Legionen und Schlachtreihen, seine taktischen Überlegungen und Begründungen haben mich von Anfang an gelangweilt, anders als das Tierfängerbuch *Bringt sie lebend*. Auch wenn der ebenfalls langweilige Lateinlehrer ab und an vom „Imperium sine fine" schwärmte, das sich in alle Himmelsrichtungen erstrecke und das römische Recht verbreite, hörte ich immer nur Herrschaft, Expansion und Verschwörung. Und manche mir unendlich lang erscheinenden Legionärsmärsche der Lateinstunde konnte ich nur überstehen, weil ich mich nach einem letzten Mohikaner sehnte, der sich auf seinen Mokassins lautlos in das Lager Caesars schleicht und es in Flammen aufgehen lässt. Hätte ich damals den Zaubertrank des Druiden Miraculix besessen, der Asterix übermenschliche Kräfte verleiht, hätte ich zusammen mit ihm dem römischen Treiben umgehend ein zauberhaftes Ende bereitet. Aber der kleine Gallier hat erst ein Jahr später das zeichnerische Licht der Welt erblickt. Heute haben ihn die hinterlistigen

Lateinlehrer und die immer noch marschierenden Römer für die Belebung ihres öden Unterrichts vereinnahmt.

So blieb ich Gefangener des im humanistischen Gymnasium fortwirkenden Imperiums, selbst noch in der Turnstunde. Denn sie begann unter dem Regiment des Klassenlehrers, der auch für Mathe und Geografie zuständig war, regelmäßig mit einem sogenannten Parademarsch. Der klassische römische Geist verschmolz in der verstaubten Turnhalle ganz selbstverständlich mit dem klassischen preußischen. Im Stechschritt hatten wir am Ende des gymnastischen Eingangsteils eine militärische Ehrenrunde zu drehen. „Parademarsch, Parademarsch, der Hauptmann hat ein Loch im Arsch", skandierten flüsternd die Aufmüpfigen der Klasse, zu denen ich nicht gehörte. Im Umkleideraum nach den zwei Turnstunden taten es lauthals auch alle anderen jetzt von ihrem Hauptmann Befreiten. Leo, so der Spitzname des Parademarschliebhabers und Weltkriegsteilnehmers, hielt solche Wehrertüchtigung für die beste Erziehung der schwächelnden deutschen Nachkriegsjugend, bevor er uns nach dem Paradieren dann stundenlang am Reck, Barren oder in den Seilen hängen ließ. Er propagierte auch regelmäßig nach dem Turnen das Wechselduschen, die Abfolge von heißem und kaltem Wasser, die den Körper abhärte und stähle. „Non scholae, sed vitae discimus", war sein erster Lehrgrundsatz, auch wenn er selbst kein Latein konnte.

Das hatte Folgen für seinen Unterricht, der Lehrbücher und vorgeschriebene Unterrichtsinhalte mied und ganz auf die eigene Erfahrung und ihre Weitergabe setzte. Sie konzentrierte sich im Geographieunterricht auf seine militärischen Aufenthalte in Frankreich und Dänemark, vor allem aber auf die von ihm bevorzugten Weinlagen, die er in der Wissensskala ganz oben veranschlagte. So erwarb ich mir schon als Sextaner profunde Kenntnisse über die renommiertesten Rebhänge Badens, der Pfalz, der Mosel und des Rheins. „Stich den Buben" oder Affentaler, „Alde Gott" oder Durbacher, sie waren mir ohne Geschmacksprobe schon als Elfjährigem vertraut.

Der Klassenausflug der Quinta b nach Maulbronn am 20.09.1956 war ein außerordentliches Schulereignis, gut dokumentiert von meiner „Agfa Clack". Mutti hat auf einem ihrer Briefbogen, dessen links oben gedruckter Name ausgeixt ist, sieben meiner Fotos geklebt und durchnummeriert, wohl als Bestellangebot für die Mitschüler. Die ersten beiden sind im Kreuzgang des Klosters aufgenommen. Mit sicherem Gespür für die richtige Perspektive und das malerische, sprich übliche Motiv ist das Brunnenhaus mit seinem Fachwerkaufsatz abgelichtet, das den fotografierenden Quintaner in helle Begeisterung versetzte. Ebenso wie die Vorhalle der Klosterkirche, „das Paradies", oder der Kapitelsaal, in dem die Mönche täglich versammelt wurden, um ihnen die Ordensregel vorzulesen und einzubläuen. Eine geheimnisvolle asketische Welt, in der es nur einen einzigen heizbaren Raum zum zeitweiligen Aufwärmen gab und nur einen Ort, das Parlatorium, wo man die nötigsten Worte wechseln durfte. Die Faszination dieser ersten Begegnung wurde dann mit 16 Jahren erst richtig angefacht und entflammt von Hesses Roman *Narziss und Goldmund*, der Maulbronn zur Kulisse hat. Sie hat bis heute angehalten, immer wieder erneuert durch regelmäßige Besuche dort. Leos und der Klasse Begeisterung über den sakralen Ort richtete sich auf ganz anderes. Das Klassenbild im Klosterhof zeigt zwanzig Mitschüler und nur fünf Mitschülerinnen. Am Aalkistensee, der mittäglichen Zwischenstation des Schulausflugs, versucht eine achtköpfige Bubenrunde, so das Foto, ein kleines Lagerfeuer zu entfachen. Bild 6 zeigt den strammen Klassenlehrer mit Krawatte und in Knickerbockern auf der Wiese vor dem Uferschilf sitzend und an einer Zigarre drehen. Über ihm schwebt unsinnigerweise als Nummer 5 ein Schwan auf stillem Wasser. Das Finale der kleinen Fotoserie macht auf der Rückseite mit frechem Blick der bewunderte Tunichtgut der Klasse Alfred K. Er zeigt uns, was ein Mann ist. Dieser hat eine qualmende Zigarette im Mund.

Leo, der Klassenlehrer, erzählte in der Klosterkirche, während wir ins Chorgestühl der Mönche gepfercht waren, von den Buchstaben „A.v.K.l.W.h." im Deckengewölbe, die Viktor von Scheffel zu seinen Lebzeiten noch hätte lesen können. Die Abkürzung für „All voll, Kanne leer, Wein her!", was den großen Dichter, der auch ein Jahr in unserer Heimatstadt verbrachte, nur um der hiesigen Scheffelhöhe ihren Namen zu geben, zu seiner „Maulbronner Fuge" inspiriert habe, die die Verse enthält: „Eilfinger im Kruge, Nun hebt die nasse Andacht an, Und alles singt die Fuge. All voll, Kanne leer, Wein her! Complete pocula!" So hatte jeder seine eigene Vorstellung vom mittelalterlichen Klosterleben. Und als Leo nach der Besichtigung im Wirtsgarten der „Klosterschenke" Platz genommen hatte, initiierte ich eine Kollekte unter den Mitschülern und bestellte ein Viertel Eilfinger für 2,40 DM, was einige Mühe und dann noch größere Umstände machte, weil sich erst die Bedienung weigerte, meinen alkoholischen Auftrag anzunehmen und dann der Klassenlehrer, den Krug zu trinken, weil der korrekte Pädagoge darin eine unzulässige Bewirtung sah. Er hat ihn nach einigem Hin und Her dann doch geschluckt und noch einen zweiten hinterher. Den dann auf eigene Rechnung. Soweit kann pädagogische Einflussnahme und Verführung also reichen, dass man einem Feldwebel der Turnstunde und des Wechselduschens ein Viertele bestellt.

Nur wenige Monate später, es war in einer der zahlreichen Geographiestunden, in denen die Klasse im festgefahrenen Stellungs- und Grabenkrieg des Ersten Weltkriegs in Frankreich verharren musste, als Leo noch einmal alle Orte des damaligen Frontverlaufs durchging, von den Vogesen bis zur belgischen Küste. Nicht zum ersten Mal machte er von den Maashöhen herunterkommend Station in Verdun. Nun verwandelte sich der Geographie- in Strategieunterricht. Nicht die Stadt war „das primäre Ziel der Operation", so hörten wir erneut, sondern die Höhen des Ostufers der Maas, um dort die Artillerie in Stellung zu bringen und dadurch die Stadt „unhaltbar" zu machen. Dass dies nicht gelang, wussten wir bereits, auch dass dies „ein Höhepunkt der großen Materialschlachten" des Ersten Weltkriegs war und den 75 Divisionen der Franzosen insgesamt 50 der Deutschen gegenüberstanden, 1.300 französische gegen 1.225 deutsche Geschütze gegeneinander in Stellung gebracht waren. Als Leo zu den Verlusten kam, die in die Hunderttausende gingen, und er von den 150.000 deutschen Soldaten zu sprechen begann, die dort „für Volk und Vaterland den Heldentod gestorben" seien, kam aus der hintersten Bankreihe, wo Alfred K. vor sich hindöste, ein ganz trockenes „Wäre se hald dahom gebliwwe", was heißt, „Wären sie halt daheim geblieben". Die Reaktion auf diesen lakonischen Kommentar war ungeheuerlich. Der Weltkriegsteilnehmer packte den Vaterlandsverräter, schlug und trat auf ihn ein. Als Alfred sich wegduckte, packte er den auf dem Boden Liegenden und schmiss ihn gegen die schweren gusseisernen Heizkörper des Klassenzimmers. Dass Alfred K. ohne Schaden überlebt hat, wundert mich noch heute. Einen solchen Ausbruch von brutaler Gewalt habe ich nie mehr erlebt.

Krieg und Kriegserlebnisse waren bei vielen Lehrern der sie prägende Erfahrungshintergrund. Und ihre Schüler wussten, wie man ihn zu unserem vermeintlichen Vorteil, also um von der Schularbeit abzulenken, aktivieren konnte. Rannte Achill in Homers *Ilias* zum wiederholten Mal vergeblich gegen Trojas Mauern, lockte eine kalkulierte Frage nach aussichtslosen militärischen Operationen den ehemaligen deutschen Landser des Russlandfeldzuges leicht auf den Abweg der Schlacht von Stalingrad. Begab sich die Klasse mit Livius im zweiten Punischen Krieg nach Nordafrika, war der Weg nach El Alamein nicht weit. Und die erinnerungsselige Lehrererzählung endete meist damit, wie das deutsche Afrikakorps Spiegeleier auf dem glühend heißen Stahl ihrer Panzer gebraten hat.

„Si tacuisses, philosophus mansisses", „Hättest du geschwiegen, wärst du ein Philosoph geblieben." Dieser Satz fuhr mir, ich konnte ihn als Quintaner in seinem Sinn eher erahnen als übersetzen, wie ein militärischer Befehl in die Glieder, obwohl er meinem Banknachbarn Wolfgang W. galt, der eine falsche Antwort gegeben hatte. Er kam aus dem Munde des Rex, des „Schönborn"-Direktors, der zum ersten Mal leibhaftig in der Klasse erschienen war zur Inspektion eines Referendars und seines Lateinunterrichts. Ob er oder die Klasse mehr gezittert haben, weiß ich nicht mehr. Aber die Schärfe dieser lateinischen Intervention habe ich noch genau im Ohr und den Schrecken im Herzen, die die große unnahbare Gestalt des Direktors im Raum verbreitet hat. Er war eher ein altgriechischer Tyrannos als ein römischer Republikaner und er thronte für den Quintaner jenseits der Wolken des Olymp. Wie ich aber jetzt unmittelbar erlebte, war ihm eine kräftige Portion deutscher Schäferhund beigemischt, was meinen späteren Verdacht nährte, dass an der Suche eines ihm nicht wohlgesonnenen altphilologischen Kollegen nach von ihm verfasster Panegyrik in der Nazizeit doch etwas dran sein könnte. Nach Kriegsende, das er schwer verwundet erreichte, hatte er sich wieder ganz dem klassischen Erbe und seinen Werten zugewandt, übersetzte und kommentierte, was seinen wissenschaftlichen Ruf vermehrte, griechische und lateinische Texte. Die autoritäre Kälte dieses Rex stand in krassem Gegensatz zu seiner „Hingabe an die geliebte Musik", die ein späterer Laudator preist. Ich habe ihrer Inszenierung im Kammermusiksaal des Schlosses zuweilen beiwohnen dürfen. Mit geschlossenen Augen lauschte der Gründer und Leiter des örtlichen Kulturringes den Konzerten, die der Süddeutsche Rundfunk dort veranstaltete. Und in den Pausen hielt er Hof und vergab seine Gunst an andere Kleinstadthonoratioren.

„Wo ein Begeisterter steht, ist der Gipfel der Welt", war die Gedenkstunde zum hundertsten Todestag des Dichters Joseph von Eichendorff am 25. November 1957 überschrieben, bei der ich erstmals von ihm zum Dienst an der Literatur und Kultur erkoren und als jüngster in die Riege der Gedichtvortragenden aufgenommen wurde. „Frische Fahrt" war mein Debüt. Bei späteren Abschlussfeiern habe ich es dann zu höheren Weihen gebracht und mich unter seiner Anleitung und Kontrolle in lyrische Existenztaumel begeben dürfen: „Wer je die Flamme umschritt, bleibe der Flamme Trabant" aus Georges *Der Stern des Bundes* rezitierte

25 Im Schönborn

ich ebenso emphatisch wie die Rilke-Verse „Ich kreise um Gott, um den uralten Turm, und ich kreise jahrtausendelang, und ich weiß noch nicht: bin ich ein Falke, ein Sturm oder ein großer Gesang."

Mit Sicherheit war ich ab dem 14. Lebensjahr im Schönborn weder „Falke" noch „Sturm" noch „ein großer Gesang", sondern einer, der unter der Schule zu leiden begann und ihrer Drangsal zu entkommen suchte. Das gelang ab Untertertia und dem beginnenden Altgriechisch, von dem Mutti zwar noch Schrift und Lautung mitlernte, aber dann doch zunehmend nur noch mit der Frage tätig werden konnte, ob auch alle Schulaufgaben gemacht seien. Ich sagte selbstverständlich ja und hatte sie selbstverständlich nicht gemacht. Immer häufiger betrieb ich ein Minimalprogramm des Lernens. Der Vorsatz während des Unterrichts aufmerksam mitzuarbeiten, gelang bei wachsendem Desinteresse immer weniger. Nur wenige Lehrer konnten mich noch motivieren oder gar begeistern. Am Morgen vor der Schule das Notwendigste „auf den letzten Drücker", wie Vater sagte, zu lernen, führte bald zu Schlafstörungen, vor allem wenn Klassenarbeiten anstanden. Ihrer Norm musste ich freilich genügen, der mütterliche Anspruch war längst internalisiert und wurde von Mutti nicht widerrufen, auch als sie spüren musste, dass ich in Not geriet. Eine Weile rettete mich noch der gute Ruf als ehemaliger „Vorzugsschüler". Einige Lehrer blieben auf ihrem positiven Schülerbild von mir sitzen. Aber der Druck erhöhte sich zwangsweise beim Versuch, mit wenig Arbeit viel Leistung vorzutäuschen oder real zu erbringen. Und er führte zu immer absurderen Aktivitäten. Als ich beim ersten für mich notwendigen Griechisch-Nachhilfeunterricht bemerkte, dass Altphilologen dazu neigen, nicht jedes Mal Thukydides oder Ovid eine neue Klassenarbeit abzuringen, sondern sie gern auf Bewährtes zurückgriffen, das offenbar auch den Fachkollegen bekannt war und zur Effizienz ihrer Nachhilfe beitrug, begann ich eine kuriose Jagd auf schon einmal geschriebene Klassenarbeiten, indem ich die Vorübungen aller mir bekannten oder befreundeten Nachhilfeschüler bei verschiedenen Nachhilfelehrern sammelte, was sehr zeitaufwändig war, aber zeitweise eine Trefferquote von fast 50 % für die anstehende Klassenarbeit erbrachte. Daneben arbeite ich mit den gängigen Hilfsmitteln, z. B. dem sog. *Schlauch*, einer deutschen Übersetzung im handlichen Kleinformat, was freilich voraussetzte, dass man zuvor sich einen genauen Überblick über die verschiedenen Bücher und einzelnen Kapitel verschafft hatte, um die gestellte Aufgabe finden und einordnen zu können. Bei erhöhter Aufmerksamkeit des Lehrers war das nicht einfach. All das zählte zur gewis-

25 Im Schönborn

senhaften Vorarbeit für meine bis heute andauernden Albträume. Sie waren damals sehr real, sehr lähmend und sehr bedrohlich. Und sie erfassten das ganze Familienleben.

In einem Antwortbrief meines Englischlehrers Dr. S. vom 17.3.1960 auf ein nicht mehr vorhandenes Schreiben meines von Mutti wohl instrumentalisierten Vaters, der überhaupt nicht veranlagt war, mit Lehrern zu rechten, steht schwarz auf weiß getippt: „Hajo irrt, wenn er meint, ich gebe ihm wenig Gelegenheit, sein Können zu zeigen. In meinem Notenbüchlein stehen bei ihm genauso viele mündliche Noten in Englisch wie bei den anderen. Was Ihre Bemerkung über meine Benotung seiner letzten schriftlichen Arbeit angeht: selbst wenn Sie Recht hätten, 2 statt 2/3, so käme bei den Noten 4 und 3 für die beiden vorhergehenden Arbeiten, die Sie ja kennen, nur ein Durchschnitt von 3 zustande. In einem solchen Falle müssten die mündlichen Leistungen mindestens durchweg 2 sein, um die Zeugnisnote 2 halten zu können. Hajo hat aber nachgelassen. Er ist sich dessen auch bewusst, hat es aber in seinem Ehrgeiz offenbar zeitweilig vergessen. Er würde guttun, den Fehler bei sich zu suchen." Wie recht er hatte, der „Sir", der ein distinguierter, etwas skurriler Vertreter des englischen Fairplay war und ein frühes missionarisches Mitglied der Moralischen Aufrüstung. Aber auch er hat für die Stärkung der Moral im Lande vergeblich gekämpft und die Stärke menschlicher Schwäche verkannt. Sein Adoptivsohn eröffnete in den Siebzigerjahren den ersten Sex-Shop in der Kleinstadt, und ich wurde nur sehr bedingt einsichtig, auch wenn das „Gnothi seauton", die vielzitierte Inschrift am Apollo-Tempel von Delphi, das „Erkenne dich selbst", schon zu meinem griechischen Formelvorrat gehörte.

Das schulische Lotterleben, das eher Verweigerung als Lust war, konnte oder wollte ich nicht aufgeben. Ich suchte also Aktivitäten, die mich interessierten oder mein Schulimage neu definierten. Als Vierzehnjähriger begann ich, angeregt von einem Biologielehrer einer anderen Schule, meine naturwissenschaftlichen Forschungen als Sammler von Käfern, die ich mit recht komplizierten wissenschaftlichen Bestimmungsbüchern einzuordnen versuchte, bevor sie aufgespießt oder in eine durchsichtige Kunststoffmasse gegossen wurden. Oder ich kletterte mit einem anderen Naturforscher meiner Klasse durch aufgelassene Ton- und Schiefergruben, um dort Versteinerungen zu finden, indem wir mit unseren Fahrtenmessern die Schiefer- und Kalksteinablagerungen aufbrachen, was Insekten, kleine Fische oder versteinerte Schnecken zurück ans Licht beförderte, die gut 80 Millionen Jahre im Boden gelegen hatten. Fossile Trittsiegel der Dinosaurier suchten wir allerdings vergebens.

Aus meiner Käferkompetenz machte ich beim Casting, das damals so nicht hieß, für eine der ersten Fernsehquizreihen „Die 6 Siebeng'scheiten" des Südwestfunks zwei Jahre später ein Wissensspezialgebiet angereichert um ein zweites, das „Fußballregeln" hieß. Das Bruchsaler Schönborn hatte das Karlsruher Goethe-Gymnasium zum Quiz-Gegner. Nach der ersten Runde stand es unentschieden, alle hatten gepunktet, ich bei den Fußballregeln. Nachdem unser Unterstufenmann bei der Vorlage dreier römischer Bauwerke passen musste, war ich mit meinen Käfern dran. „Hajo rettete die nächsten fünf Punkte. Aber auch bei dem Unterprimaner Michael scheint's kritisch zu werden, als er vor einem Oszillographen geführt und nach dessen Hauptteilen gefragt, antwortet: die ‚Braunsche Röhre'. Der begleitende Ingenieur winkt ab, das stimme nicht. Michael gerät ins Schwimmen, man glaubt sich schon geschlagen, als eine Stimme aus dem Publikum mit Bestimmtheit sagt. ‚Die Antwort Braunsche Röhre war vollkommen richtig!'. Der Physiklehrer der gegnerischen Schule hat so viel Fairness besessen, die Dinge richtig zu stellen. Die bereits verloren geglaubten Punkte waren gerettet und so ging das Schönborn Gymnasium mit einem Punkt Vorsprung durchs Ziel." Und brachte als Siegestrophäe eine Stereo-Truhe mit, die ich im Musiksaal während der Musikstunden dann immer mit einer gewissen Genugtuung betrachten durfte. Hatte ich doch meinen Teil zu ihr beigetragen.

Je unerträglicher mir der Schul- und Lernalltag wurde, umso mehr suchte ich schulische Betätigungsfelder, die mir das gute Gewissen verschafften, für die Schule etwas getan zu haben, ohne ihren Mühen zu direkt ausgesetzt zu sein. Selbsttätig und selbstständig wollte ich mich bewähren, ohne Kontrolle und Druck. Die SMV, die Schülermitverwaltung, und der PAO, der politische Arbeitskreis Oberschulen, waren die dafür geeigneten Spielfelder. Die beiden Brüder Volker und Gernot S., zwei Mitschüler aus den Klassen über mir, waren als Gründer des PAO mein Vorbild und zogen mich als Nachwuchsmann in die politische Verantwortung und Organisationsarbeit. Zehn bis zwölf Veranstaltungen haben wir jährlich auf die Beine gestellt, haben mit Politikern, Journalisten und Wissenschaftlern Grundsätzliches und Spezielles diskutiert. „Wozu politische Ideale?" mit dem Landtagspräsidenten Baden-Württembergs zum Beispiel, „12 Jahre deutsche Außenpolitik" mit einem Politologen der Universität Heidelberg, „Probleme der Sicherheit" mit Fritz Erler, dem ersten Außenpolitiker und zweiten Vorsitzenden der

SPD oder „Moskau – Peking – Deutschland. Möglichkeiten einer deutschen China-Politik" mit Franz Alt, der damals in der Region eine Doppelexistenz als Journalist und als Zauberer Francesco Altini führte. Wir fuhren zum Europarat nach Straßburg, besichtigten den Karlsruher Atomreaktor oder freuten uns auf die obligate Fahrt ins geteilte Berlin. Das Programm spiegelt exakt den Zeitgeist und erscheint mir doch im Rückblick ganz ungewöhnlich. Welche hochrangigen Politiker würden heute für 20 oder 30 Schülerinnen einen ganzen Abend opfern, diese in ernsthafte Diskussionen verwickeln, ihnen das Gefühl vermitteln können, dass vom politischen Engagement für ihre Zukunft alles abhängt? Auch das war nachkriegsspezifisch. Die Jugend sollte gewonnen werden für die junge Demokratie, und das ging nur mit Einlassung, eigener Überzeugung und, wie man heute sagen würde, „authentischer Präsenz". Die persönlichen Erfahrungen, die man als Jugendlicher dabei machte, waren wichtig. Einen stellvertretenden SPD-Vorsitzenden vor kleiner Öffentlichkeit zu begrüßen und ins Thema einzuführen, einen Landtagspräsidenten danach zum Dienstwagen zu begleiten und seine Ermunterung zu hören oder im Schöneberger Rathaus in Berlin mit Stadtverordneten aus verschiedenen Fraktionen über den Ost-West-Konflikt und die Lage im geteilten Berlin zu diskutieren. Ich habe viele Politiker der neuen Bundesrepublik damals als ernstzunehmende, meist nachdenkliche und nachdenkende Personen erlebt, nicht als Altnazis, Karrieristen oder mediale Schaumschläger. Selbstverständlich wurde die Berlin-Fahrt, die ausgerechnet in die Woche der Kubakrise fiel, wo sich in Berlin ein sich zuspitzender Weltkonflikt zu entwickeln drohte, auch ganz anders genutzt. Nächtelang habe ich mit meiner ersten Freundin in unserem Billigquartier in der Hasenheide geknutscht und diskutiert, habe mit ihr im Schillertheater Frischs *Andorra* in der Kortner-Inszenierung mit Martin Held und Klaus Kammer gesehen, habe die erste Striptease-Show meines Lebens in der Joachimsthaler Straße besichtigt, *My Fair Lady* im Theater des Westens als den Gipfel der Unterhaltungskunst und das strangulierte West-Berlin als Weltstadt empfunden und betrachtet. Der ideologische Nachhall dieser Berlinreise ist im „Arbeitsbericht", den ein Klassenkamerad geschrieben hat, konserviert. Hier wird der Besuch in Ostberlin zum „Grenzabenteuer", die Mauer zum „Prüfstein", „die restlos alle menschlichen Bindungen zerrissen hat", und die unter DDR-Kontrolle fahrende S-Bahn zur Geisterbahn, die zu meiden sei, weil mit dem eingenommenen Fahrgeld „die Agententätigkeit der Sowjetzone finanziert" werde.

Meine Arbeit in der Schülermitverwaltung war nur am Rande, das heißt an Weihnachten, etwas ideologisiert. In meinem Jahresbericht als Schulsprecher 1962/63 vermerke ich als besonderen Erfolg, der vor allem den Unterklassen zu verdanken sei, „unsere weihnachtliche Geschenksendung nach Mitteldeutschland. 22 große und wertvolle Lebensmittelpakete haben unseren getrennten Landsleuten im Osten große Freude bereitet, wie wir aus ihren Dankschreiben ersehen konnten." Ansonsten war ich in diesem Schuljahr als vielseitiger Impresario zugange, organisierte „das so beliebte Tanzfestchen im Lichthof unserer Schule", das Gastspiel einer Theatergruppe des Kurfürst-Friedrich-Gymnasiums Heidelberg, „die mit der Dürrenmatt-Komödie *Romulus der Große* ein volles Haus begeisterte", was offenbar zur Gründung einer eigenen Theatergruppe zusammen mit dem Justus-Knecht-Gymnasium animierte. Kultur, karitative Aktionen zugunsten der UNICEF und des lokalen Altenheims sowie Sportereignisse bestimmten mein Jahresprogramm. Ungewöhnlich waren zu jener Zeit ein Basketballturnier gegen das andere hiesige Gymnasium und ein Tenniswettkampf mit den Heidelbergern, deren stellvertretender Schulsprecherin ich mit diesen Aktivitäten imponieren wollte.

Alle diese Veranstaltungen belebten den Schulalltag. Es handelte sich zugleich aber um Fluchtaktivitäten meinerseits, um möglichst wenig vom Unterricht mitbekommen zu müssen. Zwei mir nicht sonderlich wohlgesonnene Klassenkameraden notierten die Minuten, die sich bald zu Stunden summierten, die ich mit der Begründung, als Schulsprecher in der oder jener Angelegenheit andernorts gefordert zu sein, ausließ. Die Lehrer haben mich merkwürdigerweise gewähren lassen. Vielleicht auch deswegen, weil meine Renitenz und Dreistigkeit ihnen auf die Nerven ging und sie sicher waren, wohin mein fortwährendes Fehlen führen würde. Einige hatten mich schon länger auf der Abschussliste, so mein wohl nicht ganz aus der Luft gegriffenes Selbst- und Feindbild. Den fakten- und zahlenversessenen „Knox", der uns die alte Geschichte verabreichte, provozierte ich bis zur Weißglut, indem ich auf seine Frage nach der Jahreszahl eines bestimmten geschichtlichen Ereignisses grundsätzlich immer dasselbe antwortete: „333 Issos Keilerei". Er warf mich schließlich aus dem Klassenzimmer. Den Gipfel der Frechheit bot ich dem Mathematiklehrer, der eines Tages auf die in meinen Augen ungeheure Idee kam, das Hausarbeitsheft und die am Tag zuvor gestellte Aufgabe in ihm kontrollieren zu wollen. Ich legte ihm eine leere Seite vor und versuchte ihn erst einmal einzuschüchtern, indem ich ihm ins

Gesicht sagte, es sei eines Unterprimaners unwürdig, in dieser Weise kontrolliert zu werden. Als dies nicht verfing, zeigte ich auf das Heft meines Freundes und Banknachbarn. „Hier können Sie meine Ergebnisse nachlesen", und behauptete, wir beide hätten gestern Nachmittag die Aufgaben gemeinsam gelöst. Es sei ja wohl nicht notwendig, dass das Ergebnis gleich doppelt schriftlich festgehalten werde, wichtig sei, was ich im Kopf geleistet hätte. Der eher sanfte Mathelehrer schnappte hörbar nach Luft, um dann so rot anzulaufen, dass er kaum noch sprechen konnte. Er schleppte mich umgehend zum Schuldirektor, der gottseidank inzwischen nicht mehr der alte Rex war. Bei ihm, dem neuen, hatte ich einen Stein im Brett, wohl auch, weil er meine außerunterrichtlichen Schulaktivitäten schätzte. Er bat mich höflich in sein Direktionszimmer und versuchte mich auf ruhige, ja geradezu freundliche Weise zu überzeugen, dass mein Verhalten falsch, ja wenn ich es mir nur recht überlegte, absurd sei. Mein Widerstand schmolz unter seiner Geduld und Fairness. Zwar wiederholte ich meine Argumentation, was man im Kopf habe, sei das Entscheidende. Aber er knackte mich mit der eindringlichen Frage, die ich nicht zu beantworten brauche, ob meine Schilderung der gemeinsamen Lösung der Matheaufgabe der Wahrheit entspreche. Jetzt hatte ich mit einem Schlag wieder realen Boden unter den Füßen und schlich bedröppelt von dannen.

Der Schulleiter B. S., der mich so ernsthaft wie souverän auf den Boden der Tatsachen zurückholte, war zehn Jahre jünger als der alte Rex und, welch ein Glück, unversehrt aus dem Zweiten Weltkrieg zurückgekehrt, obwohl er dort zum letzten Aufgebot gehörte. Mit 28 Jahren kommandierte er als Kapitänleutnant zwischen dem Januar und Mai 1945 die U11 61, wie das historische Marine-Archiv auflistet. Zu seinen von ihm nie erzählten Heldentaten gehörte, dass er seine spätere Frau aus dem von den Russen schon eingeschlossenen Danzig mit seinem U-Boot herausholte. Ein Sieg der Liebe im finalen Inferno des Zweiten Weltkriegs! Weniger spektakulär, aber in meinen Augen genauso ungewöhnlich, war der über viele Gefängnisjahre andauernde Briefwechsel mit seiner früheren Schülerin Brigitte Mohnhaupt, der späteren RAF-Terroristin, die er, obwohl selbst aktives CDU-Mitglied, immer zu verstehen, für sich und andere zu erklären suchte. „Schön, dass Du wieder da bist, Brigitte", hat er dem Journalisten der Stuttgarter Zeitung auf dessen Frage geantwortet, was er wohl sagen und tun würde, wenn die gerade aus dem Gefängnis Entlassene morgen vor seiner Tür stünde. Auch solche Schuldirektoren gab es.

25 Im Schönborn

Wie der erste hatte auch B. S. die militärische Ausbildung und die Schrecken des Krieges in den Knochen. In seiner Hoch- und Wertschätzung der alten Sprachen und der Altertumswissenschaften unterschied er sich nicht von seinem Vorgänger und hatte nach seiner Pensionierung noch den Ehrgeiz zu promovieren. Was er dann auch tat. Der Weg vom U-Boot-Kommandanten zu einem der ersten Nachkriegsstudenten der Altphilologie und Geschichte in Heidelberg war für ihn die Erfüllung eines Wunschtraumes. „Dem lebendigen Geist", wie es über dem Eingangsportal der Heidelberger Universität steht, zu dienen, war sein höchstes Glück. Wie man eine Mannschaft und ein Schiff führt, hat er auch auf dem „Schönborn-Schiff" beherzigt. Dabei hatte er als Kompass eine pädagogische Richtnadel, der er genauso fest vertraute wie seinem Sextanten und seinem Unterwasserfernrohr: „Laetus director, laetiores magistri, lattissimi discipuli." Die Klimax vom glücklichen Chef, der noch glücklichere Lehrerkollegen hat und über alles beglückte Schüler haben will, zitierte er gern und oft. Und er handelte auch danach. Das erste Mal hörte ich diese seine Maxime als neues Regierungsprogramm bei seinem Amtsantritt, als er alle Lehrer und Schüler in der alten Turnhalle, dem Ort der Paradem ärsche, versammelte. Er war damals leicht irritiert über das erste Echo, einem kaum unterdrückten Lachen der Schüler, die er beglücken wollte. Als gebürtiger Mannheimer, der kein „ch" sprechen konnte, begann er seine Antrittsrede mit den Worten: „Liebe Schülerinnen und Schüler, ischheiße euch willkommen!"

So sehr ich dem ehemaligen U-Boot-Kommandanten vertraute, so sehr misstraute ich dem deutschen Landser vor Stalingrad, dem Griechisch-Pauker. Ich hielt ihn für verschlagen und er mich für überschätzt, was er meinen Deutschlehrern regelmäßig aufs Pausenbrot schmierte. Zunehmend begann ich ihn zu hassen und seinen Unterricht und sein Fach mit ihm. Dabei hätte er ja eigentlich viel mehr zu bieten gehabt als die stumpfen Lateiner mit ihren Legionen und Verschwörungen. Das merkte ich, als ein junger Referendar zwischenzeitlich die Klasse übernahm und beim *Phaidon*-Übersetzen nicht nur den falsch übersetzten Aorist korrigierte, sondern mit uns anhand des Textes über die Individualität der Seele und die Argumente für ihre Unsterblichkeit nachdachte, er von den Grundfragen der menschlichen Existenz sprach und wie verschieden sie in der abendländischen Diskussion gestellt und beantwortet wurden. Dazu, so erlebte ich erstmals, war das Griechisch-Lernen also gut!

Die beiden erhaltenen griechischen Klassenarbeitshefte aus der O II und O I spiegeln meinen zunehmenden Widerwillen und meine proportional abnehmende Arbeitsleistung. Die Noten schwanken im ersten Halbjahr der 7. Klasse zwischen „gut" und „ausreichend", im zweiten Halbjahr 1961 nehmen die „nicht mitgeschriebenen" Klassenarbeiten auffällig zu, und die erste Klassenarbeit in der Oberprima, also im Abiturjahr, ist eine Premiere: Ich liefere eine glatte satte 6, also ein „völlig ungenügend". Der zu übersetzende Text, die Verse 723 bis 746 aus Homers *Ilias*, entspricht dem erstmals eingetretenen Ereignis, es ist eine Totenklage: „Seufzend begann die weißarmige Andromache mit der Klage, das Haupt des männertötenden Hektor in den Händen haltend: ‚Mann, jung schiedest du vom Leben, mich aber lässt du als Witwe zurück im Palast'." Die Verlängerung und Intensivierung der Klage übernahm Mutti, denn es ging ja direttissima aufs Abi zu. Gerettet hat mich ein Griechisch-Nachhilfelehrer aus Karlsruhe, der freundlich kluge Doktor S., der wusste, wie man Fälle wie mich behandeln muss. Bei der ersten Begegnung zeigte er mir eine Handvoll kleiner Zettel, auf denen von ihm in kalligraphischer Kleinschrift die am häufigsten vorkommenden Wörter und Formen der altgriechischen Literatur geschrieben waren. „Wenn Sie" – man sprach einen Oberprimaner damals selbstverständlich mit Sie an – „diese ersten vier Zettelchen beherrschen, schreiben Sie eine 4, also ‚genügend'. Wenn Sie die nächsten sechs auch noch gelernt haben und anwenden können eine 3, also ‚befriedigend'." Dem jovialen Hobbyschulpsychologen habe ich auf Anhieb geglaubt. Und er und ich behoben die Griechischmisere in sechs Nachhilfedoppelstunden. In einer von allen beklagten, besonders schweren griechischen Abiturklausur schrieb ich ein „befriedigend", gleichauf mit der Primissima, der Klassenbesten in den alten Sprachen.

„Pathei mathos, durch Leiden lernen", diese Einsicht der alten Männer des Chors in der *Orestie* des Aischylos, mit dem sie dem Göttervater Zeus huldigen – ich hörte diese Existenzformel der alten Griechen erst viele Jahre später aus dem Mund des Chors der Ältesten in Steins fabelhafter Schaubühnen-Inszenierung – , „pathei mathos" bestimmte mein schulisches Leben viele Jahre. Phobos und eleos, Jammer und Schrecken, führten allerdings zu keiner Katharsis, nicht zur Reinigung oder Abfuhr der bedrückenden Lebensgefühle. Sie leben verschlüsselt in meinen Albträumen bis heute fort. Und bis heute fehlt mir die klare Selbsterkenntnis, suche ich die genauen Gründe meines Versagens und der damaligen Leiden. Allein die Statistik spricht eine deutliche Sprache. Schaue ich auf

25 Im Schönborn

das Klassenfoto der Quarta b, aufgenommen in der Parademarsch-Turnhalle, sitzen und stehen vor der Sprossenwand gestaffelt in Reih und Glied 27 Schüler, fünf Mädchen und 22 Knaben. Nur drei männliche Mitglieder der Klasse haben das Abitur dieses Jahrgangs erreicht. Von der Quarta a, die ebenfalls eine Klassengröße von ca. 30 Schülerinnen hatte, sind es ebenfalls drei, die, ohne eine Klassenstufe zu wiederholen, im Finale angekommen sind, ein Mädchen und zwei Knaben. Das heißt, nur 10 Prozent derjenigen, die 1955 gleichzeitig ins Schönborn-Gymnasium eingetreten waren, habe es nach neun Jahren mit dem Abitur wieder verlassen.

Was mir das humanistische Gymnasium alles vorenthalten hat und was ich ihm dennoch verdanke, liefert das abschließende Beispiel lebendiger Antike. Eine Mitschülerin, drei oder vier Klassen über mir, hieß Uschi Ledersteger. Sie war die Tochter eines Münchner Filmarchitekten und der Filmschauspielerin Irmgard Alberti, die 1948 in Bruchsal einen Mediziner geheiratet hatte. Sie und ihre Tochter wohnten in der Mozartstraße, in Sichtweite des imposanten Bruchsaler Zuchthauses. Letztere mischte Ende der prüden Fünfzigerjahre die sie umgebende Männerwelt mit ihrem Sexappeal auf. Die Gerüchte sprachen von verzweifelten Gefängnisinsassen, die an ihren Gitterstäben rüttelten, von unbekannten Lovern, die sie an verschiedenen Gestaden umliegender Baggerseen mit ihren Reizen versorgte. Ihr Schmollmund konnte sich leicht mit dem der Bardot messen, ihr Busen konkurrierte locker mit dem der Monroe. Nahezu alle männlichen Mitglieder des Schönborn, von der Mittelstufe bis zum Musik- und Zeichenlehrer waren hingerissen von ihrer Erscheinung, die zwischen strahlender Schönheit und wilder Verworfenheit pendelte. Sie verkörperte in meiner Schulzeit also alles, was die Antike an weiblicher Vielfalt und Fülle zu bieten hat und das humanistische Gymnasium seinem Lehrprogramm und seinen Schülern vorenthielt. Sie war Helena, das Luder, das Männerheere in den Tod führte, war Circe, die verschlagene Zauberin, die die männlichen Ankömmlinge gerne in Schweine verwandelte, war die Nymphe Calypso, die Verbannte auf der einsamen Insel, die Odysseus mit ihren Liebeskünsten sieben Jahre an ihr Lager fesselt, obwohl er immer wieder beteuert, er müsse nach Hause zu Ehefrau und Sohn.

Mit diesem mythischen Wesen, dieser Inkarnation antiker Erotik, hatte ich meine erste persönliche Begegnung als Klassensprecher der Obertertia. Als deren Vertreter saß ich mit ihr zusammen im SMV-Schülerrat. Und ich staunte. In der proteischen Wunderfrau steckte auch die kluge Athene, die dem Hirn des Zeus Entstiegene. Sie machte praktikable Vorschläge, wie man das Wettbewerbsprogramm des schulischen Schwimmfestes attraktiver machen könnte, wie das Engagement der Schüler für die Rotkreuz-Sammlungen zu steigern wäre und welcher wichtige Kriminalroman in der freien Schülerbibliothek fehlte. Und sie tat und sprach das mit lässiger Gebärde und in einem Tonfall, der erkennen ließ, dass ihre Beteiligung am Schulgeschehen nur noch von kurzer Dauer sein könne. „Die Lederstegern", wie sie von konkurrierenden Mitschülerinnen und besorgten Müttern tituliert wurde, verwandelte sich dann auch kurz darauf mit ihrem Schulabgang in Barbara Valentin und begann eine Sexfilm-Karriere, bevor sie schließlich ein Star wurde. Schon bald war sie entrückt und doch verlockend nah auf den damals noch gemalten riesigen Leinwänden über den Bruchsaler Kinoportalen wiederzusehen. Der Busen war hier noch üppiger geworden und die Lippen lächelten noch verworfener. Der erste Film, in dem sie mitspielte, war ein Horrorfilm und hieß *Die Nackte und der Satan*. Er handelte von einem wahnsinnigen Arzt, der Kopftransplantationen vornahm, zuerst an Hunden, danach an Menschen. Die Valentin, wie sie jetzt in ihrem Heimatort genannt wurde, spielte eine Mini-Nebenrolle, sie war „Tanzpartnerin in der Tam-Tam Bar". Ich habe den 1959 gedrehten Film erst Jahre später im Fernsehen gesehen, wo er unter dem irreführenden Titel *Des Satans nackte Sklavin* lief. Es tauchte in ihm allerdings weder eine Nackte noch ein Satan und auch keine Sklavin auf. Das war beim zweiten Film, *Ein Toter hing im Netz*, 1960 schon anders. Nun wagte ich mich, obwohl der Film erst ab 18 freigegeben und ich gerade 16 geworden war, bei novemberlicher Düsternis in die 18 Uhr-Vorstellung des Schlosstheaters am Friedrichsplatz, in der Hoffnung nicht auf den Besitzer des Kinos zu treffen, der mit Papa regelmäßig Tennisdoppel spielte. Da er an diesem Tag aber persönlich die Kinokarten abriss, konnte ich ihm nicht entgehen. Er sah wohl mein erschrockenes Gesicht und sagte gönnerhaft und anspielungsreich: „Wollen wir mal ein Auge zudrücken."

Auch der zweite Valentin-Film hielt nicht, was er auf der Plakatwand versprach, wenngleich er verheißungsvoll begann. Die dralle Blondine Babs alias Uschi Ledersteger, jetzt Barbara Valentin, wurde wegen ihrer körperlichen Ausstattung vom Showmanager Gary Webster umgehend für seine Girl-Truppe engagiert, die er per Flugzeug nach Singapur verfrachtete, wo sie allerdings nicht ankam, weil der Flieger ins Meer stürzte und sich die sieben Girls aus Drehbuchgründen im Schlauchboot auf eine Tropeninsel retten mussten, wo eine Riesenspinne Ankömmlinge ebenso erfolgreich in ihr Netz lockte und verspeiste wie in der Parallelhandlung Babs die verbliebenen Männer. Der vom Trash-Spezialisten W. C. Hartwig produzierte Film brachte die Heimatgemeinde des Busenwunders in Wallung. Die Bruchsaler waren fassungslos und ebenso angewidert wie die katholische Filmkritik, die Barbara Valentins zweitem filmischen Werk bescheinigte: „Horror und Sex, ein nicht mehr zu unterbietendes Schundprodukt." Ab da konnten die Kleinstädter alle ihre verdrängten Bedürfnisse im wahrhaft wilden Leben der angehenden Diva baden und zugleich verabscheuen. Und sie gaben so mit einiger Verspätung Uschi Lederstegers Griechischlehrer recht, der, wenn er ihr Klassenzimmer betreten hatte, sie regelmäßig aufforderte, „aischynomai" zu konjugieren: „Ich schäme mich."

Erst Rainer Werner Fassbinder erkannte ihr wirkliches Potenzial. Er machte sie zur Charakterdarstellerin in *Effi Briest*, *Martha*, *Lili Marleen* und in der Zukunftsvision *Welt am Draht*. Ihr letzter Spielfilm ist das deutsche Roadmovie *Go Trabi go*, in dem sie die Frau Gamshuber gab. Zweifellos eine imponierende künstlerische Wegstrecke, die Uschi Ledersteger als Barbara Valentin hingelegt hat. An ihr ist abzulesen, dass das am humanistischen Gymnasium gelegte Potential ihr wahrer Antrieb war. B.V. war eine Bacchantin im Dienste und Gefolge des Dionysos. Sie tanzte barfuß Rock 'n' Roll mit dem kleinen Jordanierkönig Hussein in Schwabing, entflammte im Beiruter Nachtclub „El Marocco" den Römerprinzen Orsini und brachte müde Stars wie Curd Jürgens und David Niven zum Glühen. Helmut Dietl zählte zu ihren Ehemännern, Freddy Mercury von der Rockband „Queen" war ihr letzter Lebensgefährte. Sie alle umtanzten sie als bocksfüßige Satyrn mit umgeschnalltem Phallus, eine Wiedergeburt des erhabenen antiken Chors, von dem Nietzsche nur träumen konnte. Das Schönborn-Gymnasium sollte ihr im Lichthof der Schule ein Denkmal setzen als wahrhafte Verkörperung des antiken Geistes, der dort so gerne versteckt wurde.

26 VfB gegen VfB. Der KSC und andere Fussballlegenden

„Der Theodor, der Theodor, der steht bei uns im Fußballtor. Wie der Ball auch kommt, wie der Schuss auch fällt, der Theodor, der hält." Theo Lingen hat dieses Liedchen näselnd und schnarrend zu unserer aller wiederholtem Vergnügen geträllert, leicht angejazzt, wie Anfang der Fünfzigerjahre üblich. Der Mythos vom nicht zu überwindenden Fußballtorhüter, der sich den anrennenden gegnerischen Stürmern, den Torjägern, Sturmtanks, Schussgewaltigen und Kopfballungeheuern entgegenwirft, sie zumindest im Liedtext mit der abgebrochenen Querlatte des Tores zurückschlägt, der hält und hält und hält, „wie der Schuss auch fällt", selbst im damals entmilitarisierten Deutschland, war für die sieben- und zehnjährigen Fußballbegeisterten keine satirische Übertreibung. Wir beide benötigten als Idol nicht Toni Turek, den im WM-Endspiel von Bern lauthals proklamierten „Fußballgott". Wir hatten vor ihm schon zwei Torwartgötter, denen wir mit Andacht und mit lautstarker Zustimmung dienten: im Tor des VfB Bruchsal Klaus Odenwald, im Tor des VfB Mühlburg Rudi Fischer. Klaus Odenwald hatte alle Kennzeichen und Insignien eines Helden, der den Kasten sauber hält: Er war groß gewachsen, unter der genoppten Schirmmütze, die er bei jedem Spiel trug, lugte sein gelocktes blondes Haar hervor. Er trug den damals unvermeidlichen dicken Torwartpullover, die noch dicker wattierte kreuz und quer gesteppte schwarze Torwarthose, die fast bis zu den Knien reichte und fließend in die hellen längsgerippten Knieschützer überging, bevor die Stutzen und Lederstollenschuhe, übrigens damals schon meist mit drei Streifen versehen, unser Idealbild eines Tormanns vollendete. Wenn er mit der Heimmannschaft im blauen Trikot und den Schnürverschlüssen auf der Brust auf den Rasen lief, der an vielen Stellen eher ein holpriger Acker war, und sich zur geschlossenen Linie der Mannschaftsaufstellung formierte, musste dem Gegner eigentlich, so glaubten wir, schon klar sein, dass dieser Torhüter und seine Mannschaft unüberwindlich waren. Sie sollten doch einfach nur hinsehen, mit welcher Selbstverständlichkeit und Grandezza er kurz vor dem Anpfiff die Mitte des Torraums markierte, indem er nämlich mit seinem linken Absatzstollen eine Spur in die Erde kratzte, denn Rasen oder Gras wuchs hier schon lange nicht mehr. Mit zwei, drei lässigen Sprüngen und noch lässigeren Bewegungen des rechten oder linken Arms prüfte er, ob in seinem Rücken das Tor und die Querlatte noch vorhanden sind. All das strahlte eine unglaubliche Sicherheit und Überlegenheit aus. Die gegnerischen Stürmer hätten gleich einpacken und nach Hause fahren können. Ebenso souverän pflückte er ihnen die Bälle, die in den Strafraum kamen, vom Kopf, hechtete in die linke oder rechte Torecke, legte mit größter Ruhe den Ball zum Abschlag zurecht oder schlug ihn schnell und direkt vor den gegnerischen Strafraum, nicht selten als tödliche Steilvorlage für den eigenen Sturmkollegen. Dabei machte er immer den Eindruck, als würde er das alles nebenbei erledigen und hätte eigentlich heute vorgehabt, an einem der Torpfosten gelehnt, einen netten Sonntagnachmittag in der Sonne zu verbringen. Nur ganz selten brüllte er einen seiner Verteidiger vor ihm an, wenn der „bei der Abwehrarbeit" gar zu großen Mist gebaut hatte, was dann auch seine Wirkung tat.

Rudi Fischer agierte drei oder vier Klassen höher in der Fußballhierarchie und um einiges bescheidener im Auftreten. Er hütete das Tor des VfB Mühlburg, der Anfang der Fünfzigerjahre bald zur Spitze des deutschen Fußballs zählte. Auch er trug eine Schieberkappe auf dem schon leicht schütteren blonden Haar. Er war nicht so groß gewachsen wie Odenwald, aber auch mit einer an den Seiten wattegepolsterten schwarzen Hose bekleidet. Statt der Knieschützer hatte er meist schwarze Handschuhe an, mit denen er den gelben Lederball traumhaft sicher griff und eingefangen vor sich hielt, als wollte er ihn zum Leuchten bringen. Er spielte ohne jeden Schnörkel, verzichtete auf Paraden für die Tribüne, hielt, was nur zu halten möglich war, und hatte auf der Linie die sensationellen Reflexe, die jeden Stürmer zur Verzweiflung bringen. Bruder Klaus und ich konnten dies zumindest eine Halbzeit lang sehr genau verfolgen und beurteilen, weil Kinder und Jugendliche direkt hinter dem Tor auf dem Rasen sitzen durften. Zu Recht, und von uns beiden längst gefordert, hat ihn Sepp Herberger zweimal in den Nationalmannschaftskader berufen, wo er, sehr zu unserem Missvergnügen, aber dem Fußballgott Toni Turek und später Fritz Herkenrath den Vortritt lassen musste. Klaus Odenwald und Rudi Fischer sind wohl nur ein einziges

Mal in einem Spiel aufeinandergetroffen, dessen Augenzeuge wir zu unserem Glück nicht werden mussten, denn welches unserer Idole hätten wir dann bibbernd oder lautstark unterstützen sollen?

1951 wurde der VfB Bruchsal Meister der A-Klasse. Im Mittleren Schlossgarten sollte ein neuer Platz entstehen, auf den die Mitglieder des Vereins über Monate 4.000 Kubikmeter Trümmerschutt der Schlossruine karrten, bevor sie 1.500 Kubikmeter Mutterboden darüber verteilten und planierten. Zur Eröffnung des neuen bescheidenen Stadions mit einer kleinen, nicht überdachten Holztribüne kam der große VfB aus Karlsruhe-Mühlburg. Das Einweihungsspiel verloren die Einheimischen vor mehr als 3000 Zuschauern mit 1:6. Sechsmal also musste der Mann mit der genoppten Mütze damals hinter sich greifen und den Ball aus dem Netz holen. Welche Demütigung für unseren Helden allein schon in der nachträglichen Vorstellung! Das hinderte den Neuling in der zweiten Amateurliga aber nicht, ab dem 9. Spieltag der nächsten Saison die Tabellenführung zu übernehmen und bis zum Ende nicht mehr abzugeben. Die Aufstiegsrunde war ein Krimi, der die halbe Stadt erfasste, also auch uns. Sensationelle Siege in Kirchheim, gegen Buchen und Knielingen brachten den VfB vor dem letzten Spieltag auf den zweiten von drei Aufstiegsplätzen. „Im letzten Spiel in Käfertal genügte ein Unentschieden zum Aufstieg. In einem Sonderzug reisten 700 Bruchsaler Fans siegessicher, da man das Vorspiel in Bruchsal mit 5 zu 1 gewonnen hatte, nach Mannheim Käfertal. In einer Hitzeschlacht verlor der VfB mit 1 zu 2, nachdem der Bruchsaler Köhler vom Platz gestellt wurde." So hatte das Fußballdrama, an dem wir nur bei den Heimspielen mitwirken durften, seine Fortsetzung. Das Entscheidungsspiel fand auf neutralem Boden in Hockenheim statt. Wieder fuhren ein Sonderzug und tausend Bruchsaler Schlachtenbummler dorthin. Wer nicht dort ankam, war der Torhüter Klaus Odenwald. An seiner Stelle musste der Verteidiger Bull ins Tor und hielt seine Mannschaft gut im Spiel. 2:2 stand es am Ende der 90 Minuten. In der Verlängerung verletzte sich der mutige Ersatztormann und in Unterzahl verloren die Bruchsaler fünf Minuten vor Ende der Partie 2:3. Ein Beben ging durch die kleine Stadt und die Frage, warum der Torhüter Klaus Odenwald im alles entscheidenden Augenblick nicht das Bruchsaler Tor hütete. War es die Angst des Tormanns vor der Entscheidung, hatte er Hosensausen vor einer Niederlage, war er etwa in den Armen einer Frau hängen geblieben, gar vom Gegner gekauft worden? Die Gerüchteküche brodelte und schäumte. Übrig geblieben sind zwei Versionen: Odenwald habe einen Tag vor dem Spiel von den Vereinsoberen Geld und einen Mantel gefordert, was er danach heftig bestritten habe. Die andere, er hatte schon einen Vertrag beim Oberligisten SV Waldhof Mannheim unterschrieben, was seine Mitwirkung beim letzten Entscheidungsspiel unmöglich machte. So weiß man bis heute nicht, was unseren strahlenden Helden davon abhielt, in den ewigen lokalen Fußballhimmel einzugehen.

Der öffnete sich dafür in Karlsruhe. Der VfB Mühlburg war eine Mannschaft mit stetiger Aufwärtstendenz. 1949/50 auf dem siebten Platz der Schlusstabelle der Oberliga Süd, 50/51 auf Platz 3, 52/53 schon unter dem Signet KSC Mühlburg-Phönix Vierter. 53/54 und 54/55 als Karlsruher SC Fünfter und 1955/56 süddeutscher Meister und nach den Meisterschaftsgruppenspielen im Endspiel um die Deutsche Meisterschaft gegen Borussia Dortmund im Berliner Olympiastadion, das 2:4 verloren ging. Welch ein Glück, in einer solchen Aufstiegsphase des Vereins zum Fan heranzuwachsen! Ein Glück, das rückblickend noch größer wird, war der KSC, abgesehen von der Winfried Schäfer-Zeit in den Neunzigern, doch eine der Fahrstuhlmannschaften der 1963 neu gegründeten Bundesliga.

Mein erstes Spiel, das ich vor Ort miterlebte, war das baden-württembergische Derby gegen den VfB Stuttgart, ich nehme an in der Saison 50/51, in der die beiden Erzrivalen in der Abschlusstabelle schließlich durch einen Punkt getrennt auf Platz 3 und 4 landeten, Mühlburg mit 94 Saisontreffern, einen Punkt beziehungsweise drei Punkte hinter den beiden anderen Rivalen der Liga, dem 1. FC Nürnberg und der Spielvereinigung Fürth. Dieses Spiel war eine Initiation. Noch nie hatte ich so viele Menschen an einem Ort gesehen, noch nie so viele erwartungsvolle, gespannte, erregte Zuschauer um mich herum erlebt. Tante Inge, die Patentante mit den immer überraschenden Geschenkideen, hatte mir das Spiel zum Geburtstag geschenkt, und so saß ich zwischen ihr und Onkel Eduard auf einer extra für dieses Derby aufgebauten Stahlrohrtribüne, die das Mühlburger Stadion, das ausverkauft war, auf 25.000 Zuschauer erweiterte. Bei Angriffen der Heimmannschaft bebte die Tribüne im wörtlichen Sinn, denn die Zuschauer sprangen auf oder bewegten sich und die Sitzplätze, auf denen wir Platz genommen hatten, mit ihnen. Als ein Tor fiel, es fiel nur ein einziges für den VfB Mühlburg, das Spiel endete in meiner Erinnerung Unentschieden 1:1, wankte der Boden unter mir. Das erschien mir noch gewaltiger als der Torschrei, der aus 20.000 VfB Mühlburg-Anhängerkehlen kam. Aber es gab auch stillere, ja geradezu kontemplative Spielphasen. Wenn Robert Schlienz, der Einarmige, seinen VfB mit klugem Passspiel nach vorne trieb, ging ein anerkennendes Raunen durch die Menge. Schlienz war zu Lebzeiten schon ein Mythos. In der Süddeutschen Oberliga, der damals höchsten Spielklasse, hatte er in der Saison 45/46 in 30 Spielen 46 Tore erzielt. Mit der Mittelstürmerposition war es allerdings vorbei, als er seinen linken Unterarm zwei Jahre später bei einem Autounfall verlor. Fälschlicherweise machte ihn Onkel Eduard in seiner Vorankündigung, als wir zum Stadion marschierten, zum Kriegsversehrten. Er hatte wohl Schlienz' schwere Kopfverwundung an der Ostfront in Erinnerung behalten. Und Kriegsversehrte, die auf Krücken mit fehlenden Gliedern und hoch gebundenen Jackettärmeln oder Hosenbeinen durch die Gegend humpelten, gab es damals überall. Sie saßen im Mühlburger Stadion auf Holzbänken in der ersten Reihe direkt am Spielfeldrand. Robert Schlienz war trotz seines Unterarmverlustes ein eleganter, technisch versierter Spieler. Er trug den roten Brustring des Stuttgarter VfB, so schien es mir, wie ein königliches Diadem. Denn er war der Herrscher im Mittelfeld. Und ich meine mich zu erinnern, dass seine Aktionen vom VfB-Anhang beider Vereine beklatscht wurden.

Ab hier und diesem Spiel war ich fußballinfiziert. Und Vater Ernst verweigerte sich seinen beiden kleinen Söhnen nur ganz selten, wenn sie schon ab Donnerstag zu betteln begannen: „Papa, fahren wir am Sonntag zum Heimspiel des VfB Mühlburg?" Bei jeder Anfahrt stieg im braunen VW Käfer der Erregungspegel. Ob Ossi Traub nach seiner Knieverletzung wohl spielen könne, wie viele Zuschauer heute wohl kämen, 15 oder 20.000, dass Viktoria Aschaffenburg ein leichter Gegner sei und mindestens drei Tore kassiere. „Vier", rief Klaus, „Kunkel schießt mindestens zwei!" Und dann geschah jedes Mal schon vor Anpfiff ein Fußballwunder: Wenn wir in die Honsellstraße einbogen, wo die Zuschauer bereits strömten, erschien mit einem Mal die Stadiontribüne vor unseren Augen, die hoch zwischen den Häusern in den Himmel ragte. Deren beste Fensterplätze, von denen man ins Stadion hineinschauen konnte, waren schon besetzt, ebenso wie einige Bäume hinter den Stehplatzkurven, auf denen man vogel- und eintrittsfrei zuschauen konnte. Vater, der geborene Karlsruher, wusste immer eine Seitenstraße, wo man das Auto abstellen konnte. Große Parkplätze waren damals noch nicht üblich und nötig. Kaum waren wir durch die

Stadionpforte, rannten wir schon hinters Tor auf unseren angestammten Platz. Ossi Traub lief gottseidank mit der Mannschaft aufs Feld und schon bald rechts außen die Linie entlang direkt auf uns zu. Er war ein Flügelflitzer, Dribbelkünstler und zudem schussstark, trotz der Kniemanschette, die er nach seiner Verletzung trug, ging er auch heute bei seinen Sprints ans Limit. Sein Kopf bewegte sich dabei unablässig ruckartig nach vorn, man sah, wie er die Schlagzahl seines Tempos erhöhte, bis der gegnerische Verteidiger hinter ihm lag. Und dann zog er entschlossen ab. Als gleich sein erster Schuss im Netz vor uns zappelte, waren wir und alle Hintertor-Leute und zudem der Rest des Stadions aus dem Häuschen. Ganze sieben Minuten brauchte Ossi für das erste Tor. Er ist bis heute für mich das Gesicht des VfB Mühlburg und des frühen KSC geblieben, dieser drahtige, nicht gerade große Mann mit dem kantigen Gesicht und den steil nach hinten frisierten Haaren. Ich habe später Charly Dörfel, Libuda, Garrincha, Gento und andere Legenden als Rechts- oder Linksaußen gesehen und bewundert. Aber keiner konnte ihm in meinen Augen das Wasser reichen. Er lebte Fußball mit jeder Bewegung, in jeder Miene seines kämpferischen Gesichts. Leidenschaft und Können verschmolzen bei ihm zu einer dynamischen Einheit.

Die Droge Fußball war ab jetzt auch fortwährend im kleinen Bubenalltag wirksam. Die Radiosendung „Sport am Sonntagabend" des Süddeutschen Rundfunks, die alle Fußballergebnisse und Tabellenveränderungen des Wochenendes zusammenfasste, startete mit einer besonders flotten Eingangs- und Erkennungsmelodie, die Bruder Klaus und mich immer sofort in einen exzessiven Torwarttaumel versetzte. Wir warfen uns, musikalisch angeheizt, nach imaginären Bällen und Schüssen, die in der Bauernstube oder im Herrenzimmer rechts und links neben uns einschlugen, was bald mit realer Verletzungsgefahr verbunden war. Klaus knallte bei einem Rettungsversuch vor einem anstürmenden Gegner in der Diele gegen die scharfe Kante des Kachelofenbefeuerungsportals und musste mit einer klaffenden Wunde am Hinterkopf vom Feld. Das führte zu Muttis Platzverweis für die ganze Mannschaft. Derlei Torwartübungen waren ab jetzt untersagt. Die Folge hatte sie wohl nicht recht bedacht. Aus der imaginierten Fußballschlacht wurde eine reale, bei der es um einiges härter zuging als auf dem häuslichen Teppichrasen.

In der Nähe der Wörthstraße gab es ein freigeräumtes, einigermaßen eingeebnetes leeres Trümmergrundstück, vielleicht 20 x 10 Meter, das

„Plätzle" genannt. Hier wurde in jeder freien Minute gekickt, dass es nur so staubte. Größere Steine hatten wir handverlesen entfernt, nur vier ganz große dienten als Markierung der Tore. An diesem Spielort fand sich jeden Nachmittag eine Anzahl von zehn bis zwanzig mehr oder weniger talentierten Nachwuchskickern ein, die sich immer wieder zu neuen Mannschaften gruppierten und dabei unausgesprochen auch das fußballerische Talent und die Spielstärke jedes einzelnen verhandelten, denn die jeweiligen Mannschaften wurden von den jeweils zwei anerkannt stärksten Spielern gewählt, die immer im Wechsel die von ihnen erkorenen Mannschaftspartner zu sich riefen. Bei dieser Aus- bzw. Abwahl landete ich immer im unteren Drittel oder gar Viertel, im Gegensatz zu meinem dribbelstarken Bruder. Oft bekam ich auch die Arschkarte und musste, wenn keiner durch besondere Fähigkeiten dafür vorbestimmt war oder sich dazu berufen fühlte, ins Tor. Paraden wie die von Odenwald oder Fischer oder jene auf dem heimischen Teppich waren auf dem harten steinigen Untergrund ausgeschlossen bzw. knieaufschürfend. Zudem hasste ich als zwangsverpflichteter Torhüter die langen Diskussionen und Streitereien, ob ein in die obere Torhälfte geschossener Ball nun „drin" war im fiktiven Tor oder „nur Latte". Gespielt wurde nach der Regel „drei Ecken = ein Elfmeter", was die Torquote und den Torhüterfrust erheblich erhöhte. Meine fußballerische Ausbildung in diesem widrigen Gelände blieb also höchst unvollständig und wurde von Mutti auch nicht gefördert. Sie schlug Tennis und Tischtennis als anzustrebende und auszuübende Sportarten vor. In der Anfangszeit des humanistischen Gymnasiums brachte ich es ein einziges Mal auf die Ersatzbank unserer Schulmannschaft der Unterstufe. Die Mannschaft, die wirklich spielen durfte, war allerdings mit Abstand die schwächste im Wettbewerb aller Schulen und verlor ganz regelmäßig. Und nicht einmal hier schaffte ich die Einwechslung, obwohl ich mir vorher richtige Fußballschuhe mit Stollen bei einem Schulkameraden ausgeliehen hatte. Als mein Klassenkamerad Herbert Glaser ein oder zwei Jahre später als badischer Auswahlspieler im Aufgebot der B-Jugend im Tor stand, das gegen die württembergische Auswahl das Vorspiel im Wildparkstadion bestritt, welches zu dieser Vorspielzeit schon mit einigen tausend Zuschauern gefüllt war, stand ich stolz und sehr melancholisch in der Westkurve hinter ihm, allerdings jetzt 30 Meter durch Aschenbahn, Zaun und die damals aufkommenden Reklametafeln getrennt. Er hatte es geschafft und obendrein noch auf den Rasen, der mir der heiligste war.

Denn längst war der in den KSC transformierte VfB Mühlburg im Wildparkstadion eingezogen. Und wieder waren Klaus und ich von Anfang an dabei, sogar auf der Haupttribüne, als das erste sportliche Großereignis dort über die Bühne ging. Es spielte, nämlich am 7. August 1955, zur Einweihung der deutsche Pokalsieger KSC gegen den deutschen Meister Rot-Weiß Essen, auf dessen rechtem Flügel der Held der Helden von Bern stürmte, Helmut Rahn. Und das vor 35.000 Zuschauern! Den feudalen Tribünenplatz hatte Vater Ernst von einem seiner Fabrikanten geschenkt bekommen und großzügig an seine Söhne weitergereicht. Aber Bruder Klaus und ich ließen uns von dem spektakulären Geschehen nur halb blenden. Gerne hätten wir unseren Ehrenplatz mit jenem hinter dem Tor des VfB Mühlburg getauscht, denn unsere Helden waren jetzt weit entrückt, auch der neue Star der Mannschaft, Berni Termath, der wegen einer Tankstelle, die er später in Karlsruhe betreiben durfte, vom deutschen Meister zum deutschen Pokalsieger gewechselt war.

Die große Zeit des KSC hatte jetzt an diesem Ort ihren angemessenen Platz und Rahmen. Aber schon der zweite Besuch im neuen Stadion endete fast in einer Katastrophe. Vater Ernst hatte Mutter Ruth, die immer etwas grummelte, wenn der Sonntagnachmittag ausschließlich dem KSC gehörte, mühsam überredet, doch mitzukommen ins neue wunderbare Wildparkstadion an diesem besonders schönen Tag. Gegner war der BC Augsburg. Vater hatte vier Stehplätze im Block nordöstlich auf der Sonnenseite gekauft. Die ganze Familie stieg erwartungsvoll die vielen Treppen des Stadionwalls empor. Ehe wir uns aber oben versahen, wurden wir in einen rechts und links mit einem Geländer versehenen Blockzugang geschoben, der zu den unteren Stehplatzreihen führen sollte. Nein, wir wurden nicht geschoben, sondern gedrückt und gepresst! Der untere Teil der oben und unten gleich schmalen Absperrung war blockiert von Besuchern, die noch keinen Platz gefunden hatten. Von hinten aber drängten andere Zuschauer nach. Es entstand im Nu eine Panik, die höchst bedrohlich war. Klaus und ich verloren zu unserem Glück den Boden unter den Füßen. Mutter und Vater hatten uns reaktionsschnell an sich und nach oben gezogen. Aber auch sie hingen in einer Menschentraube, die außer Kontrolle geraten war. Vater versuchte durch Zuruf und dann durch lautes Schreien die Nachdrängenden zur Vernunft zu bringen. Vergeblich. Der Druck von oben nahm noch zu und die panischen Reaktionen ebenfalls. „Ernst, Ernst!", brüllte Mutti verzweifelt. Erst nach unendlich lang erscheinenden Minuten gab die Menschenballung plötzlich nach unten nach. Mutti und Klaus stolperten nach vorne und konnten sich nur knapp vor einem Sturz retten. Wie das Spiel verlief und ausgegangen ist, war mit einem Schlag völlig nebensächlich. Sobald der Zugang als Ausgang wieder begehbar wurde, war der Ausflug für die ganze Familie beendet. Muttis Angst, wenn wir ins Stadion gingen, dauerte danach noch viele Jahre an, auch als längst bekannt war, dass diese Zugangsfalle entschärft bzw. abgebaut war.

Erst viele Jahre später, als wir beide schon „groß", also 14 und 16 Jahre alt waren, war sie bereit, uns zumindest im Auto zum Stadion zu bringen, allerdings nur ein einziges Mal zu einem ganz besonderen Flutlichtspiel. Am 26. Juni 1961 gab es ein sogenanntes Freundschaftsspiel zwischen dem KSC und dem FC Santos mit Pelé, Garrincha, Pepe, Gilmar und anderen brasilianischen Ballkünstlern. Es war das größte Fußballfest, das ich je erlebt habe, und endete 8:6 für die Gäste. Sie waren nur gekommen, um ihre phänomenale Behandlung des Balles vorzuführen. Ja, es war pure Fußballzauberkunst, die die Brasilianer, die 1958 Fußballweltmeister geworden waren, auf dem Rasen des Wildparkstadions zeigten. Wie wenn eine magnetische Kraft den Ball am Fuß und Schuh hielte, wenn sie mit dem Ball liefen oder wenn er dort angekommen war. Aber gleichzeitig schien es, dass es auch eine geheime Wirkkraft gäbe, die den Ball beim Abspiel und Pass absolut zielgenau auf den Fuß des Mitspielers beförderte. „Traumhaft sicher" kombinierten die Brasilianer, die in ihrer Gewandtheit und Beweglichkeit Raubkatzen glichen, die freundlicherweise mit dem blauen KSC-Mäuschen ein bisschen tanzen gingen. Denn die meist dunkelhäutigen Edelkatzen wollten an diesem Abend tatsächlich nur spielen, sonst hätten sie ihrem Gegner nicht sechs Gegentore geschenkt.

Pele, Gilmar und Garrincha im Wildparkstadion! Ein Sommertraum, was sonst? Aber ein ganz realer, der die vorigen, die sich hier schon erfüllt hatten, noch überstrahlte. Den von Fritz und Ottmar Walter, Liebrich und Eckel, den späteren Helden von Bern, die hier vor und nach dem Weltmeisterschaftsgewinn zu den Gruppenspielen der Deutschen Meisterschaft im Team des 1. FC Kaiserslautern aufliefen, meist als Gewinner der Oberliga Südwest gegen den KSC als erster oder zweiter der Oberliga Süd. Oder Uwe Seeler, der unvergleichliche Kämpfer und Schussgewaltige, der im deutschen Pokalendspiel am 5. August 1956 seinen HSV in der 15. Minute in Führung schoss, bevor Berni

Termath vor der Pause ausglich und in der 67. Minute den KSC in Führung brachte. Kurz vor Spielende, als Klaus Stürmer vom HSV nur noch als Statist übers Feld humpelte und nicht ausgetauscht werden konnte, krachte Seelers Schuss an den Pfosten und fast im Gegenzug markierte der Luxemburger Kohn das alles entscheidende 3:1 für den KSC. Klaus und ich fielen uns an diesem strahlenden Sommertag in die Arme. Unser Verein hatte seinen Pokalsieg vom Vorjahr gegen Schalke 04 wiederholt, den Titel verteidigt. Walter Baureis, der Verteidiger und Spielführer, hielt den DFB-Pokal als erster erneut in den Händen und in die Wildparksonne. Fußballschrecken, Fußballglück! Schon damals ahnte ich, dass Fußball eine abgekürzte, spielerische Version menschlicher Schicksalserfahrung ist und dass sich ein vergleichbar erschütterndes Ereignis an diesem Ort nicht so schnell wiederholen würde.

Wer das mythische Fußballgeschehen beschwört, an dem er teilhatte, kann nicht auslassen, was am 4. Juli im Berner Wankdorfstadion vor 60.000 Zuschauern geschah und wie er dieses historische Ereignis erlebt hat. Dieses Endspiel aller Endspiele, das angeblich den kriegsgeschädigten Deutschen ihr Selbstbewusstsein zurückgab, hatte eine katastrophale Vorgeschichte. Ich erlebte sie an einem glühend heißen Sommertag bei einem Betriebsausflug von „K&K" in einer Kaiserpfalz der Staufer, in Bad Wimpfen. Als im St. Jakob-Stadion in Basel, in das zehntausende deutsche „Schlachtenbummler" aufgebrochen waren, um 16.50 Uhr der Anpfiff erfolgte, lagen die Temperaturen hier wie dort bei 35 Grad Celsius. Ich sehe die fußballbegeisterten Angestellten unseres Geschäftes, es waren nahezu alle, und mich schon bei Spielbeginn erschöpft an einem kleinen Kiosk vor der mittelalterlichen Stadtmauer sitzen und der Radioübertragung lauschen, die aus einem Kofferradio kam. Ich nuckelte nervös an einem Strohhalm und hatte die „Sinalco"-Flasche noch nicht ausgetrunken, da stand es schon 3:0 für Ungarn. „Die goldene Elf", die sechs Jahre Unbesiegten, die England erstmals zu Hause im Wembley-Stadion geschlagen hatten, und das mit 6 zu 3 Toren, die Mannschaft, von der Stanley Matthews, der legendäre Außenstürmer der Briten, sagte, „sie waren die besten aller Zeiten", die Turnierfavoriten der WM in der Schweiz, sie zerlegten die deutsche Elf nach allen Regeln der Fußballkunst. „In tropischer Hitze verbrannte Kwiatkowski", schrieb die Fußballpresse danach und meinte damit den deutschen Torhüter, der anstelle Toni Tureks im Tor stand. Denn das war die an diesem Tag von allen vor dem Kiosk geschmähte Infamie von Seppl Herberger, dem deutschen Trainer der goldenen Fußball-Sentenzen („Der Ball ist rund", „Das nächste Spiel ist immer das schwerste"), dass er nur eine Ersatzelf aufbot, die Niederlage also einkalkulierte, in der Einschätzung, beim Entscheidungsspiel um den zweiten Platz, der zum Weiterkommen reichte, die Türken ein zweites Mal zu schlagen, was mit einem 7:2 dann auch gelang. In Basel und in der Stauferburg aber war er der elende Schänder der deutschen Fußballehre, danach der über alles listige Trainerfuchs. In Basel und in der Stauferburg in Wimpfen bereitete er der Mannschaft und all ihren Anhängern aber zunächst einmal eine böse erniedrigende Niederlage, die das Ende aller WM-Träume zu sein schien. Sie war es nicht, wie wir wissen. Als 14 Tage später Deutschland wieder gegen die dieselben Ungarn im Endspiel stand, lief keine deutsche Ersatzelf aufs Spielfeld, aber die Ungarn galten immer noch als unschlagbar.

Ich hatte mich aufs WM-Finale gut und umsichtig, wie ich glaubte, vorbereitet. Zuerst einmal verweigerte ich die Mitfahrt zu einem Tennisturnier, das Mutti im benachbarten Wiesloch zu bestreiten hatte. Zuvor erkundete ich, dass in der Bahnhofstraße nahe beieinander zwei Fernsehgeräte standen, die das Geschehen aus Bern übertragen würden. Das eine in der Imbiss-Bierbude „Rezenta", einer besseren Baracke, das andere unmittelbar in der Nachbarschaft im Schaufenster des Elektro- und Radio Geschäfts „Leist", beide wiederum gegenüber dem Europa-Kino. Da ich beschlossen hatte, diesen besonderen Tag besonders zu begehen, warf ich mich in meinen dunkelblauen Kommunionanzug, zog mein weißes Kommunionhemd an und meine weißen Kniestrümpfe und machte mich auf den Weg ins Kino. Dort begann um 15 Uhr die Nachmittagsvorstellung, die ich mir für diesen Tag ausgesucht hatte: *Rosenresli* nach der Novelle von Johanna Spyri mit der mir damals unbekannten Christiane Kaufmann in der Hauptrolle. Ich hatte zuvor das Plakat mit ihrem rosenbekränzten Konterfei gesehen. Und beide, der Film und das hold lächelnde Mädchen, schienen mir das richtige Vorspiel zu sein für das Hauptereignis des Tages, das um 17 Uhr begann. Als ich im Herzen gerührt und seelisch erhoben aus dem Kino kam, hatte es schon leicht zu regnen begonnen. Ich begab mich zur Bierbude und gelangte, was nicht einfach war, auch in ihr Inneres. Der Raum war rammeldick gefüllt, Rauchschwaden vernebelten Kopf und Blick. Und in weiter Ferne stand eine kleine Fernsehkiste auf einem Hocker, der auf einen Biertisch gestellt war. Ich machte drei schüchterne Versuche, mich nach vorne zu arbeiten. Aber niemand aus der dampfenden Männergesellschaft machte Anstalten, den jungen Mann im Kommunionanzug direkt hinters Tor zu bitten. Ich musste schnell einsehen, dass es hier keine Chance gab. Als die Mannschaften schon aufs Feld kamen, was kaum zu sehen, aber an der Erregung der Biertrinker wahrzunehmen war, beschloss ich den Ort zu wechseln. Ich schlug mich nochmals drängelnd durch die Menge in der Hoffnung bei „Radio Leist" eine zweite Chance zu bekommen. Aber obwohl der Regen inzwischen stärker geworden war, stand vor dem Elektrogeschäft, zum Teil unter Regenschirmen, eine dicke Wand von Zuschauern, die noch undurchdringlicher war als die innerhalb der Bude. Das Spiel hatte offenbar schon begonnen, wie ich am Schwanken der Köpfe und am anschwellenden Reaktionspegel der Zuschauer vor dem Schaufenster mitbekam. Mir war schnell klar: Auch hier gab es keine Endspielchance. Was tun? In die naheliegende heimische Wohnung konnte ich nicht, weil der Hausschlüssel bei Oma deponiert war.

So rannte ich los wie andernorts in Bern „die Puszta-Söhne". Ich war schon bis auf die Haut nass, als Puskás in der siebten Minute das 1:0 gegen uns erzielte, was deutlich zu hören war, weil überall die Radiogeräte in voller Lautstärke aus dem offenen und gedämpfter aus den geschlossenen Fenstern schallten. „Fritz, ihr Wetter", höre ich heute Sepp Herberger sagen. Und „Chef, ich hab nix dagegen", den deutschen Spielführer antworten, der nur, so die Legende, bei Regen und kühler Nässe zur vollen Form auflaufen konnte, weil ihm bei Hitze die im russischen Kriegsgefangenenlager eingefangene Malaria daran hinderte. Es waren also beste Spielvoraussetzungen, dass sich mein dunkelblauer wollener Kommunionanzug von Minute zu Minute voller saugte. Eben „Fritz-Walter-Wetter"! Noch hatte ich nicht mal die Hälfte meines Weges hinter mir, da fiel schon das 2:0 durch Czibor. Eine, zwei, drei Sekunden blieb ich im prasselnden Regen stehen, schwer und laut keuchend, und hielt mir die Brust, um das Seitenstechen etwas abzumildern. Aber dann rannte ich geradezu lustvoll weiter gegen den Regen und „wie von der Tarantel gestochen" gegen „die lauernden Puszta Söhne". Und schon spitzelte Morlock mit langem rechten Bein das Leder nach Zuspiel von Rahn in die linke Ecke an Groscis vorbei. „Tor für Deutschland, es steht nur noch 2:1. Elf Minuten sind gespielt", brüllte Herbert Zimmermann aus allen Radiogeräten. Als 13 Minuten in Bern gespielt waren, setzte die Übertragung für mich aus, ich kam in die radiofreie Zone am Schloss und spurtete die Styrumstraße hinauf, taumelte die

Außentreppe nach oben und klingelte Sturm. Der Großvater gleichen Namens machte nach einer unendlich langen Zeit die Haustür auf und sagte, obwohl er sich kaum für Fußball interessierte: „Es steht 2 zu 2, Rahn hat eben den Ausgleich geschossen." Da tauchte auch schon Oma auf und jammerte beim Anblick ihres triefenden Enkels, als sei das Spiel schon verloren. „Oh Gott oh Gott, Hajole, du wirst dich erkälten. Was wird die Mutti sagen? Oh Gott oh Gott!" So verbrachte ich die restlichen 70 Minuten des Berner Endspiels in einer viel zu großen langen Unterhose des Großvaters, in einem viel zu großen Unterhemd und in einem noch viel größeren gestreiften Oberhemd, während die Großmutter versuchte, mir den Kopf mit einem Handtuch trocken zu reiben, was ich aber rigoros verweigerte, weil ich nicht die noch notwendige Kopfballstärke verlieren wollte. „Sechs Minuten noch im Wankdorfstadion in Bern. Keiner wankt, der Regen prasselt unaufhörlich hernieder, aber die Zuschauer harren aus", sprach jetzt etwas gedämpfter Herbert Zimmermann und brüllte kurz darauf los: „Aus dem Hintergrund müsste Rahn schießen – er schießt – Tooor, Tooor. Tooor! Tor für Deutschland!" Auf einmal war es ganz still in Omas Küche und vor dem „Nordmende"-Radiogerät, an dem ich saß. Großvater Wilhelm, der auf dem Sofa hinter mir lag, schaute kurz von seiner Zeitungslektüre auf und sagte: „Na bitte!" Ich aber wurde jetzt zusammen mit der deutschen Mannschaft immer nervöser. „Schuss, aber nein!", rief Zimmermann, „kein Tor, kein Tor, kein Tor!! Puskás abseits! Eindeutige Abseitsstellung von Major Puskás." Und dann endlich, endlich, endlich: „Das Spiel ist aus. Aus! Aus! Deutschland ist Weltmeister!" Ich saß wie benommen und als hätte ich im Regen von Bern volle 90 Minuten durchgespielt. Der Radioabspann, „Hier sind die Sender der Bundesrepublik Deutschland...", kam wie aus einer anderen Welt, und ich begann zu frösteln, obwohl mir Oma jetzt das zweite Glas heiße Zitrone servierte.

Vier Jahre später machte ich die Erfahrung, dass man Fußballspiele in sehr verschiedenen Erregungszuständen erleben und genießen kann. Involviert bis auf die nassen Knochen wie im Endspiel von Bern oder genussvoll mit abwägendem Blick für das Spiel beider Mannschaften. Freilich, die Vorgeschichte des zweiten Legendenspiels war kaum weniger aufregend als die des ersten. Vater Ernst, der alte Pfadfinder, und sein Sohn Hajo, der junge, waren 1958 gemeinsam aufgebrochen zu einem Pfadfinder-Jamboree in Luxemburg und danach zur „Expo" in Brüssel weitergefahren. Es war schon aufregend genug, das riesige

Atomium in allen molekularen Verstrebungen und Röhren zu durchwandern und danach die verschiedenen Nationalpavillons, die ringsherum aufgebaut waren. Aber schon vor der gemeinsamen großen Fahrt hatte ich mitbekommen, dass während unseres Aufenthaltes das Europapokalendspiel im unmittelbar neben dem Ausstellungsgelände liegenden „Heysel-Stadion" stattfinden würde. Real Madrid und der AC Milano waren die Finalgegner. Kaum in Brüssel angekommen, schleppte ich Vater Ernst zu den Vorverkaufskassen am Stadion. „Ausverkauft" stand an allen Stehplatzkassen. Nur auf der Haupttribüne gab es noch wenige Plätze zu sündhaft teuren Preisen. Der gute Papa schüttelte den Kopf, und ich stimmte kleinlaut zu, dass ein Platz für über 100 DM pro Mann unmöglich für uns zu erwerben sei. Auch die Schwarzhändler, die uns auf dem Rückweg zum Expo-Gelände Karten anboten, lagen in dieser unerschwinglichen Preisdimension. So schien auch die Teilnahme an diesem Endspieltraum geplatzt. Am Abend des Spiels überredete ich Vater Ernst zu einem letzten Versuch. Gutmütig und selbst fußballbegeistert, wie er war, ließ er sich darauf ein. Das Wunder von Brüssel geschah. Schon 300 Meter vor dem Stadion standen die Schwarzmarktverkäufer in großer Zahl, die 20 Minuten vor Spielbeginn fürchten mussten, auf ihren gehorteten Karten sitzen zu bleiben. Mit jedem Schritt näher ans Stadion heran fiel der Eintrittspreis. Für umgerechnet keine fünf DM pro Karte landeten wir beide im italienischen Block. Das Spiel hatte bereits begonnen und die begeisterten Tifosi nahmen uns willig in ihre Stehplatzmitte. Das Spiel ging hin und her, wogte von einem Strafraum zum anderen, im wörtlichen Sinne. Noch nie hatten Vater und ich ein Spiel gesehen, in dem immer die ganze Mannschaft angriff und die ganze wiederum verteidigte, wenn die ganze Mannschaft des Gegners stürmte. Es war die frühe Form der heutigen Spielweise, von Real Madrid als „totaler Fußball" erfunden und propagiert. Aber nicht nur „das weiße Ballett" Reals beherrschte diese Spielform. Der AC Milano ebenso und keineswegs weniger vollendet. Mit einem gerechten 0:0 ging es in die Pause, was die Tifosi um uns herum hoffnungsvoll stimmte, denn der zweimalige Europacupgewinner und Titelverteidiger Real war der große Favorit. Völlig außer sich gerieten sie, als sie in der 59. Minute Schiaffino in Führung schoss, eben jener Uruguayer, der schon im WM-Finale 1950 mit seinem ersten Tor Brasilien auf die Verliererstraße brachte. Real erhöhte das Tempo und den Druck, brauchte aber bis zur 74. Minute, als ihr Torschützenkönig di Stefano den Ausgleich schaffte. Fünf Minuten später brachte Grillo die Italiener erneut in

Führung, die Real umgehend eine Minute später wieder ausglich. Es gab Verlängerung. Real war am Rande einer Niederlage. Die Tifosi um uns so zuversichtlich, dass sie Vater und mich zu umarmen begannen. Aber sie hatten nicht mit dem „Galerna del Cantabrico" gerechnet, dem Kantabrischen Sturmwind Gento. Er war Dribbelkünstler, Flankengeber und Torschütze zugleich. In der 107. Minute kam er auf der rechten Seite durch und machte mit einem harten trockenen Schuss das 3:2 für Real. Es war das Endergebnis. Sechsmal stand Gento in der Siegeself von Real und komplettierte über Jahre das Wundertrio mit di Stefano und Ferenc Puskás, der an diesem Endspieltag verletzt war. Wir hatten keinen Trost für unsere neugewonnenen italienischen Freunde, von denen einige nach dem Spiel weinend auf dem Boden saßen. Die Glückswechsel des Finales hatten sie zerstört, ließen das wunderbare Spiel ihrer Mannschaft umschlagen in eine Tragödie.

Die wahre Tragödie fand an diesem Ort 27 Jahre später statt, als sich wiederum in einem Endspiel des Europapokals der Landesmeister der FC Liverpool und Juventus Turin im „Heysel-Stadion" begegneten. Vor dem Spiel, schon live übertragen vom ZDF, kam es zu einer Massenpanik, als Anhänger Liverpools in den angeblich neutralen Sektor stürmten, in dem aber viele italienische Fans standen. Diese flüchteten. Viele von ihnen wurden gegen eine Mauer gedrückt, die Minuten später zusammenstürzte und sie unter sich begrub. 39 Tote waren zu beklagen, davon 32 Tifosi. Ich war Augenzeuge des entsetzlichen Geschehens am Bildschirm.

Nach vielen Jahren Stadionabstinenz stehe ich vorgestern vor den Toren der Rhein-Neckar-Arena, die der nicht nur sportbegeisterte SAP-Gründer Dietmar Hopp als fußballerische Krönung seines Schaffens auf die Kraichgau-Hügel gesetzt hat. Ich warte auf meine Nichte Luzia. Sie wechselte vor kurzem vom KSC hierher und spielt jetzt in seinem Team „Anpfiff ins Leben", das zu den vielen sozialen Einrichtungen dieses Mustervereins zählt. Sie will mir die Eintrittskarte für das heutige wichtige Abstiegsspiel gegen den 1.FC Köln bringen. Die blau-weißen und die weiß-roten Fans strömen an mir vorbei, friedlich, erwartungsvoll und ganz entspannt in der warmen Frühlingssonne. In meiner Aufregung, durch den Anfahrtsstau auf den richtigen Parkplatz zu finden und rechtzeitig am ausgemachten Treffpunkt zu sein, habe ich mein Handy im Auto liegen lassen. Auch Luzia scheint im Stau zu stecken. Denn es sind jetzt schon mehr als 25 Minuten über den vereinbarten Übergabetermin hinaus. Ich suche ihr Gesicht in der Menge und werde plötzlich von unten angesprochen: „Hajo, du?". Vor mir steht mit großen dunkelbraunen Augen, offenbar erstaunt seinen Großonkel an diesem Ort anzutreffen, mein Großneffe Valentin, 11 Jahre alt, offenbar auch ein Hoffe-Fan. „Ach, Valentin, das ist eine Überraschung!", sage ich, „ist dein Papa auch da?" Er schüttelt den Kopf. „Nein, aber ich muss in den Fanshop", ruft er und ist verschwunden. Ich warte weiter. Der Stadionvorplatz leert sich allmählich, ich beziehe Warteposition auf einem inzwischen leeren Hocker des Sky-Angebotstandes, wo man die blau-weißen TSG-Receiver ordern kann. Luzia kommt auf den letzten Drücker, gibt mir eine Karte: „Ganz oben, da hast du den Überblick!" Ich haste durch die Eingangskontrolle, muss meine Plastikwasserflasche zurücklassen, renne zum Block P, die 40 Stufen aufwärts, während schon der Anpfiff erfolgt und das Stadion tobt. Man hat auch mich mit einem faltbaren Bildkarton ausgerüstet, auf dem „Alle gegen einen, alle gegen den Abstieg!" steht und von dem 28.000 Zuschauer jetzt lautstark Gebrauch machen, im rhythmischen Klatschen für den Klassenverbleib.

Und wieder sitze ich hinter dem Tor, hoch oben vor der Rückseite der Videowand, ganz komfortabel im blauen Plastikschalensitz, und schaue mir ab jetzt gelassen ein Spiel an, in dem Köln die bessere Mannschaft ist, die größeren Chancen hat und bis kurz vor Ende zurecht mit 1:0 führt. Kurz vor Spielschluss mache ich mich auf den Abstieg, wieder 40 Stufen in die Tiefe. Aber vor dem endgültigen Abgang beziehe ich nochmals den leeren Sitz eines schon gegangenen enttäuschten Hoffenheim-Fans, ganz unten, jetzt ganz nah am Tor. Die letzte, die 90. Spielminute, so zeigt mir die Videowand gegenüber, ist angebrochen. Die Heimmannschaft stemmt sich gegen die Niederlage. Alle geben, das ist zu sehen und zu spüren, ihr Letztes und Bestes. Auf der rechten, also der linken Seite der angreifenden Blauen, kämpft sich Vargas mit höchstem Einsatz an dem Kölner Verteidiger vorbei und schießt platziert. Der Kölner Torhüter fliegt in die linke Ecke, kann den Ball aber nur abklatschen, den Volland zum Ausgleich ins Netz hämmert. „Tooooor!" schreie ich mit den 28.000 und schlage wie wild mit meiner Kartonklatsche auf die Rohrstange vor mir. Mit einem Schuss, Urschrei und Schlag ist sie wieder da, die elementare Fußballbegeisterung, die mir schon fast erstickt schien von Fanshop-Artikeln, Fußball-Eliteschulen, Trainerwechseln und Spielergehältern.

27 Reisen I: „Hinaus in die Ferne mit Sauerkraut und Speck"

Meine zweite große Reise erfolgte exakt in der Spur der ersten. Und sie stand jetzt kurz vor ihrem Höhepunkt. Der heftige Pfiff, den die gewaltige Dampflokomotive ausstieß, war wie das Signal für ein letztes Luftholen, ein Sich-seiner-eigenen-Stärke-Versichern, bevor die Lok sich ganz langsam in Bewegung setzte und mit ihr die sechs oder sieben angehängten graugrünen Personenwagen. 57% Steigung lagen vor ihr, etwa 600 Höhenmeter waren zu überwinden auf nur 12 km Streckenlänge. Vom „Himmelreich" ins „Höllental", was keine literarische Erfindung ist, auch keine pastorale Drohung. Es sind die klangvollsten Stationen der Schwarzwaldbahn.

Schon bei der ersten Höllentaldurchquerung, als ich mit Oma und Opa zum Bodensee dampfte, war dies der aufregendste Teil der Fahrt, für Opa Sturm, dem leidenschaftlichen Bähnler, sicher der Höhepunkt der Reise und wohl der heimliche Grund, sie zu unternehmen. Denn der eher Wortkarge überschüttete damals Oma und mich mit all seinem Wissen über diesen historisch wertvollen Aufstieg. 1887 hatte die Großherzogliche Badische Staatseisenbahn die spektakuläre Strecke eröffnet, hatte für das anstehende steilste Teilstück zunächst eine Zahnradschienenhilfe eingebaut, die ab 1933, als die schwerste deutsche Einheitstenderlok der Baureihe 85 auf die Strecke gekommen sei, überflüssig wurde, ebenso wie der Bahnhof „Hirschsprung", wo davor eine zusätzliche Lokomotive den Zug verstärkt habe, ziehend oder schiebend. Ende April 1945 sei unmittelbar vor Kriegsende hier das Viadukt gesprengt worden ebenso wie der Hirschsprung-Tunnel, den wir gerade durchfuhren. „Schau hier, da oben rechts hinten, siehst du ihn?", rief gerade noch rechtzeitig der Großvater und hob mich in die Höhe, weil alle Abteilinsassen an den Wagenfenstern klebten, sodass der große Hirsch auf dem Felsvorsprung über den Köpfen der Mitreisenden mehr an mir vorbeihuschte, als wirklich zu betrachten war.

Bei meiner zweiten Durch- und Vorbeifahrt hatte ich mich besser vorbereitet. Schon vor der Ankunft in Freiburg war ich Vater Ernst in den Ohren gelegen, beim Umsteigen ja darauf zu achten, dass wir auf der rechten Seite des Wagens zu sitzen kämen und zwar alle viere, die mit Koffer, Rucksäcken und den Kinderskiern unterwegs waren nach Hinterzarten. Die Skier der Eltern waren als Paketsendung schon vorausgefahren. Vater blockte wie befohlen eine rechte Fahrgastzelle frei, und so saßen wir, ich schon aufgeregt, Klaus ein Vesperbrot verzehrend, Mutti am Reißverschluss ihres neuen großkarierten Stoffkoffers nestelnd und Vater in die Broschüre *13 Tipps für den modernen Skilauf* vertieft, direkt am Fenster. Jetzt fuhr der Zug in den Falkenstein-Tunnel ein und fuhr kurz darauf aus dem Falkenstein-Tunnel aus, fuhr in den Hirschsprung-Tunnel ein und fuhr wieder ans Tageslicht. Da reckten sich alle Hälse und Köpfe nach rechts hinten. Tatsächlich, da stand er, der majestätische Hirsch auf dem gestuften Felsenturm 130 Meter über dem Rotbach, der hier völlig zu Recht Höllenbach heißt. Aber ehe man sich versah, war der Zug, wie bei einer übergroßen Geisterbahn, schon wieder im nächsten, im oberen Hirschsprung-Tunnel verschwunden. Ich hatte einen Blick erhascht von dem gekrönten herrlichen Tier und nahm ihn mit ins nächste Höllendunkel. Ob die Erbauer der Bahn diesen Effekt im Auge hatten, diesen wahrhaft dramatischen Höhe- und Augenblickspunkt? An der engsten Stelle des Klamms, der ohne Übertreibung ein Höllenschlund ist? Ein Höllenschlund, den das edle Tier mit einem einzigen Sprung überwand, als es sich vor dem Pfeil oder Speer des jagenden Ritters der Burg Falkenstein, der ihm auf den Fersen war, vor dem sicheren Tod retten konnte. 10 Meter musste der Hirsch damals, bevor Bahn und Straße die Klamm verbreiterten, überwinden, um seine Freiheit und sein Leben zu retten. Zu Recht hat man den wagemutigen Hirschen fast 200 Jahre gefeiert, ihn zu einer lebenden Legende gemacht, die sich immer wieder erneuerte, seit 1856 an dieser Stelle ein Holzhirsch aus Anlass der Vermählung von Großherzog Friedrich und Prinzessin Luise von Preußen aufgestellt wurde. Ihn hat ein Sturm ins Tal geblasen und zerstört. Ein zweiter und dritter Holzhirsch waren vonnöten, bevor er 1907 350 kg schwer und 2,50 m hoch in Bronze und seine endgültige Gestalt gegossen wurde. 35 Einschuss- und 70 Austrittslöcher und ein angesägtes Bein hat ihm wohl das Kriegsende angetan, wie im Jahre 2010 seine Restauratoren feststellten. Zur Vorstellung der neuen Landesregierung mutierte er im Mai 2011 zu einem grünroten Hirschen, um sich bald darauf mit ebenfalls

27 Reisen I: „Hinaus in die Ferne mit Sauerkraut und Speck"

illegalem Anstrich und aufgesetzten Flügeln in andere politische Höhen zu schwingen. Beflügelt mit dem Zeichen für Radioaktivität strahlte der Hirsch nun eine neue Botschaft ins Ländle und weinte darüber mit aufgemaltem Tränen-Make-up.

Im Zugabteil stieg die Stimmung erneut. Denn je näher die Skifamilie ihrem Ferienziel kam, mit jeder Kehre, auf der sich die Bahn nach oben schraubte, stieg die Schneehöhe. Im Minutentakt beglückten sich die Familienmitglieder wechselseitig mit neuen Schneehöhenmeldungen, von 5 cm Nassschnee im Tal auf mindestens 80 cm Pulver beim Ausstieg. Alle Schwarzwaldtannen ringsum hatten jetzt eine dem Februarende angemessene weiße Last auf ihren weit ausladenden abgesenkten Ästen. Über eine gut wattierte Schneelandschaft senkte sich der Abend, als wir an dem kleinen Bahnhof anlangten und dort schon erwartet wurden.

Die zu meinem Erstaunen so genannten Verbindungsbrüder von „Germania-Hohentwiel" hatten eine kleine Schlittenkolonne zusammengestellt, um die Neuankömmlinge willkommen zu heißen und ihr Gepäck aufzuladen, an ihrer Spitze Theo B., der von Carl Kruse geförderte Student vor Ort. Müde und voller Erwartung stampfte ich im Willkommenszug durch den Schnee. Je weiter wir uns vom Dorfkern entfernten, umso höher wurde die Schneemauer, aus der dunkle Holzstangen ragten, als sollten sie den Weg auch ganz gewiss auf seiner vorgeschriebenen Bahn halten. Alle waren guter Laune, scherzten und witzelten, und ich trug mit einer Bemerkung dazu bei, wusste allerdings nicht, warum alle schallend über sie lachten. Eine muntere Schlittengesellschaft bewegte sich so den Hang hinauf, vorbei an einem Schwarzwaldhof, dessen Walmdach mit dem spitzen Feuerglockentürmchen mir in der Abenddämmerung so riesig wie schützend erschien. Das Verbindungshaus knapp 200 Meter weiter und noch etwas höher gelegen war ebenfalls ein alter, mit Holzschindeln geschützter Schwarzwaldbau, der von einem riesigen Schneemann, der einen Eimer als Mütze trug, bewacht wurde. Er war auch in der eingebrochenen Dunkelheit nicht zu übersehen.

Der nächste Wintermorgen war klar, kalt und strahlend. Die Schneekristalle funkelten in der Sonne, der Blick aus der Dachgaube der holzgetäfelten Familienschlafstube schweifte weit, weit ins Land über Wälder und Höhen. Alle meine Wünsche waren übertroffen. Kaum hatte ich mein Frühstücksmarmeladebrot hinuntergeschluckt und meinen „Kaba"-Becher hastig ausgetrunken, stand ich schon auf den neuen

289

Skiern mit der alten Fersenbindung, und sie liefen wie geschmiert den Hang hinunter. Ich wusste kaum, wie ich meiner Lebensfreude jetzt den gehörigen Ausdruck verleihen konnte. Und hätte man damals nicht jeden Aufstieg eigenfüßig bewältigen müssen, wäre ich geplatzt vor Glück. Als Vater Ernst am Abend auf der Holzbank des großen Kachelofens in der großen Stube seine *13 Tipps für den modernen Skilauf* zückte und die Seite 2, überschrieben mit „Skilauf", vorlas, fühlte ich mich gänzlich ausgesprochen und verstanden. Ja, das Gedicht begründete wohl meine spätere Vorliebe für alle Formen der Lyrik und des Skilaufs. Es lautete: „Von Hügeln zu Hügeln /Wie auf Flügeln/Wellige Weiten /Dahin zu gleiten /Steilen Hang /Im Überschwang /Hinabzusausen – Und nach ein paar Atempausen/Wieder hinauf zu streben / Das ist Leben!"

Bald war auch eine neue Freundschaft geschlossen mit einem einheimischen Häuslerbub, der gleich hinter dem Verbindungshaus in einer eher bescheidenen Hütte wohnte. Er fuhr noch schneller den angrenzenden Hang hinab als wir und brachte Klaus und mir schnell bei, was den hiesigen Skilauf besonders macht. Wer hier etwas gelten wolle, sei kein Skifahrer, sondern ein Skispringer! Nicht umsonst stünde hier unten die kleine und dort oben – er machte eine Handbewegung, als sei er eigentlich dort zu Hause – die große Schanze, die „Adlerschanze", auf der man 80 m springe. Auf gut alemannisch wies er uns an, gleich hier mit ihm eine erste Probe- und Einführungsschanze zu bauen, bevor wir auf die kleine, die Sprünge von 20 bis 30 Meter ermögliche, wechseln könnten. Obwohl ich an letzterem zweifelte, baute ich fleißig mit an der Kleinstschanze zu ersten Übungszwecken. Unser neuer Freund übernahm sofort das Kommando als Trainer. Wir mussten in die Anlaufspur und überfuhren die selbstgebastelte Absprungkante mit dem Dilettantismus der Flachländer. „Spring ab und flieg!", brüllte unser Jungcoach oder „Mehr Vorlage!". Aber wir beide kamen nicht ins Fliegen, so sehr wir Arme und Hände auch nach vorn streckten. Es blieb beim Hopsen, was unser Trainer geflissentlich übersah, wohl auch deshalb, weil er die Gesetze von Anlaufgeschwindigkeit und Luftwiderstand noch nicht angemessen studiert hatte. Aber zumindest das Outfit stimmte. Von Vater Ernst borgte ich mir sein dunkelblaues Sepp Weiler-Mützchen mit weißem Rand und weißem Bommel, was auch dem einheimischen Matador Eindruck machte. Meine Sprungweite hat es nicht verbessert, wie ein getürktes Fotostandbild auf der Absprungkante sichtbar macht.

27 Reisen I: „Hinaus in die Ferne mit Sauerkraut und Speck"

Während Klaus und ich die Olympia-Medaillenträume von Jörgl und Dieter Thoma, den späteren Skisprung-Assen des Ortes, schon einmal am Hang vorausträumten, briet Mutter Ruth im Liegestuhl in der ersten Märzensonne, verstrickte sich Vater Ernst, vor allem am Abend, in die Skat- und Saufrunden oder in Diskussionen der „Altherrenschaft". Die war im Haus gut und in allen akademischen Berufen vertreten, und Vater hatte als Nicht-Akademiker vor ihnen wohl einigen Respekt, auch wenn er gerne mit- und dagegen hielt. Der ganze akademische Zirkus drum herum beeindruckte wohl eher Mutter Ruth, die mit ihrem Gatten dann auch später zum Freiburger Stiftungsfest fuhr, wo man „religio, scientia und amicitia" im Festgottesdienst beschwor und sich beim Kommers von den geriebenen Salamandern und dem „vivat, crescat, floreat" als Prostbekundung berauschen ließ. „Felsenfest!" lautet die Parole der katholischen Studentenverbindung „Germania-Hohentwiel". Als nicht trinkfest erwies sich Vater Ernst, als er dann an einem Abend mit seinen neuen Freunden der „Altherrenschaft" auf Du trinken wollte oder musste und das Bier-, Wein- und Schnapsgelage nur mit kläglichem Nachspiel im Bett überstand, das er auch am nächsten Tag noch hütete. Mutter Ruth fand das nun gar nicht gut und schon gar nicht akademisch. Ich habe von diesen väterlichen Umtrieben nur am Rande Notiz genommen. Erinnerungswürdig blieb mir allein ein „alter Herr" aus Norddeutschland, ein Richter von vielleicht 40 oder 50 Jahren. Er verkündete lauthals als erste Erziehungsmaxime, Kinder müssten Wildwest-Filme sehen, weil dort die Moral klar und deutlich zur Anschauung käme. Dieser pädagogische Ansatz hat mir schon damals und danach noch ein Leben lang eingeleuchtet.

„Kennst du das Land, wo die Zitronen blühn / Im dunklen Laub die Goldorangen glühn / Ein sanfter Wind vom blauen Himmel weht / Die Myrte still und hoch der Lorbeer steht / Kennst du es wohl?". Nein, ich kannte es selbstverständlich nicht. Und als Neun- oder Zehnjähriger auch nicht die Verse Goethes. Aber mit größter Sorgfalt und Liebe malte ich mit meinen Buntstiften Orangen und Zitronen ins hellgrüne Blätterdickicht meines ersten und letzten Reisetagebuchs, zu dem Mutti mich angeregt hatte. Immer am Abend nach der täglichen Etappe mit „Bambi", dem dunkelbraunen VW Käfer mit Schiebedach und geteiltem Rückfensterchen. Der Aufbruch nach Italien war die erste „richtige" Reise, eine Reise über Grenzen, in ein Land mit einer fremden Sprache, mit anderen Gerüchen, anderen Speisen, einer anderen

27 Reisen I: „Hinaus in die Ferne mit Sauerkraut und Speck"

Vegetation, anderen Landschaften, Himmeln und Seen. Italia, das hieß beim ersten Mal nicht Adria und Badeferien, sondern Bildungsreise und große Fahrt. So hatte Vater Ernst es sich ausgedacht. Er wollte seinen Liebsten die Wunder des südlichen Landes zeigen, das er schon in den Dreißigerjahren bereist und bestaunt hatte, wollte, nicht zuletzt aus Kostengründen, zurück in die Pfadfinderzeit. Ein gemischtes Ferienmodell also! So kaufte er trotz der zögerlichen Nachfragen und dem misstrauischen Blick seiner jungen Frau ein sogenanntes Familienzelt mit Vordach, Luftmatratzen und ein paar aufklappbaren Campinghockern und verstaute alles sorgfältig unter der Fronthaube des VW, dessen Motor bekanntlich hinten platziert war. Am Ende des ersten Reisetages steuerte er, das Wetter war sommerlich gut, einen Campingplatz direkt am Ufer des Bodensees in der Nähe von Friedrichshafen an. Seine beiden Söhne durften schon einmal die Luftmatratzen aufpumpen mit einem kleinen Gummitreter, er selbst breitete das Zelt auf dem Boden aus, schob die Zeltstangen zusammen, schlug die Heringe an den vier Ecken ein und kroch zusammen mit uns in die schlaffe merkwürdig riechende Zelthülle, um alsbald Richtfest feiern zu können. Muttis Gesicht hielt die Feierlust in Grenzen, zumal der kleine Aluminiumgaskocher nicht funktionierte und sie uns mit einer Dose Frühstücksfleisch zum Abendbrot abspeiste. Vom nächsten Morgen gibt es ein sprechendes Bild: Mutter Ruth sitzt im hellen Sommerkleid mit weitem gepunkteten Rock unterm Zeltvordach und, man staune, auf dem schottisch karierten Vordersitz des VW Käfers, den der vorsorgliche Gatte offensichtlich ausgebaut hatte, um ihren Zeltplatzkomfort zu erhöhen. Zu ihren Füßen lagert Bruder Klaus und neben ihr steht der Aluminiumkocher, der offenbar zu einem jetzt ordentlichen Frühstück beigetragen hat, denn auf dem kleinen Campingtisch steht neben zwei Milchflaschen ein Frühstücksei im grünen Plastikbecher. Mutti streicht Frühstücksbrote für ihre Mannschaft, aber ihr Blick in die Kamera ist sehr verhalten, zumal sie, wie sie mehrfach betont, nur wenige Stunden die Augen während der Nacht zugemacht hatte. Sie konnte allerdings zu diesem frühen Zeitpunkt des Tages noch nicht seine bevorstehenden Freuden im Blick haben.

Auf direktem Weg ging es nun nach Zürich, wo Vater die Familie schnurstracks und zielsicher wie Wilhelm Tell auf die Kaibrücke am Ufer des Sees führte, eben dorthin, wo die Limmat ihn wieder verlässt. Welch ein Ausblick! Die vielen weißen Segelboote, die im leichten

27 Reisen I: „Hinaus in die Ferne mit Sauerkraut und Speck"

Wind kreuzten, die Wolken, die sich am blassblauen Horizont türmten über den noch schneebedeckten Bergen. Bis zu den Dreitausendern reichte der Blick, und neben den vielen roten Fahnen mit dem weißen Schweizer Kreuz wehten die der halben Welt auf der Uferpromenade am Utoquai. Eine Aussicht, die schön zu nennen, weit untertrieben war. Mindestens Bellevue! Wie der angrenzende Platz vor der Oper zurecht heißt. Ein Aus- und Rundblick, der allen Familienmitgliedern das Herz aufgehen ließ, vor allem Mutti. Hier war sie tatsächlich, die heile schöne Welt, die geordnete, solide, leuchtende, die ihrer Lebensvorstellung entsprach, und die einer Familie, die aus einer gänzlich zerstörten und nur in Teilen wieder aufgebauten Stadt kam, wie ein Wunder erschien. Man war sich geschlossen einig: Zürich ist eine besondere Stadt! Dies schon zu einem Zeitpunkt, als für Klaus und mich der absolute Höhepunkt des Tages noch bevorstand. Vater hatte nämlich die Angewohnheit, in sogenannten Großstädten das Warenangebot und die Preise seiner Branche zu vergleichen. So schleppte er uns auch zum Kaufhaus „Jelmoli", dessen Namen mir gleich eine Verheißung schien. Sie erfüllte sich umgehend an einem Ort, wo das Wünschen offenkundig noch half.

Denn auf dem Dach des Warenhauses stand ein bonbonbuntes Sortiment von Formel 1-Kindertretautos, die jeder, der dort ankam und nicht älter als 12 Jahre war, auch unentgeltlich benutzen durfte. Ich wagte kaum, in eines der gelackten Gefährte einzusteigen oder es gar in zeitweiligen Besitz zu nehmen, als der kühne Klaus sich schon den roten Ferrari mit der Nummer 8 geschnappt hatte und flott aus der Fahrerbox fuhr. Ein Schweizer Konkurrent in einem viel weniger windschnittigen Modell machte sich sogleich an die Aufholjagd, tief hinter sein Lenkrad geduckt. Aber der rote Ferrari mit dem weißen Auspuffrohr an der Seite war nicht einzuholen. So hatte uns das Leben an diesem Vormittag im Handumdrehen alle Träume erfüllt. Als Vater Ernst zum Aufbruch blies, setzten wir unsere von Tante Martl genähten weißen Caracciola-Mützen auf, steckten die Köpfe durchs offene Schiebedach und ließen den Fahrtwind uns um die Ohren flattern, denn die Kopfbedeckungen hatten hängende Hasen-Löffel-Ohren.

Am Vierwaldstättersee waren die hohen Berge ganz nahe ans Wasser herangerückt, das viel grüner war als am Zürichsee. „Jetzt kommt die berühmte Axenstrasse", sagte unser Chauffeur, und Mutti verlangte, die Köpfe einzuziehen, als es durch den ersten Tunnel ging. Aber war das wirklich ein Tunnel? Einen solchen hatte ich auf der Schwarzwald-

27 Reisen I: „Hinaus in die Ferne mit Sauerkraut und Speck"

bahn nirgendwo gesehen. Wie wenn ein Riese diesen aus dem Felsen gehauen hätte. Schwer und leicht zugleich, ungeschlacht roh und doch von einer geformten Anmut öffneten sich unversehens riesige Felsenfenster in der Tunnelgalerie, trugen jetzt behauene Felsensäulen offenbar den ganzen Berg. Dann wieder führte die Straße am Abgrund entlang, dort, wo die Felsenmassen in den See zu stürzen schienen. Vater machte zweimal halt an einer Aussichtstation. An der einen deutete er auf die andere Seeseite. „Dort drüben, seht ihr, auf der grünen Wiese, dort haben die Schweizer den berühmten Rütlischwur geschworen", und er zitierte mit einer gewissen Feierlichkeit dabei Friedrich Schiller: „Wir wollen sein ein einig Volk von Brüdern, in keiner Not uns trennen und Gefahr." Heute fährt man durch eine neu gelegte und getunnelte Axenstraße. Die von den Riesen gemachte gibt es nur noch als Ausweichmöglichkeit in Notfällen oder als verlassene Rastplätze. „Adventure fun Uri" ist jetzt dort am Straßenrand plakatiert oder auch „cool discover Uri".

Am nächsten Tag stand die Überquerung des Gotthardpasses bevor. Das Basisnachtlager war diesmal kein Zeltbiwak, sondern eine bescheidene alpenländische Pension zwischen Andermatt und Hospental, wo noch ein zusätzliches Bett und eine Matratze ins Zimmer der Eltern geschoben wurden. Morgen den berühmten Gotthardpass zu erklimmen, mit unserem VW auf 2.100 m hinaufzuklettern, ließ die beiden Knaben unruhig einschlafen, zumal der Papa während der heutigen Fahrt schon von den vielen Kurven und Spitzkehren erzählt hatte, die er alle schon einmal vor Jahren gemeistert hatte. So gelang es ihm auch beim zweiten Mal. Dass man dabei aus der Kurve heraus beschleunigen musste, um nicht zu viel Tempo einzubüßen, war den beiden Ferrari-Piloten in seinem Rücken eine Selbstverständlichkeit. Und sie jubelten, wenn am Straßenrand ein dampfender qualmender „dicker Mercedes" stand, der sich beim Kurven überhitzt hatte, und priesen im Gleichklang mit Papa den luftgekühlten 24 PS schwachen VW-Boxermotor. Auf der Passhöhe angekommen zählten wir die umliegenden Drei- und Viertausender und schauten für zehn Rappen durch ein dort installiertes Fernglas. Nach der gelungenen Überschreitung des San Gottardo und der Grenze bei Chiasso, wo der Schweizer Zöllner mit seiner graufilzigen Flachzylinderkappe einen strengen Blick ins Wageninnere warf und sein italienischer Kollege in der eleganten knapp geschnittenen dunkelblauen Uniform den deutschen Kleinwagen lässig mit weißen

27 Reisen I: „Hinaus in die Ferne mit Sauerkraut und Speck"

Handschuhen durchwinkte, waren wir am Ziel: Italia. Ich erinnere mich an eine kleine Enttäuschung, weil es da nicht viel anders aussah als dort, woher wir gerade kamen. Der einzige bald bemerkbare Unterschied: Wir mussten nun zahlen für die Autostrada. Danach wird die Erinnerung undeutlich, genauer gesagt, ab jetzt überlagern sich die Bilder, denn Italien blieb von nun an ein immer wieder über viele Jahre angesteuertes Reiseziel.

Halte ich mich an die deutlich konturierten, selbst gezeichneten Embleme meines kindlichen Tagebuchs der ersten Italienfahrt, so stehen eine strahlend gelbe Sonne über den Großbuchstaben DOM für Milano, eine schwarze Gondel für Venedig, direkt neben der Säule mit dem geflügelten Markuslöwen, und eine Insel mit Zypressen und Palmen für Isola Bella. Das ergibt zwar keine folgerichtige Reiseroute, aber mit jedem Symbol ist eine kleine, noch lebendige Geschichte oder Erfahrung verbunden. Das Milaneser Sonnenzeichen steht für eine Hitze, wie ich sie noch nie erlebt hatte. Was Vater und Mutter allerdings nicht davon abhielt, ihr Kulturreiseprogramm nach Plan zu absolvieren. So teile ich seitdem eine tiefe Aversion gegen den Mailänder Dom mit dem verehrten Geheimrat Goethe, der das „in die abgeschmacktesten Formen gezwungene" „Marmorgebirg" aus klassischen Gründen verdammte. Ich musste eben dieses in der Mittagssonne glühende Gestein besteigen und auf seinem flimmernden Dach ohne Wasservorräte alle die spitzgotischen Steinmetzarbeiten ablaufen und bewundern, die das „krausköpfige Ungeheuer" zieren.

Vater Ernst versprach baldigen Ausgleich für diese Entbehrung. Und er hielt Wort. Mit dem Vaporetto der Linie 1 ging es wenige Tage später durch den Canal Grande. Hier wehte einem nicht nur ein frischer Wind um die Ohren, hier gingen einem auch die Augen über: all die großen und kleinen Boote, Schiffe und Schiffchen, die auf dem Wasser wimmelten, die von ihnen aufgewühlten Wellen, die an die Eingangspforten der Paläste klatschten, die Rufe der Gondolieri, die Brücken, Kirchen, Menschen und Plätze, die an uns vorbeirauschten. Hier war die Sonne nicht störend oder gar lästig. Hier vergoldete sie, was ohnehin schon golden oder marmorn oder reich geschmückt war. Auch die Piazza San Marco, die Basilika mit ihren orientalischen Kuppeln und ihren vier vergoldeten Pferden und der Markuslöwe auf seinem hohen Podest machten großen Eindruck. Aber bald schon erscholl es im Chor: „Wir wollen Vaporetto fahren", denn wir hatten gleich beim ersten Einstieg mitbekommen, dass es nicht nur die Linie 1 in Venedig gab. Mutter

Ruth kaufte zwei Papiertütchen Maiskörner, um uns taubenfütternd vor Ort zu halten. Doch wir kehrten zu unserer alten Forderung zurück, zumal mir die Wiener Stehgeiger vor den Cafés des Platzes gänzlich deplatziert vorkamen, ohne dass ich damals wusste, wie und wann und warum sie hierhergekommen waren. Vater lockte mit „einer herrlichen Aussicht vom großen Campanile", „dem schönsten Mosaik Italiens" im Inneren der Kirche und einer goldenen, mit Edelsteinen und Perlen besetzten Bildtafel, die alles andere noch überträfe. Als wir darüber nicht in Begeisterung ausbrachen, legte er noch ein letztes Angebot obenauf. Wenn wir alle diese Wunder und kostbaren Dinge gesehen hätten, würden wir am Abend eine Gondelfahrt unternehmen, das sei um vieles romantischer als eine Vaporettofahrt. „Romantischer", brummelte ich, „romantischer als eine Vaporettofahrt?".

Vater Ernst hatte sich mit seinem Versprechen freilich selbst in die Bredouille und Kostenfalle gebracht. Denn als wir zu nächtlicher Stunde in eine Gondel einsteigen wollten, stellte sich heraus, dass dies nur zu einem in unseren Augen horrenden Preis möglich war. „Versprochen ist versprochen", sagte süßsauer lächelnd Papa und handelte mit seinen bescheidenen Italienischsprachkenntnissen schließlich einen angeblich recht günstigen Preis für eine halbe Stunde Gondelfahrt aus. Ich staunte beim Einsteigen in das seltsame Gefährt, wie lang die schwarze Gondel war und noch mehr darüber, wie der hoch hinter mir am Heck stehende Gondoliere mit seiner Schärpe um den Bauch das Boot mit nur einem einzigen langen Ruder kraftvoll bewegen und steuern konnte. Das dunkle Wasser, das man mit den Händen hätte berühren können, die fremdartigen Rufe der Gondoliere, wenn sie um eine Kanalecke bogen oder einen anderen Kanal kreuzten, die modrigen Gerüche, die aus den verfallenen Häusern drangen, das Schwanken des Bootes, all das zusammen ergab eine unbekannte Mischung des Unheimlichen mit dem Reizvollen. Als wir die Seufzerbrücke unterquerten, nestelte der Papa an seinem Portemonnaie und zückte die vereinbarte Summe, ein ansehnliches Bündel von Lira-Scheinen.

Zu einem Geldproblem führte auch das dritte selbstgezeichnete Tagebuchsymbol, die Palmen und Zypressen am Lago Maggiore. Es war am Ende der Reise, die Reisekasse schon fast leer. Wir eilten zum Schiffssteg, dem Anleger zu den Borromäischen Inseln, wo zwei große Pappuhren mit verstellbaren Zeigern die Abfahrts- und Ankunftszeiten anzeigten. Das Mittagsboot zur Isola Bella, die Vater als letzten Höhepunkt der Reise angekündigt hatte, verschwand gerade am Horizont.

27 Reisen I: „Hinaus in die Ferne mit Sauerkraut und Speck"

Die nächste Fahrt passte nicht mehr in den weiteren Reisefahrplan. Zudem quengelten die Söhne, sie hätten Hunger. Aber alle Panifici, Marcellerie und Alimentari machten schon Siesta und dösten im Mittagsschlaf. Vater ging auf die Suche nach einer Trattoria, die angeblich preisgünstiger war als die Ristoranti mit ihren fein aufgelegten Essgedecken. In einer Gasse abseits der Touristenpfade, in einem Nebengässchen, das sich zu einer kleinen Piazza öffnete, entdeckte er eine solche. Mutter Ruth fand die karierten Tischdecken, die wohl nur einmal in der Woche gewechselt würden, wenig einladend. Vater Ernst meinte, es sei der geeignete Ort, seinen Nachwuchs günstig zu verköstigen. Lange studierten die Eltern die mit dicken Fettflecken verzierte Speisekarte. Vater zählte seine Lira-Bestände und gab grünes Licht für eine Portion „Spaghetti al pomodoro", die wir beide uns teilen sollten, und für ein „Pollo arrosto" mit Beilagen, das er seiner Gattin zur Aufheiterung aufschwatzte. Er selbst wollte bei „Acqua Minerale" und „dem wunderbaren selbstgebackenen italienischen Weißbrot" bleiben, da er ja jetzt ohnehin abnehmen müsse. Nach langem Warten kamen die bestellten Speisen. „Das Hähnchen und der Spinat schwimmen ja im Olivenöl", monierte Mutti, bevor sie an ihrem Hähnchenschenkel zu nagen begann. „Il conto, per favore", sagte bald Vater Ernst und die Rechnung kam umgehend. Zu Papas Erstaunen und Entsetzen war sie deutlich über dem errechneten Preis. Er ließ sich vom Kellner die einzelnen Beträge erklären und staunte nicht schlecht über gleich vier Gedecke als Einlassgebühr und einen kräftigen Serviceaufschlag. Beides hatte er nicht auf seiner Rechnung. Umgerechnet waren es vielleicht drei oder vier Deutsche Mark, was aber in Lira gleich in die 1.000 ging. Er bot dem herbeigerufenen Wirt ein deutsches Fünf-D-Mark-Geldstück für die Kostendifferenz an, was dieser verweigerte, er kramte aus einem zweiten Geldbeutel Muttis einen Zehn-D-Mark-Schein hervor. Der Wirt schüttelte unwillig den Kopf: „solo lire!" Es gab ein langes Hin und Her. Der Wirt schaute grimmig und grimmiger, ließ auch beiläufig das Wort „polizia" fallen, und Vater fragte nach einer Bank und Wechselmöglichkeit, die es vor Ort nicht gab. „Stresa!", knurrte der Padrone, der uns immer unheimlicher wurde. Vater setzte sich ins Auto und kam nicht wieder.

Wir saßen und saßen und saßen, immer noch vor dem abgenagten Hähnchenknochen, der unverändert im Olivenöl schwamm, jetzt in zunehmender Mittagshitze, denn die Sonne hatte jetzt freien Zugang zum Ort unserer Geiselhaft. Nach einer Stunde schaute Mutti immer

27 Reisen I: „Hinaus in die Ferne mit Sauerkraut und Speck"

häufiger auf die Uhr, der Wirt immer häufiger, ob seine Gäste noch vor Ort sind. Als Papa auch nach einer weiteren Stunde nicht wiederaufgetaucht war, wurde Mutti zunehmend panisch, sah ihn aus einer Kurve getragen im Straßengraben oder gar im großen See versinken. Am Nebentisch saß jetzt der Kellner, wohl ein Familienmitglied, zu unserer Dauerbewachung. Endlich bog Vaters VW auf die kleine Piazza. Mutti, halb erlöst und halb ärgerlich, sprang auf: „Aber Ernst, wo warst du denn so lange?!" Und der gute Ernst berichtete, verschwitzt und aufgeregt, von den geschlossenen Banken, die er in Stresa abgelaufen hatte, bis er einen menschenfreundlichen Italiener auf der Straße fand, der den Zehn-D-Mark-Schein in Lira gewechselt habe. Umgehend wurde die Flucht aus Italien beschlossen. Die rettende Schweiz gewährte uns gleich nach der Grenze sicheres Nachtquartier.

28 Reisen II: „Der Duft der großen weiten Welt"

„Mutti fährt nach Paris!", posaunte Hajo. „Ganz allein fährt die Mutti nach Paris", sagte etwas leiser Klaus. „Mit dem Einzelhandelsverband Baden fährt Mutti nach Paris", stellte Vater Ernst fest und richtig. Das familiäre Stimmengewirr vor Muttis Reise in die Hauptstadt der Franzosen war groß, aber nicht ganz so aufgeregt wie Mutti selbst vor ihrer ersten Alleinfahrt in die große Welt. Dabei war das Programm der viertägigen Reise bestens geordnet und stramm organisiert: „Sonntag, 24.4.1955 (1. Tag) 6.30 Uhr Abfahrt Karlsruhe Hauptbahnhof über Metz, Verdun nach Reims, 14.30 Uhr Mittagessen, 15.30 Uhr Besichtigung der Champagnerkellerei Taittinger, 16.30 Uhr Abfahrt in Reims, 19.30 Ankunft in Paris, anschließende Einweisung in die Hotels, 20.15 Uhr Abendessen, 21.30 Uhr Abfahrt zur Nachtrundfahrt." Der Einzelhandelsverband Mittelbaden packte sein Viertagesprogramm voll bis zur Erschöpfung der Teilnehmerinnen, zu einem Pauschalpreis von 95 D-Mark. Für die „Nachtrundfahrt durch das am Sonntagabend festlich beleuchtete Paris, von 21.30 Uhr bis etwa 24 Uhr mit Besuch eines Apachenkellers mit einem Glas Wein" musste man allerdings zehn DM zusätzlich ausgeben. Und wer nach den vielen Stationen des Reisetages und dem Schauder der Pariser Unterwelt danach noch erlebnishungrig war, konnte „Sonderveranstaltung b" buchen: „Anschließend an die Nachtrundfahrt: Besuch eines modernen Nachtlokals mit Eintritt und einer Flasche Champagner für je 4 Teilnehmer je Person DM 17." Wie viele der mitreisenden Herren und Damen im „modernen Nachtlokal" noch richtig auf den Putz gehauen haben, ist nicht überliefert. Vorsichtshalber wurde den Reiseunterlagen ein „Reiseknigge" beigelegt mit *Goldene Regeln, wie man es nicht machen soll*. Die siebte und letzte lautete: „Bei Besichtigung der Betriebe übe laut und vernehmlich Kritik an deren Einrichtungen und betone, dass bei uns alles viel besser sei. Ein solches Verhalten fördert die allseits angestrebte Völkerverständigung. Betone vor allen Dingen deine Empfehlungen für den nächsten Krieg!"

Der letzte Krieg zwischen Franzosen und Deutschen lag zehn Jahre zurück und die mit dem Élysée-Vertrag 1963 von de Gaulle und Adenauer besiegelte deutsch-französische Freundschaft war 1955 noch ein zartes Pflänzchen. Die Teilnehmer, die auf dem Bahnhofsvorplatz in Karlsruhe den Bus von „Reise Pieck" bestiegen, kannten weder Frankreich noch Paris, es sei denn, sie waren als feindliche Soldaten und Besatzer dort unterwegs. Entsprechend hoch war zu der Zeit noch die imaginäre und reale Grenze. Bei der Devisenabteilung der Zentralkasse südwestdeutscher Volksbanken hat Mutti und ihre Zimmergenossin, Frau M. vom gleichnamigen Bettengeschäft, „die Beschaffung von Reisezahlmitteln" beantragt und kam so für 50,30 DM in Besitz von „ffrs. 4280,00 Noten und Münzen", allerdings mit der Auflage, „die Eintragung in den Reisepass über Beachtung des Runderlasses Außenwirtschaft Nummer 12/ 55 und der BdL.-Mitteilung Nummer 6005 /55 vorzunehmen."

Paris, heute drei TGV-Stunden von Karlsruhe entfernt, war 1955 eine Weltreise. Das nahe Paris für die deutschen Kleinstädter aus einem halb wieder aufgebauten Land eine glitzernde Weltstadt, wie ihnen die vom „Ministère de transport et du tourisme" überreichte Broschüre nachdrücklich bestätigte: „Zu jeder Saison schöpft Paris von neuem bei seinem Programm in dem unversiegbaren Born der Phantasie." Auch sprachlich war man offenkundig noch ein gutes Stück voneinander entfernt, obgleich Mutti ihre Französischkenntnisse im Probedialog mit Papa zuvor aufpoliert hatte. „Frankraisch, Frankraisch": Champagner, Apachenkeller, Versailles, Arc de Triomphe – die Erwartungen der deutschen Busladung waren hoch. Und sie wurden offenbar nicht enttäuscht. Mutti kam nach vier Tagen noch aufgeregter zurück, als sie weggefahren war, und zwar am frühen Morgen, als ich gerade in die Schule aufbrach. Am Vorreisetag hatte man noch möglichst viel vom restlichen Paris ins Programm gestopft: „Les Halles und der Louvre, Galerie Lafayette und eine Modeschau." Erst um 21 Uhr bestieg die mittelbadische Reisegesellschaft wieder den „Pieck"-Reisebus zur Nachtrückfahrt nach Karlsruhe.

Dass wahre Begeisterung auch die Entbehrungen einer strapaziösen Rückreise hinter sich lässt, bewies Mutti beim Mittagessen. Sie sprudelte vor Reiseeindrücken, erzählte begeistert von der Champs-Elysées, der Madeleine, dem Montmartre, Notre-Dame, dem Panthéon, der Place Vendôme und dem Tour Eiffel, der ihre Söhnchen am meisten interessierte, weil es das einzige Bauwerk war, von dem sie schon einmal gehört oder ein Bild gesehen hatten. Und wie ein Beleg, dass sie all das leibhaftig erlebt und mit eigenen Augen gesehen hatte, legte sie ein Programmheft der „Folies Bergères" auf den Esstisch der Bauernstube und erklärte ihrem Gatten das bunte Programm von *Folies Chéries. 2 Actes – 40 tableaux.* Ich starrte beeindruckt auf das Titelblatt. Eine glitzernde Schönheit schälte sich auf der farbigen Zeichnung aus einem schwarzen ausladenden Federkostüm, einer Umhüllung, in der sie noch nackter aussah, als sie ohnehin schon war. Papa sagte „Oh lala" und „typisch französisch", während Mutti auf die Vielzahl der Programmpunkte verwies, die die französische Geschichte offenbar als Kette erotischer Tändeleien erzählte, in der die Pompadour und die Dubarry, La Duchesse de Gerolstein und ihr Husar, aber auch Sissi und Kaiser Franz Joseph Hauptrollen spielten, tanzten und sangen. Mutti betonte, dass 765 Francs für ihren Fauteuil de Balcon, immerhin fast ein Zehntel der offiziellen Reisekosten, keine Fehlinvestition gewesen seien. Als dann nach acht Tagen die entwickelten Schwarzweißbilder von „Foto-Ohler" abgeholt waren, zeigte Mutti uns alle Schau- und Besichtigungsplätze ihrer großen Paris-Fahrt. Drei Bilder, von denen das erste doppelt abgezogen war, schienen ihr besonders wichtig: ein Mann mit Schildmütze, der ein großes Bündel von Baguettes unter dem linken Arm geklemmt hatte und lachend auf sie und die Kamera zu lief, die Überreichung einer Porzellanvase als Gastgeschenk beim Pariser Einzelhandelsverband, der offenbar in einem fürstlichen Ambiente seinen Sitz hatte, und ein Clochard, der schlafend unter seinem Mantel am betonierten Seine-Ufer lag.

Drei Jahre später breche ich zum ersten Mal selbstständig und mit selbstgewähltem Reiseziel in die große weite Welt auf, so meine damalige Einschätzung. Zu meiner Pfadfinderseilschaft gehört Vater Ernst, den ich zur Großen Fahrt nicht überreden musste. Allerdings schwangen wir uns nicht auf voll und schwer bepackte Fahrräder, wie er damals in meinem Alter Ende der Zwanzigerjahre, fuhren nicht die Donau abwärts oder in die böhmischen Urwälder, „Große Fahrten", von denen er gerne erzählte. Wir verstauten das Familienhauszelt erneut unter die VW Käfer-Fronthaube, und Vater Ernst steuerte das von seinem Sohn empfohlene Pfadfinderdorf in Luxemburg an, das vor kurzem ein Jamboree, also ein Pfadfindergroßlager, berühmt gemacht hatte, jetzt aber bei der Ankunft am Abend ein verlassener prosaischer Ort war, ein trister Platz von ein paar Holzhütten umstellt, auf dem wir das Familienhauszelt für die erste Nacht aufschlugen und uns dann an einem kleinen

Lagerfeuer wärmten. Die zweite Nacht verbrachten wir dann schon auf einem neu angelegten, noch tristeren Campingplatz an einer Autoschnellstraße direkt neben dem „Expo"-Gelände in Brüssel. Denn die dortige Weltausstellung war unser Ziel. In Sichtweite glitzerte das Atomium, die 165-milliardenfache Vergrößerung einer Elementarzelle des Eisenkristalls, als wir am frühen Morgen aus den Schlafsäcken krochen und im noch feuchten Gras den Aluminiumkocher in Gang setzten, um heißes Wasser für unsere mitgebrachten Teebeutel zu machen. Ich fühlte mich in diesem Augenblick wie Amundsen am Beginn seiner Polarexpedition: „Heute geht es auf Weltentdeckung bei gleichzeitiger Weltumrundung!" Ich zog mit dem Lederknoten das Pfadfinderhalstuch fester, hängte den Pfadfinderhut keck über die linke Schulter und die „Agfa Clack" vor den Bauch und durchschritt an der Seite von Vater Ernst das Tor zur Welt(-ausstellung).

Noch verheißungsvoller leuchteten jetzt die neun silbernen Kugeln, die vor uns am blauen Himmel schwebten, und sie ließen alles hinter sich, was ihre Abbildungen in Zeitungen und Illustrierten oder auf Plakaten mit ihren Werbeslogans wochenlang an Erwartungen bei mir geweckt hatten. „Technik im Dienst der Menschheit" war das Motto, das damals den Glauben stärkte von der preiswerten unerschöpflichen Atomenergiequelle. „Atoms for peace" hieß die Euphorie, die Hiroshima und Nagasaki vergessen machen sollte auf dieser ersten Weltausstellung nach Ende des Zweiten Weltkriegs. Aber neben der verherrlichten Atomkraft gab es noch einen neuen Stern am kosmischen Himmel: die Raumfahrt. Kein halbes Jahr zuvor hatte die Sowjetunion vom Weltraumbahnhof Baikonur als erste Nation überhaupt einen Satelliten in eine Umlaufbahn im Weltraum geschossen, den Sputnik 1, und einen Monat später gleich Sputnik 2 hinterher, mit der Hündin Laika, dem ersten Lebewesen im All. Das löste im Westen den „Sputnik-Schock" aus, weil der Weltraumerfolg des Ostens die Bedrohung des Westens noch realer und möglicher erscheinen ließ. Der Satz von der Technik im Dienst der Menschheit war also, kaum propagiert, schon durch die politischen Realitäten in Frage gestellt.

Solche Gedanken bedrängten mich beim Eintritt ins Expo-Gelände allerdings nicht. Ich wollte umgehend den Sputnik sehen, die große Attraktion der riesigen Ausstellungshalle der Sowjetunion, den Sputnik, dessen Piepen die Welt mit Freude und Entsetzen erfüllt hatte. Gleich am Expo-Eingang hing freilich eine Tafel mit den Wartezeiten vor den attraktivsten Ausstellungshallen. Die sowjetische hielt schon am frühen

Morgen den Rekord mit 90 Minuten. Papa tröstete mich, es gäbe ja so viel anderes Interessantes hier zu sehen und später oder gegen Abend wäre der Pavillon mit dem Weltraumgefährt sicher schneller zugänglich. Er hatte recht, mein erster Sputnik-Schock war bald vergessen über all den Attraktionen, die auf uns warteten und die wir zunächst systematisch nach Plan erkundeten. Die monumentale Trommel, die die USA ins weitläufige Gelände gesetzt hatten mit einem riesigen Circarama, einem Rundkino, in dem uns die Disney Company *America the beautiful* vorführte, oder der spanische Pavillon, wo eine Kastagnetten-Tanzgruppe in historischen Kostümen auf einem von Wasser umgebenen Laufsteg für Rhythmus und Stimmung sorgten oder der niederländische Pavillon, in dem lebendes Vieh sein Futter kaute neben einem halben Schiff und einer ganzen Deichpumpstation. Das muntere Durcheinander der Angebote und Präsentationen fand ich großartig, ja es machte mich geradezu süchtig, während am frühen Nachmittag Papa eine Pause einlegen wollte. Empört wies ich dieses Ansinnen zurück, wir hätten ja noch nicht einmal ein Drittel gesehen. Papa verwies auf die nächsten zwei Tage und ließ mir dann freien Lauf.

Jetzt steigerte sich meine Schau- und Entdeckungslust in einen Taumel wechselnder Eindrücke und Angebote. Ich rannte wild durchs Expo-Gelände, die Pavillons mit einer Schlange davor ließ ich sofort aus, bestieg zwischendurch auch eine Seilbahn, später einen Buszug mit angehängten Wagen, denn die 25 km Verbindungswege zwischen den Schaustätten schienen mir eine kaum zu bewältigende Strecke. Als ich am sowjetischen Pavillon vorbeikam und die Wartezeiten dort auf 20 Minuten gesunken waren, entschloss ich mich sogleich, dieses Zeitversäumnis in Kauf zu nehmen. Schon nach 15 Minuten passierte ich zwei monumentale Bronzestatuen, einen Stahlarbeiter und eine Bäuerin mit Getreidegarben im Arm, und blickte auf den großen Führer der Revolution, den Genossen Lenin, der vor einem großen gemalten Wandbild des Kremls stand. Über den vielen Menschen aber, in der Mitte der Halle, schwebte eine kleine silberne Kugel mit vier dünnen Antennen: der Sputnik. Im ersten Augenblick war ich etwas enttäuscht über die Kleinheit dieser außerordentlichen Hervorbringung des „Socialistische Arbeiders en Boeren Staat", wie flämisch auf dem Sockel der erntenden Bauersfrau stand. Als ich dann aber die Fotos der Interkontinentalrakete studierte, die den Sputnik in die Umlaufbahn befördert hatte, kamen die Erinnerungen an meine eigenen Raketenversuche mit Gernot auf dem Balkon der Familie K. in der Moltkestraße zurück und zugleich

303

die Raumfahrtbücher von Oberst und Wernher von Braun, die wir beide damals verschlungen und unfachmännisch diskutiert haben. „Ich habe ihn gesehen", rief ich Vater schon von weitem zu. „Und?", fragte Papa, der gleich wusste, dass es um den Star der Weltausstellung ging. „Er ist 59 cm im Durchmesser und kann die Weltkugel in 96 Minuten umrunden", wusste ich zu berichten.

Den nächsten Tag gingen wir beide gelassener an. Vater versuchte mir verständlich zu machen, warum der Karlsruher Architekt Eiermann den deutschen Pavillon in acht ein- oder zweistöckige transparente Glaswürfel aufgelöst hatte, die durch Stege verbunden waren und über eine große leichte Hängebrücke zugänglich. „Von deutscher Großmannssucht hat die Welt genug gehabt", meinte Vater Ernst. „Wir brauchen keinen Reichsadler mehr auf einem Deutschen Haus", und er erzählte mir von Speers monumentalen Gebäuden bei der letzten Weltausstellung 1937 in Paris. Dies sei nun der Gegenentwurf. Ich habe ihn damals nur halb verstanden. Aber gesehen habe ich hier zum ersten Mal, wie schön und mit welcher Fantasie man bauen kann. Mich hat die elegante Leichtigkeit der „architecture suspendue" sofort erfasst. Wie viele Dächer hier schwebten und nicht auf Außenmauern lasteten, wie durchschaubar glastransparent hier die meisten der Gebäude waren, wie asymmetrisch sie in die Höhe wuchsen! Das war das wahre Wunder dieser Weltausstellung. Corbusiers „Poème électronique" stand spitz und schräg und leicht im Wind. In ihm gab es eine Vorführung und Komposition allein aus Licht, Farben und Tönen, die mich mehr staunen machte als der piepsige Sputnik.

Was auf dieser Expo alles Platz hatte, war allerdings auch verwirrend. Stand ich eben noch vor einer exakten Kopie des großen Palastes in Bangkok mit seinen spitz aufeinander gelegten Giebeldächern, geriet ich um die Ecke in eine vollautomatische Abfüllhalle von Coca-Cola. Den Clou des Ganzen hatten allerdings die Gastgeber eingeschlagen. Sie präsentierten eine Kolonialausstellung zum Kongo und zu Ruanda Burundi, in der sie die Errungenschaften der von ihnen eingeführten Zivilisation feierten, in einem Pavillon für die katholische Mission oder dem für Gold und Silberminen oder jenem für Versicherungen und Banken. In einem Garten mit tropischen Pflanzen war das „Village indigène" angesiedelt, in dem Kongolesinnen und Kongolesen ein angeblich typisches Dorf im Kongo mimten und bei ihren angeblich alltäglichen Tätigkeiten und Verrichtungen zu beobachten waren. Eine erweiterte Variante der alten Völkerschau. Als Besucher versuchten, die echten

Kongodarsteller zu füttern, rebellierten diese gegen ihre diskriminierende Vorführung als Exoten. Das geschah aber erst Ende Juli 1958. Ich durfte die „echten Neger" aus Zentralafrika noch bestaunen, allerdings, wie ich mich erinnere, mit gemischten Gefühlen.

15 Jahre nach Muttis streng geregelter Weltreise ins strahlende Paris besteigen Vater Ernst und Mutter Ruth in Frankfurt eine Boeing der „Pan Am America" und starten erstmals über den großen Teich. Die Chefstewardess begrüßt die Mitglieder des „International Management Club" auf dem Flug nach Dayton und kündigt etwas später mit ihrem Schnurmikrofon die Speisenfolge des Diners für den Flug an: Crevetten-Cocktail, Rinderfilet Stroganoff, Gartenbohnen, Käse, Kaffee. Der Duft der großen weiten Welt hatte die Eltern erreicht, aber es blieb nicht nur beim Duft. Die „Erfa-Gruppe Kleiderberater" macht sich auf zu einem Besuch von NCR in Dayton, um sich über die Einführung der elektronischen Datenverarbeitung in ihre Einzelhandelsgeschäfte zu informieren. „Welcome", sagte „The National Cash Register Company" in Dayton, wo ihr Gründer 114 Jahre zuvor die Registrierkasse erfunden hatte und bald zur „American Business Legend" wurde. Man überreichte den Gästen aus dem alten Europa die kleinste Bibel der Welt, die auf einem PCMI-Dia von 2 x 2 cm Platz fand, bevor man zum Geschäftlichen kam. Die Firma NCR hatte 20.000 Angestellte und war Weltmarktführer für „Serving the World of Business". Mutti bekam deshalb bald nach der Reise einen Zusatzjob. „Ich muss jetzt noch die Daten für die EDV eingeben", sagte sie regelmäßig am Abend nach Geschäftsschluss. Jetzt aber vor Ort war sie erst einmal mit Begeisterung dabei, die neue Welt zu entdecken. Mit dem „Potomac River Boat Rides" schiffte sie nach Mount Vernon ein, dem „Home of George Washington", und besuchte dort sein respektables Anwesen und seine letzte Ruhestätte. „By Helicopter" blickten die beiden von oben auf New York. „Mit diesem umseitigen Hubschrauber wagten wir den Flug über New York, es war ein tolles Erlebnis", schrieb Vater Ernst Jahre später auf die Rückseite des Werbezettels von „HEL-AIRE COPTERS" und vermerkte zusätzlich, dass diese Flüge nach dem Absturz von zwei Helikoptern schon vor Jahren eingestellt wurden. Ob ich ihm erzählt hatte, dass der Vermieter meiner Berliner Studentenbude am Hindenburgdamm 136, ein junger Architekt namens Ring, dabei ums Leben kam?

Die Eltern sind happy, das dringt sogar schriftlich über den Atlantik, wie ich meiner Air Mail-Briefantwort an „Mr. and Mrs. Kurzenberger,

New York, Hotel Century Paramount, 235 West, 46th Street, New York 10036", entnehme, den Mutti nach der Reise im blauen Extraordner „USA" abgeheftet hat. Und nicht nur, weil sie „the cathedral of the skies", das Empire State Building, gleich zweimal per Fahrstuhl erklommen haben, bei Tag und als „spectacular night view". Happy auch über die amerikanische Kultur, die vor ihrer Hotelhaustüre lag. Der Liebhaber der klassischen Musik und der Oper führte seine Gattin in die „Radio City Music Hall", den „showplace of the Nation", ins Musical *Promises, Promises*, ein frivoles Stückchen, in dem Buchhalter Baxter sein Apartment seinen vier Chefs als Stundenhotel zur Verfügung stellt, um seine Karriere zu befördern. Ab da ist Vater auch Musicalfan. „Da es uns sehr gut gefiel, besuchten wir am nächsten Tag ein zweites Musical."

Neben der neuen Leidenschaft machten die zwei, was die meisten N.Y.-Touristen tun. Papa kaufte seiner lieben Ruth einen Ring bei Tiffany, ging mit ihr in die „Met", mangels Opernangebot nur ins „Royal Ballet" aus London. Sie fuhren mit der U-Bahn durch die angeblich gefährliche schwarze Bronx, weil ein Kollege den dortigen Zoo ganz besonders fand. Allein die Wall Street und die Börse blieben ihnen verwehrt, weil jugendliche Demonstranten sich dort mit ihren Protesten gegen den Vietnamkrieg verschanzt hatten. Als auch der zweite Anlauf, das Zentrum des Kapitalismus zu erreichen, fehlschlug, wechselten die „Germans", inspiriert von jugendlicher Begeisterung für die gute Sache, ins Lager der Kriegsgegner und setzten ihren Namen auf eine Petition an den Kongress zur Beendigung des Krieges. Noch der 87-jährige Vater war von der Wirkung seiner Unterschrift überzeugt: „So haben wir mitgeholfen, diesen unseligen Krieg schneller zu beenden." Ermutigt von dieser Form direkter demokratischer Intervention haben die beiden dann auch im „Museum of Modern Art" und im Guggenheim der Bitte an die „Museums Members and Friends" freudig Folge geleistet, die von Präsident Nixon im Congress beantragten Kulturmillionen und jene von Governor Rockefeller im Staate New York zu unterstützen. Damals galt schon wie davor und auch heute: „Cultural institutions are facing an acute financial crisis".

Warum ich von all dem erzähle, was 25 Jahre nach Kriegsende und schon jenseits meiner Kindheit geschah? Zum einen, weil die Eltern offenbar den freien Geist der Vereinigten Staaten von Amerika erlebt und genossen haben und sich ihr Blick weitete in diesem großen Land. Zum anderen, weil sie dort auch auf historischen Spuren wandelten. Vater fahndete (zumindest im Telefonbuch) nach einem Kurzenberger, dem jüngsten Bruder seines Vaters, also seinem Onkel. Der angebliche Tunichtgut der Familie war kurz vor Ausbruch des Ersten Weltkriegs nach den USA ausgewandert und dort nach klassischem Vorbild verschollen. Die große Zahl der Care-Pakete, die nach dem Zweiten Weltkrieg bei uns ankamen, wurde seiner Initiative gutgeschrieben. Ob er einer der vier Kurzenbergers war, die im New Yorker Telefonbuch standen, ist eher unwahrscheinlich. Historisch evident und leiblich real waren zwei Bekannte der Eltern, die bald nach Kriegsende ausgewandert waren, um im Land der unbegrenzten Möglichkeiten ihre bessere Welt zu finden. Er war kurze Zeit der Führer jener Pfadfindergruppe, die Vater gleich nach dem Krieg ins Leben gerufen hatte, und von Beruf Werkzeugmacher. Sie galt schon in deutschen Landen als eine tüchtige Schneiderin, die in New Jersey bald erfolgreich die Ladys einkleidete. Sie haben in den USA ihr kleines oder großes Glück gemacht, wurden aber je länger sie aus Forst weg waren, umso süchtiger nach der alten Heimat. Groteskerweise nahmen mit ihrer starken Sehnsucht ihre deutschen Sprachkenntnisse ab. Die Eltern haben sie damals besucht, und ich habe sie bei ihren regelmäßigen Besuchen in Deutschland auch ein paar Mal gesehen und mich gewundert über das Kauderwelsch, das sie sprachen, von „fridge" und „challenge", „amazing Dings" und „marvelous Besuch". Sie haben Vater lange nach dem Tod seiner Ruth im Alter von über 80 Jahren nochmals zu einem Besuch bei ihnen in West Palm Beach in Florida und einer „cruise" in die Karibik überredet, was er wohl auch deshalb gerne tat, weil er beim Rückflug nochmals sein mythisches Island ansteuern konnte. Die Altbruchsaler waren da längst „full Americans" geworden. Ihre letzte Weihnachtskarte mit vielen bunten „Jingle Bells" am bunten Kitschweihnachtsbaum kam aus Phoenix in Arizona, wo sie zuletzt mitten in der Wüste ihre Enkelkinder hüteten.

29 Willkommen und Abschied

Oft schaue ich, zuweilen stundenlang, auf die mit Bäumen reich bestandenen Hügel der anderen Talseite und auf die schlanken Barocktürme der bischöflichen Grabeskirche. Ein Blick, der mich ruhig macht. Gerne denke ich an Ruth und Ernst, das Elternpaar, dessen Überreste unter diesen Bäumen da drüben liegen. An die Großeltern Anna und Wilhelm, an Großonkel August und Großtante Mathilde, die das Gelände meiner Kindheit umhegten, und jetzt dort oben begraben sind ebenso wie Patentante Inge und ihr Mann, Onkel Eduard, denke an Tante Erika und Onkel Hans. Ich werde sie nicht wiedersehen. So schön es wäre, Ernst und Ruth vielleicht vorzulesen, was ich über sie hier geschrieben habe, ihr Lachen zu hören, ihre Einwände, ihre unterdrückte Rührung zu spüren oder ihre versteckte Scham über das, was ihr Sohn da verfasst hat. Ich werde sie nicht wiedersehen, so sehr ich es mir wünschte und so verführerisch die Erfüllung dieses Wunsches in der benachbarten Kirche verkündet wird: „die Auferstehung der Toten und das ewige Leben."

Aber ich bin glücklich, ihnen allen jetzt noch einmal begegnet zu sein. In dem von ihnen und mir Aufbewahrten vieles gefunden und entdeckt zu haben, was sie mir noch einmal näherbrachte, was mein Bild von ihnen bestätigt hat oder es in Frage stellt. Auch manches, worüber ich im Nachhinein lächle oder den Kopf schüttle. Gemeinsam haben wir unser Leben nochmals ausgepackt und neu sortiert, haben manches verrückt, haben Distanz gewonnen, die wohltuend ist und nicht kalt, die vieles offen und manches ungesagt lässt. Gerne schaue ich von den Kraichgau-Hügeln ins weite Land. Hinüber zu den blauen Bergen der Pfalz, die manchmal ganz nah und manchmal ganz fern erscheinen, zu den Steinbrüchen am Rande des Odenwalds, zu den ersten breiten, dunkleren Bergrücken des Schwarzwaldes im Süden. Ich bin hier geboren, fühle mich hier zu Hause, unbehaust, wie das Leben ist, geborgen in der eigenen Geschichte, die die besondere Geschichte einer ganz gewöhnlichen Familie ist.

29 Willkommen und Abschied

Es war kurz vor Weihnachten im Jahr 2007. Ich war schon einen Tag früher gefahren als geplant. Von Stau zu Stau. Endlich nach mehr als sechsstündiger Autobahntortur angekommen, wollte ich ihn noch kurz überraschen und ihm eine gute Nacht wünschen. Vater lebte seit einem dreiviertel Jahr im Altenheim, ein paar hundert Meter von seinem Haus entfernt. Das „Service-System" bei ihm zu Hause war kurz nach Ostern zusammengebrochen, das Leben dort nun doch zu kompliziert geworden ohne ständige Betreuung. Er wusste, was der erzwungene Aus- und Umzug für ihn bedeutete: „Mein vorletzter!", sagte er, „danach geht's ins Grab." Ich versuchte ihm die Sache schönzureden, er habe in seinem neuen Zimmer einen noch besseren, weil näheren Blick auf die Peterskirche, deren Türme er ebenso liebte wie ich. Und außerdem könnten wir alles hier mitnehmen, was ihm wichtig sei, Bilder, Möbel, die Musikanlage. „Ich bin eben ein Glückspilz", sagte er, nicht ohne einen Anflug von Sarkasmus.

Ich fand an jenem Vorabend des Heiligen Abend sein Zimmer leer. Er sei bei der Abendmesse, sagte die diensthabende Betreuerin der Station. Ich ging zur Kapelle des Altenheims, die man seitlich des Altars betrat, drückte mich ein Stück an der linken Wand entlang, um den Priester und die Gottesdienstteilnehmer nicht zu stören. Vor mir aufgereiht saßen die Rollstuhlfahrerinnen und Rollstuhlfahrer, Vater Ernst in der Mitte. Der Gesang der spärlichen Seniorenschar war mehr als dünn, der Pater, der die Messe las, nuschelte sich der Opferung entgegen, als Ernst von seinem Gebetbuch aufschaute und mich entdeckte. Ich habe noch nie davor und auch nicht später ein so erschrocken begeistertes Gesicht gesehen, dessen energetischer Impuls sich umgehend in einen Katapultstart des Rollstuhls umsetzte. Der 92-Jährige griff wie ein Teilnehmer bei den Paralympics in die Schwungräder und flog auf mich zu. Die Messe und die dort geforderte Andacht scherten ihn einen Dreck: „Was – du bist schon da!", strahlte er mich an, überwältigt, mich überwältigend. Die überorganisierte Weihnachtsfeier am nächsten, dem Heiligen Abend, mit Drei-Gang-Menü und theaterpädagogischer Garnierung, war ein matter Nachklang dieser Begegnung. Hat er damals, vor über 60 Jahren, ebenso enthusiastisch und beglückt seinen kleinen Sohn angeschaut und in die Arme geschlossen, als er aus der Kriegsgefangenschaft zurückkehrte? Oder seine Braut, die heißgeliebte entbehrte Ruth, als er von der Islandfahrt zurückkam?

Willkommen und Abschied. Es war ein häufiges Willkommenheißen und ein stufenweises Abschiednehmen von und vom Vater Ernst, in vielen Stationen und Schritten. In den Jahren zuvor, als er mit dem Rollstuhl schon in die oberste Etage der vielen, halbstöckig versetzten Ebenen seines Hauses gebannt war, sah man ihn häufig hinter dem als Sonnenschutz herabgezogenen riesigen Ikea-Rollo hervor lauern, in Erwartung meines Bruders oder meiner Ankunft. Er hat es sicherlich viele Stunden vergeblich getan, aber immer in der Gewissheit, dass einer von uns beiden kommt, wenn es so vereinbart war. Regelmäßig wiederholte Abschiede zelebrierten Vater und Sohn an den Heiligen Abenden in den Jahren, als er noch zum Grab seiner Frau zu Fuß gehen konnte, von Jahr zu Jahr langsamer in gleichsam vom lädierten Bein erzwungener Feierlichkeit. Dort angekommen stellten wir dann einen kleinen Weihnachtsbaum auf den Efeuteppich, dessen Kerzen ich immer nur mit einiger Mühe entzünden konnte. Denn oft regnete es, oder der Wind blies die Lichter aus, oder Ernst entdeckte noch Kerzen, die ich vergessen hatte anzuzünden. Wenn dann endlich weihnachtliche Stille eingekehrt war und tatsächlich alle Kerzen leuchteten, stand er in ihrem Flackerschein lange vor Ruths und seinem eigenen Grab. Wie ein Monument auf der Vorderseite in Rembrandt'scher Weise erhellt, rückseitig im Dunkel, die Haare vom Nachtwind zerzaust.

Vater war in ganz konkretem Sinne eine Lichtgestalt. Als er mich das letzte Mal in Hildesheim besuchte, stand das Mausoleum seines Tennisidols Gottfried von Cramm auf dem Besuchsprogramm und ein internationales Tennisturnier in Braunschweig, für das Freund Götz die Bewilligung erwirkte, den Behinderten in die erste Reihe am Center Court zu fahren. Der Tennisenthusiast hielt bis zum letzten Schlag des letzten Matches dort aus, auch hier wohl im Wissen des letzten Mals. Die Abendsonne fiel inzwischen in einer Schneise zwischen den großen Bäumen auf die ersten beiden Zuschauerreihen der Tribüne. Ernst hatte sich die von mir bei einer Griechenlandreise erworbene weiße Kapitänsmütze als Sonnen- und Blendschutz aufgesetzt. Es ist eines der schönsten Erinnerungsbilder, die ich von ihm im Kopf habe: ein alter Mann im Abendsonnenschein, der vor Begeisterung glüht, mit seiner weißen Mütze hervorgehoben aus der Menge vom ersten Scheinwerfer des Himmels. Willkommen und Abschied!

Selbstverständlich gab es auch gemeinsame Abschiede vom Theater und der geliebten Musik. Er hatte über die Rollstuhljahre enge persönliche

Verbindungen geknüpft mit all den freundlichen Damen der umliegenden Theater und Konzerthäuser, des Festspielhauses Baden-Baden, der Theater und Konzertsäle in Karlsruhe und Mannheim, der Schwetzinger Festspiele oder des Bürgerzentrums Bruchsal. Er kannte sie und sie kannten ihn und seine Wünsche, versorgten ihn regelmäßig mit einem Rollstuhlfahrerplatz. „Da musst du jetzt Frau L. anrufen. Die kennt mich und wird dir sicher, auch wenn die Vorstellung schon ausverkauft ist, noch einen Betreuerplatz besorgen", sagte er am Tag vor seinem letzten Opernbesuch in Baden-Baden, einer völlig missglückten *Don Giovanni*-Aufführung, in der die Statue des Komtur am Ende in einem unsinnig breit ausgespielten Auftritt als Rächer aus dem Publikum kam. Ausnahmsweise waren wir uns diesmal völlig einig in dem vernichtenden Urteil, das sich bei Vater eher auf die Sänger, bei mir auf die Inszenierung bezog. Sicher schon 20 Jahre währte bis dahin unser Opernkulturkampf. Er attackierte jede Regiemode mit sicherem Instinkt: die langen schweren Mäntel, in die plötzlich alle gehüllt waren, oder die Koffer- und Schlapphutmanie, die auf allen Bühnen ausgebrochen war, oder die Zinkeimerinflation. Ich versuchte, meist vergeblich, ihm mit Kortner zu erklären, dass die sogenannte Werktreue Denkfaulheit sei und jede Oper von heutigen Menschen dargestellt und interpretiert werde. Wir konnten uns selten einigen. Und er hörte nicht auf, mir Opernkritiken der FAZ mit dick unterstrichenen Passagen zukommen zu lassen. Als dann König Philipp seinen königlichen Part im Mannheimer *Don Carlos* in Hosenträgern und auf dem Boden liegend singen musste, drohte er dem Nationaltheater die sofortige Kündigung seines Abonnements an.

Umso schöner also unsere Eintracht bei den letzten beiden Aufführungen, die wir zusammen besuchten! Die allerletzte war *Wilhelm Tell* bei den Volksschauspielen Ötigheim, dort, wo seine und meine Theaterleidenschaft ihren Anfang genommen haben. Ich schob ihn in seinem Rollstuhl mühsam vom Parkplatz den Berg hinauf dem Eingang zu, nach gerade überstandener eigener Hüft-OP. Diesmal durften wir nicht vorne an der Seite in Bühnennähe Platz nehmen wie in Baden-Baden. Man hatte uns in die letzte Reihe der Riesenarena mit ihren 4.000 überdachten Sitzplätzen versetzt. Mir schwante Ungutes. Wie sollte Vater aus der riesigen Distanz dem Geschehen folgen können, optisch und akustisch? Er schaute schon angespannt auf die Panoramabreitwandbühne, da ertönte es vielstimmig: „Ihr Matten lebt wohl, Ihr sonnigen Weiden! Der Senne muss scheiden, Der Sommer ist hin." Währenddessen strömten Ziegen, Hirten, Kühe, Schafe, Hunde und sogar ein Esel an den Hängen seitlich der Zuschauerblöcke herab, empfangen und umtanzt von viel Volk. Die geballte Schweizer Klischeefolklore wälzte sich also zu Tal. Dann zog das Unwetter auf über dem Vierwaldstättersee, jetzt, Gott sei Dank, als Schiller'sches Sprachgewitter. „Ruodi: Ich soll mich in den Höllenrachen stürzen? Das täte keiner, der bei Sinnen ist. Tell: Der brave Mann denkt an sich selbst zuletzt, Vertrau auf Gott und rette den Bedrängten." „Ich verstehe alles, alles ganz genau", sprach freudig aufgeregt Vater Ernst. Und in der Tat, jedes Wort drang zu uns in die letzte Reihe. Mikroports halfen den Schiller'schen Jamben auf die Versfüße. Vater war sichtlich beglückt. Und ich mit ihm. Dieser *Tell* war von einer Deutlichkeit und Klarheit, von einer sprachlichen Präsenz, die dem Schiller'schen Freiheitspathos dank den vom Staatstheater Karlsruhe ausgeliehenen Protagonisten und ihren Verstärkern elektronischen Glanz verlieh. Noch einmal, zum letzten Mal, waren Vater und Sohn von einem gemeinsamen Kunsterlebnis erfasst. Auf den rohgezimmerten Bänken und Tischen, die auf der Obstbaumwiese vor dem Freilichttheater standen, begossen sie ihre Übereinstimmung schon in der Pause mit einer Apfelsaftschorle.

Die Abschiede mit Mutter waren gleichbleibend nervös bis hektisch, sie wiederholten sich fast stereotyp bis auf einen, den wir beide in seiner Tragweite nicht ermessen konnten. Immer wenn ich von zu Hause weg fuhr, zum Studienort, in die Ferien oder zu Freunden, schon in Studientagen mit einem eigenen VW Käfer, den Vater für mein Versprechen, dem Rauchen zu entsagen, spendiert hatte, geriet Mutti in große Unruhe. Ob ich auch das oder jenes dabeihabe, dies oder das nicht vergessen. Sie lief in die Küche, lief ins Bad, dann ins Schlafzimmer, suchte hier und dort etwas, was sie mir noch mitgeben wollte und was ich doch ganz sicher brauchte, meist Unnützes wie Haarwaschmittel, einen Schal, Kekse oder einen Regenschirm. Fuhr ich dann los, die Fensterscheibe heruntergekurbelt, mit einem kurzen Hup-Signal und dabei aus dem Fenster winkend, stand sie geradezu hilflos auf dem kleinen Balkon der Wohnung im Geschäftshaus, ihre Bewegungen beim Zurückwinken zeigten Hilflosigkeit und Not. Ich meinte aus der kurzen Entfernung eine Erschütterung zu spüren, die dem alltäglichen Anlass nicht entsprach. So war ich oft froh, wenn ich um die Ecke gebogen und außer Sichtweite war. Aber es beschäftigte mich noch einige Kilometer, warum Mutti den Abschied so ernst nahm, ich immer den Eindruck hatte, sie habe das Gefühl, sie hätte mir etwas Wichtiges zu sagen vergessen oder nicht sagen können.

Unser letzter Abschied war ganz unspektakulär. Sie ging mit mir bis zur Haustür, ich sagte: „Schlaf gut, Mutti, morgen am späten Nachmittag komme ich nochmals vorbei", und gab ihr einen flüchtigen Kuss auf die Wange. Am nächsten Morgen lag sie tot in ihrem Bett neben meinem Vater, der ihr Sterben nicht bemerkte, weil er sich gewohnheitsmäßig Ohropax in die Ohren gesteckt hatte. Es war sein und mein schrecklichster Abschied von einem geliebten Menschen, in Mutters erst 62. Lebensjahr.

Willkommen und Abschied! Vaters Tod haben er und ich kommen sehen, was im vierundneunzigsten Lebensjahr nicht so außergewöhnlich ist. Als er keine Musik mehr hören wollte, läuteten bei mir die Alarmglocken. Und als ich ihm eindringlich sagte, ich brauche ihn noch – was nicht gelogen war –, sagte er in einem begütigenden Ton: „Aber das musst du doch verstehen, ich habe genug vom Leben gehabt." So saß ich dann bald an seinem Sterbebett im Altenheim, wohl wissend, dass es zu Ende geht, aber nicht wissend, wann genau. Zwei Tage und eine Nacht wechselte Vater Ernst zwischen Wachen und Schlafen. Er wirkte ruhig, nickte einem ab und an nicht unfreundlich zu, sprach auch mal einen Satz oder zeigte an, dass er Durst habe. Als ich an seinem letzten Abend gegen 22 Uhr nach Hause gehen wollte, hielt Evi mich zurück. Wir sollten noch ein bisschen dableiben. Ich nahm wieder seine linke Hand in die meine und hörte auf seine Atemzüge. Vielleicht zehn oder zwanzig Minuten später begann er mit der rechten fast spielerisch in die Luft zu greifen und entzog mir auch seine linke. Es begann ein kleiner Tanz der Hände, als wollte er ein leichtes Musikstück dirigieren oder sich an der Bewegung erfreuen. Das Händespiel wiederholte sich einige Male, während sein Atem langsam abnahm. Dann hörte dieser auf einmal auf. Er war „sanft entschlafen", zu meinem großen Erschrecken. Abschied.

30 Die Übungstreppe des Urgroßvaters, ein buntes Fest und viele Fragen

Zweiter Weihnachtsfeiertag 2015: vier von Abus Urgroßenkeln stehen zusammen mit ihren Eltern vor der Tür seines Hauses, um mich zu besuchen. Urenkel Max schlummert noch im Mutterbauch. Valentin, der älteste der vier, fragt beim Treppenanstieg unschuldig leise seinen Vater: „Papa, wo haben wir eigentlich den Hajo kennengelernt?" Sie besuchen Abus Haus mit dem fremden Großonkel zum ersten Mal, seit ich hier wohne. Artig und wohlerzogen ziehen sie ihre Winterstiefelchen aus und schauen sich zaghaft um. Doch vor Ende des Besuchs sind sie alle aufgetaut. Sie haben die velourteppichbezogene Treppe im offenen Aufgangswohnbereich als interessanten kuscheligen Spiel- und Präsentationsort entdeckt. Hier macht es Spaß, Anna und mir etwas vorzuführen. Hier kann man zeigen, wie genussvoll es sich die taubenblauen Stufen hinunterrutschen lässt oder wie man sie behände wieder hinaufhüpfen kann. Der Spaßfaktor steigt minütlich, zumal der Großonkel sie onkelhaft zu ihrem Tun ermutigt und ihnen aus seiner großen Sammlung von Kasperletheaterfiguren ein buntes Plastikensemble in die Hände gedrückt hat.

Die Kinder haben sich bei ihrem Spiel genau jene Übungsstrecke ausgesucht, die der ihnen unbekannte Urgroßvater in den beiden letzten Jahren seines Aufenthaltes im Haus jeden Tag für sein Gehtraining mit der Beinprothese nutzte, angetrieben und beschützt von seiner aus Rumänien stammenden Helferin, der zuliebe er das von den Ärzten verordnete Bewegungsprogramm brav absolvierte. War ich an manchen Sonn- oder Feiertagen der Coach und Betreuer, gestaltete sich die Angelegenheit um einiges schwieriger. „Nein, das ist ja viel zu fest!", „Das Ding sitzt nicht richtig, siehst du das denn nicht?" oder „Vorsicht, das tut mir doch weh!", raunzte er, wenn ich den Gumminapf der starren kalten Prothese auf die greisenschlaffe Haut seines verwachsenen Beinstumpfes aufsetzte und dort befestigen wollte. Ab- und Aufstieg gelangen dann unter gutem Zureden bestenfalls ein einziges Mal, während die muntere und von ihm geliebte Erika es auf die zwei- oder dreifache Anzahl der Ab- und Aufstiege mit ihm brachte.

Als seine fünf Enkelkinder in dem Alter waren wie die Urenkel, die jetzt zu Besuch kamen, ging er noch zusammen mit ihnen treppauf und treppab, bis hinauf zum Dachboden. Bei den wenigen Gelegenheiten, an denen sie ihn besuchten, an Ostern zum Beispiel oder seinem Geburtstag, war Vater immer schon Tage zuvor aufgeregt. Ob die zu verstecken Ostereier und Hasen auch ausreichten, fragte er mich am Telefon, oder womit man den Kindern sonst noch eine Freude machen könnte. Offenbar waren seine Planungen, wo die Hasen und Eier zu verstecken seien, langzeitwirksam. Denn die Enkelinnen erinnern sich noch heute an Details, an die schönen, schlanken, langen Porzellanhasenohren, deren Träger später in ihren Besitz übergegangen sind, an das Innere der schokoladegefüllten Waschmaschine, die sich als Versteck allerdings mit den Jahren abnutzte.

Das große Haus, in dem der Großvater fast 25 Jahre allein lebte und es eine Großmutter nur in und aus wenigen Erzählungen gab, war eher eine Irritation. Großmutter Ruth, die früh verstorbene, lebte für Elisabeth allein in zwei Requisiten fort: einem Klappzylinder ihres Vaters, also des Urgroßvaters Wilhelm Sturm, der im letzten Jahrzehnt des 19. Jahrhunderts geboren war. Man konnte den schwarz glänzenden Hut zum Verkleiden gebrauchen wie ehedem bei der Krönung ihres Vaters Klaus zum König von Schramberg. Und ein altes Spinnrad, das in der sogenannten Bauernstube stand. Die auch wegen ihres Namens mysteriöse Ruth führte dort eine Dornröschenexistenz. Sie wurde in der Imagination der Enkelin zur Märchenfigur: eine geheimnisvolle Frau, die in einem Kleid des 18. Jahrhunderts unermüdlich Flachs gesponnen hat, was sich aber wiederum nicht vertrug mit den Tennisplatzfotos, die der Großvater von ihr zeigte, oder jenem kleinen gerahmten auf dem antiken Sekretär, auf dem die Großmutter ihr erstes Enkelkind Bettina liebevoll im Arm hält. Noch dunkler war Opa Abus Erzählung von der Einliegerwohnung im Haus, deren Bewohner sie nie zu Gesicht bekam und deshalb für einen Kellermenschen hielt, der irgendwo tief unten zwischen Kellerrohren hauste. Kindliche Verwirrung der Gefühle und Vorstellungen! Dabei lag sie mit ihrer Projektion der Frau aus dem Märchenbuch gar nicht so weit weg von den

Rokokogewändern, in die ihre Großmutter mit 17 oder 18 Jahren gerne geschlüpft war.

Einige Monate später stehen Anna und ich vor dem runderneuerten Haus von Abus Urenkeln. Hier ist viel Platz für Wunschträume, die Kinder glücklich machen. Das riesige Xylophon, das Valentin schlägt und zum Klingen bringt, oder Neymars überdimensioniertes Hochglanzfoto neben dem EM-Kalender 2016 und der Deutschlandfahne in Constantins Männerbude. Oder die riesige Legosteinkiste, die die beiden jüngeren Schwestern im gemeinsamen Zimmer teilen, oder das riesige Trampolin im Vorgarten, auf dem sich alle und die Nachbarskinder vergnügen. Vor allem aber die vielen, vielen Bücher, die sich zu einer richtigen Kinderbuchbibliothek hier aneinanderreihen. Sie werden sofort und gern hervorgeholt, wenn man zu Besuch kommt. Flora liebt und erklärt das Wimmelbuch *Tierisch was los!* Sehen und suchen und finden sei die Aufgabe, und sie zeigt auf das Zebra mit dem gestreiften Schal, das aus den vielen abgebildeten, anders beschalten Zebras herauszufinden ist. Helene zieht umgehend mit der vorgegebenen Frage nach: „Wo ist Paule mit unserem Ei hingewatschelt?" Paule ist der besondere Pinguin innerhalb einer riesigen Pinguinkolonie ohne Ei. Der ältere Bruder liebt es eine philosophische Etage höher und präsentiert sein derzeitiges Lieblingsbuch *Hier stimmt ja fast gar nichts*, auf dessen Titelblatt das „ja" auf dem Kopf steht. Da fährt ein rosakarierter Elefant auf Rollschuhen in umgekehrter Richtung durch eine Einbahnstraße, sind Fische in Käfige ohne Wasser gesperrt und Fußballtore mit Ziegelsteinen zugemauert. Verkehrte Welt oder Aufforderung, die gewohnte eingeübte Weltordnung öfter mal auf den Kopf zu stellen? Constantin entscheidet sich für die Suche nach Fehlern in der realen Welt und schleppt als Beleg das offizielle EM-Fußballbuch an. Tatsächlich weist er mir und dem schlampigen Redakteur des Buches nach, dass die Kroaten hier unter rumänischer Fahne antreten müssen und Portugal, der spätere Europameister, unter albanischer spielt und, kaum zu glauben, Islands und Belgiens Nationalfarben ebenfalls vertauscht sind. „Hier stimmt wirklich gar nichts!", sagt er empört, weil das auf Kosten der Außenseiter geht, die er liebt. „Wales vor allem, weil es zum ersten Mal dabei ist." Aber auch Portugal und Ronaldo findet er gut, am besten allerdings die deutsche Nationalmannschaft.

Der drei Jahre ältere Bruder betätigt sich derweil digital in der virtuellen Welt. Er kauft Traktoren, die seine Videofelder beackern, muss wie jeder echte Landwirt dabei genau aufs verfügbare Geld achten und entscheiden, ob er nun Schweine, Hühner oder Schafe züchten will, um höhere Gewinne zu erzielen. Ein völlig geruchsfreier Landwirtschaftsbetrieb, bei dem kein Düftchen durch die Lautsprecher dringe, wie er ironisch anmerkt. Beim Abschied stehen alle wie ein mittelalterliches Tafelbild im Rahmen der Haustür und winken den Davonfahrenden freundlich zu.

Anfang Mai dieses Jahres finde ich eine „Invitation au baptême commun" für den 26. Juni 2016 in Karlsruhe in meinem Briefkasten: „Nous sommes heureux de vous convenier au baptême de Irina et Vincent, le 26 juin 2016 à 10h15 à l'église Saint Stephan." Eine Doppeltaufe also. Der Sohn von Ada und meinem Neffen Martin wird zusammen mit seiner Cousine, deren Mutter Adas Schwester ist und deren Vater Isaac, an einem Ort katholisch getauft, den ich vor allem mit Vater Ernst verbinde. Nicht nur, weil er in Karlsruhe ein paar hundert Meter entfernt geboren wurde, sondern weil er in dieser Kirche bis ins hohe Alter regelmäßig die Orgelkonzerte besucht hat. Die Wahl des Ortes ist aber offenbar zufällig und pragmatisch und nur für mich mit tieferem Sinn versehen. Der TGV bringt die französische Familie in drei Stunden hierher, die Stuttgarter Familie schafft es mit dem PKW in einer Stunde. Wohl wegen der Namensgebung Irina und seiner Friedenssymbolik überblendet ein Olivenbaumzweig die beiden Täuflingsnamen auf der Einladungskarte. „Das anschließende Fest findet in der nahegelegenen Cantina Majolika statt", heißt es auf der anderen, der deutschsprachigen Einladungsseite.

Aus allen Richtungen strömen die Eingeladenen an dem schönen Junimorgen zur Taufkirche ins Karlsruher Zentrum. Weinbrenner, der klassizistische Baumeister, der das Gesicht der Stadt prägt, hat sie im Auftrag des Großherzogs von Baden entworfen, geplant und errichtet nach großem klassischen Vorbild, dem Pantheon in Rom. Dass ihm der Fürst gegen seinen Willen einen Kirchturm abverlangt hat, nimmt dem runden Kuppelbau mit seinen innen und außen unverputzten Sandsteinmauern nicht die nüchterne Strenge. Im Innern sind die Kirchenbänke entsprechend kreisförmig um die Altarinsel gruppiert. Ein idealer Ort, Menschen ganz verschiedener Herkunft zu versammeln und auf die beiden Täuflinge zu konzentrieren. Denn was diese Taufe besonders macht: Sie ist auch eine kleine Feier der Integration. Den weitesten Weg hierher haben die Pariser Großeltern von Irina hinter sich. Sie kommen aus dem Herzen Afrikas, aus Mali, haben über Polen, wo sie studiert haben, nach Frankreich gefunden. Irinas Vater ist schon als Franzose in Paris geboren, wohin seine jetzige Frau als Studentin aus der deutschen Provinz kam und sich in ihn verliebte. Ihre und Adas Eltern haben in den siebziger Jahren des vorigen Jahrhunderts den Weg vom äußersten Südosten der Türkei ins Badische eingeschlagen und in meinem Geburtsort fünf Kinder großgezogen.

Die Tauffeier ist bunt und personenreich, ist zweisprachig, französisch und deutsch, im arte-Format. Als der Kopf des kleinen Täuflings mit Wasser übergossen, die Taufe also vollzogen ist, mischt sich eine dritte Sprache dazu. Die türkische Großmutter, die noch jedes Jahr nach Tokacli Köyü zur Olivenernte in ihrem Olivenhain fährt, um ihre Kinder in Deutschland ausreichend mit dem alles heilenden Öl zu versorgen, und ihre Tochter stimmen einen gellenden gutturalen Gesang, einen Jubelruf an, in Arabisch, der wie aus der Tiefe der Zeit, aus einer Katakombe des Urchristentums in Kleinasien zu kommen scheint. Auf so direkte spontane Weise können sich Kulturen ergänzen, sich befremdend bereichern! Oder sind die sprachliche Vielfalt und die unterschiedlichen Herkünfte gebunden durch das gemeinsam Christliche?

Das folgende Fest im Garten der Majolika ist die gelungene Fortsetzung. Ebenfalls bunt und mediterran, im Speisenangebot wie in der Stimmung. Neffe Martin begrüßt mit einer launigen Rede die Gäste, Isaac, der junge Informatiker aus Paris, charmiert in gebrochenem Deutsch und perfektem Französisch großstädtisch im gekonnten Smalltalk: Oui, ja, sie seien beide, seine Frau und er, im Stadion gewesen, als die Anschläge stattfanden. Der Knall der Explosion sei laut zu hören gewesen, der Knall, der alles lähmte. Ab 15 Uhr läuft dann drinnen in einem der Gasträume ganz nebenbei das Europameisterschaftsspiel Frankreich gegen Irland im Fernsehen, bei dem auch einige der deutschsprachigen Gäste ins „Allez les Bleus" des nicht nur männlichen Teils der Pariser Familie einfallen, als Griezmann Frankreich „mit einem Doppelschlag erlöst". 2:1 für les Bleus. Bald drängeln sich alle, Kinder und Erwachsene, um den angekommenen Speiseeiswagen und schlecken ihre Lieblingsmischung. Und mit einigem Hallo versammeln und formieren sich schließlich 90 Gäste zum historischen Gruppenfoto. Ja, alle Menschen werden Brüder, zumindest für ein paar Stunden im Hof der Karlsruher Majolika. Aus der Vogelperspektive für Ewigkeiten fixiert als spätere Danksagungskarte für die Gäste.

Wie wird die Familienerzählung und wie die Menschheitsfamilienerzählung weitergehen? Sie werden sicher bunt und farbig bleiben, und sie werden vielfältig und aus unterschiedlichen Perspektiven weitererzählt werden können. Ob sie eine neue schöne Welt beschreiben werden oder eher eine schöne neue, a new brave world, ist an diesem Sommertag ungewiss und auch ein Jahr später nicht genauer auszumachen. Wird Johanna an der türkisch-syrischen Grenze den Olivengarten ihrer Urgroßmutter weiter pflegen und ernten können, wenn sie 14 oder 17 Jahre alt ist? Und wird ihr frisch getaufter Bruder dann noch ohne Pass und Grenzkontrolle zu seiner Cousine nach Frankreich fahren? Oder ist diese längst weitergezogen in ein Land, das weniger nationalistisch denkt und handelt? Oder müsste er – was für eine Vision –, als junger Soldat wie sein Urgroßonkel Karl gezwungen, dort einmarschieren? Fragen, die heute nicht mehr irreal und nur hypothetisch sind.

Gewissheit allerdings andernorts. Keine und keiner von ihnen werden ein Schwimmbecken verlassen wegen eines farbigen Mitschwimmers und ihn vom Beckenrand aus neugierig wie ein Tier im Zoo betrachten. Auch ein Schlachtfest, bei dem die Sau vor ihren Augen erschossen wird, werden sie nicht als Tatzeugen besuchen. In der Schule müssen sie wohl kaum viele Stunden brav in Reih und Glied eingepfercht in engen Bänken sitzen und auch nicht mehr die strategischen Bewegungen von Caesars Schlachtreihen aus dem Lateinischen übersetzen. Aber Fußball werden sie immer noch, hoffentlich mit Leidenschaft, schauen und vielleicht dann auch einmal mit dem Fahrstuhl aufs Empire State Building hinauffahren oder vom Piazzale Michelangelo auf Firenze hinabschauen wie ihre Urgroßeltern. Flora, so mutmaße ich, könnte in die Fußstapfen Abus, des großen Pfadfinders, treten und für den Stamm Greif ein wunderbares Zeltlager mit tollen Geländespielen organisieren. Wie viele von seinen Urenkelinnen noch bei der katholischen Messe als Ministrantinnen dienen werden und von christlichem Geist erfüllt sind? Ob Helene später, anders als ihr Großonkel, Klavier spielen kann und vielleicht sogar gerne spielt? Oder vielleicht doch lieber Saxophon? Und wie verbunden werden sie untereinander bleiben oder untereinander bleiben können, wenn Max an der Börse in London als Investmentbanker einer Hongkonger Bank arbeitet und Vincent auf Jobsuche ist, nachdem eine deutsche Autofirma in Südamerika ihn entlassen hat, während seine Pariser Cousine als Fernsehkorrespondentin durch Afrika tourt? Oder gründen sie alle zusammen unter der kundigen Leitung von Valentin eine Landkommune und bauen im

Kraichgau Biogetreide und Biogemüse an? Und wie denken und handeln sie politisch? Engagieren sie sich für eine Partei, ein Projekt oder eine Organisation? Oder pflegen sie die dann immer noch grassierende „Politikverdrossenheit", weil die Grundsätze „Nie wieder Krieg", „Nie wieder Diktatur" und „Für ein vereintes Europa", die ihr Großvater und ihr Großonkel in der Nachkriegszeit inhalierten und später für ganz selbstverständlich hielten, schon lange nicht mehr selbstverständlich sind?

16 „Dort, wo die Glocken klingen hell..."

Familienferienglück

Das bayerische Gastgeberpaar: Friedl und Loisl Schneider

16 „Dort, wo die Glocken klingen hell..."

„Tag des Gastes".
Vor der Blaskapelle

Auf der Hollywoodschaukel

18 Tennisplatz

Mutter Ruth und ihre Freundin
Margot B. nach einem Damendoppel

Netzspieler

Saisonabschlussfest der Tennisabteilung TSG Bruchsal

Der Tennisbaron Gottfried von Cramm beim internationalen Tennisturnier in Baden-Baden (1953)

19 „K&K": das Geschäft

Wiederaufbau und Wirtschaftswunder

19 „K&K": das Geschäft

Innenansicht und Fensterfront von „K & K Ihr Kleiderberater"

19 „K&K": DAS GESCHÄFT

Das kalte Buffet bei der Eröffnung des zweiten Nachkriegsgeschäftes von „K & K" in der Kaiserstraße 22, am 19.05.1956

Firmenlogos der 50er und 70er Jahre

W+W zu Gast bei K+K

Wim + Wum, die Spezialisten für Fernsehunterhaltung.

Kruse + Kurzenberger, der Spezialist für Herrenkleidung.

Bruchsal
Kaiserstraße 22

20 Freund Carl, Kompagnon Kruse

Die Freunde Carl und Ernst auf dem Motorrad, am Schreibtisch...

20 FREUND CARL, KOMPAGNON KRUSE

...am Rhein, auf Reisen nach Italien
und Jugoslawien (1935–1938)

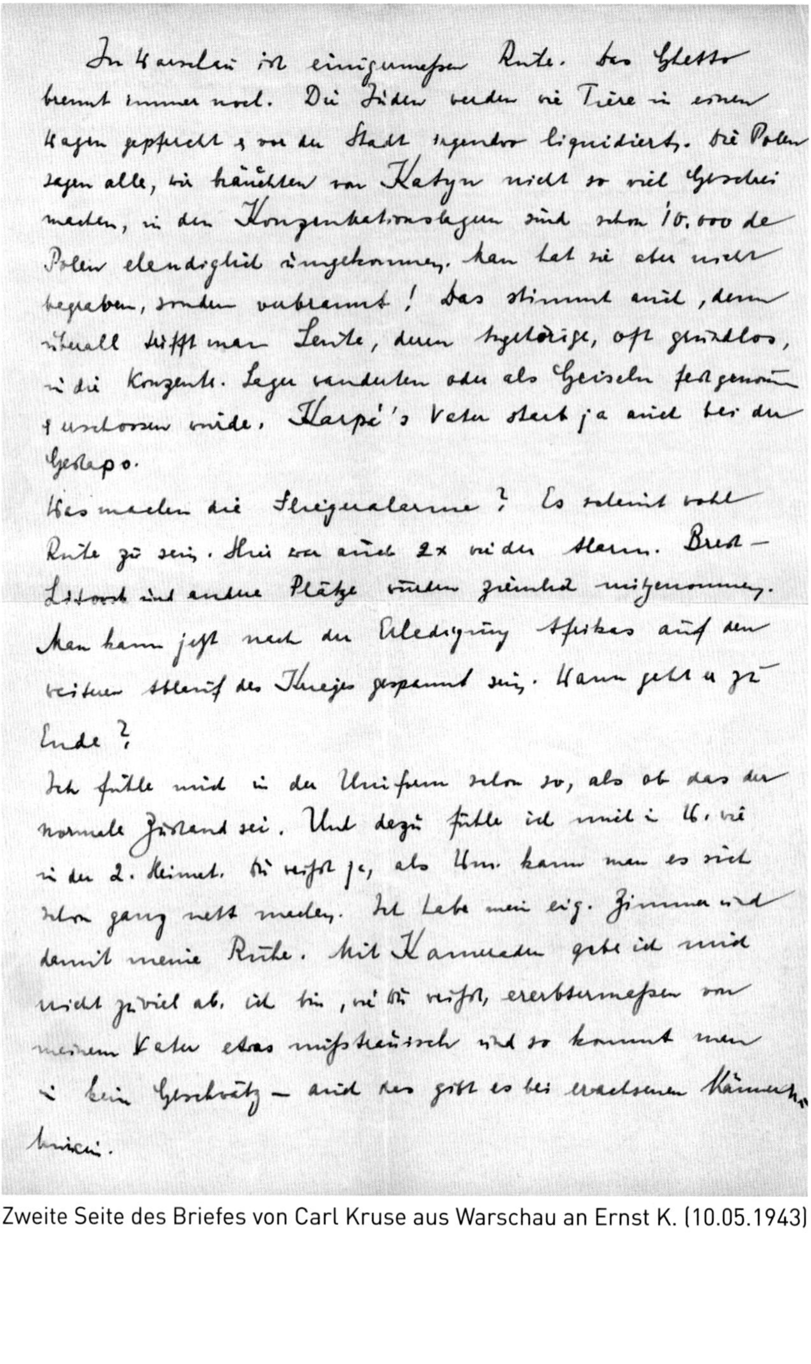

In Warschau ist einigermaßen Ruhe. Das Ghetto brennt immer noch. Die Juden werden wie Tiere in einen Wagen gepfercht & von der Stadt irgendwo liquidiert. Die Polen sagen alle, wir bräuchten von Katyn nicht so viel Geschrei machen, in den Konzentrationslagern sind schon 10.000de Polen elendiglich umgekommen. Man hat sie aber nicht begraben, sondern verbrannt! Das stimmt auch, denn überall trifft man Leute, deren Angehörige, oft grundlos, in die Konzentr.-Lager wanderten oder als Geiseln festgenommen & erschossen wurden. Harpé's Vater steckt ja auch bei der Gestapo.

Was machen die Fliegeralarme? Es scheint wohl Ruhe zu sein. Hier war auch 2x wieder Alarm. Brest-Litowsk und andere Plätze wurden ziemlich mitgenommen. Man kann jetzt nach der Erledigung Afrikas auf den weiteren Verlauf des Krieges gespannt sein. Wann geht er zu Ende?

Ich fühle mich in der Uniform schon so, als ob das der normale Zustand sei. Und dazu fühle ich mich in W. wie in der 2. Heimat. Du weißt ja, als Uffz. kann man es sich schon ganz nett machen. Ich habe mein eig. Zimmer und damit meine Ruhe. Mit Kameraden gebe ich mich nicht zuviel ab. Ich bin, wie Du weißt, erziehungsmäßig von meinem Vater etwas mißtrauisch und so kommt man in kein Geschwätz – auch das gibt es bei erwachsenen Männer-kreisen.

Zweite Seite des Briefes von Carl Kruse aus Warschau an Ernst K. (10.05.1943)

21 Fundstücke II: „Rückerstattungsanspruch" und „Wiedergutmachung"

Das Geschäft der „Gebr. Baer, Manufakturwaren und Herrenbekleidung", ab 1934 „Philipp Scheuermann & Co"

Von Nazis angeführter Zug Bruchsaler Geschäftsleute (?)

Notar Dr. Karl Trautwein
Paul Hugo Jahn
Rechtsanwälte
Karlsruhe-Durlach
Karlsburgstr. 4 — Tel. 91526
Postscheck-Kto.: Karlsruhe 29496

Karlsruhe-Durlach, den 22.April 1949

J/S

Herrn
Karl Rudolf Kruse,
Schriftleiter und Verleger,
Bruchsal
am Stadtgarten 3

Sehr geehrter Herr Kruse!

Im Auftrag des Herrn Ferdinand Baer, 99.Greenhill, London habe ich fristgemäss beim Zentralanmeldeamt Bad Nauheim Rückerstattungsantrag gestellt wegen Entziehung des Herrenkonfektionsgeschäfts in Bruchsal, am Stadtgarten 3, welches unter dem Zwang der Judenverfolgung am 15.10.1934 von Herrn Baer u.a. auch an Sie veräussert werden musste. Der Rückerstattungsanspruch wird Ihnen vom Schlichter für die Wiedergutmachung beim Amtsgericht Karlsruhe noch zugestellt werden, wenn dies inzwischen noch nicht geschehen sein sollte.

Heute hat im Auftrag von Herrn Ferdinand Baer dessen Sohn, Herr Frank B.Ferris (früher Baer jr.) bei mir vorgesprochen, um die ganze Rückerstattungsangelegenheit zu erledigen.

Herr Frank Ferris begibt sich heute nach Jtalien und wird am 12.Mai 1949 wieder zurück sein, um kurze Zeit in Deutschland zu weilen.

Ich stelle Ihnen anheim, diese Gelegenheit wahrzunehmen, um zunächst aussergerichtlich zu versuchen, die Angelegenheit ins Reine zu bringen. Ich würde Sie dann kurz nach dem 12.Mai fernmündlich verständigen, sodass in meinem

21 FUNDSTÜCKE II: „RÜCKERSTATTUNGSANSPRUCH" UND „WIEDERGUTMACHUNG"

> Büro eine Konferenz mit Herrn Ferris stattfinden könnte, bei der alle Streitfragen geklärt werden könnten.
> Ich bitte Sie inzwischen um Mitteilung Ihrer Telefonnummer, damit Sie kurzfristig verständigt werden können.
>
> Hochachtungsvoll
>
> Rechtsanwalt

„Rückerstattungsanspruch"

22 Katholisch

Zerstörte Stadtkirche „Unsere Liebe Frau" in Bruchsal

22 Katholisch

Der Erstkommunikant
am Weißen Sonntag

24 „Goldige Kerlchen"

Die „goldigen Kerlchen"

24 „GOLDIGE KERLCHEN"

Samstagfernsehabende
im Hause Dr. Hans
Sproedt (Mitte der 50er)

Familientreffen am Gardasee

25 Im Schönborn

Schulausflug und Landschulheim (1957/58)

25 Im Schönborn

Fernsehquiz „Die 6 Siebeng'scheiten" (1959): Goethe-Gymnasium Karlsruhe gegen Schönborn Gymnasium Bruchsal

Schülerausweis 1960

Übersicht

Nr.	Datum	Thema	Note
1	18.5.63	Übers. aus Hom. Ω 723-746	6
2.	27.6.63	Übers. aus Cass. Dio 56,23/24	4
3	28.9.63	Übers. aus Thuk. I 89	4
4	13.10.63	Übers. aus Plat. Phaid 107C,D	4-

Klassenarbeitsheft Altgriechisch, Oberprima (1963 /64), 1. Seite

25 Im Schönborn

Abiturjahrgang 1964, Schönborn Gymnasium

Das Wildparkstadion in den 50er und 60er Jahren

Der Karlsruher Sport-Club trauert um sein langjähriges Ehrenmitglied und früheren Spieler

Rudi Fischer

der am Dienstag im Alter von 86 Jahren verstorben ist.

Rudi Fischer stand von 1951 bis 1960 in mehr als 200 Spielen im Tor des Karlsruher SC. Er gewann 1955 und 1956 den DFB-Pokal und stand mit dem KSC 1956 im Finale um die deutsche Fußballmeisterschaft. Er wurde in den Jahren 1956, 1958 und 1960 süddeutscher Meister. Zweimal wurde er von Sepp Herberger in den Kader der Nationalmannschaft berufen.

Rudi Fischer ist die Torwartlegende des KSC.

Nach seiner aktiven Zeit wirkte Rudi Fischer im Verein lange Jahre als Abteilungsleiter des KSC-Nachwuchses. Bis zuletzt war er treuer und regelmäßiger Gast bei den Profi-, Amateur- und Jugendspielen im Wildpark.

Rudi Fischer hat sich um den KSC verdient gemacht. Wir werden ihm stets ein ehrendes Andenken bewahren.

Ingo Wellenreuther
Präsident

Die Karlsruher Torwartlegende (1925–2012)

27 Reisen I: „Hinaus in die Ferne mit Sauerkraut und Speck"

Vater und Sohn, Sohn und Mutter
in den ersten Sommer- und
Winterferien (1953/54)

27 Reisen I: „Hinaus in die Ferne mit Sauerkraut und Speck"

Ski- und Sprungübungen
(Hinterzarten 1953)

Papas Skilehrbuch

27 Reisen I: „Hinaus in die Ferne mit Sauerkraut und Speck"

Frühstück nach der 1. Campingnacht der Familie am Bodensee

27 Reisen I: „Hinaus in die Ferne mit Sauerkraut und Speck"

Tretautoparadies „Jelmoli" (Zürich 1954)

28 Reisen II: „Der Duft der grossen weiten Welt"

Muttis Parisfahrt (1955)

Billet d'entree pour „Folies Cheries. 2 Acts – 40 tableaux"

28 Reisen II: „Der Duft der grossen weiten Welt"

Weltentdeckung: Expo Brüssel (1958)

28 Reisen II: „Der Duft der grossen weiten Welt"

Besuch von NCR (The National Cash Register Company) in Dayton (1973)

New York, New York: die USA-Begeisterung der Eltern (1973)

29 Willkommen und Abschied

Eines der letzten Fotos von Mutter Ruth (7.10.1920–1.11.1982)